キリスト教社会主義と協同組合

E.V.ニールの協同居住福祉論

中川雄一郎
Nakagawa Yuichiro

E.V.Neale (1810−92)

明治大学社会科学研究所叢書

目　　次

キリスト教社会主義と協同組合——E. V. ニールの協同居住福祉論——

序　章　キリスト教社会主義研究と新しい協同組合運動……………1

第1章　キリスト教社会主義の思想と理論……………………………21
　第1節　キリスト教社会主義の開始：F. D. モーリス，J. M. ラドロー
　　　　　およびC. キングズリィ ………………………………………21
　第2節　キリスト教社会主義の思想：モーリストとラドロー………24
　第3節　キリスト教社会主義の理論：モーリス，ラドロー，そして
　　　　　E. V. ニール ………………………………………………28
　　1.　モーリスのキリスト教社会主義の理論 ……………………28
　　2.　ラドローのキリスト教社会主義の理論 ……………………30
　　3.　ニールのキリスト教社会主義の理論 ………………………36

第2章　キリスト教社会主義運動と労働者生産協同組合……………41
　第1節　J. M. ラドローの労働者生産協同組合論 …………………41
　第2節　P. J. B. ビュシェとラドロー ………………………………49
　第3節　労働者協同組合促進協会の創設と展開 ……………………56
　　1.　ラドローの「利潤のfellowship」 ……………………………56
　　2.　労働者協同組合促進協会の創設と展開 ……………………60
　第4節　E. V. ニールの労働者生産協同組合論 ……………………72
　　1.　ニールと中央協同組合代理店（CCA） ……………………72
　　2.　CCAをめぐるラドローとニールの論争 …………………78
　第5節　E. V. ニールの経済理論 ……………………………………84

第3章　1820年代—1880年代におけるイギリス協同組合運動の展開……99

第 1 節　近代協同組合運動への軌跡 ………………………………100
  1.　ロンドン協同組合（1824—34年）の先駆的意義 ………100
  2.　ウィリアム・キングと協同組合………………………111
  3.　E. T. クレイグとララヒン・コミュニティ …………121
  4.　近代協同組合運動の黎明：協同組合コングレス ………130
第 2 節　ロッチデール公正先駆者組合の創設 ……………………137
  1.　地方の協同組合運動とオウエン主義者 …………………137
  2.　ロッチデール公正先駆者組合の誕生 ……………………150
第 3 節　消費者協同組合運動の成長 ………………………………164
  1.　「産業および節約組合法」の成立と展開 ………………164
  2.　E. O. グリーニングと労働者生産協同組合運動…………172
    (1)　ヘブデン・ブリッジ・ファスチアン
       製造協同組合の攻防　190
    (2)　レスター・「イクゥイティ・ブランド」
       協同組合の攻防　193
    (3)　労働アソシエーション　197
第 4 節　ベアトリス・ウェッブの労働者生産協同組合批判 ………203
  1.　G. J. ホリヨークの「労働と資本」………………………203
  2.　ベアトリス・ウェッブの労働者生産協同組合批判 ………205
  3.　ラドローの反証 ……………………………………………211
  4.　ニールの反批判 ……………………………………………213

第 4 章　協同組合運動と福祉：ニールの協同居住福祉思想 ………231
第 1 節　ニールの「社会主義論」と「協同自助論」………………232
  1.　ニールの「社会主義論」 …………………………………234
  2.　ニールの「協同自助論」 …………………………………238
第 2 節　ニールの協同居住福祉思想 ………………………………244
  1.　コミュニティと協同福祉：クレイグと E.-J. ルクレール ……247

2. ニールの協同居住福祉論 ……………………………250
  3. ファミリィステールとコ・パートナーシップ ……………258
 第3節　J. B. A. ゴダンの「労働論」・「利潤分配論」と
　　　　ファミリィステール ………………………………………263
  1. ゴダンの「労働論」と「利潤分配論」 ……………263
  2. 社会パレスと協同居住福祉 ………………………269
  3. ファミリィステールと消費者協同組合 ……………270
 第4節　ゴダンとニール：協同居住福祉をめざして ……………275
  1. フーリエ主義とゴダン ……………………………275
  2. 賃金制度の廃止 ……………………………………277
  3. 魅力ある労働 ………………………………………279
  4. 生活コミュニティ …………………………………282
  5. ゴダンとニール ……………………………………286

補遺Ⅰ　現代イギリスの労働者協同組合運動…………………………299
 第1節　「デミントリィ」の結成………………………………………299
  1. CPFの解散 …………………………………………300
  2. 「デミントリィ」の結成 …………………………301
 第2節　ICOMの形成と労働者協同組合運動の展開 …………305
  1. 「トニィ・ベンの協同組合」と労働者協同組合 ……305
  2. 協同組合開発機関（CDA）の展開 ………………309
 第3節　コミュニティ協同組合の展開：その試みは成功しているか ………320
  1. コミュニティ協同組合の形成と展開 ……………320
  2. ハイランズ・アイランズにおけるコミュニティ協同組合
　　　の展開 ………………………………………………322
  3. コミュニティ協同組合モデル ……………………236

補遺Ⅱ　A. F. レイドローの協同組合セクター論 …………………333
  1. われわれが直面している危機 ……………………333

2. 協同組合セクターの定義 ……………………………………336
　　3. 経済的パイの配分 ………………………………………340
あ と が き ……………………………………………………………347
索　　引 ………………………………………………………………353

序章

キリスト教社会主義研究と新しい協同組合運動

　1980年10月，モスクワで開催された国際協同組合同盟（The International Co-operative Alliance : ICA）第27回大会に提出されたアレグザンダー・F. レイドローによる報告『西暦2000年における協同組合』（Co-operatives in the year 2000）の「第5章・将来の選択」の「2．第2優先分野——生産的労働のための協同組合」は，大きな驚きをもって多くの協同組合人に読まれた——ある人は批判的に，またある人は感慨深そうに。少々長くなるがその衝撃的な文章をここに引用しておこう。

　　過去20年間における世界の協同組合運動にとっての，もっとも重要かつ大きな変化の1つは，労働者協同組合についての全面的な概念の回復であった。労働者協同組合は，過去75年あるいはそれ以上にわたってそれとなく無視されてきた立場から，多くの協同組合人の心のなかに尊敬の念をもって迎えられるようになってきたので，今世紀の残りの期間にはますます大きな期待が寄せられることだろう。新しい社会秩序のために世界の協同組合運動が貢献し得る最大にして独自の分野は，食料に次いで，各種の労働者生産協同組合における雇用であろう，と言われている。
　　19世紀の末から20世紀の初期にかけて，労働者協同組合は不遇であって，その多くは挫折し，路傍に散ってしまった。イギリスにおける衰退のなかでとりわけ不幸なでき事は，友好団体であり支持組織でなければならなかった労働組合と協同組合卸売連合会（Co-operative Wholesale Society : CWS）の2大組織から受けた扱いであった。協同組合は，2世代にわたって，労働者生産協同組合は失敗の運命にあり，大したものにはならないだろう，と信じさせられてきたのである。

ところが，1950年代になると，いくつかのヨーロッパ諸国それに第3世界の国々においても，方向転換が見られるようになり始めた。スペインにおけるモンドラゴン協同組合複合体が高度な産業的発展の新たな段階の労働者協同組合の姿を示したのである。各国の政府は，病める資本主義産業を救済するために，この労働者協同組合に注目し始めた。このことに関する新しい文献の数は驚くべきもので，あまり関心を引かないだろうと思われていたアメリカ合衆国においてさえそうであった。イギリスの非公式な集計によれば，前世代に，とりわけウェッブ夫妻によって，労働者協同組合は死滅したと宣告されていたのに，そのイギリスで近年400もの労働者協同組合が設立されているのである。

労働者協同組合の再生は，第2次産業革命の始まりを特徴づけるだろうと予想しても言いすぎではない。第1次産業革命では，労働者や職人が生産手段の管理権を失い，所有権や管理権は企業家や投資家の手に移った。資本が労働を雇うようになったのである。ところが，労働者協同組合はその関係を逆転させる。すなわち，労働が資本を雇うのである。これらの労働者協同組合は，大規模に発展するようになれば，まさしく新しい「産業革命」の先導役を努めることになるだろう。

労働者協同組合の意味と意義については，理念と運営の両面で労働者協同組合に類似している「ブリティッシュ・スコット・ベーダー・コモンウェルス」の小冊子にある程度述べられている。その一部を紹介する。

「このコモンウェルスは，より広い意味で，現にわれわれが達成しようと努力している理想である。それは，伝統的な会社機構のなかに存在する所有者，経営者および労働者という区分のない，相互信頼と協同の上に築かれる労働コミュニティの理想的概念である。それは，資本主義でも社会主義でもなく，ある面では両者の架け橋である。今日，世界中で労使紛争が増大するにつれて，ますます多くの人びとが，政治的意見の相違にかかわらず，伝統的な産業の構造と目的の双方について異議を唱え始めている。協同組合，共同所有制，共同決定，労働者管理，コミュニティ管理，経営参加，それに産業民主主義についての議論が再び始められている……。」

「近年,所有者,経営者,労働者の間の関係に影響を与える新しい産業概念の確立への動きが非常に高まってきた。一番よく知られている例は,ジョン・ルイス・パートナーシップである。……多数の従業員はすべてパートナー,すなわち,所有者であって,企業の経営に貢献することができるのである。」

以上のような観点から見るならば,新しい労働者協同組合あるいは再生された古い労働者協同組合は,各種協同組合のなかの単なるもう一つの組織だということではなくなってくる。すなわち,労働者協同組合は,労働者は従業員であると同時に所有者でもある,という新しい種類の産業民主主義の基本構造を形成しているのである。……

しかし,労働者協同組合は,雇用や所有者であるという感覚よりももっと奥深い内面的ニーズ,すなわち,人間性と労働との関わりに触れるものである。1978年の「西暦2000年の挑戦」と題するユネスコ会議で,ブカレスト大学のある教授が「肉体労働と知的労働との適正な調和をはかることの必要性,またあらゆる最高の価値規範のなかに,生活と完全な人間性に不可欠な部分として労働の理念を取り入れることの必要性」について述べているが,労働者協同組合の考え方は,従業員と職場との従来の関係と比較すると,彼の発言の主旨にはるかに近いものである[1]。

レイドローのこの報告は,労働者協同組合が20世紀の中葉に再生し,労働者の雇用と経営に現実的な力をもつようになったこと,資本主義の下でも「資本と労働の関係」を変え得る——「労働が資本を雇う」——こと,そしてこれによって,それまで議事日程に俎上しなかったか,あるいは俎上したとしても特殊な事柄として扱われてしまった企業経営のあり方,すなわち,「共同所有,共同決定,労働者管理,コミュニティ管理,経営参加,産業民主主義」についての議論が再燃してきたことを,協同組合人に知らしめる役割を果たした。もちろん,彼の報告がこのように鮮明に「生産的労働のための協同組合」を「将来の選択」の「優先分野」の1つに掲げ得たのは,バスクの「モンドラゴン協同組合複合体」(1986年から「モンドラゴン協同組合企業体」Mondragon Corporation Cooperativa : MCC の名

称を用いている）の存在があったればこそである。そして，このMCCの創設と発展がカトリック神父であった故ホセ・マリア・アリスメンディアリエタの指導によるものであったことは，今では周知のことである。実際のところ，MCCは，かつてベアトリス・ポター（ウェッブ）が批判した労働者生産協同組合の3つの弱点——(1) 資本の不足，(2) 販路の不足，(3) 管理運営上の規律の欠如——を完全に克服しているし，それどころか，「コミュニティの質の向上」という社会的使命あるいは社会的目的の第1の要素である「雇用の創出と確保」を実現しているのである（現在では5万以上の雇用を確保し，さらにそれ以上の雇用創出の計画を立案している）。

　レイドローが特に強調したかったもう1つの点は，労働者協同組合は「労働者が従業員であると同時に所有者でもある」という「新しい種類の産業民主主義の基本的構造を形成している」ことである。後で触れるように，ウェッブは，キリスト教社会主義者たちが指導した「自治的労働者生産協同組合」に反対して彼女の「産業民主主義」を対峙させたのであるが，レイドローとしては，現代の労働者協同組合の「産業民主主義」はかつてのウェッブのそれとは異なることを強調したかったのである。彼としては，そのことを通じて，労働者協同組合は「雇用や所有形態」を超えた人間性の「もっと奥深い内面的ニーズ」に，換言すれば，「人間性と労働の関わり」にもっと触れることを願ったのである。それは，人びとの政治的見解を超えてなお相互に信頼し，協同し合うことのできる「労働と生活」の質の向上を実現していこう，との立場であった。

　もちろん，レイドローは，「労働者協同組合に関するいろいろな概念についての情熱だけでは，この種の協同組合は決してスムーズに運営され得るものでない」こと，労働者協同組合は「あらゆる種類の協同組合のなかで，おそらく一番複雑で，スムーズかつ成功裡に運営することの難しい協同組合である」ことを理解していた。そのレイドローが敢えて協同組合運動の「将来の選択」肢の1つとして労働者協同組合を取り上げたことに，われわれは注目せざるを得ない。これこそ，農業協同組合や消費者協同組合（生協）のような伝統的協同組合運動の蓄積の上に「新しい協同組合運動」を置いて，「協同組合コモンウェルス」を建設しようとの，彼のいわば「コミュニティ経済開発」論である，とわれわれは指摘

序章　キリスト教社会主義研究と新しい協同組合運動　　5

　実は、レイドローには、モンドラゴン協同組合複合体の他に誘発された別の実例があった。先の引用文に登場したスコット・ベーダー・コモンウェルスとその延長線上に存在するイギリスの「産業共同所有運動」(the Industrial Common Ownership Movement : ICOM) である。化学樹脂製造会社であるスコット・ベーダー社の創設者アーネスト・ベーダーは、「所有者、経営者、労働者」を区分せずに、自分の企業を労働者の共同所有とする運営を行なってきた。これは現代イギリスにおける最初の「コ・パートナーシップ」の試みであった。ベーダーはまた、自らがそう称しているように、クェーカー派のキリスト教社会主義者であった。このコモンウェルスは、経済民主主義と産業民主主義に関わる思想や協同組合形態に基礎をおく共同所有の思想を蘇えらせたが、その思想は企業における「労働者管理」だけでなく、科学技術の管理、経済活動が環境に及ぼす影響といったような、より広い範囲の社会的目的や価値を問う経済システムを視野に入れるものであった。

　確かに、労働者協同組合運動の新しい流れは遅々としたものであったが、それでも、ベーダーと彼の仲間が1958年に組織した「民主的産業統合協会」＝「デミントリィ」(the Society for Democratic Integration in Industry : DEMINTRY) の結成によってその運動は次第に広がっていった。1971年にICOM(アイコム)が「デミントリィ」を基盤にして形成され、5年後の76年に「産業共同所有法」(ICOA) が制定されると、労働者協同組合が堰を切ったように設立されるようになった。この状況は、レイドローにとっては、ベアトリス・ウェッブの主張を覆すものであった。労働者協同組合運動がしっかりとした基盤の上に再生された、とレイドローには思われたのである。

　レイドローの報告から20年を経た今日、状況はどのようになっているのだろうか。非常に概括的に言えば、モンドラゴン協同組合企業体（MCC）は、コミュニティ生活の質を高めるために、雇用の創出と確保に力を注ぎ、科学技術の管理と人間形成を重要な柱とする「労働の人間化」と「人間中心の経済」——これらは、人間を経済に合わせるのではなく、経済を人びとの「労働と生活」を向上させるための手段にすることを意味する——を目指した試みを展開しており、イギリス

では高齢者や障害者などのための「ケア協同組合」，雇用創出を目的としかつ社会的目標を掲げる「社会的企業」がICOMに参加してきている。他のヨーロッパ諸国でも，労働者協同組合形態の，いわゆる「新しい協同組合運動」が成長してきている。例えば，イタリアでの社会的協同組合，スウェーデンやフィンランドでの高齢者ケア協同組合，保育協同組合，職業訓練の協同組合，それに資源リサイクルの協同組合，女性の権利と仕事おこしのための協同組合など，コミュニティのニーズに根ざした労働者協同組合やコミュニティ協同組合などである。しかしながら，それとは対照的に，農業協同組合や消費者協同組合といった伝統的協同組合運動は明確な針路を示すことができずにいるのである。

　現在，一般に「新しい協同組合運動」と総称されている運動を支えている協同組合の多くは，労働者協同組合の形態をとっており，生活インフラストラクチャーの一部を担っている「広義の福祉」(well-being)の領域で財とサービスを生産・供給する経済活動を遂行している。現在のこの労働者協同組合の先達としては，イギリスではキリスト教社会主義者たちによって指導された労働者生産協同組合も当然含まれるべきであるのに，先に簡単に触れておいたように，ベアトリス・ウェッブ等の主張する「産業民主主義」路線の立場からの徹底した批判によって，労働者生産協同組合など協同組合運動の取るに足りない部分だとみなされるようになり，したがってまた，キリスト教社会主義運動も協同組合の歴史の舞台から姿を消してしまったかのような運命をたどったのである。

　イギリスの協同組合運動だけでなく，国際協同組合運動の立場からしても，キリスト教社会主義者が協同組合運動の発展に果たした実際的な役割はどんなに強調しても強調しすぎることはないのに，協同組合人は彼らを表舞台に登場させることをあまり好まなかったようである。考えられ得るその最大の理由はベアトリス・ウェッブによる徹底したキリスト教社会主義運動に対する批判であろう。彼女の批判は，彼女が考えた以上に大きな影響を及ぼしたのである。例えば，彼女の批判の余波は，彼女の批判を肯定的に捉える傾向の強い日本の学界にも──年月を経ながら──広がっていったのである。

　このような経過と現実を考慮するならば，われわれは，1848年から54年にかけ

てイギリスで展開されたキリスト教社会主義運動のイギリス協同組合運動史上の位置(ポジション)と，その後80年代に至るまでのキリスト教社会主義者たちがイギリス協同組合運動において果たした役割とを考察する際には，次の3つの基本的な作業を手がけておかなければならないだろう。第1はキリスト教社会主義運動と協同組合運動との間の歴史的関係を明示すること，第2はキリスト教社会主義運動の指導者たちのうちジョン・マルコム・ラドローとエドワード・ヴァンシタート・ニールとの間の協同組合運動についての見解の相異を論究すること，そして第3は，キリスト教社会主義運動が協同組合運動に及ぼした実際の影響を明らかにすること，である。

本書の基本的な研究作業はこれら3つの作業ではあるが，さらにこれらの基本作業に第4の研究作業が加わる。1820年代から80年代に至る近代イギリス協同組合運動の生成と発展過程を跡づけると同時に，40年代以降におけるニールやE. O. グリーニングたちの労働者生産協同組合運動について論及する作業である。われわれは，これらの研究作業を通じて，キリスト教社会主義と協同組合運動との思想的，歴史的関係を明確にすると同時に，両者の関係が現代の協同組合運動，とりわけ労働者協同組合運動にどのように反映しているのかを論究することになろう。換言すれば，これらの研究作業は，現代の協同組合運動，特に労働者協同組合運動はキリスト教社会主義の「遺産(レガシィ)」をどのように受け継いでいるのか，また将来それをどのように生かしていくべきかを示唆するだろう，ということである。

すぐ後で言及するように，3つの基本的な研究作業を大まかに示すと，第1章は第1の研究作業にあてられ，同時にまたこの章ではイギリスにおける「キリスト教社会主義」および「キリスト教社会主義運動」について簡潔に論究するためのスペースが割かれる。したがって，これらの作業は本書全体における序論的な役割を果たすことになるだろう。次に第2の研究作業が第2章で展開され，そして第3の研究作業が第4章でニールの「協同居住福祉論」の論究を通じて遂行されることになる。

ところで，前述の事柄とも関連するのであるが，私は，イギリス協同組合運動の歴史的，思想的研究を重ねていくうちにある1つの事実に気づいた。それは，

日本では近代イギリスにおける「キリスト教社会主義者」や「キリスト教社会主義運動と協同組合運動との関係」についての研究がすこぶる少ない，ということである。労働運動史研究の側面からのアプローチはもちろん，協同組合運動史・思想史研究の側面からのアプローチも少ないのである。イギリスのキリスト教社会主義運動やキリスト教社会主義者がイギリスのみならず，ヨーロッパ諸国の協同組合運動──ひいては，現代の国際的，世界的な運動──に与えた大きくかつ実際的な影響と彼らが残した業績・遺産とを考えると，国内外における協同組合の歴史や思想それに理論の研究に優れた研究水準を保ってきた日本で，このような研究状況が見られるのは，イギリス協同組合運動の歴史・思想を研究している者にとって，はなはだ奇異である，と思わざるを得ないのである。

　確かに，時代を特徴づけた重要な思想や運動が後の世代の多くの人たちによって忘れ去られてしまうことは，往々にして起こり得ることである。特定の時代がつくりだす思想や運動に対する偏見によってであろうと，あるいは皮相な見方によってであろうと，また逆に「時代の寵児」の徹底した批判によってであろうと，歴史はそのような「忘却」を何度となく経験してきたことをわれわれは知っている。だが同時に，われわれはまた，そのようにして「忘却」されたものが，偏見や皮相さが真理によって片隅に追いやられ，徹底した批判と思われた「批判」が再検討を迫られた時に，再び人びとの前に蘇えってきたことも知っている。歴史は何度となくそのような「忘却」と「蘇生」を経験してきたのである。

　キリスト教社会主義者の思想と運動も，かなりの限定つきではあるが，漸くにしてわれわれの前にその実像を蘇えさせてきた，と言ってもよいだろう。とはいえ，この「蘇生」は主にイギリスでのことであって，日本での研究状況は依然として進捗していない，と言って差し支えない。キリスト教社会主義（Christian Socialism）という，それ自体明確な「主義と目標（イズムとゴール）」を掲げて協同組合運動を展開したキリスト教社会主義者たちの足跡は，日本にあってはなお顧みられることの機会が殊の他少ないのである。

　実際のところ，イギリス協同組合運動の歴史や思想に関心のある人たちでさえ，イギリスにおけるキリスト教社会主義運動の3人の創始者にして指導者である，フレデリック・デニソン・モーリス（1805-1872年），ラドロー（1821-1911年）

それにチャールズ・キングズリィ（1819-1875年）の名前を挙げることができるとしても，1873年に事実上設立された協同組合連合会（Co-operative Union）の初代会長となったニール（1810-1892年），『トム・ブラウンの学校時代』を著して近代教育制度の改革に影響を与えたトマス・ヒューズ（1822-1896年），またかつてのオウエン主義者であり，『ロバート・オウエンの生涯，時代および事業』を著わした，19世紀後半における協同組合運動の秀でた指導者の1人，ロイド・ジョーンズ（1811-1886年）たちがキリスト教社会主義運動に参加し，どのような協同組合運動を展開したのか，ということについては正確には知り得ないのではないだろうか。その意味で，われわれは，キリスト教社会主義者による協同組合運動の内実をなお非常に限定的にしか捉えていないのではないだろうか，と自問せざるを得ないのである。

　われわれとしては，イギリスにおけるキリスト教社会主義者の思想と運動に関わる，日本でのこのような研究状況については，少なくとも次のことは明確に主張できるように思われる。第1は，イギリスでの「キリスト教社会主義と協同組合」をテーマとする研究の「蘇生」の程度に関わる点である。というのは，日本におけるこの研究は，資料・文献的にイギリスにおける研究に大きく依拠せざるを得ないからである。

　イギリスにおける「キリスト教社会主義」とその運動の研究が初めて体系的になされたのは，1920年にチャールズ・E. ラヴェンが著した『キリスト教社会主義 1848-1854』（*Christian Socialism 1848-1854*）においてである。ラヴェンは，キリスト教社会主義にシンパシィを抱いて論じているとはいえ，キリスト教社会主義を，その時代背景や思潮との関連を明確にしつつ考察している。この研究によってラヴェンはキリスト教社会主義研究における金字塔を打ち建てることができた。1962年に『キリスト教社会主義の起源と歴史 1848-1854』（*Origin and History of Christian Socialism 1848-1854*）と題する優れた著書を世に出したT. クリステンセンはこう述べている。

　　1920年にC. E. ラヴェンの『キリスト教社会主義 1848-1854』が出版されてはじめて，そのテーマは精緻な考察の対象となった。ラヴェンの同感的

な研究は，たちまち，キリスト教社会主義についての以前のすべての説明を震撼させたのである[2]。

クリステンセンのこの説明に含意されているように，実は，イギリスにおいてもそう多くないキリスト教社会主義の研究は——すべてではないにしても——「精緻な考察」どころではなかったし，今日においてさえ協同組合運動との関連で論じられた研究は，クリステンセンの著書を別にすれば，1974年に出版されたP. N. バックストロームの『ヴィクトリア朝イングランドにおけるキリスト教社会主義と協同組合』(*Christian Socialism and Co-operation in Victorian England*) の他はかなり限られているのである[3]。この点で，「キリスト教社会主義と協同組合」に関わるイギリスでの研究状況が今日の日本における研究状況の大枠をつくりだしていると考えて差し支えないであろう。換言すれば，イギリスでの「キリスト教社会主義と協同組合」をテーマとする研究の「蘇生の程度」の緩やかさが，日本における同じテーマの研究状況に変化をもたらさないでいる，ということである。

では何故，イギリスにおいてさえこのような研究状況に止まっているのだろうか。この疑問はわれわれの第2の論拠に関連するのであるが，われわれは，その基本的な理由を，19世紀の70年代から80年代においてイギリス協同組合運動の内部で闘わされた「利潤分配」(profit-sharing) 論争とその帰結に見い出すことができる。利潤分配論争は，キリスト教社会主義者たちが支持する，CWSの協同組合工場も含む労働者生産協同組合での「労働者への労働に応じた利潤分配」を承認するのか，それとも消費者協同組合が主張する，ロッチデールの先駆者組合以来の伝統的な利潤分配方式である「組合員への利用（購買）高に応じた配当」しか認めないのか，というものであった。ラドロー，ニール，それに（キリスト教社会主義者ではないが）グリーニングやG. J. ホリヨークなどが前者を支持し，協同組合卸売連合会 (CWS) のJ. T. W. ミッチェルをはじめとする消費者協同組合陣営の人たちが後者を主張して譲らなかった。後に，ベアトリス・ウェッブが後者を支持してキリスト教社会主義運動を批判したことは前に述べたとおりであり，あまりにも有名なことである。

「利潤分配」論争は，形式的には1880年代においても依然として継続するが，実質的には73年のニューカッスルで開催された第5回イギリス協同組合大会で山場をむかえ，75年にはCWSの協同組合工場での「労働者への利潤分配」の全廃によって，一応の決着をみることになる。しかし，キリスト教社会主義者たちと労働者生産協同組合陣営の人たちはなお「労働に応じた利潤分配」を主張し続けたのである。

　前述のように，ベアトリス・ウェッブは1891年に『イギリス協同組合運動』(The Co-operative Movement in Great Britain) を著わし，労働者への利潤分配を主張するキリスト教社会主義者の運動路線(ポリシー)を批判した。彼女は，キリスト教社会主義者によって指導された労働者生産協同組合 (Associative Co-operation) はロッチデール公正先駆者組合に始まる近代協同組合運動の伝統とも，したがってまた，ロバート・オウエンに列なる協同組合思想とも異質なものだと主張して，キリスト教社会主義者による労働者生産協同組合を批判した。何故なら，後で述べるように，それは，彼女の政治路線であった彼女の「産業民主主義」に抵触するものであったからである。だが，キリスト教社会主義者の指導による労働者生産協同組合運動はイギリスにおける伝統的な協同組合運動と「異質」である，と労働組合とCWSに影響力を及ぼしていたベアトリス・ウェッブがそのような「烙印」を押しつけたことは，その後のイギリスにおける協同組合運動研究にとって真に「不運」なことであった。結果的に，キリスト教社会主義運動とキリスト教社会主義思想がイギリスにおける協同組合運動の歴史に占めるべき位置を不明瞭にしてしまい，イギリス協同組合の歴史と思想の研究にある種の「空白部分」を残してしまったからである。この点で，日本における研究は，ウェッブの影響が大きかった分だけ，疑問の余地のないほどの欠落を呈しているのである。

　歴史研究に「空白部分」があってはならないし，キリスト教社会主義運動とキリスト教社会主義思想の本質と歴史的位置も，その意味で，多くの歴史研究によって検証され，確定されなければならないだろう。ましてキリスト教社会主義運動やキリスト教社会主義思想をイギリス協同組合運動の歴史の連鎖から切り離す権利は誰にもないのである。G. D. H. コールはこう述べている。

協同組合運動へのキリスト教社会主義者の参入は，1つのまことに奇妙な挿話であった。それは，ほとんどまったくラドローがフランスの協同組合思想に熱中したことによるものであり，その方法においては著しく非現実的なものであった。しかし，それは長続きする有益な成果をもたらした。協同組合運動が確固とした法的地位を獲得するのに与って力があっただけではない。それはまた，主唱者たちがグループとしては身を引いた後にも，その後多年にわたって協同組合を援助し，献身した個々の人たちを残したのである。トマス・ヒューズもこうした人びとのうちの1人であったが，もっとも偉大なのはニールであった。彼は，機械工の協同組合と中央協同組合代理店の災厄によってその財産をほとんど犠牲にしてしまったのであるが，残りの人生を協同組合運動に捧げ，協同組合連合会の形成期にはその会長となった。ラドローもまた大義を捨てなかった。やがてティッド・プラットが引退したとき，彼は友愛組合の登記官となり，その晩年には多くの困難な法律問題を通して協同組合運動を導いた。キリスト教社会主義者たちは，彼らがやろうとしたことには失敗した。彼らは失敗すべき運命にあったのである。しかし，協同組合運動に対する彼らの貢献の測り知れない価値は，そのことによっていささかも減ずるものではないのである[4]。

　本書の目的は，これまで述べてきたことからある程度理解できるように，イギリスにおけるキリスト教社会主義運動とその思想がイギリス協同組合運動に占めるべき歴史的および思想的なポジションとベクトルを明らかにすることである。とりわけニールの運動と思想のなかにその「ポジションとベクトル」をわれわれは見い出そうとするのであるが，それは，ニールこそ19世紀中葉以降のイギリス協同組合運動を「コミュニティに根ざした福祉運動」に高めようと試みた「協同組合人」であった，と考えるからである。換言すれば，ニールこそ，協同組合はオウエンやロッチデールの先駆者たちの思想的原点に回帰すべきだと訴えて，「イギリス協同組合運動のルネサンス」を果たそうとした「協同組合人」であったからである。先のコールからの引用文はそのことを示唆しているのである。しかし，ニールについてかかる論究を行なうためには，何よりもまずキリスト教社

会主義思想とその運動を正しく捉えておく必要がある。繰り返しになるが，第1章はそのための研究作業に当てられ，第2章では第2の研究作業を，すなわち，キリスト教社会主義と協同組合運動との関係で重要な役割を果たした2人の指導者，ラドローとニールの労働者生産協同組合論について論究がなされ，したがってまた，彼ら2人のキリスト教社会主義思想と協同組合論の相異が明らかにされるだろう。

　次に第3章で，われわれは，キリスト教社会主義とニールの協同思想を正確に評価するために，イギリスにおける近代協同組合運動の歴史を概観する。われわれは，19世紀の40年代（前史を含めると20年代から）80年代までのイギリス協同組合運動の展開と成長を考察することによって，キリスト教社会主義者たちの協同組合運動への貢献をかなりの程度理解することができるようになるだろう。またここで，CWSを核とする消費者協同組合陣営と，ニールやラドローなどかつてのキリスト教社会主義者たちが指導する労働者生産協同組合陣営との間での「利潤分配」方式をめぐる路線対立が論究されることになるが，われわれとしては，その対立の背後に「協同組合運動とイギリス社会」の関わりをどうするのか，という深い思想的対立があった点を見落としてはならないだろう。キリスト教社会主義思想にシンパシィをもった，秀でた協同組合人のエドワード・オウエン・グリーニングと有名なオウエン主義者ジョージ・ジェイコブ・ホリヨークの登場も，そのような視点をわれわれに求めることになろう。さらにベアトリス・ウェッブもまたここに登場するのであるが，彼女による労働者生産協同組合批判とニールやラドローの反批判をみることを通じて，われわれはイギリス協同組合運動の路線対立の意味をより深く捉えることができるであろう。

　第4章でわれわれは第3の研究作業を，すなわち，「協同思想」に基づいたニールの「コミュニティ福祉」＝「協同居住福祉」の真髄を考察する。彼の福祉論は，実は，CWSの経済能力を基盤とする消費者協同組合の思想的，運動的なあり方を徹底して問うものでもあった。ニールは，そのために，独自の「社会主義論」と「協同自助論」をも動員してイギリス協同組合運動の目指すべき社会改革の遂行を協同組合人に訴える。それは，「イギリス協同組合運動のルネサンス」のための協同思想を労働者生産協同組合と協同居住福祉に結びつけようとする彼

のCWS路線に対する「闘争」であった。

　ニールは，労働者生産協同組合を基礎とする「コミュニティにおける協同福祉」の確立を準備するために，E. T. クレイグのララヒン・コミュニティとフランスのE.‒J. ルクレールの労働者生産協同組合について考察し，そして次に彼が追求する労働者生産協同組合運動の原則であるコ・パートナーシップと協同居住福祉の双方を近代的コミュニティのなかに実現しているJ. B. A. ゴダンの「実験」を数次にわたって視察し，検討する。

　本書全体の展開が明らかにしているように，イギリス協同組合運動は，1870年代から80年代にかけて，労働者のための「福祉」とどのように関わるのかという課題をめぐって，CWS＝消費者協同組合と労働者生産協同組合との間の路線対立を顕著にしていった。ニールたちは「協同居住福祉」というアプローチをもってこの課題に挑戦したのに対して，CWSは組合員の「経済的豊かさ」というアプローチをもって臨んだのである。ニールには，この課題への対応はまさに「時代の要請」と思えたし，したがってまた，協同組合自体の優先課題でなければならなかった。そこで，ニールをはじめとする労働者生産協同組合運動の指導者たちは，彼らの問題意識に応えてくれるモデルを探し，ゴダンの「ファミリィステール」にそれを見い出したのである。とりわけニールにとって，ゴダンは「協同と住居と福祉」を結びつけて考えた最初の協同思想家であり，実践家であった。その点で，ゴダンの協同思想を「イギリス協同組合運動のルネサンス」のために採り入れようとしたニールもまた「協同と住居と福祉」を運動の目標に据えた最初のイギリス協同組合人であった，と言うべきであろう。

　さらにわれわれは，同じ第4章で，フーリエ主義者としてのゴダンの経済論とアソシエーション思想を論究する。ゴダンは，「ファミリィステール」という現実の，生きた近代的コミュニティを維持可能なコミュニティとするために，どのようにフーリエの協同思想を実践したのか，をニールの目を通して論究するのであるが，そこにわれわれは協同思想家というよりも現実的な実践家の姿を見るのである。

　以上の研究作業は，別言すれば，19世紀におけるイギリス労働者生産協同組合の思想と運動を「キリスト教社会主義と協同組合」のテーマに基づいて——とり

わけ，ニールの協同居住福祉思想を通じて——論究することでもある。本書の目的は第4章までの研究作業で達成され得るとわれわれは考えているが，さらに敢えて補遺Ⅰと補遺Ⅱを付け加えることにした。

補遺Ⅰは，簡潔に表現すれば，20世紀後半から21世紀初頭におけるイギリスの労働者協同組合運動の展開を論述することによって，キリスト教社会主義者たちの「遺産」の何たるかを現代のわれわれ自身が考察するための1つの契機を提供しようと意図したことに端を発している。彼らの「遺産」は，現在，「コミュニティの質」とその住民の「生活の質」の双方の向上を目指す「コミュニティ協同組合」においてもしっかり受け継がれている。本論において，1950年代にイギリスで展開された「デミントリィ」から70年代以降現在まで展開されている「産業共同所有運動」（ICOM）との関連が論及され，また労働者協同組合設立の支援機構である協同組合開発機関（Co-operative Development Agency：CDA）と関連させてコミュニティ協同組合が論じられる所以である。

補遺Ⅱでは，現代の優れた協同組合研究者にして協同組合運動の指導者であった故A.F.レイドロー博士に再び登場していただき，現在でもなお協同組合運動の重要な理論的課題である「協同組合セクター論」を取り上げる。レイドローの「協同組合セクター論」は，連綿と続く協同組合の社会－経済的使命に繋がることをわれわれに教えてくれている。彼の「協同組合セクター論」は1974年に発表されたものではあるが，われわれは，そのセクター論を追っていくに従って，それが80年の『レイドロー報告』の基礎になっていることに気づく。キリスト教社会主義の研究から始まりニールの協同居住福祉思想の研究で終わる本書の問題意識の基底に『レイドロー報告』があることは既に述べておいたことから判断いただけると思われるが，ここでレイドローの協同組合セクター論を取り上げることによって，（筆者としては）ニールたちが追求した課題は時代を経てなお続く課題であることを示唆したいのである。

以上のような構成をもって，われわれは，キリスト教社会主義が現代にあってもなお注視されるべき社会改革の課題を協同組合運動と密接に関連させながら提起したことの意味が正しく理解されることを期待するのである。そうするためにも，われわれはイギリス協同組合運動の歴史に今もなお存在する「空白部分」を

埋めるための作業にとりかからなければならいのである。

　ところで，最後に，「ニールの協同居住福祉」に関わって，現代の協同組合運動が理論的，思想的に取組まなければならない大きな挑戦課題が存在していることに触れておきたい。それは，主にヨーロッパ連合（EU）諸国で取組まれている「社会的経済」(Social Economy, Économie Sociale) に関わるそれである。本稿では「社会的経済」について論究する余地がないので，これについては次の機会に譲るしかないが，それでも，「社会的経済」が過去において協同組合と接触したことがあり，現代においては，とりわけ1970年代に社会的経済が活動の舞台に再登場し時には，協同組合がその中核的な部分を構成することになったことから，社会的経済についてここで簡潔に述べて，協同組合の歴史・思想研究における過去と現代との繋がりを理解する一助にしたいと思う。

　社会的経済は，1830年代のフランスにおいて資本主義経済が生みだす経済的，社会的な諸問題に対処する役割を担うものとして現われ，1880年代から20世紀初期にかけてはフランスの協同組合運動がその機能を果たし，とりわけフランス協同組合運動の指導者であり，経済学者であったシャルル・ジードがその理論と思想を普及するのに貢献した。しかし，社会主義の思想と理論が労働者階級の間に広がっていくにつれて，社会的経済は，その概念を労働者階級の間で次第に失っていき，第２次世界大戦後は資本主義諸国における経済成長とそれに支えられた「福祉国家」の概念に取って代わられてしまい，やがて「社会的経済」という言葉それ自体さえも労働者や他の人たちの間でまったく忘れ去られる存在になってしまった。協同組合のような事業組織が経済の領域の一部で社会的経済の伝統をもつものとして控え目に論じられていたとはいえ，それらは，明確な社会的目的や目標を掲げ，社会改革のための旗手となる社会的経済の伝統を多くの領域で維持していく能力を十分もち得ずに，ひたすら独自の活動を行なっていたのである。

　社会的経済が再びわれわれの前に現われ，われわれがその存在意義を理解するようなるのは1970年代末になってからのことである。先進資本主義諸国，とりわけ EU を中心とする西ヨーロッパ諸国では，80年代から90年代にかけて社会的経済の存在意義とそれのもつ能力について幅広い議論がなされるようになってきた。

そのような状況の背景には，一方での社会主義諸国における中央指令型計画経済システムの不振から崩壊への過程が，他方での資本主義諸国における「福祉国家」体制の支えであった経済成長の終焉から「福祉国家」体制の破局への過程が続いて起こったことがあげられる。しかし，われわれが，社会的経済の概念を呼び起こし，社会的経済を人びとの「労働と生活」にとって重要な存在である，と認識するようになった契機は，先進資本主義諸国でなされた「民営化」(privatisation)や「規制緩和」(deregulation)を通じての労働と社会生活に関わる領域からの「国家の撤退」という事実であった。特に，社会サービス・社会保障はもちろん，環境保護，職業訓練それに雇用などを含む福祉(well-being)の領域からの「国家の撤退」は多くの人たちの間に大きな不安を生み出したのであるが，そのことが社会的経済に再生の機会を与えたのである。

　民営化や規制緩和の徹底化を図り，「小さな政府」を標榜する人たち（新自由主義者，新保守主義者）は，社会福祉や教育など「所得の再分配」に関係する領域を市場競争に委ねるだけでなく，規制や管理がより多く要求される労働＝雇用も「市場原理」に全面的に委ねられるべきだと考える「市場原理（本位）主義」者でもあるのだが，彼らは，協同組合や他の非営利・協同組織はある特定の経済領域か，あるいは社会の周辺部分に止まっているにすぎない，とこと無げに言うのである。しかしながら，事はそう単純に進むものではなく，「国家の撤退」が人びとの間に生み出した不安は，人びとの目に2つの危機的な重大局面となって映ったのである。1つは，一時的，循環的現象ではなく，継続的あるいは永続的な現象として現われている失業＝雇用の問題を基底とした労働の局面であり，もう1つは人びとの「労働と生活」に直接間接に関連するプロジェクトやプログラムからの「国家の撤退」を目のあたりにした時の，社会‒経済における「国家の役割」の再評価である。社会的経済の概念が復活したのは，まさにこの2つの重大局面に人びとはどのように対処すべきか，その手段と方法はどのようなものなのか，が検討され，実践に足が踏み入れられた時であった。その意味で，社会的経済の概念の復活は，19世紀的なそれの復活ではなく，すぐれて現代的なアプローチとしての復活であった。とはいえ，この復活はまた，19世紀後半において主に協同組合運動を通じて展開された，ある種の継続性を明らかにもったそれで

あることは，強調されるべきである。特に，協同組合や相互扶助組織の運動に関わっている人たちに対しては，その継続性を明確に指摘しておくべきだろう。

先に述べたように，イギリス協同組合運動は，19世紀の70年代から80年代を通じて，「福祉」とどう関わるかという課題をめぐってニールたちの労働者生産協同組合とCWS＝消費者協同組合との間で路線対立を引き起こしたのであるが，現代では，すべての形態の，そしてすべての国々の協同組合は，「社会的経済」の中核として，「福祉」をいかにして担い，拡充させていくのかという課題を負い，追求している。現代では，ニールの時代よりもはるかに協同組合は「福祉」を向上させるに適切な事業体である，と思われているし，実際その役割を果たしてきている。イギリスにおけるコミュニティ協同組合やイタリアの社会的協同組合がそのことをはっきりと証明している。特に，前者はそのルーツをニールたちの労働者生産協同組合にまで遡ることができるのである。

こうして，社会的経済はさまざまな国の協同組合に「福祉」と真剣に向き合うよう要請し，協同組合はそれに応えて「福祉」の拡充を，すなわち，「コミュニティの質」と人びとの「生活の質」の双方を向上させることを運動の目標とするようになってきた。われわれは，ここにおいて，ニールたちの運動と思想の羅針盤が現代においてもなおその栄誉を保っていることを知らされるのである。

【注】
1) A. F. Laidlaw, *Co-operative in the Year 2000*, ICA, 1980, pp.59-60（日本協同組合学会・訳編『西暦2000年における協同組合』[レイドロー報告] 日本経済評論社，1989年，pp.158-162）.
2) T. Christensen, *Origin and History of Christian Socialism 1848-1854*, Aorhus, 1962, preface, p.1.
3) キリスト教社会主義運動と協同組合との関係を論究した数少ない著書のうち，Brenda Colloms, *Victorian Visionaries* (Constable, 1982.) および N.C. Masterman, *John Malcolm Ludlow : The Builder of Christian Socialism* (CUP, 1963.) は，イギリスにおけるキリスト教社会主義運動と協同組合運動の双方の思想的および運動的な結節点が示されていて，興味深い。また前者の著書の終章である17章の The End of the Group は，19世紀の90年代におけるまでのキリスト教社会主義思想と協

同組合運動の関係を追っており，読み応えがある。後者も，5章と第6章とでキリスト教社会主義と協同組合，特に労働生産協同組合の思想的，運動的な関係を詳しく論じている。

さらに，ラドローの「自伝」である Edited and Introduces by A. D. Murray, *John Ludlow : The Autobiography of a Christian Socialist* (Frank Cass, 1981.) もキリスト教社会主義運動と協同組合，特に消費者協同組合との関係（17章）およびニールが設立した卸売組合組織である「中央協同組合代理店」，消費者協同組合を表現する「協同組合店舗」をめぐる論争（18章）について触れていて，興味をそそる。

G. D. H. コールは，ロッチデール公正先駆者組合創設100周年を記念して彼自身が1944年に著わした名著 *A Century of Co-operation* （日本語訳・中央協同組合学園コール研究会訳『協同組合運動一世紀』家の光協会, 1975年）の第6章「キリスト教社会主義者・救済主義者および労働組合」でラドローのランカシャーとヨークシャーへの「協同組合視察旅行」やニールの「中央協同組合代理店」などに，また第7章「協同運動と法律」ではキリスト教社会主義者たちが世界最初の協同組合法である「産業および節約組合法」の成立に果たした役割に詳しく論及している点で特筆される。本書においてコールは，キリスト教社会主義者によって指導された労働者生産協同組合運動を批判的に論じながらも，彼らに高い評価を与えている。

その他に G. C. Binyon, *The Christian Socialism Movement in England : an Introduction to the Study of its History* (SPCK, 1931), また E. Norman, *The Victorian Christian Socialists* (CUP, 1987.)があるが，前者は「キリスト教知識普及協会」からの出版で，1815年から1924年までの「キリスト教社会主義」について全般的に論じているもので，協同組合運動にはほとんど言及していない。ただ，第3章の「キリスト教社会主義：第1の局面」の前半部分でキリスト教社会主義運動の第1の指導者フレデリック・D. モーリスの神学論やラドローが強調した「社会主義のキリスト教化」に論及しており，関心を引くところである。後者は，キリスト教社会主義者としてのモーリス，キングズリィ，ラドロー，ヒューズ，スチュワート・ヘッドラム，ジョン・ラスキン，H. P. ヒューズそれに B. S. ウエスコットの思想を論究した労作であるが，協同組合運動との関わりについてはあまり多くを論じていない。

なお，イギリス人以外の手によるイギリスのキリスト教社会主義研究として Lujo Brentano による *Die christlich-soziale Bewegung in England* (1883, Leipzig.)

が特筆されるが, ブレンターノは, イギリスのキリスト教社会主義運動とフランスにおける労働者生産協同組合との関係を重視していない。
4) G.D.H. Cole, *A Century of Co-operation,* CU, 1944, p.113 (日本語訳・同上, p.171).

第1章

キリスト教社会主義の思想と理論

第1節　キリスト教社会主義の開始：F. D. モーリス，J. M. ラドローおよび C. キングズリィ

　イギリスにおいて最初にキリスト教社会主義思想を展開した人たちは，F. D. モーリス，J. M. ラドローそして C. キングズリィであった。彼らは「個人主義的で競争的な財産制度を協同的な社会主義的生産に取って代えようとした」。とはいえ，後で見るように，そのことは，「私有財産制度」を否定するものではなかったし，また彼らにとっては，「到達すべきキリストの王国」を意味するよりはむしろ，そこに「社会のキリスト教的理想が存在する」ような「実現すべきキリストの王国」を意味したのである。何故ならば，「神の秩序は人びとの相互の愛と同胞(フェローシップ)であることであるのに対し，私利私欲(セルフィッシュネス)と競争は人間の無秩序の直接的な結果である」というのが彼らの基本的な立場であったからである。そしてモーリスはこう言明する。「私には，神の秩序はこれまでになく人間の制度の反対物のように思われる。それ故，私の考えでは，キリスト教社会主義は神の秩序を擁護するものである。……人間の社会は，相争う原子の集合体ではなく，多数の構成員から成る1つの組織体(ボディ)である。真の労働者は，相争う者ではなく，協力する労働者(フェロー・ワークメン)である。したがって，私利私欲の原理ではなく，正義の原理が交換を支配しなければならないのである」[1]。

　モーリスは彼の若きグループに「キリスト教社会主義者」という名称を与えた。モーリスにとって，キリスト教社会主義の使命は「社会主義をキリスト教化し(christianising Socialism)，キリスト教を社会主義化すること (socialising Christianity)」であった。それ故，ラドローが1848年の2月革命の最中にあったパリからモーリスに宛てた手紙のなかで，この革命に「社会主義の将来」を見い出すため

に，またこの革命が真にフランス人に祝福を与えるためには，「社会主義をキリスト教化すること」が必要である，と強調したのは当然のことであった。ラドローのこの手紙は，イギリス国教会を無神論以上のなにものでもないと批判し，また民衆の目を神と社会主義に向けさせることが必要であると考えていたモーリスの同意するところとなった。モーリスとラドロー，この2人からキリスト教社会主義運動が始まったのである。

　ところで，フランスの2月革命は，普通選挙を要求するイギリスのチャーティスト運動に大きな影響を与えた。この時期のチャーティスト運動は，1847年11月の「国民請願」の経験に基づいて，来るべき翌48年4月10日の大集会の成功を目指して勢いづいていた。パリの革命はロンドンの労働者に殊の外勇気を与えるものであったのである。ラドローがモーリスとロンドンで会った時，ロンドンの労働者はパリの革命について自分たちの出来事であるかのように語り合っていた。しかし，第3のキリスト教社会主義者，キングズリィがモーリスとラドローの前に現われた時，彼はチャーティスト運動の高揚を恐怖の念をもって眺めていた。その時の彼の恐怖はロンドンの中産階級の恐怖でもあった。彼は，ラドローとモーリスの編集する『人民のための政治』(Politics for the People) にパーソン・ロット (Parson Lot) という仮名で，チャーティストや他の労働者は「労働の組織化」というフランス的スローガンを叫んではならない，と次のように記した。

　　憲章(チャーター)についての私の唯一の異議は，憲章は改革に十分に役立たない，ということである。……（それによって）諸君の要求するものがどのようにして諸君の欲するままに与えられるのか，私には皆目見当がつかない。諸君は，諸君が不満に思っているその当の金持とまったく同じ誤りに陥っている，と私は思う――その誤りこそわれわれの呪いであり，われわれの悪夢なのである。私が言いたいことは，立法的改革が社会改革であると考えるのは誤りである，ということなのである。もし誰かが私に，憲章がならず者を改悛させ，あるいは怠惰な者を勤勉にさせた国があることを教えてくれるならば，私は憲章に対する私の考えを変えるであろうが，しかし，その話を聞くまでは私の考えを変えるわけにはいかない。私は憲章を読んで大きな失望に陥った。それ

は，悪意のない叫びであることは本当だとしても，私が絶えず耳にするような叫びに憂身をやつす，貧弱で剥き出しの憲法である。「労働の組織化」というあのフランス人の叫びは，多くのフランス人には価値があるかもしれないが，だが事柄の本質にはほど遠いものである[2]。

　イギリス社会についてのキングズリィのこのような皮相な見解は，それでも，キリスト教社会主義の目的は「社会生活とキリスト教とを結びつけること」である，とのモーリスの言葉の1つの側面を代弁してはいた。キングズリィはここで，社会改革は「人間の精神の改革」であるのだから，個々人の精神的，道徳的改革が社会改革に優先しなければならない，と強調したのであるが，同じことをモーリスはこう表現している。すなわち，真の自由は，すべての人が労働者同胞を兄弟として認め合い，お互いに協力して生活していくことのなかに存在するのであり，「政治的権利」や「社会改革」の達成によって得られるのではない。真の平等は，「財産の平等」でも「階層の平等」でもなく，人びとがその共通の父たる「神」との関係を通じて共通の人間性を分かち合うことを意味するのである，と。しかし，彼らのこのような主張は，結局のところ，既存の政治的，社会的秩序に対する批判を回避させ，社会改革の意義と意味の双方を不明瞭にさせることに繋がっていく。「キリスト教社会主義運動の意義は……チャーティスト思想を全面的に弱めていくことに一定の役割を果たしたことである」[3]との評価はあながち間違いではないのである。

　キングズリィの皮相な見解にもかかわらず，「人民憲章」を掲げたチャーティストの普通選挙要求の基底には，イギリス社会における「ナイフとフォークの問題」が横たわっていたことをわれわれは忘れてはならない。失業，賃金の下落それに食料品価格の高騰がチャーティストたちの怒りを買い，彼らを国民請願の行動に駆り立てたのである。そしてこのような状況の最中に「2月革命」が飛び込んできたのである。

　チャーティストたちは，単なる選挙制度の改革を要求したのではないのであって，選挙制度の改革を通じて，支配階級と労働者階級との間の「社会的平等」=「社会的な力のバランスの変化」を実現し，そうすることで，「ナイフとフォーク

の問題」を解決しようとしたのである。換言すれば,選挙権に関わる6項目を含めた「チャーティストの主要な要求は,民主主義の拡大に基づいた『社会改革のプログラム』を明示していたのである」[4]。それ故,社会の上流階級や中産階級は,チャーティストの要求は「革命的な意味」をもつものだと正しくも理解したのであり,キングズリィもモーリスも,それにラドローさえも,上流階級や中産階級の意識を共有していたのである。ただ彼らは,労働者階級の状態に同情し,労働者階級の状態を改善しようとする強い意志をもっていたのである。彼らは,1848年4月10日の「最後のチャーティスト運動」を目撃した後もなお,良心的な中産階級がそうであったように,『モーニング・クロニクル』紙に掲載されたヘンリー・メイヒューの記事「ロンドンの労働とロンドンの貧民」に刺激されて,労働者階級の苦悩を解決することを自らの「義務」だとみなしたのである。この点で,先の『人民のための政治』は,モーリスとラドローの政治的,社会的見解や立場を示しており,大いに興味を引くところである。少しく見てみよう。

第2節　キリスト教社会主義の思想:モーリスとラドロー

モーリスは,『人民のための政治』第1号で次のような「趣意書」を労働者に書き送った。すなわち,政治は,家族の絆や愛情から,芸術や科学や文学からも切り離されてきたので,それが党派に属しているかぎり,人間的なものや万人に共通なものと何らの関わりあいをもたない。政治は,それが「人民のための政治」になった時にはじめて,広い領域に入り込むのである。換言すれば,政治は社会的存在としての人間に関わるどんな事柄をも包含しなければならないのである。政治はまたキリスト教（Christianity）からも切り離されてきた。宗教家は,彼らの唯一の仕事は来世と関わるものだと考えてきた。そして政治家は政治家で,現世はそれとはまったく異なる原理で支配されるのだと明言してきた。政治がウィッグ党やトーリー党それに急進主義の間の対立とみなされているかぎり,またキリスト教が利己的な報酬を確実にする手段であるとみなされているかぎり,政治はけっして統一され得ないだろう。とはいえ,「人民のための政治」を宗教から切り離してはならない。「人民のための政治」は,「生命のある公正な神」が

自然世界と同様に人間社会においても裁定を下すことの承認から出発しなければならないのである。「この世界は神によって支配される」ということこそが金持への戒めとなり，貧民への慰めとなるのである[5]。

モーリスはここで，2つのことを主張している。1つは，政治は人間に関わるいっさいの事柄を扱うべきであるが，現実の政治にあっては「資本と労働」の切迫している対立問題はウィッグやトーリーそれに急進主義者の間での政治的対立によって解決不可能になっていること，もう1つは，それに対して，「人民のための政治」にあっては神がこの世の事柄について裁定を下す，すなわち，「キリスト教と明白に両立し得る道徳的真理」を確立すること，である[6]。要するに，彼は，キリスト教的道徳律を人びとの生活の，したがってまた政治の規範に据えようとしたのである。

先に，1848年4月10日のチャーティストの「国民請願」に対するモーリスの考えに触れておいたように，彼は，自由は「政治的権利」と無関係であること，「社会変革の所産」でもないこと，平等は「財産」の平等でも「階層」の平等でもないことを強調したのであるが，それは，「神と人間との関係」＝「兄弟愛」こそが自由と平等の実体であることを言わんがためであった。だが，そのことは，キリスト教的道徳律を遵守するよう労働者階級に要求することであっても，現実の社会で起こっている政治的，社会的諸問題に労働者階級が自らの力で対処するよう求めるものではなかった[7]。キングズリィに至っては，チャーティストの要求する立法改革は社会改革ではなく，真の社会改革は「人間の精神の改革」なのであるから，個々人の精神的，道徳的改革が優先されるべきだとさえ説いたのである。

ラドローもまた，ある程度，モーリスやキングズリィの考えを共有していたが，しかし，ラドローにあっては少なくとも，解決を必要とする現実的な問題に対しては——彼の宗教的信念と社会正義の理念に則って——具体的な解答を用意すべきである，と考えていた。この点こそが，彼とモーリスやキングズリィとの相異を際立たせるのである。彼は「権利と義務」のなかで次のように論じている。

　われわれの大きな誤りと罪は，おそらく，義務の次に権利がやってくるので

はなく，権利の次に義務がやってくることである。……財産の権利を訴えるのは，総じて，貧民の不満を取り除こうとしないでおくためであり，貧民を飢えさせるためか，威圧するためである。労働の権利を訴えるのは，総じて，富者を略奪するためなのである。……しがって，われわれは，自分たち自身の権利を宣言し，他人の義務を説くのではなく，常にわれわれ自身の義務を説かなければならない。「財産の権利」は労働者の合言葉になるべきであり，「労働の権利」は資本家や雇用主の合言葉になるべきである。自分自身と同じように隣人を愛することが資本家の義務であるとすれば，資本家は，自分自身の資本（その資本は彼自身と他人の労働の蓄積にすぎない）と引き換えに公正な報酬を享受するのと同じように，労働者もその労働（それが貧民の資本である）と引き換えに公正な報酬を享受するのだということを知らなければならないのである[8]。

　見られるように，ラドローは，「資本と労働」の対立や「階級」（階層）間の対立の問題をキリスト教的隣人愛の下に包摂することによって，かかる対立の問題を資本家と労働者各々の立場の「権利と義務」の問題に転嫁させてしまっている。換言すれば，ラドローは，資本家の権利としての「財産の権利」と労働者の権利としての「労働の権利」とが既存の社会において対立していることを熟知しているが故に，キリスト教的隣人愛によって両者の権利を相互に尊重することを両者の義務である，としたのである。すなわち，資本家と労働者双方の「公正な報酬」をお互いに保証すること，これがラドローの言う「権利と義務」である。それでも，ラドローのこの立場は，平等は「財産の平等」でも「階層の平等」でもないと主張したモーリスの立場とは明らかに異なる。ラドローの立場には，少なくとも——資本家の「財産の権利」を認めるかわりに——労働者は「公正な報酬」を享受する「労働の権利」を有するのだ，という観点がはめ込まれているのである。そしてこの観点こそ，ラドローをして，現実のイギリス資本主義の社会を改革しようとするビジョンを逞しくさせたのである。何故ならば，現実のイギリス社会は，労働者に，「労働の権利」を確実に具現化する「公正な報酬の享受」を保障するどころではなかったからである。

とはいえ、ラドローは「階級」の存在それ自体を否定しないにもかかわらず、彼の主張する社会改革は「階級対立」を素通りしていく。その点は、『人民のための政治』の最終号（17号）で彼の社会改革の方向を示した記述「偉大なパートナーシップ」によく表現されている。要約するとこうである。

「社会」は、本来、パートナーシップを意味する言葉であるのに、人びとがこのパートナーシップという重大な事実を忘れたことから、「社会主義」という言葉や思想が起こった。「社会主義は個人主義の反動であり、懐疑的で不道徳な利己心の影響によって社会が分裂したことの反動である」。それ故、「社会主義」は「人びとをパートナーにする科学、パートナーシップの科学」となるのである。「科学」としての社会主義は、人びとに、パートナーシップを、物質的、知的な活動が新しい領域で遂行され得る手段を、共同のストックを一層節約する手段を、より容易にかつより成功裡に共同事業を行なう手段を、そして各パートナーがもっとも良く遂行し得る「義務」を各パートナーに割当てる手段を与える。ロバート・オウエンやシャルル・フーリエが生まれるはるか以前から、有徳な人たちは社会をより繁栄させ、より良きパートナーシップを創ろうと努力してきた。その意味で、「社会主義」は古いものなのである。社会主義者が今なお分裂をなくすために、相違ではなく同意を探し求めるのはこのためなのである[9]。

この主張から、われわれはラドローの「社会主義」論と「労働者生産協同組合」（アソシエーション）論の基礎を窺い知ることができるであろう。彼は、キリスト教的同胞愛に支えられて、資本家と労働者の両階級が各々の「権利」を保証し合う「義務」を、すなわち、両階級が各々の「公正な報酬の享受」を保証し合う「分裂なき社会」を追求しようとしたのである。これこそがパートナーシップに基づく彼のキリスト教社会主義であり、労働者生産協同組合であった。しかしながら、キリスト教社会主義者たちが現に生活しているイギリス社会の現実はどうかといえば、一方（資本家階級）が他方（労働者階級）の権利を侵害し、個人主義と利己主義が社会の原理とみなされるようになっているのである。そうであるならば、その権利が侵

害されている労働者の側において小さなパートナーシップを確立するための労働者生産協同組合を組織し，そこから社会改革を始めよう，と彼らは考えたのである。この点では，モーリスにもラドローにも，そしてキングズリィにも異存はなかったのである。

第3節　キリスト教社会主義の理論：モーリス，ラドロー，そしてニール

1.　モーリスのキリスト教社会主義の理論

　先に述べたように，自らのグループに「キリスト教社会主義者」の名称を与えたのはモーリスであった。キリスト教社会主義は「社会主義をキリスト教化し，キリスト教を社会主義化する」思想である，と宣言したのもモーリスであった。ただし，モーリスにとって，「社会主義」は本質的に教会の事業であって，国家の事業ではなかった。したがって，教会が存在するための基礎である「共産主義」を十全に機能させるための「教会改革」(Church Reformation) は——と，モーリスは強調する——神学的にはカルヴィン教徒やオクスフォード運動者の限界と脆弱さとは別に，「社会的には，キリストの下では誰ひとりとして，どんな物も自分自身の物だと要求する権利はないが，精神的同胞愛 (fellowship) と実際的な協同 (co-operation) が存在する，現実に生きているコミュニティの真理を大衆に主張することを含んでいる」[10]のである。教会改革は，モーリスには，社会あるいはコミュニティの真理である「同胞愛」(=隣人愛) と「協同」が何であるかを大衆に知らせることでもある，と思われたし，また教会の基礎である「共産主義」は，実際の社会やコミュニティにおいては「社会主義」となるものであった。モーリスは，1849年にオウエン主義者たちの集会に出席した時の印象をラドローにこう書き送っている。

　　私は，社会主義信奉者たちほどの，意志の力こそ状況を規制し支配するのだという強い確証を聞いたことがない。だが，共産主義は，いかなる意味においても，「新道徳世界」(the New Moral World) の原理であるにせよ，旧世界

のもっとも重要な原理であるということ，そしてあらゆる修道院施設は……あらゆる点で共産主義的施設であったということを，彼ら社会主義信奉者たちは知るべきであると私は思う。キリスト教共産主義の理念は，すべての時代においてもっとも力強く，生産的であるのだから，われわれの時代において十分展開される運命にあるにちがいない[11]。

このように，モーリスは，オウエン派社会主義者にキリスト教（精神）を教授することの必要性と教会改革（キリスト教共産主義）と現世の社会における改革（キリスト教社会主義）の継続性とを説いたのであるが，しかし，モーリスは，「キリスト教は社会主義の唯一の基礎であり，……真の社会主義は健全なキリスト教の必然的結果である」と述べるものの，彼には「社会主義の原理」は「社会における協同の原理」以上のことを意味しなかったのである。モーリスはこう主張する。「社会主義者のスローガンは協同である。反社会主義者のスローガンは競争である。協同の原理を競争のそれよりも強力であり，真の原理であると認める人は，社会主義者と称される名誉の——あるいは不名誉かもしれない——権利を有するのである」[12]。

たった今見たように，モーリスは，オウエン派社会主義者たちの集会に出席して，彼らにキリスト教（精神）の何たるかを教授することの必要性をラドローに書き送ったのであるが，何故モーリスはそう考えたのだろうか。それは，モーリスがロバート・オウエンの「環境論」を「誤り」だと考えていたからである。オウエン派社会主義やその他の社会主義が誤りを犯すのは——と，モーリスは言う——彼らがオウエンの「環境論」を信じているからである。人間の性格あるいは人間形成は環境によって決定されるとする「環境論」は，人間はその生活条件の改善によって自己変革されることを示唆するのであるが，実はそうではないのである。人間は，すべての社会変革の基礎たる道徳的改革を通じて，神によって変えられるのであり，また神によって変えられたまさにその人間こそが同胞として兄弟として協力し合い，そうすることで真の自由と平等を享受し得るのである。この点で，モーリスの社会主義は「社会における協同」に基づく「キリスト教社会主義」に他ならないのである。その意味でまた，モーリスにとって，「キリス

ト教的」(Christian) という限定形容詞は，社会主義の枠組みから彼自身を自由にさせるものであり，同じように，「キリスト教社会主義」という言葉も，彼の神学論に「社会主義」を接木させる役割を果たすものであった。それ故，P. R. アレンが述べているように，モーリスの「キリスト教社会主義は，実際には，キリスト教化された社会主義を，すなわち，キリスト教と明らかに両立し得る基本的な道徳的真理への社会主義の変形を意味したのである」[13]。

2. ラドローのキリスト教社会主義の理論

キリスト教社会主義運動の出発点は，パリで起こった２月革命の最中にラドローがモーリスに宛てた手紙であった。前述したように，ラドローは，この革命が真にフランス人に祝福を与えるためには，社会主義をキリスト教化しなければならない，とモーリスに書き送った。ラドローにとって，キリスト教社会主義の目標は「キリスト教のルールが普遍的に承認される」キリスト教社会の形成であって，彼の社会主義も「モーリス的定義」，すなわち，「社会における協同」の原理以上のものではなかった。社会主義の「モーリス的定義」は「社会主義思想の体系を無視する」それであり，社会主義をキリスト教的道徳と同じ次元に置くものであった。しかしそれでも，ラドローは，教会改革の運動を社会改革の運動に結びつけることによって，彼の社会主義をモーリスよりもずっと現実の社会に近づけた。モーリスにとっての教会改革は「同胞愛」と「協同」を一般社会の人たちに知らしめ，キリスト教的道徳律を生活のなかに根づかせることであったが，ラドローにとっての教会改革は社会改革の「運動」であり，社会主義に連動するものであった。ラドロー言う。

> われわれの運動は何よりも精神的運動であり，教会運動である――私はその言葉をもっとも広くかつもっとも深い意味で用いている。しかし，われわれの運動は，是が非でも産業の領域において自己実現を果たし，法律によって自らを律しようと努力する運動である。……われわれは，法令全書のすべてのページに，社会主義――キリスト教社会主義――の原理を記すべく努力するのである[14]。（傍点はイタリック）

見られるように，ラドローは，キリスト教改革運動を社会改革の運動と結びつけることで，人びとの実際的な関心を社会主義に近づけようとする——とはいえ，彼の社会主義はキリスト教精神と本質的に調和する社会主義でなければならないが。だが，そうであっても，彼の社会主義においては，商業や工業に，したがって，労働者の生活全般にアプローチしていく道が開かれることになる。彼は強調する。「わが19世紀にあっては，キリスト教は，……その社会的影響力を剥ぎ取られた時に，換言すれば，社会主義から離れた時に，冷淡になり，無力化し，また教会あるいは礼拝堂の四方の壁の中に閉じ込められ，広い世間に出ていくことを禁じられた時に，……取引きと産業の全過程に対する，すなわち，われわれの共同の生活の全活動に対する神の正当な支配を主張し得なくなった時に，冷淡になり，無力化するのである」[15]。

キリスト教社会主義者にとって，これは非常に重要な主張である。キリスト教が労働者と社会に対して影響力をもち続けるためには，キリスト教徒は，教会の内部に止まるのではなく，社会のあらゆる領域に，商業や他の産業にも労働者の生活全体にも関わっていくべきである，とそうラドローは論じているからである。彼にとって，キリスト教（精神）なしの社会主義は「生命のない社会主義」であるが，社会主義のないキリスト教は「生命のないキリスト教」でもある。現実の社会で苦悩している人たちにキリスト教徒は手を差し伸べてはじめて，キリスト教社会主義者になり得るのだとラドローは言うのである。要するに，ラドローは，「社会主義のキリスト教化」とは，現実の社会においては，「取引きと産業の全過程に対する，……共同の生活の全活動に対する神の正当な支配」に他ならないとして，キリスト教社会主義者が協同組合運動に関わっていく論理を準備したのである。かくして，ラドローはキリスト教会改革と協同組合運動（Associative Movement）を「時代の問題」であると指摘して，両者を同一次元で扱うことを正当化し得たのである。

　　教会改革は，協同組合運動との関係でいえば，われわれのもっとも真剣な思考を占有するであろう。……というのは，教会改革は時代の問題であり，社会主義それ自体その問題の1つの側面にすぎないからである[16]。

ラドローは，これまで見てきたように，確かにキリスト教社会主義者としてはモーリシアン（Mauricean）であると言ってよい。しかし，そうであるからといって，彼が宗教的，社会的な理念や見解において徹底したモーリシアンであり，モーリスと変わるところがない，と考えるのは明らかに間違いである。第1に，ラドローは，キリスト教社会主義の目的は社会のなかにキリスト教的ルールを普遍化させていくことである，と主張する意味で自ら「キリスト教改革者」をもって任じていたけれども，モーリスとは違って，コールリッジ的保守主義＝哲学的保守主義の見解を受け入れなかったし，富が生み出す階級的，社会的特権や貴族制といった階級的制度に対して強い嫌悪をもっていた[17]――彼にとって，キリスト教社会は民主主義社会でなければならないのである。

　第2に，ラドローとモーリスの間には，「社会主義のキリスト教化」についての理解に相違があった。モーリスにとって，社会主義による真の社会改革は「神の秩序」を承認すること，したがって，社会主義者は自らが構想する新しい社会組織を構築するために闘うのではなく，競争的世界に対する「神の確立された秩序」のために闘わなければならないのである。モーリスは言う。「同胞愛は現実には父なる神を求めることである。それ故，それこそが，われわれがキリスト教社会主義について語ることなのである」[18]。だが，そうであるならば，新しい社会組織としての協同組合（アソシエーション）は，モーリスはもちろん，ラドローにも他のキリスト教社会主義者にも不可欠なものではない，ということになる。他方，「キリスト教と社会主義との間の本質的調和という新しい思想」を主張し，「キリスト教と社会主義の調和のなかに既存の社会の弊害に対する唯一の救済策」を見い出そうとするラドローは，彼自身の考える「社会主義のキリスト教化」の手段を協同組合に，しかも労働者生産協同組合に求めたのである。ラドローはこう明言する。「教会の助力なしでは，どんな社会改革も徹底し得ないし，実際的ではあり得ない。（だが）……いかなる教会改革も，それが社会的要求と調和しないのであれば，生きた，永続的な改革になり得ないのである」[19]，と。こうして彼は，キリスト教社会主義者によって組織される協同組合運動はキリスト教的かつ社会主義的である，としたのである。

第3に，キリスト教が取引きと産業の領域に関わる権威を有することを擁護され，そして社会主義が19世紀の偉大なキリスト教革命としてその真の性格を擁護されるのであれば，「社会主義」という標題(タイトル)は，怠惰な者や不道徳な者にとっては恐ろしいものになるだろうが，社会にとっては，最上層の者から最下層の者まで，「協同の原理」に基づいて自らを規制するものになるだろう，とラドローは強調して，「協同の原理」と「社会主義」を同等におき，そしてこう言うのである。「社会主義は，かの聖なる名声と闘っている時でさえ，本質的にキリスト教的であるべきだ」[20]。

　ところで，ラドローは，『エディンバラ・レヴュー』誌が彼らの運動を「共産主義的協同組合」(Communistic Association) であるとみなしたことに反論して，キリスト教社会主義運動の何たるかを説明しているが，この点は，キリスト教社会主義についての彼の理論を理解するのに重要であると思われるので，少しく触れておく。

　ラドローは，彼らの運動が「共産主義的協同組合」でないことを論証するために，次の言葉をもって始める。「精神的な事柄においては，共産主義は宗教生活のまさに戒律である。キリスト教のすべての天恵は，もっとも厳密に言えば，すべての人に『共通の』(common) ものである。すなわち，個別の部分やいくつかの部分に分けることが不可能なのである。……共産主義は依然として，普遍的であろうが部分的であろうが，われわれの享受の戒律である」[21]。これを要するに，ラドローは，共産主義は宗教生活の戒律であるだけでなく，享受の戒律でもあるのだから，共産主義という言葉を用いてキリスト教社会主義運動を論難してはならない，と主張しているのである。彼は，彼らの協同組合運動を共産主義的だとみなすことの間違えをこう説明している——協同組合は，その組合員が自分たちの時間のうちの数時間を共同で費やし，自分たちの労働を共同経営の下で販売し，そしてその生産物の一部を共通の目的のために捧げる，という以上の何ものでもないのである。彼ら組合員は，私的な全財産を共同のストックに投げ入れないだけでなく，さまざまな割合で毎週の剰余部分を「分配する」(アロワンス)のである——彼らは彼らの間で利潤を分配するのである[22]。

　キリスト教社会主義者による協同組合運動は，したがって，共産主義的ではな

く社会主義的である,とラドローは強調しているのであるが,その点についてさらに彼は,何故彼と彼の仲間は自らを共産主義者ではなく社会主義者と呼ぶのか,と問い,そしてこう述べている。「共産主義はすべての社会主義の萌芽である」けれども,共産主義者という言葉は「物」(things)に関係するのに対して,社会主義者という言葉は「人間」(persons)に関係する。「物は数人に共通(common)であるのに対して,人びとは同胞(socii)であり,仲間(associates)であり,あるいはパートナー(partners)である。……共産主義は『物』から出発するので,絶対的財産に本来的に対立する。社会主義は『人間』から出発するので,人間の不和や不一致に本来的に対立する。かかるものこそ,実際,われわれが目指すものなのである」[23]。ラドローはここで,キリスト教社会主義は「物」からではなく「人間」から出発する社会主義であること,したがってまた,キリスト教社会主義運動は「同胞」や「仲間(組合員)」や「パートナー」といった,いわゆる「同胞愛」(fellowship)を基礎にした新しい社会秩序を打ち建てる運動であり,そのための手段として労働者生産協同組合を位置づけることを論じているのである。

キリスト教社会主義の起点である「人間」は,ラドローにとっては,生き生きとした,そして自分の行動に責任を取ることのできる「人間」である。彼は,労働者をそのような「人間」として見ることによって,労働者生産協同組合を労働者の同胞愛や共同労働(fellow-work)に基礎をおいた組織であると考えた。しかし同時に,彼によれば,協同組合は,剰余や利潤といった「物」に関係するので,社会主義的というよりはむしろ共産主義的である,とみなされるかもしれない。そこで彼は,社会主義が存在するかぎり,共産主義は無害である,と考えるのである。何故なら,社会主義こそが協同組合の組合員の「もっとも神聖でなおかつもっとも人間的である同胞愛」を擁護するからである[24]。

だが,ラドローのこのロジックは説得力をもたない。後にベアトリス・ウェッブからラドローたちの労働者生産協同組合運動を「個人主義的」であり,イギリス協同組合運動と異質のものだと批判されるのも,部分的には,剰余すなわち利潤を労働者生産協同組合の組合員の間で「労働に応じて分配する」ことの正当性を一貫して主張しておきながら,その利潤分配を,「物質的満足」とみなす共産主義的形態というよりもむしろ,「人間」の「同胞愛」とみなす社会主義的形態

である，と論じた曖昧さを衝かれたためである。彼は，社会主義＝「同胞愛」が共産主義＝「物質的満足」を抑えるという表現ではなく，ニールが論じたように，資本は過去の「蓄積された労働」なのであるから，労働者生産協同組合にあっては資本と労働の双方を提供する組合員に，その資本と労働が生み出した利潤を「労働に応じて分配する」ことは組合員の正当な権利であり，「人間的同胞愛」を擁護することなのであり，それ故，社会主義的である，と言うべきであった。

　それはさておき，ラドローによれば，富の生産と分配についての学説や理論は人と人との関係を支配する「義務の優先順位」を要求するのであるが，共産主義は，その順位を人間が存在するための物質的満足のそれと混同する傾向があり，それ故にまた，あたかも人間を，身にまとう衣類や食する食糧と同じように生産し分配できるものだとみなしてしまう[25]。そのような「共産主義の政治経済学」によって生み出される「粗野な物質主義」の危険性を避けることができるものこそ労働者生産協同組合であり，社会主義なのである，とそうラドローは強調するのである。

　彼は次のように言っている。「多くの点でわれわれ自身のプロトタイプであるパリの労働者協同組合の組合員に，『あなたは共産主義者か』と尋ねてみたまえ。すると直ちに彼はこう答えるだろう。『いいえ！私は社会主義者である』と」。またこうも言っている。「イギリスには自分たちのことを『社会主義者』と称する人たちがいるが，彼らこそ労働者の協同組合を設立した人たちか，あるいはそれを設立するのを援助してきた人たちなのである」[26]。ラドローのこの記述はわれわれの興味を引く。何故なら，社会主義者は協同組合運動に関わっている人たちであり，したがって，自らキリスト教社会主義運動の指導者をもって任じるラドロー自身も協同組合運動に関わっていくことを示唆しているからである[27]。

　実際のところ，イギリスでは1840年代から50年代においてもなお，「社会主義者」はオウエン派協同社会主義者を意味したし，したがって，社会主義者を名乗ることは，たとえオウエン主義が労働者階級への影響力を減じていようとも，その思想的，運動的な伝統は依然として労働者階級の人びとの間に残っていた。それ故，自ら社会主義者をもって任じることは，協同思想の擁護者として民衆の前に現われることであり，協同組合運動を実践することであったのである。それは

「キリスト教」社会主義者であっても同じことなのである。その意味で、ラドローたちキリスト教社会主義者による労働者生産協同組合運動の試みにロイド・ジョーンズやウォルター・クーパーなど何人かのオウエン主義者が参加して彼らを援助したのも故なきことではなかったのである。特にロイド・ジョーンズは後述する「中央協同組合代理店」の形成と展開にニールとともに主導的な役割を果たすことになるのである。

3. ニールのキリスト教社会主義の理論

キリスト教を基礎にした「社会主義の特殊な側面の擁護者」として現われたニールは、社会主義を次のように捉えていた。

> 社会主義は……本質的にすべての人びとがお互いに表現し合う同胞愛の感情である。しかし、同胞が同胞である所以は、1人の共通した親の子孫である、ということによってであるのだから、社会主義には、その自然的基礎として、すべての人びとが神と関係している、という信念(ビリーフ)が存在しているのである。……他方、社会主義としては、すべての人びとが個々に賦与されたさまざまな能力を調和的に発達させていくのに必要なすべての機会を相互に保障し合うために、またわれわれが現世において存在していくために神の善が賦与してくれた喜びや楽しみを各人が十分に享受し得るよう保障するために、そして真の愛情が醸し出す、あの友愛的敬意をもって各人が行動するために、この関係(人間と神との関係—引用者)を承認する人たちの方での真摯な努力を伴うのである[28]。

われわれはこの文章にニールの「キリスト教社会主義」を見てとることができる。ニールは、まず、社会主義は「人びとがお互いに表現し合う同胞愛の感情」であること、次に、「その自然的基礎」は「人間が神と関係している」という信念であること、すなわち、人びとが「人間と神との関係」を承認することであると言い、さらに、社会主義を真に社会主義たらしめるためには、各人はそのもつ能力を調和的に発達させる機会と喜びや楽しみを享受する機会とをお互いに保障

し合うことが必要であること，またその機会を保障するために各人はお互いに友愛の精神と敬意をもって行動すべし，と言っているのであるが，彼はこの短い言葉をもって「キリスト教」と「社会主義」を巧みに結びつけた。人間の能力も喜びも楽しみもすべて神が人間に賦与したものであり，これらを生かし，享受する機会を保障する同胞愛こそ「社会主義」である，とそう論じているのである——これはラドローの観点でもある。このような「社会主義」を強調するかぎり，ニールはまさに，モーリシアンの1人として「社会主義の特殊な側面の擁護者」として立ち現われるのである。

　しかし同時に，ニールは，モーリシアン的「キリスト教社会主義」とは異なる社会主義についての見解をもっていた。「社会主義は，1つの理論として考察されるならば，社会全体の福祉を保障するために，人びとが現世において相互に取り結ばなければならない諸関係の科学である，と定義され得る」[29]，というのがそれである。

　社会主義は現実の社会における人と人との関係を，あるいは同じことであるが，人と人との社会的関係を客観的に考察する「科学」である，と定義するニールのこの見解は，キリスト教を社会主義から切り離す観点を彼自身に与えることになるし，したがってまた，協同組合運動，とりわけ労働者生産協同組合運動から神学論を切り離す立場に彼自身を立たせることになるのである。この点を感じとったラドローは，ニールのこのような見解や立場を，「社会主義のキリスト教化」というキリスト教社会主義運動の目的・目標に対する背信である，と論難したのである。

　「キリスト教社会主義」についてのニールの見解や立場に矛盾があったことは確かである。彼は，一方で，社会主義を「人間と神との関係」を基礎として捉え，他方で，「人びとがとり結ぶ社会的諸関係」を基礎として社会主義を捉えているからである。一方は「人間と神との関係」が，他方は「人間自身の社会的関係」が社会主義の基礎となっている。一方の「社会主義」は「同胞愛の感情」であり，他方の「社会主義」は「科学」である。

　しかしながら，ニールにとって，この矛盾は矛盾として映らなかった。何故ならば，ニールからすれば，一方の「人間と神との関係」は一種の宗教的「信念（ビリーフ）」

であって，仮にある人たちがその関係を承認しなくても，すなわち，そのような「信念」をもたなくても，社会主義は，そのような人たちも含めて，現にこの社会で労働し生活している人たちのために「福祉」を保障しなければならないからである。ただ，すべての人たちが「人間と神との関係」を承認するのであれば，各人の能力を発達させる機会や喜びと楽しみを享受する機会をお互いに保障し合うという行為が「友愛的敬意」をもって遂行されるだろうし，そうであれば，「社会全体の福祉の保障」はより容易に達成されるだろう，とニールは考えたのである。要するに，「人間と神との関係」の承認は，ニールの「社会主義」の不可欠の要素では絶対になかったのである。

　ニールは，協同組合運動においては後者の「科学としての社会主義」の立場に立った。たった今述べたように，ニールにとって前者の社会主義と後者の社会主義との間には深い溝があったわけではないが，彼が社会主義を科学とみなす立場に立つかぎり，彼は協同組合運動のなかにキリスト教神学論をもちこむことに賛成できなかった。例えば，キリスト教社会主義運動が展開されている間，ニールが労働者生産協同組合と消費者協同組合を対等・平等に扱うよう主張し，かつ自らそのように実践したのも，労働者生産協同組合こそ「キリスト教的同胞愛の精神」を体現するものだと主張して譲らなかったラドローのキリスト教神学論の協同組合運動への持ちこみを暗示的に批判するためであった。

　モーリスが「誤り」であるとさえ論難したロバート・オウエンの「環境論」からニールが重要な示唆を得たことも，労働者生産協同組合だけでなく消費者協同組合への彼の献身を支えるものとなった。キリスト教社会主義の思想に従って社会を改革する際に「人間の精神生活に対する外部の社会機構の重要性」を認識しなければならない，とのニールの主張には，「キリスト教社会主義」の「キリスト教的」部分を形式化させてしまう契機が当然のように潜んでいたのである。それは，モーリスが「キリスト教的」という限定形容詞によって「社会主義」を形式化させたのとちょうど反対のそれであった。その意味で，「ニールは言葉のいかなる意味においても，モーリシアンと称されなかった」とのラドローの述懐は，正鵠を射ていた，というべきかもしれない。

【注】

1) Max Beer, *A History of British Socialism, with an Introduction by R.H.Tawney,* Vol.Ⅱ, 1929, pp.180-181. ベアは，モーリスのこの言葉について次のように説明している。「このような言明は，主要なオウエン主義者の著述家であれば誰もが言明したかもしれない。しかし，そのような言明は合理主義的原理あるいは非宗教的原理に基づいてなされたのに対し，モーリスは，そのような言明が福音書の教義に根ざしていることに気づいたのである。」(*Ibid.*, p.181.)
2) *Politics for the People, "letter to the Chartists", No.1,* May 13, 1848, p.28.
3) J. Saville, The Christian Socialism of 1848, *Democracy and the Labour Movement, Essay in honour of Dona Torn,* edited by J. Saville (London 1954), p.152.
4) *Ibid.*, pp.142-143.
5) *Politics for the People, No.1,* May 6, 1848, p.1.
6) P. R. Allen, F. D. Maurice and J. M. Ludlow: A Reassessment of the Leader of Christian Socialism, *Victorian Studies, Vol.* Ⅺ, *No.4,* June 1968, pp.473-474.
7) T. Christensen, *op.cit.*, pp.75-76.
8) *Politics for the People, No.6,* June 3, 1848, pp.105-106.
9) *Ibid.*, No.17, pp.273-274.

　ラドローのこのような思想は，チャーティスト運動に対するモーリスとキングズリィの考えと異なる視点を示すことにもなる。ラドローは，確かにチャーティストの要求する「6項目」を支持しなかったが，選挙制度の現状に対するチャーティストの批判にある程度同意した。例えば，彼は，キリスト教的隣人愛の下では労働者も製造業者（雇用主）も同じ資格を有する人間なのであるから，「財産に基づく選挙資格」を，「神を承認しない行為」だと批判し，「財産に基づく選挙資格」の代わりに，「すべての誠実で価値ある労働者を含む」選挙権の拡大を主張したのである（*Ibid.*, pp.79-80)。しかしながら，この主張は，彼にとっては論理矛盾であった。何故なら，「すべての誠実で価値ある労働者」に選挙権を拡大する，という場合，どんな個人，どんな労働者が「誠実で価値ある労働者」であるのかを決定するのは——それを恣意的に判断してはならないとすれば——「社会的な力のバランス」に他ならないからである。それは，要するに，既存の「階級」関係に左右されることなのである。

10) Max Beer, *op.cit.*, pp.181-182.

11) *Ibid.*, p.181.
12) *Tracts on Christian Socialism, No. Ⅰ. Dialogue*, p.1.
13) P. R. Allen, *op.cit.*, pp.473-474.
14) J. M. Ludlow, *Christian Socialism and Its Opponents: A Lecture, delivered at the office of the Society for Promoting Working Men's Association*, (London, 1851), p.3.
なお、われわれとしては、「法律によって自らを律し、法令全書のすべてのページに社会主義――キリスト教社会主義――の原理を記す」という文言に拘るところである。何故なら、1つは、キングズリィの「立法的改革」を否定する主張とはまったく異なるからであり、もう1つは、法廷弁護士であったラドローが間もなく彼らの仲間に加わる同じく法廷弁護士であったニールとヒューズ等と協力して協同組合法である『産業および節約組合法』を1852年に制定させることになるからである。
15) *Christian Socialist, No.1,* p.1.
16) *Ibid.*, p.2.
17) 富が生み出す階級的、社会的特権や貴族制度に対するラドローのこのような嫌悪は、彼をして、彼の仲間である貴族出身のゴッドリッチ卿や裕福なニールに対してシンパシィをもつことを困難にした (P. R. Allen, *op. cit.*, p.477)。
18) *Tracts on Christian Socialism, No. Ⅲ*, p.10.
19) *Christian Socialist, No. Ⅰ,* p.1.
20) *Ibid.*, pp.1-2.
21) J. M. Ludlow, *ibid.*, p.8.
22) *Ibid.*, p.9.
23) *Ibid.*, p.11.
24) *Ibid.*, p.12.
25) *Ibid.*, p.12.
26) *Ibid.*, pp.12-13.
27) ラドローはこう述べている。すなわち、協同組合運動は「イギリスにおける社会主義運動の一部をまさに形成する」ものであり、「それは共産主義的だと断じて称され得ないのである」(*Ibid.*, p.14)。
28) E. V. Neale, *The Characteristic Features of Some of the Principal Systems of Socialism*, 1851, pp.32-33.
29) *Ibid.*, p.4.

第2章

キリスト教社会主義運動と労働者生産協同組合

第1節 J. M. ラドローの労働者生産協同組合論

　前述したように，イギリスにおけるキリスト教社会主義は1848年の2月革命の最中にパリにいたラドローがモーリスに宛てた手紙から始まるのであるが，ラドローの手紙を受け取ったモーリスは，「社会主義のキリスト教化」を具体化する方法として，「アソシエーション」を組織することに期待を託した。彼はアソシエーションについて次のように論じている。

> われわれこそがアソシエーションの原理の創始者であり，fellow-worker の創始者であると考えるならば，アソシエーションこそわれわれが進んでいく当然の道筋である。われわれは，農業者や商人が誤った，破滅的な観念によって，誤った，破滅的な実践に引き込まれずにすまそうとするのであれば，アソシエーションこそ彼らが拠って立つ原理である，と考えるが故に，アソシエーションの小規模な実験は大規模なそれよりも一段と有効である，と判断するのである。われわれが平易であり実直であることを厭わないのであれば，平易さと実直さがなし得ることをアソシエーションは一層よく例証してくれるだろう[1]。

　モーリスのいう「アソシエーション」は，ラドローがパリの「労働者生産協同組合」(Associations ouvrieres) に感銘を受けて，イギリスにおいても労働者生産協同組合を設立するよう彼がモーリスに促した時に提案されたものである——したがって，キリスト教社会主義者たちがいう「アソシエーション」は具体的には「労働者生産協同組合」のことである。この頃彼らは労働者と親交を

結びはじめ，1848年末にはT. ヒューズ，F. J. ファーニバルそれにC. マンスフィールドがキリスト教社会主義者として彼らの戦列に加わり，労働者の側からはチャーティストでありオウエン主義者であったW. クーパーが彼らの集会に参加してきた。

クーパーとの出会いは彼らにとって非常に重要なことであった[2]。クーパーは，1849年3月に，モーリスたちが労働者と交流するよう進言し，その結果，モーリスやラドローなどキリスト教社会主義者たちは翌4月に労働者との集会をもつようになる。そして間もなくすると，キリスト教社会主義運動に指導力を発揮することになる，オウエン主義者のL. ジョーンズが集会に参加する。クーパーとジョーンズ，この2人はキリスト教社会主義者たちにイギリスにおいてこれまで展開されてきた協同組合運動の歴史と実践を教え，労働者生産協同組合の設立と運営に貢献するのである。

モーリスとラドローたちが開催する集会に直接間接にオウエン主義の影響を受けた労働者が参加するようになると，当然のようにオウエンの「ホーム・コロニー」＝「協同コミュニティ」が議論の重要な話題としてのぼるようになってくる。この時代になっても労働者階級の間では，以前ほどではないにしても，オウエン派社会主義の伝統が息づいていたのであり，オウエンの「ホーム・コロニー」は依然として協同組合のことを意味していたのである。そこでモーリスは，彼の周囲に集まる労働者に「ホーム・コロニー」について彼の見解を示さなければならなくなった。

モーリスは，集会に参加した労働者に，オウエンの「ホーム・コロニー」の計画を支持することができない，と言明した。第1に，「ホーム・コロニー」は，神によって創られた社会秩序である私有財産の神聖な権利の廃止を含意しているからであり，第2に，「ホーム・コロニー」の基礎たる共産主義の原理は，普遍的な同胞関係(フェローシップ)を確立している教会に既に実現されているのであるが，今必要なのはその教会を堕落から救う教会改革であるからである。要するに，モーリスは，「神聖な秩序」＝「私有財産制度」に何よりもプライオリティを置き，「キリスト教的」という限定形容詞に比重をかけて「社会主義」を制限することで彼自身の「キリスト教社会主義」の整合性を保とうとしたのである。労働者とモーリスた

ちの交流は一時中断した。

　しかし，イギリス社会は，キリスト教社会主義者たちにとって，非常に危険な状況にあるように思えた。1849年に『モーニング・クロニクル』紙に連載されたヘンリィ・メイヒューの論文「ロンドンの労働とロンドンの貧民」(London Labour and the London Poor) が彼らの態度を変えることになった。メイヒューは，ロンドンの苦汗労働者やスラム住民の生活と労働の状態を調査し，彼らの惨状と恐怖について多くの実例を挙げ，悲痛な思いで下層階級の労働者の状態を記述したのである。その年の8月から9月にかけて発生したコレラは，メイヒューの告発に一層の信憑性を与えた[3]。このような事情を受けて，キリスト教社会主義者たちは，労働者との交流を再開し，労働者の困窮を救済するための計画を進めて1850年2月に最初の労働者生産協同組合を設立する。「仕立工生産協同組合」(the Working Tailors' Association) がそれである[4]。

　モーリスが総じて「イギリスの社会秩序」を信用していたことは前に述べたとおりである。それ故，彼にとって，労働者生産協同組合は一種の「社会的プロテストの手段」であっても，けっして「社会変革の手段」にはなり得なかった。労働者生産協同組合は「神の秩序」の上に社会を再組織するための手段にすぎないのであるから，モーリスにはむしろそれは，思想的にも，運動的にも社会変革の手段であってはならなかった，とわれわれは言うべきだろう。モーリスが「小規模な労働者生産協同組合」の開始を宣言したのも，自治的労働者生産協同組合 (self-governing co-operative workshop) は政治的な組織でも運動体でもなく，本質的に教育的で，倫理的な組織であり運動体であることを労働者に印象づけるためであった。彼は，労働者生産協同組合が fellow-worker を創り出し，労働者の間に fellowship という新しい関係が確立することをひたすら願ったのである。何故なら，彼には，fellowship は，「神の掟の本質」であり，既存の社会秩序を根本的に変革することなしに達成され得るものだと思われたからである。

　他方，ラドローは労働者生産協同組合を「社会変革の手段」とみなしていた。彼は，モーリストと違って，トーリー的秩序に基づくパターナリズムに囚われなかった。むしろ彼の政治的，社会的思想はフランス的でさえあった。彼が強調する「社会改革は神聖な義務」という思想は，この時代にあっては，きわめてフラ

ンス的であったのである。彼が機敏にして実際的な行動をとって，オウエン主義者やチャーティストの労働者をキリスト教社会主義運動に引きつける契機となった「聖書研究会」(Bible study evening) の開催を彼の同志に提案し実行したのも仕立工生産協同組合の設立を決定したのも，フランス的思考と行動の現われであった。

　仕立工生産協同組合設立の直接的な動機は，先に触れたメイヒューの記事「ロンドンの労働とロンドンの貧民」に紹介されていた労働者，とりわけ仕立工とお針子 (needlewomen) の苦汗制度の改善と彼らの生活苦の除去であった。ラドローと他の若きモーリシアンたちは，労働者生産協同組合を設立して，「社会主義のキリスト教化」という彼らの運動の目標に向かって前進を開始したのである。ラドローは，彼が1850年11月から1851年12月にかけて編集・発行した『キリスト教社会主義者』(The Christian Socialist) 紙のなかでこう述べている。「もしキリスト教が工業と商業の領域にわたって，その真の権威を主張し，社会主義が19世紀の偉大なキリスト教革命としてその真の性格を主張することが明示されるならば……社会は，最上層から最下層に至るまで，公然と協同の原理によって自らを規制するようになるだろう」[5]。

　「社会主義のキリスト教化」という命題は，パリの2月革命を目撃したラドローの重大な社会的経験の産物であったのであるが，この命題それ自体，彼がフランス社会主義について，特にフーリエ派社会主義についてある程度の知識をもっていたことをわれわれに語ってくれている。彼は，彼の『自伝』のなかで1848年のパリにおける彼自身の真情を次のように吐露している。

　　その当時，私は何よりもフーリエ主義的であったし，当時の立派なフーリエ主義の機関紙『平和的民主主義』(Democratie Pacifique) を購読していた。……（しかし）フーリエの社会主義は包括的であり，またフーリエは新産業的・社会的世界を熟考していたことからすれば，当時のパリの労働者生産協同組合が私の社会的熱望を満足させなかったことは言うまでもないことである[6]。

第2章 キリスト教社会主義運動と労働者生産協同組合　　45

　この文章は次のことを示唆している点で重要である。1つは，ラドローはフーリエ派社会主義についてある程度の知識をもち，それから影響を受けたこと，それ故にまた，ラドローたちキリスト教社会主義者がイギリスで実践した「労働者生産協同組合」の基本路線はフーリエ主義の影響を残している，ということである。もう1つは，フーリエ派社会主義は包括的であって，フランス社会全体のあり方，すなわち，「新産業的世界」と「社会的世界」の双方を展望しているのに，パリの労働者は実際には「労働者生産協同組合」という形態でしかフーリエ派社会主義を実践していないこと，それ故にまた，それらの「労働者生産協同組合」は「社会主義のキリスト教化」のための「社会変革の手段」たり得ていない，ということである。さらにラドローはこう続けている。

　　さまざまな部門に（労働者）生産協同組合を形成することが，あたかもわが
　　社会主義の究極の目的であるかのように論じられてきた。……私は，これら
　　の人たち（パリの労働者生産協同組合の仕立工，指物労働者，椅子製造工，家具
　　職人，コック―引用者）が社会主義に向かう正しいハンドルを保持している
　　とは思えないのである[7]。

　ラドローは1849年の夏，パリにあるいくつかの労働者生産協同組合を訪問した。これらの労働者生産協同組合の多くはフーリエ主義派とビュシェ派のそれであった。最終的に，彼は，パリの労働者生産協同組合をロンドンで適用することは可能である，との判断を下すのであるから，彼には，いかにして労働者生産協同組合を「社会主義のキリスト教化」を目指す「社会変革の手段」として育成していくのか，という課題が与えられることになる。何故なら，先の引用文にあるように，彼は，パリの労働者は労働者生産協同組合をさまざまな部門に形成し，設立すればそれでよいと考えているようだが，それだけではフーリエの社会主義に基づいた新しい社会=「社会的世界」をどのように創っていくのか，という観点が抜け落ちてしまうことになる，とパリの労働者を批判しているからである。したがって，彼は，ロンドンの労働者には「新産業的世界」と「社会的世界」の双方を創造するような「キリスト教社会主義」に向かう「正しいハンドル」を保持す

るように指導しなければならないはずであった。

　それだけではなく、パリの労働者生産協同組合には決定的な弱点がある、とラドローは見ていた。ラドローはこう述べている。「歴史的にみると、パリの労働者生産協同組合(アッシェーション)は最新の革命的概念であるどころか、事実上、中世の職人ギルドをもっと広範囲な、より確固とした基礎の上に再構成することで、破壊された伝統の鎖を結びつけようとするものである」[8]。つまり、パリの労働者生産協同組合は「中世の職人ギルド」をより強固にしたにすぎない、と彼には思われたのである。そうであれば、パリの労働者生産協同組合には「新産業的世界」の展望も「社会的世界」の展望もともに欠落している、ということになろう。それ故、ロンドンの労働者生産協同組合はこの双方をもち合せなければならないはずであった。ではどうして、ラドローはパリの労働者生産協同組合をロンドンに「適用可能」である、と判断したのだろうか。

　ラドローは「適用可能」であるとの彼の判断について次のような根拠をあげている。すなわち、フランスでもイギリスと同様に「拝金主義」が産業を支配するようになり、キリスト教精神を圧倒しつつあるが、イギリスと異なることはフランスでは未だに労働者の団結＝労働組合組織が事実上非合法とされているために、労働者を「政治的陰謀」や「秘密組織」に追いやっている。しかし他方で、キリスト教は、さまざまな職業部門に組織されている「友愛組合」を奨励し、「協同の発展の道」を切り開いている。そうした過程でフーリエやサン＝シモンが提示した「社会改革」の思想と体系が労働者に影響を与えるようになり、同時に労働者階級の間に「新しい同胞愛」の感情が育ち、彼らは「反同胞愛」の原因が「競争制度」にあることに気づきはじめた[9]。また、2月革命の前にルイ・ブランの「労働の組織化」(the Organization of Labour)が労働者階級に影響を及ぼしはじめ、現存する困難を部分的にであれ解決する手掛りを与えていたために、2月革命が勃発して「突然の不景気」が襲ってくるや、労働者階級は自らの資力をもってそれに立ち向かった。こうして「労働者生産協同組合」が燎原の火のごとくに広まり、労働者生産協同組合と「ルイ・ブランの名前とが結びつくようになった」。

　しかしながら、実のところは、2月革命とルイ・ブランの仕事は労働者生産協同組合の発展に加速をつけたにすぎない。その意味でイギリスの労働者にとって

重要なのはむしろ，2月革命後に設立された労働者生産協同組合の実践例である[10]。例えば，クリシー通りに設立された，1,500以上の組合員を擁する仕立工生産協同組合は，臨時政府の大量注文に応じるために多数の不熟練労働者や少数の仕立工でない労働者を雇用したことから経営的に失敗し1846年6月に解散したが，そのなかの60人ほどの組合員がフォーブール・サン゠ドニ通りに新たな仕立工生産協同組合を組織し，以前の仕立工生産協同組合の失敗の経験を踏まえた「規則」を作成した。そこでラドローは，この「規則」を検討し，それがロンドンに組織されるであろう労働者生産協同組合に十分に有効であるか否かを吟味する。その「規則」とは次のものである[11]。

(1) 組合員は，職人であろうとマネジャーであろうと事務員であろうと，同一の報酬を受け取り，利潤は平等に分配される。

(2) 新しく組合員になるためには，2人の組合員の推薦と理事会（Council of Direction）の承認を必要とし，また推薦者は，組合員候補者が「協同組合の一員になるのに不可欠な道徳的資質を備えている」ことを証明しなければならない。

(3) 協同組合には既に資本があるので，組合員が拠出するものは「知識と労働」に限られる。

(4) 理事会は，加入の権利・承認事項の規則を決めて使用人を任命し，また販売と購買に関わるすべての契約を行ない，3ヵ月ごとに開催される総会（General Meeting）を召集する。理事会は一般社会に対して協同組合を代表する。

(5) 理事会のメンバー（5名）は総会で選任され，その任期は1年とする。理事会は，紛争の調停者であり，義務不履行の判定者でもあるので，総会に訴えられた義務不履行の組合員を追放することができる。

(6) 収支決算は年2回（1月と7月）行なわれる。また毎週すべての利益から2パーセントが控除され，1パーセントは「協同組合の一般基金」に，残りの1パーセントは「相互救済基金」に割り当てられるように取り計らう。

(7) 利潤は3分の1ずつ次のように分配される。
 (i) 労働日に応じて組合員の間で分配（傍点は引用者）。

(ii)「一般基金」に充当。

　(iii)「相互救済基金」に充当。

(8)「相互救済基金」の配分は，総会で選任された「家族協議会」(Family Council) に一任される。

　この「規則」には，一方では労働者福祉と利潤分配に配慮しているものの，他方では「労働の質的差異」を考慮せず，また資本の重要性を見落としている，という欠点が見られるにもかかわらず，ラドローはこの「規則」に対して次のような評価を下している。「1つのことは明白である。それは，労働者生産協同組合にあっては，労働と自己犠牲という確固たる，そして神聖な目的があまねく支配していることである」。このことこそ，労働者生産協同組合と株式会社を区別するものである。労働者生産協同組合に恥辱を与えないために，組合員には高い次元の道徳的価値が求められるだけでなく，組合員の間には最良可能な方法で各自の労働を遂行しなければならない，という規範と，場合によっては長時間の労働も忍耐強くかつ自己犠牲的行動をもって遂行されなければならない，という規範とが存在する。要するに，組合員は彼らの同胞を収奪しないために勤勉でなければならない，という規範が確立されているのである。さらにラドローによると，この仕立工生産協同組合は，その組織内部に「相互救済基金」を設置して現に友愛組合（共済組合）の機能を備えており，また「最終的には，組合員に Model Lodging House（モデル住宅施設）を提供し，組合員にために Mechanics Institution（職工学校）と学校教育（児童教育）の機能を果たす」施設を備えることを目指している[12]。

　見られるように，かくしてラドローは，道徳的な価値と規範，それに fellowship を掲げたこの「規則」をロンドンで組織されるであろう労働者生産協同組合に有効であるとみなし，パリの仕立工生産協同組合の実践例をロンドンにおいてキリスト教社会主義者が実践する1つの有力なモデルとしたのである。そしてラドローたちは，この仕立工生産協同組合の「規則」を1850年6月に彼が責任者として組織する「労働者協同組合促進協会」の規約に生かしていくのである。

第2節　P. J. B. ビュシェとラドロー

　先の引用文に見られるように，ラドローがパリにいて訪問し視察した労働者生産協同組合の多くはフーリエ主義派かあるいはビュシェ派に基礎をおいた協同組合であった。しかし，後に論及するように，そしてまたラドロー自身が『自叙伝』で述べているように，確かに彼はフーリエ主義の他にルイ・ブランやプルードンの思想からも労働者生産協同組合について学びかつ影響を受けたのであるが，実質的には彼はP. J. B. ビュシェ（Buchez, 1796—1865）の労働者生産協同組合をロンドンにおける労働者生産協同組合のモデルとしたのであり，ビュシェ派の労働者生産協同組合の実践例こそが彼の労働者生産協同組合論の基礎であったのである。したがって，次の第3節との関連で，ここでビュシェの労働者生産協同組合論について少しく論究することが必要となるだろう。要するに，ここでビュシェの労働者生産協同組合の思想を簡潔に論じることは，ラドローによって組織・指導され，後にニールが重要な指導的位置を占めることになる労働者協同組合促進協会へのビュシェの思想的影響を知るための作業であると同時に，第3章第6節で触れるベアトリス・ウェッブのキリスト教社会主義運動批判とラドローおよびニールによる反批判をより正確に理解する一助ともなるのである。

　さて，ビュシェは1825年にサン=シモンの『新キリスト教』を読んでからサン=シモン主義者になった，と言われている。サン=シモン主義者の多くは，総じて，フランスにおける協同組合運動に直接的な影響力を及ぼさなかったのであるから，ビュシェは異色の存在といえるかもしれない。もっとも，ビュシェは1829年末にはサン=シモン主義運動の領袖であったアンファンタンの宗教的神秘主義の傾向に反対してサン=シモン主義グループを去り，カトリック的立場を表明しているのであるから，彼が純粋にサン=シモン主義者であったとは言い難いかもしれない。しかしそうであっても，かつて彼は1826年4月以降何回かにわたりサン=シモン主義者の機関紙『生産者』（*Le Producteur*）に執筆して，「新キリスト教」を紹介したほどサン=シモン主義に深い理解を示したことがあったのであるから[13]，その点からすれば，彼はサン=シモン主義思想から遠い所にいた訳では

ないのである。

　サン=シモン主義グループを去り，カトリック的立場をとるようになったビュシェは，1831年に自派の機関紙『ヨーロッパ人』(*L' Européen, journal des sciences morales et politiques*)[14]を発行して，同年12月17日付けの同機関紙で労働者生産協同組合論を展開し，フランスにおける労働者生産協同組合の先駆者となった。

　ビュシェが『ヨーロッパ人』に掲載した「都市賃金労働者の境遇を改善するための方策」は「自治的労働者生産協同組合」の原則を明示したものであった[15]。すなわち，

> 第1原則——組合員は自らが請負業者となる。そのために，組合員は彼らの間から1人あるいは2人の代表者を選任し，その人を企業の署名者に任命する。
>
> 第2原則——各組合員は，その職種での慣行に従って，すなわち，労働日数，出来高および個々人の技倆に応じて報酬を受け取る。
>
> 第3原則——仲介の請負業者が日々取り立てるものと同額の金額がプールされる。純益に相当するこの金額は，その年度末に，2つの部分に分割される。すなわち，その20％は社会的資本の形成と増加のために取っておかれる。残りの部分は，救済基金として使用されるか，あるいは組合員の間で彼らの労働に応じて分配される（傍点は引用者）。
>
> 第4原則——毎年収益の5分の1を増加させていく社会的資本は，譲渡不可能なものであって，労働者生産協同組合(アッソシアシオン)に帰属する。労働者生産協同組合は，個々の組合員が脱退できないからではなく，新しい組合員の加入を絶えず承認することによって永続していくのであるから，解消することはない。したがって，この資本は誰のものでもなく，また遺産相続法の対象でもない。この譲渡できず解消もされない社会的資本の形成と増加は，労働者生産協同組合におけるもっとも重要な事柄である。この種の労働者

生産協同組合が労働者階級のためにより良い未来を創り出すのは，この事柄によってである。
第5原則——労働者生産協同組合は，非組合員労働者を協同組合のために1年以上働かせてはならない。期間が過ぎたならば，協同組合は仕事の増加に見合う数の新しい労働者の加入を承認しなければならない。

　ビュシェは，これらの原則を通じて，どのような労働者生産協同組合の思想を表現しようとしたのだろうか，検討を加えておこう。ビュシェが労働者協同組合に期待した第1のことは，「親方」と「労働者」の区別をなくすことによって，賃金労働者階級を漸次解放していく方途を労働者生産協同組合が準備してくれるだろう，ということであった。フランスの労働者階級は，現状のままでは早晩，「賃金の切り下げ」と「機械の利用」によって悲惨な状態に追い込まれているイギリスの労働者階級と同じ境遇を経験するようになることは目に見えているのに，このような「社会的危機の到来を放置しておくことは犯罪的である」，と彼は考え[16]，フランスの労働者階級のうち熟練職人や熟練労働者に対してはそのような危機的状態を防ぐために労働者生産協同組合を設立するよう奨励したのである。すなわち，彼は，労働者階級を2つのタイプに，一方を「熟練が基本的な資本であり，大きな生産設備をほとんど必要としない」熟練職人・熟練労働者，他方を未熟練労働者を含む工場労働者とに分け，前者の労働者を自治的労働者生産協同組合によって解放し，後者の工場労働者を「労働の組織化」によって解放しようとしたのである。

　前者の労働者に関していえば，ビュシェは，フランスにおける産業革命の進展とそれに伴うフランス資本主義の発展によってもたらされた労働者の「労働と生活」の状態を分析し，未だ産業革命の波が押し寄せてこない職業部門の労働者には自治的な自主管理の労働者生産協同組合組織の設立を勧めることで，彼らが懸命に保持してきた個人の「地位と権利」を，したがってまた，個人の「財産」を集団的に協同して守ることを促したのである。それ故，このことは，熟練職人や熟練労働者個々人の「権利」・「地位」・「財産」は労働者生産協同組合においては

じめて集団的に，協同の力で保持され得る「社会的存在」となることを意味し，またそこで生み出された利益や利潤の大きな部分も，個人的というよりはむしろ集団的，共同的，社会的な存在となるのであり，世代を超越し，永続化するものになることを意味したのである。その点で，ラドローやニールなどキリスト教社会主義者が指導し実践した労働者生産協同組合は「産業革命が浸透しなかった部門」に設立されたにすぎず，それ故にまた，このような熟練労働者層のための労働者生産協同組合は「個人主義的」である，とのベアトリス・ウェッブの批判は，熟練職人や熟練労働者が置かれていた状態を鋭く衝いていたのである。

　第1原則であるが，これは，組合員労働者自身によって労働者生産協同組合の代表を選任する「自治的運営の原則」である。ラドローたちキリスト教社会主義者はこの「自治」(self-governing) を重視した。第2原則は，「賃金」(=「報酬」)の基準を明示したもので，ビュシェは労働と技倆とに応じた「賃金」を主張することによって，「労働の質的差異」を明らかにしている。

　第3原則は，キリスト教社会主義者が指導した労働者生産協同組合とビュシェのそれとがもっとも接近する原則である。この原則で「社会的資本」という用語が使われているが，この「社会的資本」は，次の第4原則と不可分の関係にあり，ビュシェの労働者生産協同組合に固有の概念である。この原則はまた，現在の新しい労働者協同組合——例えば，バスクのモンドラゴン協同組合企業体——もその伝統を厳として引き継いでいる原則である。換言すれば，労働者生産協同組合の発展のために利潤の20%を「社会的資本」として蓄積し，残りの80%を組合員の福祉のために「救済基金」に繰り入れるか，あるいは組合員の間で「労働に応じて分配」するかを謳っているこの原則は，各数値は別として，フランスでは第4章で論究するE.-J. ルクレールの労働者生産協同組合にもJ. B. Aゴダンのファミリィステールにも見られた伝統的な価値として引き継がれたし，現在でもその概容は国際協同組合同盟（ICA）の新原則に採り入れられているのであるから，いわば現在に至るまでの「歴史的過程」に耐え抜いてきた原則である，と言って差し支えないだろう。

　第4原則で「譲渡不可能な」社会的資本を毎年増加させていくことが労働者生産協同組合のもっとも重要な事柄である，とビュシェが強調したことは，この原

則が彼の労働者生産協同組合の要諦の端的な表現であることを意味している。彼によれば，「道具，仕事場，原材料および経営資金」から成る社会的資本に実を結ばせるために参加した組合員労働者は，労働者自身による「自治管理」という原則の下で，「労働と能力に応じた」賃金を受け取り，その上にさらに「利潤の分配」に参加することができるのであるが[17]，しかし，労働者生産協同組合は単なる利潤分配の組織ではないのであって，組合員労働者が「利潤の分配」に参加できるのは，彼らが「1つの共通の仕事に力を合わせているという意味において，またこの目的のために協同体の資本を用いるという意味において協同する」からであり，その結果，彼らが「富の主人」となるからである。このことこそ，「現代の物質的，産業的諸条件を是非とも変革する必要」を労働者に自覚させることになり，そしてかかる段階に至ってはじめて，「キリスト教的モラルがいつの日にか1つの政治的真理になる」ことを人びとをして理解させるのである[18]。

ビュシェは，こうして，労働者生産協同組合が「財産と富の役割」＝「産業の価値体系」を変革する手段となるだろう，と期待したのである。そしてそれはまた，「地上が各々の特殊な労働に従事する農業協同体や製造工場協同体といったもので覆われる」ことへのビュシェの展望となっていったのである[19]。とはいえ，ビュシェは，この展望を現実化させるのには長い年月が必要であるかもしれない，と考えていた。彼はこう言っている。「人びとに全国的規模の労働者生産協同組合を理解させるには数世紀が必要だろうし，彼らが産業的協同体を理解するためにも数年はかかるのではないだろうか。いや，もっとかかるだろう。というのも，教育が協同する能力のある人間を供給するのに応じて，信用機構によって彼らに労働者手段を与える必要が生じてくるからである」[20]。ビュシェのこの言葉は，彼が強調する「労働者生産協同組合の永続化」をよく表現している。そしてわれわれもまた，彼の展望を保証するもっとも基本的で不可欠な要素が「譲渡不可能な社会的資本」であったことを知らされるのである。

第5原則は「組合員資格と利用者資格との一致の原則」である。本来，労働者生産協同組合にあっては，主なる利用者自身が労働者であるのだから，組合員資格と利用者資格が必然的に一致しなければならない。しかしながら，この原則はまた，単に「資格の一致」を謳っているだけでなく，組合員として十分にその能

力を有すると判断された労働者を新規組合員として補充・拡大することによって——ビュシェが強調する——「労働者生産協同組合の永続化」を企図しようとしたものである。ビュシェの目標(ゴール)は何よりも「労働者生産協同組合の永続化」によって達成されるからである。

　以上,ビュシェの労働者生産協同組合について一瞥してきたが,最後に,彼が労働者生産協同組合に関して述べた『フランス革命議会史』(第32巻・序文)での言葉を引用しておこう。われわれは,この引用文から——本章の第1節で言及した——ラドローが訪問・視察したフォーブル・サン=ドニ通りの仕立工生産協同組合の「規則」を思い起こすのである。

　　　われわれは,産業の組織化に関する思想を,今日存在しているものとはまったく異なるものにしようと思う。そこでは,最高の報酬は労働のなかでもっとも直接的に生産的な任務を果たしている者に与えられ,財産や富の役割はくつがえされ,現在はもっとも低い報酬しか受けていない職務がもっとも高く評価されるだろう。
　　　自らの腕しか提供できない者はそれを提供し,知性を提供できる者はそれを他人のために供するが,両者は精神的に等しい価値をもつものとされる。……そこでは,最高の権限は,それ以上の物質的安楽や自由を喜んで犠牲にすることに同意する者に与えられる[21]。

　1830年代に入ると,フランスでも「規則的な周期で社会を荒廃させ,民衆全体を貧困に陥れる」[22]恐慌や失業といった,資本主義的生産の矛盾が現象化してくる。ビュシェを含めたサン=シモン主義者たちは,このような現象が生み出される原因を資本主義的生産の無政府性と自由競争のなかに見てとってはいたが,それが「資本と賃労働」という資本主義的生産関係の所産であることには気づかず,むしろ彼らの目は「有閑者」に向かい,「有閑者」に対して憎悪を募らせたのであった。ビュシェはこう述べている。「社会というものは有閑者を一定数しか養うことができないものである。つまり,社会は働かない連中を一定量以上はけして支えられないのであって,非生産的な消費には富の一定量以上はけっして供

給できないものなのである」[23]，と．

　ビュシェはこのような社会の「価値体系」を労働者生産協同組合によって変革しようとしたのである．労働者による自治的管理，労働に応じた「賃金」および利潤分配，労働者生産協同組合の永続化を企図する社会的資本，労働者福祉などが包み込まれている労働者生産協同組合の基本原則には，無政府的な資本主義的生産と自由競争によってもたらされる諸矛盾に対処しようとしたビュシェの協同組合思想が投影されていること，またすぐ前で引用したビュシェの主張には，労働者生産協同組合を通じて，「財産と富」がもっとも高く評価されるような既存の価値体系から生産的労働がもっとも高く評価されるような価値体系へと経済社会システムを変えるのだとの彼の意思が盛り込まれていることをわれわれは指摘し得るのである．

　換言すれば，ビュシェは，「財産と富の役割」が変えられた新しい価値体系に基づく労働者生産協同組合おいては，「財産と富」は組合員労働者の協同の成果となり，1つは，組合員の労働と能力に応じて組合員のより良い生活と福祉のために配分され，もう1つは「譲渡不可能な社会的資本」として使用され，その結果，より公正な価値体系を基礎とする経済社会システムを築くことができる，と考えたのである．それ故，ビュシェにとって，「譲渡不可能な社会的資本」という概念は，「有閑者」がその存在の基盤としている私有財産に対する，文字どおりのアンチテーゼであったのである．

　先の引用文は，ビュシェの主張をとおしてこれまで述べてきたサン＝シモン主義者の社会思想を大まかに示しているのであるが，ただビュシェが他のサン＝シモン主義者と異なるのは，カトリック的モラルを労働者生産協同組合に導き入れたことである．それは，後にラドローたちキリスト教社会主義が「労働と自己犠牲」を労働者生産協同組合に不可欠のものと位置づけたのと同じものであった．やがてラドローをはじめキリスト教社会主義者たちは，ビュシェと同様に，イギリス社会にはびこっている「既存の価値体系」の変革を労働者生産協同組合によって成し遂げようと，彼らの一歩を踏み固めるのである．そしてその第一歩が「労働者協同組合促進協会」の創設であったのである．

第3節　労働者協同組合促進協会の創設と展開

1. ラドローの「利潤の fellowship」

　パリで展開されていたビュシェ派の労働者生産協同組合のモデルはロンドンでも適用可能だとラドローがみなしたことについては先に述べたとおりであるが，とは言っても，ラドローはパリのモデルを全面的に適用することができるとは考えなかった。ラドローにとって，また若きキリスト教社会主義者たちにとっても，ロンドンに設立される労働者生産協同組合はイギリス社会の「改革の手段」でなければならならず，したがって，パリの労働者生産協同組合を単純に模範とすればそれで良い，というものではなかったからである。彼らは，資本主義的生産の下での「労働のあり方」を鋭く問い，それに取って代わるオルターナティヴな「労働のあり方」を果敢に試みなければならないのである。ラドローはこう強調した。

　　今や，われわれの任務は，キリスト教社会主義の目的が……いかなる機構によって成し遂げられ得るのかを明示することである。すなわち，労働者は，どのようにして競争制度の下で個人的労働の束縛から自らを解放することができるのか，また自らを解放するために他の人たちの援助を得ることができるのか，ということである。この機構を他の人たちに提示する際に，われわれは，社会を車輪やスプリングの単なる集合体とみなして，生きた人間の協力関係（パートナーシップ）とみなさず，また社会に活気を与える形式のみを考慮して，その精神を考えないような社会機構の盲目的崇拝に異議を唱えなければならないのである[24]。

　ラドローたち若きキリスト教社会主義者にとってはまた，オルターナティヴな「労働のあり方」の重要な構成要素の1つは，労働者によって生み出された「利潤の分配」方法であった。生み出された利潤をどのような方法で分配するか，という問題——この問題は，後に CWS＝消費者協同組合陣営との路線対立の大き

な要因を成すことになるが（労働者生産協同組合陣営は「労働に応じた利潤分配」〈dividends on labour〉も含めることを主張し，CWS陣営は「購買高に応じた利潤分配」〈dividends on purchase〉のみを承認することを主張した）――は，単に労働者生産協同組合と株式会社との本質的相異を示すメルクマールであるだけでなく，労働者生産協同組合の「本質的かつ特徴的原理」であった。

　前に見たように，ラドローは，利潤を経営準備金としての「一般基金」と労働者福祉の原資としての「相互救済基金」に，そして「労働日に応じた利潤の分配」に充当する「規則」を有するパリの仕立工生産協同組合を評価し，またビュシェの協同組合思想に準じた労働者生産協同組合が組織の永続化を企図して「譲渡不可能な社会的資本」を年々蓄積・拡大していくことや「労働に応じた利潤分配」を行なうことなどを高く評価した。ただし，「利潤の分配」に関してラドローが用いる「労働に応じた」という言葉は，正確には「労働日に応じた」という意味であることをここで確認しておく必要がある。何故なら，すぐ後で言及するように，彼は，「平等な利潤分配」と，「技倆と勤労」に応じた，すなわち，「労働に応じた不平等な手当（賃金）」とは相互に補い合う労働者生産協同組合のシステムである，と考えているからであり，そう言ってよいならば，そのシステムは「平等な利潤分配」によって「不平等な手当（賃金）」を相殺する，という彼の「利潤のfellowship」概念の表現であり，「すべての人の共同の努力の成果」としての「利潤」を平等に分配することによって「いっさいの個人的差異」をできるかぎり消失させようとする彼の思想的表現であったからである。

　要するに，ラドローは，労働者生産協同組合の組織機構に基づいたオルターナティヴな「労働のあり方」の中心を「労働日に応じた利潤分配」に置き，「利潤のfellowship」を説いたのである。「利潤のfellowship」とは，別の言葉で言えば，組合員労働者の間での「労働日に応じた利潤の平等な分配の原理」のことであり，利潤分配を通じての協力関係や同胞愛を意味するのであるから，労働者生産協同組合の組織機構の重心は，組合員労働者に支払われる「手当」――ラドローは，労働者生産協同組合では一定の生活を保障する受け取り分を「賃金」(wages) と言わずに，「手当」(allowances) と称した――にではなく，「利潤分配」(profit-sharing) にこそ置かれることになり，この利潤分配によってはじめて労働者は資

本主義的生産の下での「労働の解放」を実現でき，より豊かな「労働と生活」の条件を享受することができる，とラドローは論じたのである。

すなわち，彼にとって，労働者生産協同組合は，組合員労働者の基本的な生活の保障および彼らが自らの労働によって生み出した利潤を自らが「労働日に応じて平等に分配する」社会機構に他ならなかったのである。それは，彼には，明らかに既存の「資本と賃労働」の関係，既存の階級関係と異なる社会機構だと思われたのであり，それ故にまた，労働者生産協同組合は「社会変革の手段」になり得るのだと思われたのである。とはいえ，ラドローのいう「労働日に応じて」とは，実際には，「労働時間に応じて」ということであり，それはまた労働者生産協同組合運動の展開のなかで「労働に応じて」＝「賃金（手当）に応じて」ということになっていくのであって，われわれはそのことを後で見るだろう。

こうしてラドローは，「利潤の fellowship」を実現するキーを「労働日に応じた利潤の平等な分配」にあるとみなしたのであるが，この場合の「平等な」という限定形容詞は，今述べたように，「労働日に応じて」「平等な」という意味であり，このような彼の概念は，次章第5節で述べる，1860年代から80年代にかけてイギリスで展開された労働者生産協同組合運動で「コ・パートナーシップ」(Co-partnership) を唱えた E. O. グリーニングの「労働に応じた利潤分配」(bonus on labour) に連なっていく。

ところで，このことと関連して，ラドローは，労働者生産協同組合における組合員労働者の間での「労働の質的差異」について論じているが，これは労働者生産協同組合にあってはきわめて重要な論点であり，またラドローや若きキリスト教社会主義者たちが指導した「労働者協同組合促進協会」も，その後にニールやグリーニングが指導した労働者生産協同組合運動も，この「労働の質的差異」を認めたうえで組織され展開されたことから，少しく触れておく必要があろう。

ラドローは，次のような「労働の質的差異」についての考えをもってパリの労働者生産協同組合を訪問し視察した。すなわち，労働者生産協同組合において「平等な賃金を支払うことは，単純な，筋力の劣る，あるいは怠惰な者に［ある部分を］与えるために，才能のある，気力の優れた，あるいは勤勉な者から［その部分を］取り上げることになるだろう。その結果は，社会の現在の状態の下で

は，労働者生産協同組合はむしろあまり質の良くない労働者で占められる危険に晒されるだろうし，質の良い労働者の大部分は競争的な雇用主のところに留まることになろう」[25]，これである。

このことから，ラドローは，単純な「平等な賃金（手当）」に反対であり，文字どおりの「労働に応じた平等な賃金（手当）」でなければならなかった。もちろん，「労働に応じた」という場合も，彼は「労働の質」を問うことになる。彼の主張をもう一度聴くとこうである。この世の中において「平等な手当（賃金）」というものがあがるとすれば，それは実際には「不平等な手当（賃金）」である。この社会が「純粋な共産主義の体制」にないとすれば，技倆と勤労に基づいて規制される「不平等な手当（賃金）」こそが「社会的平等の最良の表現」である。技倆と勤労に応じて手当が支払われるのであれば，より多くのものを必要としている労働者はそれに応じて労働するであろう。

「手当（賃金）」とはそういうものでなければならない，とラドローは言うのであるが，彼の「手当（賃金）」論はそれに止まらず，「（労働日に応じた）平等な利潤分配」論と対を成して展開されるところに特徴がある。彼はこう主張する。「手当（賃金）」は組合員労働者の「技倆と勤労」に応じて支払われるのであるから，本来的に不平等でなければならない。それでは，「利潤の分配」はどうであろうか。「利潤の分配」は逆に平等でなければならない。「平等な利潤分配」は「不平等な手当（賃金）のまさにその根拠である同胞愛的平等の原理」なのであるから，「個人的生活において必要とされる普通の欲求が毎週の手当によって充足された後は，すべての人の共同の努力の成果を分配することによって，いっさいの個人的差異が消えてなくなる」という性格のものでなければならないからである[26]。先に述べたように，ラドローは，労働に応じた「不平等な手当（賃金）」を「いっさいの個人的差異」を消し去る「（労働日に応じた）平等な利潤分配」で補い合わせ，そうすることによって「労働の質的差異」と「利潤の fellowship」の双方を労働者生産協同組合において実現しようとしたのである。それを彼は「労働の解放」と呼んだのである。

これを要するに，ラドローは，一方で「公正な1労働日に対する公正な報酬」としての「技倆と勤労に応じた手当」を主張し，他方で「利潤の fellowship」と

しての「平等な利潤分配」を「同胞愛」の証とすることによって,「労働の質的差異」を労働者生産協同組合において認めさせるのである。彼が「組合員の労働と自己犠牲」を要求した根拠はここに,つまり「平等な利潤分配」にあったのである。彼は強調する。「不平等な手当と平等な利潤（分配—引用者）との間には,いかなる現実的矛盾も存在しないし,その双方とも同胞愛的平等の同じ精神を成し遂げる,別々のそして相互に補い合う手段なのである」[27]。

ところで先に,パリのフォーブール・サン=ドニ通りに設立された仕立工生産協同組合の「規則」が「労働の質的差異」を無視しているにもかかわらず,ラドローはこの労働者生産協同組合をロンドンにおけるモデルになり得ると評価した,と述べたが,それは,彼がこのような「不平等な手当」と「利潤の fellowship」とを原則化して適用すれば,ロンドンにおけるモデルとなり得る,と考えたからに他ならない。要するに,ラドローは,パリの仕立工生産協同組合の「規則」の「(1)組合員は,職人であろうとマネジャーであろうと事務員であろうと,同一の報酬を受け取り,利潤は平等に分配される」という原則を修正して,「労働の質的差異」を前提とする「（労働に応じた）不平等な手当」を「いっさいの個人的差異」を消し去る「（労働日に応じた）平等な利潤分配」で補足するような原則に変更しさえすれば,「規則」の他のすべての項目を生かすことができる,とみなしたのである。

こうして,ラドローは,一方の「不平等」を他方の「平等」で相殺することによって労働者生産協同組合運動を基礎とするキリスト教社会主義運動へのアプローチを完成させ,かくして,「労働者協同組合促進協会」の創設と展開に乗り出すのである。

2. 労働者協同組合促進協会の創設と展開

既に述べたように,ラドローたち若きキリスト教社会主義者は1850年2月にロンドンに仕立工生産協同組合を組織したのであるが,彼らはさらに50年6月に「労働者協同組合促進協会」(The Society for Promorting Working Men's Association : SPWMA) を創設して,労働者生産協同組合運動の一層の発展を図ろうと試みた。SPWMA の創設は,労働者生産協同組合運動の助言者であり,キリスト教社会主

義運動の最初の書記長(セクレタリィ)でもあったチャールズ・サリーがこれから増えるであろう個々の労働者生産協同組合を援助していくと同時に，労働者生産協同組合の思想や理念を全国的に普及するための基盤を構築するために「中央委員会」(Central Board) を設置すべきだと提案したことに端を発している。

サリーのこの提案は，この頃「労働者の間で，労働者が生み出すすべての利潤を労働者自身が獲得することができる労働者自身の仕事場(ワークショップ)を設立するのに彼らに資金を貸与してくれる人たちがいる，というニュースが急速に広まっていた」[28]ので，時宜を得た提案だとラドローたちには思われたが，労働者生産協同組合の数を増やすべきではないと考えていたモーリスはその提案に反対した。しかし，ラドローたちはモーリスの反対を押し切って中央委員会の設置に着手することを決定したので，モーリスと若きキリスト教社会主義者たちとの間に不和が生じることになり，その結果，モーリスが折れて，提案されていた中央委員会に代わる組織として SPWMA が創設され，中央委員会は各労働者生産協同組合のマネジャーによって構成される別の機能をもつ組織とされた。いずれにしても，SPWMA の創設が労働者生産協同組合運動を促したことは確かである。事実，ラドローたちはその年の10月までに仕立工，製靴工，建築工などの熟練を必要とする労働部門に8つの労働者生産協同組合を設立し，また52年までにさらに3つの労働者生産協同組合を設立したのである[29]。

SPWMA は「促進者」(promoters) と「会員」(associates) から構成され，前者が SPWMA の執行機関としての「促進者協議会」[30] (the Council of Promoters) を組織することになり，そしてモーリスのみが促進者協議会のメンバーを選定できることとした。そのモーリスによって選ばれた人物の1人が E. V. ニールであった。このようにして創設された SPWMA の実質的な指導者はラドローであったことは前にも触れておいたが，ラドローは，「労働者生産協同組合はキリスト教社会主義の絶対に必要な一部であること，そしてその目的は fellowship と fellow-work というキリスト教の原理原則の上に社会を再構成すること」[31]である，と明示したのである。

ラドローにとってサリーの示唆は重要であった。サリーは次のことを強調していた。「労働を組織さえすれば，それで良いというのではない。否それどころか，

労働の組織化が独りでに完遂されることなどけっしてあり得ないのである。それは，現在における労働，交換および消費の組織化の集約でなければならない。すなわち，より凝縮された，より正確な表現を使えば，労働の組織化は需要と供給の組織化でなければならないのである」[32]。サリーのこの主張は，実際のところ，SPWMA が協同労働（Associative Labour）の原理と実践を遂行していくことによって，やがて労働者生産協同組合は既存の経済的，社会的秩序に代わる新しい経済的，社会的秩序を準備するだろう，とのことを若きキリスト教社会主義者たちに示唆したのである。

サリーはまた，「供給が需要に左右されるのではなく，需要が供給に全面的に依存せざるを得なくなるのであり，また生産が消費に左右されるのではなく，消費が生産能力に全面的に依存せざるを得なくなる」経済社会システムを，さまざまな労働者生産協同組合を結び合わせることによって創り出していこう[33]，と主張するのであるが，この主張は，「社会変革の手段としての労働者生産協同組合」というラドローの考えとも一致するものであった。こうして，若きキリスト教社会主義者たちは，ラドローの思想に沿ったSPWMAの経済-社会的機能と責任を，SPWMAの「規約」のなかに明確に表現するのである。同時にそのことは，SPWMAがモーリスの思想から次第に離れていくことを意味したのである。

SPWMA は，その「規約」の前文で，「協同労働の原理を遂行し，普及する」目的およびその目的を遂行するための方法を次のように明記した[34]。

> 本連合会(ユニオン)の目的は，下記の方法によって，協同労働（associated labour）の原理を遂行し，協同労働の実践を拡大することである。すなわち，
> (1) 労働者自身とその家族が彼らの労働の全生産物を享受する労働者生産協同組合を形成することによって。（剰余がある場合には）剰余の一部を，公正な利子を付けて，借り入れた資本の返済に充当する。
> (2) このような労働者生産協同組合の間での，また本連合会への加入を承認された資本家と労働者とを一体化させている他の協同組合の間での商品の交換および分配を組織することによって。
> (3) 本連合会への加入を承認されたすべての労働者協同組合の間に，共済

組合，モデル賃貸住宅，学校など，組合員の利益になる制度や施設を設置することによって。
(4) 労働者協同組合の資本，信用，慣習，知識そして影響力が与えることのできる，同胞愛による援助と支援のあらゆる手段を全面的に展開することによって。

われわれは，SPWMAの規約に掲げられた目的とその目的を遂行する手段・方法のなかにオウエン主義の協同思想，特にウィリアム・トンプソン，ウィリアム・キングの協同思想の，また1830年前半の協同組合コングレスの継承性をみることができるのである（第3章第1節を参照）。「労働者とその家族は彼らの全生産物を享受する」という思想，「資本家と労働者の一体化」という考えはトンプソンの――それにキングにしばしばみられた――「全労働収益権」の思想を，友愛組合や住宅や学校の設置はオウエン主義者たちの「運動的理念」を表わしている[35]。(2)の項目は，先に言及したサリーの「労働，交換および消費の組織化」によるいわば「協同組合間協同」であるが，これについてもわれわれはオウエンの「労働交換所」やロッチデール公正先駆者組合の初期の理念を想起するのである。

先に言及したように，自治的協同組合としての労働者生産協同組合の特徴的性格の1つは，純剰余（net surplus），すなわち，利潤の一部を経営準備金として蓄積し，残りの部分を組合員労働者の間で「労働日に応じて平等に分配」するところにあった。そして前者の部分は「譲渡不可能な社会的資本」と規定された。ラドローが責任者として設立し，指導した労働者生産協同組合も，同じように，経営に必要な経費や借入金返済などを控除した後の剰余，すなわち，利潤はその3分の1を「譲渡不可能な資本」として積立て，残りの部分を組合員労働者の間で「労働時間に応じて平等に分配」――ここでは「労働日」ではなく，（同じことであるが）「労働時間」とされている――する，と規定されているので，自治的協同組合の特徴的性格を受け継いでいる。その意味で，この特徴的性格は「フランス的」であるといえよう。この点を簡潔に論及しておこう。

SPWMAの「規約」は13条から成っているのであるが，なかでも第1条および第2条がキリスト教社会主義者の労働者生産協同組合の思想を具体的に表現して

いる。これら2つの条項は次のように記されている[36]。

> 第1条——労働者生産協同組合は，組合員に定期的に（現在の競争制度の賃金に相当する）手当（allowance）を支払う。その手当は，それを受け取る組合員個人の才能(タレント)と勤労に応じた公正な1労働日に対する公正な1日の報酬となるだろう。またその手当は，同じ地域に存在し，同じ労働の性質および労働の質を有するものであれば，同じ職種のすべての労働者生産協同組合においては可能なかぎり同じものとなる。
>
> 第2条——純剰余，すなわち，現在のシステムでいう利潤——換言すれば，労働者生産協同組合の労働の生産額のうち経常費と，（もしあるとすれば）借入れ資本の返済に充当される金額および装置・用具や他の固定費用に投入される資本に対する利子を控除した後になお残っている生産額は，組合員各自が労働した時間に応じて，すべての組合員の間で平等に分配されることになる。
>
> 少なくとも，利潤の3分の1は，資本を増大するために，したがって，組合員数を増やすために取っておかれることになる。
>
> この資本は，当分の間，労働者生産協同組合の間で平等に分割され，またこの資本には労働者生産協同組合の規則(ルール)によって定められた率の利子が付くことになる。
>
> この資本への出資支払いが要求されることはないけれども，しかし，利子に対する権利は労働者生産協同組合の組合員の間で譲渡され得る。

先に簡単に触れておいたが，ラドローは，労働者生産協同組合の組合員は「賃金」ではなく「手当」を受け取るとし，「賃金」を「手当」と言い換えているが，これは，彼が組合員を「自己雇用者」と位置づけようとしたためである。ある私的資本主義企業に雇用されている労働者は，彼の才能と勤労に応じてではなく，資本家である雇用者によって決められた「賃金」を受け取るが，ある労働者生産

協同組合の組合員は彼自身の才能——ラドローは「才能」の代わりに「技倆」という言葉もしばしば用いているが，同じことである——と勤労をもって彼がなした労働と引き換えに「手当」を受け取る，とラドローは言い，そしてこの規約についての注で彼は次のように述べているのである。「(労働者生産協同組合においては) 労働(ワーク)に対して支払われる報酬は賃金と呼称されない。何故なら，実際のところ，ある人間が自分自身に賃金を支払うことはできないからである。組合員によってなされる労働の報酬としての手当という条件の下で労働がなされた場合には，手当という言葉はどんな屈辱的な観念も生みださないのである」[37]，と。この「手当」という言葉は，ラドローたちキリスト教社会主義者にとって大きな意味をもっていた。「自己雇用者」である労働者生産協同組合の組合員にとって，彼らの報酬は，彼ら自身の「才能と勤労」によって，すなわち，「労働の質的差異」を前提とした上での労働量の差異，すなわち，労働日あるいは労働時間に応じるべきであり，利潤分配も同じような条件の下でなされるべきだからである。

ラドローたちキリスト教社会主義者は，このようなアプローチをもって，1850年から52年にかけてロンドンに11もの労働者生産協同組合を設立した。しかしながら，これらの労働者生産協同組合の多くは，総じて小規模であったし，また熟練度や生産技術の点でも，さらに協同組合思想という点でも，彼らが描いた組織にはほど遠い水準であった。これらの労働者生産協同組合は，ベアトリス・ウェッブが批判的に述べたように，産業革命による技術革新の波を直接受けることのなかった労働部門に設立されたのであるが，それでも，熟練度はもちろんのこと，一定の技術水準も保持していなければならず，そのうえに「社会変革の手段」としての労働者生産協同組合という理念に応えるべき思想を堅持していなければならなかったのである。事実，ラドローたちキリスト教社会主義者は，この運動が興味を覚える地方的な実験以上のものであるならば，またその方法が公正に吟味され得るならば，彼らの労働者生産協同組合運動の試みをロンドンとロンドン周辺に限定する必要はない，と考えていたほどなのである。

だが，これらの労働者生産協同組合は，組合員をアト・ランダムに集めたこともあって，組合員の専門職業的熟練の低さ，不十分な道徳的資質，したがってまた，彼らが労働者生産協同組合の原理原則を適切に理解することができない，と

いうような重大な問題を抱えていた。それに加えて，各労働者生産協同組合は決定的な問題に，すなわち，原材料の確保とその製品の販売市場の確保，という問題に対処しなければならなかった。労働者生産協同組合にとって，このような基本的でかつ決定的な問題は，遅かれ早かれ直面する問題であり，その運動の発展を図るために早急に解決しておかなければならない問題であった。その意味では，ラドローたちによるこれらの問題への対処が，キリスト教社会主義運動の運命を握っていた，といっても過言ではなかったのである。実際，1854年にこの運動が崩壊した時には，これらの労働者生産協同組合も同じ運命を辿ることになるのである。

　ラドローたちの対処の仕方は混乱していた。促進者協議会のメンバーでフランス人亡命者のジル・ルシェヴァリエは，既に1850年6月に，原材料の市場と製品の販売市場を確保するための，一種の卸売組織である「反競争代理店」(Anti-Competitive Agency) の設立を提案していた。すなわち，彼は，SPWMAはより広い範囲の基盤の上で労働者生産協同組合運動を展開して，生産に応じた分配と消費の領域を構成すべきであり，したがってまた，それらの協同組合の購買能力と資本を真に役立たせるために，より富裕な階級の人たち (＝資本家) を引きつけるよう試みる必要がある，とその提案主旨を説明した。ルシェヴァリエにとって，「反競争代理店」は，「それが資本家と労働者生産協同組合の双方の利益に役立つようになれば，資本家と労働者生産協同組合との間に介在する中間組織になり得る」ものであった[38]。

　ルシェヴァリエは，彼の代理店が労働者生産協同組合の原理に基づいて工業と商業を改革する組織になるよう計画したのであるが，しかし，ラドローは，ルシェヴァリエの提案は誤謬の上に成り立っていと批判して，彼の計画に反対した。「この計画は，購買力のある人たちとこの代理店との関係に関するかぎり，ある誤謬に，すなわち，価格は既に生産費に基礎をおいていないのであって，経営費用などによって——売り手が生産者でない場合はいつでも——引き上げられる……と想定する誤謬に主として基づいているように私には思える」[39]，とラドローは主張した。ラドローにとって，市場の確保は生産者の利益を優先するものでなければならなかったのである。それにラドローは，消費者協同組合の理念は

労働者生産協同組合の理念に対立する原理を内包している,と考えていた。後に論及するように,労働者生産協同組合の理念を何よりも優先させるラドローと,消費者協同組合を労働者生産協同組合のための「正当な努力」の一環と考えるニールとでは,この点で,大きな相違をみせることになるのである。

　先に述べたように,ルシェヴァリエは,SPWMAの方針に批判的であって,労働者生産協同組合運動はもっと広い範囲の基盤の上で展開されるべきだと主張していた。彼の「反競争代理店」の計画は,それ故,すべての既存の工業と商業の制度や機構を,競争システムから協同システムへと漸次転換させていくことを目的としていた。要するに,彼の代理店は,労働者生産協同組合の組合員に限らず,労働者の経済生活全体を包摂し,「資本,消費そして生産」を調和させる機能をもつ組織であったのである。このことは,反競争代理店が「資本家と労働者生産協同組合との間に介在する中間組織になり得る」ことを意味するだけでなく,代理店が労働者生産協同組合のためにその用具や原材料の購入を集中させ,また労働者生産協同組合の製品の販売を組織することをも意味するのである。ルシェヴァリエが富裕な階級の人たちを「顧客」(customers)とするだけでなく,労働者生産協同組合への投資者(investors)としても引き付けなければならい,と主張したのも,「労働者協同組合の製品市場と資本の問題」の解決策を彼の代理店に見い出そうとしたからである。反競争代理店についての彼の構想は大きく,「販売・購買部門」・「注文受付部」・「銀行部」・「相互保険部門」がその柱であった。

　「反競争代理店」計画に対するラドローの反対論についてはすぐ前で簡単に触れておいたが,ラドローの反対論の大きな根拠は彼のキリスト教社会主義論そのものにあった。キリスト教社会主義に導かれた,「社会変革の手段」としての労働者生産協同組合は,労働する組合員全員が「主人公」である,という「集団的mastership」に基礎をおいた新しい社会的および経済的秩序を創出することを目指しているのに対して,ルシェヴァリエの代理店は,既存の階級分裂社会を前提として機能するのであるから,そのような社会を真に変革するどころか,むしろキリスト教社会主義運動のそのまさに根幹を侵食するものになってしまうだろう,とラドローは論難したのである。

かくして、ルシェヴァリエの計画はラドローの強い批判の前でいったん頓挫してしまうのであるが、労働者生産協同組合にとって、原材料の購入と製品販路をいかに確保するか、という市場問題は依然として重要な問題であった。そこで、かつてのオウエン主義者で、促進者協議会のメンバーでもあり、またロッチデールでの協同組合運動およびヨークシャーやランカシャーの地方で成長しつつあったロッチデール型の協同組合運動に精通していたロイド・ジョーンズは、1850年の夏にイングランド北部地方とスコットランドの協同組合を訪問することになり、キリスト教社会主義に基づいた労働者生産協同組合運動のプロパガンダを任されると同時に、労働者生産協同組合のための市場開拓の役割をももたされることになった。この訪問旅行は大きな成果を生んだが、それには、やはりオウエン主義者で、ジョーンズを助けたウォルター・クーパーによるミドゥランドやランカシャーの地方での活動が与かって力があった。かくして、ジョーンズとクーパー両者の努力は、モーリス、ヒューズ、マンスフィールド、キャンベル、ウィリアム・リーそれにジョーンズ自身のマンチェスターでの集会参加やロッチデールへの訪問の実現に繋がり、キリスト教社会主義者たちもイングランド北部における協同組合運動の伝統と実験を知ることになったのである[40]。

　ルシェヴァリエの「反競争代理店」計画に強く反対したラドローにしても、彼らが指導する労働者生産協同組合の原材料と製品の市場、とりわけ製品市場を確保することが重大な問題であることに変わりはなかった。労働者生産協同組合の安定した製品市場は消費者協同組合である。ラドローは、そのことも視野に入れて、1850年の夏にランカシャーとヨークシャーの地方で展開されている協同組合運動を視察し、その印象を『キリスト教社会主義者』紙に、同僚のファーニヴァルへ宛てた「ノート」形式で11回にわたって掲載している[41]。ラドローは、この視察旅行によって、ロッチデール型の協同組合運動がイングランド北部地方に根を下ろしている状況を理解し、消費者協同組合運動の価値を認識するようになった。

　ロイド・ジョーンズは、1853年末に再びランカシャーとヨークシャーを訪れて、「協同組合について講演し、さまざまな労働者生産協同組合と店舗（消費者協同組合）を相互に緊密にさせ」ようと奔走した[42]。彼は、「ロッチデール先駆者組合

第 2 章　キリスト教社会主義運動と労働者生産協同組合　　69

が分配（消費者）協同組合の領域で目を見張らせる進歩を成し遂げている」ことを認める一方で，「生産においては未だなすべきことが多くある」として，先駆者組合をはじめ多くの消費者協同組合がロンドンの労働者生産協同組合との関係の緊密化を含めて「生産」の領域に積極的に踏み込むことを期待した[43]。ジョーンズにとって，労働者生産協同組合の生産事業であれ，消費者協同組合による生産事業であれ，それらは「労働と資本の相対立する利害を最終的に調和させる唯一確実な方法」であり，それによって「労働者が自分たち自身の労働を遂行し，労働を通じて自分たち自身の運命をコントロールする」手段であった。これこそが，キリスト教社会主義者がそう呼んだ「労働の解放」であった。しかしながら，実際には，労働者生産協同組合運動は全体としてジョーンズの期待に沿うほどの前進を見せなかった。ジョーンズがランカシャーやヨークシャーの地方で目撃した（労働者）生産協同組合の多くは，マンチェスターのような大産業都市にではなく，その周辺の「小さな町」に設立された小規模な協同組合であったのである。

　いずれにしても，このようにして，労働者生産協同組合のために安定した市場を確保すること，したがってまた，労働者生産協同組合と消費者協同組合とが相互に協力し合うことの重要性を，SPWMA のメンバーが次第に理解していったことは確かであった。そしてそれは，「反競争代理店」計画をラドローに反対されて，計画自体を放棄せざるを得なくなったルシェヴァリエが彼の計画に賛意を示したニールに接近し，代理店計画の再生をニールに託し得る雰囲気が徐々に協会内に醸成されてきたことを意味したのである。ニールは，1851 年 5 月に，ラドローと対立してまでも，ルシェヴァリエの代理店に代わる「中央協同組合代理店」を設立し，CWS に先鞭をつけることになるのであるが，それに至るプロセスについては次節で詳しく論究するので，ここではキリスト教社会主義運動の終焉を予兆させる 1 つの現象について言及しておくことにしよう。

　イギリスにおけるキリスト教社会主義運動の終焉を予兆させる現象はいくつかある。なかでも，次章・第 3 節で論究する，ラドロー，ニールそれにヒューズなど主に協議会メンバーの法律家によって取り組まれた世界最初の協同組合法である「産業および節約組合法」の制定を別にすれば，この運動の指導者たち各人がキリスト教社会主義運動の大義名文を掲げて個人的な課題を追求し始め，統一的

な運動に陰りを見せたことは重大な予兆であった。例えば、ニールは「中央協同組合代理店」だけでなく、1852年に彼個人の資金を相当に注ぎ込んでまで合同機械工組合傘下のアトラス製鉄所（Atlas Ironworks）を労働者生産協同組合として運営させるべく指導していたし、ニールの従兄弟のオーガスタス・ヴァンシタートもマイル・エンドの製鉄所の指導に苦慮していた。モーリスは54年に「ロンドン労働者大学」（the Working Men's College）を創立し、結果的に、彼らの実践能力を労働者教育にそらせてしまい、キリスト教社会主義運動全体の力を分散化させてしまった。

　ニールは、アトラス製鉄所の失敗によってかなりの財産を失ったが[44]、それでも中央協同組合代理店を支えていた。彼は、これらの経験から、個々の労働者生産協同組合が成功裡に成長するためには、各労働者生産協同組合に対して明確な指針を用意し、組合員労働者にその指針を理解させる強力な連合組織の必要性をこれまで以上に考えるようになった。既に彼は、1850年9月にパリの労働者生産協同組合を視察して労働者生産協同組合が互いに競争し合っている状況を目撃し、ロンドンに戻るや、キリスト教社会主義者の努力を集中するために「協同組合労働連合会」（Co-operative Labour Union）の組織化を提言したことがあった。この連合会の提言は小売り、卸売り、銀行それに保険などを包含する意欲的なものであったが、結局のところ、聞き入れられなかった。彼がルシェヴァリエの代理店に彼の連合会構想と重なる要素を見い出したことは、想像するに難くない。

　ニールは、その後も中央連合会組織の構想を捨てずにおり、1852年の夏にキリスト教社会主義者たちが開催した全国集会でその構想を再度提示して、その承認を得る準備に入った。その結果、53年3月にSPWMAの機能は、「産業および節約組合法」の制定を受けて――というのは、キリスト教社会主義運動はこの協同組合法に準じた組織機構に変更する必要があったからである――その名称を冠した組織である「産業および節約組合促進協会」（the Association for Promoting Industrial and Provident Societies : APIPS）とニールの「産業および節約組合連合会」（the Industrial and Provident Societies Union : IPSU）のまったく別個の中央組織に委ねられることになったのである。この展開は、中央連合会組織をめぐってラドローと対立していたニールの究極的な勝利を意味した。何故なら、ニールの連合

会 IPSU は，すべての労働者生産協同組合の実践に責任を負い，実質的にキリスト教社会主義運動内部における行政的能力をもつようになったからである。こうして，ニールの計画は，IPSU をして，近い将来イングランドにおけるすべての労働者生産協同組合のための連合センターになるのでは，と考えられるほどに具体化されると思われたのである。しかしながら，実際には，キリスト教社会主義運動の役割は終わりに近づいていたのである。APIPS の「規約」の前文がそのことを告げ知らせている。すなわち，

> キリスト教の原理原則を取引きや工業に適用することを目指して一致協力している労働者生産協同組合の促進者たち，また，キリストの福音に説かれているように，（後に述べる）趣旨に基づいて結成される組織の基礎にかなうキリスト教の原理原則とは何であるのかをもっと明確に言明することを願っている労働者生産協同組合の促進者たちは，以下のことを宣言する[45]。
> 1. 人間社会は，相争う原子(アトム)の集合体ではなく，多数の構成員から成り立っている統一体である，ということ，
> 2. 真の労働者は，同胞愛のある労働者（fellow-workmen）でなければならず，競争相手であってはならない，ということ，
> 3. 私利私欲ではなく，正義の原理が交換を規制しなければならない，ということ，

である。

こうして，新たに構成された協会は，この基本原理に基づいて，可能なかぎり協同組合運動の発展に寄与すべく出発するよう謳っているのであるが，しかしここには既に，あの SPWMA の「規約」の前文に掲げられていた「協同労働の遂行」や組合員労働者の権利の主張は見られず，キリスト教社会主義者たちが目標としてきた社会変革の情熱が少しも感じとられなくなってしまっていた。まことに，ラヴェンが言ったように，「今や，協会が大きく前に進むのはこれまで以上に困難になってしまった。ある意味で，キリスト教社会主義者たちの仕事は終ったのである」[46]。そしてニールは，彼自身の豊かな資金をもって，中央協同組合

代理店（the Central Co-operative Agency : CCA）に深く関わっていくのである。

第4節　E. V. ニールの労働者生産協同組合論

1. ニールと中央協同組合代理店

　モーリスが促進者協議会のメンバーに選んだ最高の人物はエドワード・ヴァンシタート・ニールであった。ニールは，トマス・モアも学んだ名門の高等法学院，リンカンズ・イン出身の法廷弁護士(バリスター)であったが，キリスト教社会主義者たちの間ではさほどその名前を知られてはいなかった。彼は40歳でキリスト教社会主義運動に参加したのであるが，その時ラドローは29歳，トマス・ヒューズとファーニヴァルも弱冠27歳であった。ニールはメイフェアーに邸宅をもち，ウォーリックシャーに豪邸を所有していた，いわゆる財産家であったが，ラドローとヒューズは法廷弁護士として，またファーニヴァルは言語学者として世に出てきたのであって，けっして裕福ではなかった。このような相違は，彼らの運動からすれば一見大したことではないように思われるかもしれないが，ニールがこの運動に惜しげもなく彼の財産を注ぎ込むことから，時として彼らの間に軋轢を生み出すのであった。ニールによる中央協同組合代理店の計画と実行はその1つの例でもあった。

　ルシェヴァリエは，彼の反競争代理店計画が頓挫した後に再度「ロンドン協同組合店舗」（the London Co-operative Stores）の計画をラドローに提示した。前回と違う点は，今度はニールが，またニールの助言者としてロイド・ジョーンズがこの計画に加わったことである。ジョーンズは実際にソルフォードにおいて消費者協同組合運動を経験しており，また前述したように，イングランド北部地方に普及しつつあったロッチデール型協同組合を視察し，公正な価格で良質の生活必需品を組合員に供給することによって，労働者階級の人たちの購買力を高めることが可能になる，という協同組合店舗の利点を熟知していた。それ故，ジョーンズは言うまでもなく，ニールもそしてヒューズにしても，消費者協同組合運動はロッチデールを中心にしたイングランド北部地方では徐々に成長しているが，ロンドンなどの南部地方ではほとんど育っていないことを軽視することができな

かった。したがって，ロンドン協同組合店舗の計画は，ルシェヴァリエの計画にニールやジョーンズが加わった，というよりはむしろニールとジョーンズが積極的に望んでいた計画であった，と言うべきであろう。

しかしながら，ラドローはこの計画にも反対した。「協同組合店舗は労働者生産協同組合と同じ範囲にまで Fellowship や Fellow-work の思想を推し進めない」からであるというのが，ラドローが反対する論拠であった。ラドローの強い反対にもかかわらず——だが，促進者協議会のメンバーのうち，ラドローと少数の者を別とすれば，多くのメンバーは労働者生産協同組合の製品市場と資本供給との双方の問題を解決するために消費者協同組合を重要なものだと位置づけていた——ルシェヴァリエは，ニール，ジョーンズそれにヒューズをさそって，1850年10月24日にロンドン協同組合店舗の設立に踏み切り，そのオフィスを「促進者協議会」と同じ建物の中に置いた。そしてジョーンズがマネージャーに，ルシェヴァリエが管理者(スーパーヴァイザー)に任命された。ニールは，フィッツロイ・スクウェアー・シャーロット通り76にあった大きな店舗を手に入れただけでなく，創業資金も融通した。

ニールが善意からであれ自らの資産を協同組合事業の資金として注ぎ込むことについては，ラドローの特に嫌うところであった。ラドローはこう述べている。「ニールの財布は，この運動に，時期尚早の，そして不自然な拡張をもたらした。……ニールは，実際，促進者協議会を通じて資金を立て替えた。……しかしながら，その結果が，ニールの（促進者協議会を通じた——引用者）貸付金がニール個人による貸付金ということになってしまい，そのことが協議会の道徳的権威を麻痺させてしまった。協議会がその基金から50ポンドを貸付けるのに対して，ニールが500ポンドを貸付けてくれるのであれば，労働者生産協同組合から見ると，彼がその債権者に，しかも協議会全体の10倍も大きな債権者になってしまったことは，明白である」[47]。確かに，われわれも，ニールがモーリス，ラドローの次に位置する人物だとみなされるようになった理由の1つが彼の「財布」にあったことを否めないのである。

ロンドン協同組合店舗はニールによって書かれた次のような「目的」を掲げた[48]。

(1) 購買者と販売者との間の利害対立を除去する。
(2) 小売業を汚染している詐欺行為や製品の品質を粗悪化するシステムを打ち壊す。
(3) 生活必需品を分配する際に浪費される労働と資本および時間を節約する。
(4) 労働者自身の労働から生じる利潤を確保する労働者生産協同組合の形成を，その労働の成果を販売するのに必要な体制(アレンジメント)を備えることによって，容易にする。

モーリスは，この「目的」を，事業のコマーシャル・サイドに属するにすぎないものであり，それ故，SPWMA の守備範囲の外にあるものとみなした[49]。モーリスは，ニールやジョーンズたちによるこの試みを少々甘く見ていたのかもしれない。この「店舗」は，小売段階の流通過程を合理化することによって，いわゆる「前期的商人資本」を小売流通から排除し，それによって獲得され得る商業利潤を蓄積して資本を形成し，その基礎の上に労働者生産協同組合を設立すると同時に，労働者生産協同組合が生産する製品の市場の役割を果たし，かくして，卸売段階の流通も合理化する機能をも担う，かなり野心的な試みであったのである。

ロイド・ジョーンズは，この試みを成功させるために，イングランド北部地方においてロッチデール公正先駆者組合に倣って設立されたいくつかの消費者協同組合の指導者を説得してロンドン協同組合店舗から品物を購入させた[50]。ロンドン協同組合店舗の展開はジョーンズの努力に負うところが大きく，彼によって 1851 年 2 月にはこの店舗の支部がマンチェスターに開設されるまでになった。

ロンドン協同組合店舗はニールにとっても重要な意味をもった。この店舗の経験が，事実上，その後のニールの協同組合思想・理論・運動の出発点となったからである。ニールはロンドン協同組合店舗に重要な試みを託していた。1 つは，協同組合運動全体にしばしばみられた「地方根性」(パロウキアリズム)を運動から取り除き，協同組合運動に統一性をもたらすことである。もう 1 つは，小売協同組合は競争市場で組合員に供給する品物を購入する以外に品物を手に入れる手段をもっていないことから，詐欺行為や品質の劣る品物を掴まされる危険に常に晒されるので，卸売流通を協同組合運動のなかに位置づけることであった。さらにもう 1 つは，労働者生産協同組合が生産する製品の市場を確保することであった。この 3 つ目の試

みが，生産者と消費者の間の利害対立をなくすと同時に中間商人を排除して，交換・流通過程全体を簡便化することを企図としていたことは言うまでもない。こうしてニールは，この３つの目標をもつ試みに対処するために中央組織を設立し，そしてその中央組織が協同組合運動全体を指導すると同時に，各支部を連結し，また相互に連携させることが必要である，と考えたのである。

　ニールとルシェヴァリエは，ロンドン協同組合店舗をイギリスにおけるすべての協同組合のための「卸売代理店」へ組織変えすることに合意し，ロンドン協同組合店舗開設からおよそ７ヵ月後の51年５月に再編成された「中央協同組合代理店」（CCA）が新たに生まれることになったのである。この新生 CCA の資金およそ9,000ポンドを用意したのは，もちろん，ニールであった。

　CCA は，生活必需品の分配に際しては「消費者の代理人（Agents）」として行動し，また各労働者生産協同組合の事業の援助とその製品の交換を組織して消費者協同組合と労働者生産協同組合との間の「商業交換センター」の機能を果たすことによって，協同組合の原理を社会的に促進していくことを目標として掲げた[51]。したがって，CCA は，小売流通ではなく，労働者生産協同組合と消費者協同組合のための卸売流通を主に組織するのであるが，それだけでなく，銀行業務（Banking）と相互保険（Mutual Insurance）の制度も備えていた。これらの点から見ると，CCA はルシェヴァリエの「反競争代理店」の構想を引き継いでいたし，また CCA は（やがてニールやヒューズたちと対立するようになる）CWS の先駆であった，と言って差し支えないだろう。ニールとヒューズの２人が CCA の全財産を管理する管財人となり，ルシェヴァリエ，ジョセフ・ウディン——彼は食品雑貨取引きの専門知識を有する経験豊かな仕入れ人であり，製品や品物の品質と価格に関するすべてのことを取り仕切ることができた——それにロイド・ジョーンズの３人がマネジャーに任命された。

　ニールは，CCA を設立することによって，キリスト教社会主義者たちの役割を，生産の領域から分配と消費の領域にまで拡大したのである。彼は，「消費財を分配する際に消費者のための代理人として行動するために，また労働者生産協同組合が各々の事業を遂行するのを援助するために，製品の交換を組織することによって，さらに労働者生産協同組合間の商業的交換のセンターを形成すること

によって，労働者生産協同組合の原理の発展を促すべく」CCA が設立されたのである[52]」，と『キリスト教社会主義者』のなかで述べている。

　ニール，ヒューズそれにジョーンズ等 CCA の運動に参加したキリスト教社会主義者は，CCA は商業改革を遂行し，「優れた分配制度」を実現するだろう，と考えていた。ニールは次のように強調している。

　　もともと，この代理店が設立されるに際しては，考慮されるべき2つの目的があった。この代理店は，かなりの程度まで労働者のための店舗になるだけでなく，この国の他の地方に設立される他の諸組織の中心になるであろう，ということであり，……ランカシャーやヨークシャーにおいてはかなりの程度までそのことが当て嵌まるだろう。第2に，代理店は，労働者生産協同組合が生産した財貨の販売を委託され，そして協同組合の実際的な発展を大いに促進するような仕方で（その財貨を）分配するセンターとなるであろう[53]。

　見られるように，ニールは，第1に，CCA をイギリスにおける労働者生産協同組合と消費者協同組合双方の卸売機関として機能させ，消費者協同組合に対しては「最良の品質の財貨を公正な価格で」供給することによって商人資本を小売流通から排除して流通過程を合理化し，第2に，労働者生産協同組合に対しては CCA がその製品の確実な市場の役割を果たすことで労働者生産協同組合の拡大を図り，かくして，「生産と流通の統一」という「協同組合システム」の確立を展望したのである。要するに，ニールは，CCA の設立と発展によって，協同組合システムが「国民経済において適正な位置を占める」ようになることを期待したのである。ルシェヴァリエの次のような言葉がそのことを説明している。

　　ニールは，彼の同胞（fellow-men）の状態を改善するというただ1つの目的をもって，この運動に気高くもかつ偏見を抱かずに乗り出した。彼ら（ニールと彼の仲間―引用者）は，この運動に乗り出す際に，資本家あるいはその階級に対して思慮分別のない叫び声など一度たりとも上げたことはなかった。彼らは，既存の諸制度を突如として変えようと提案したのではな

第2章　キリスト教社会主義運動と労働者生産協同組合　　77

い——彼らは，いかなる階級にも犠牲を払うよう求めはしなかった。彼らが求めたのはただ，富裕な者も貧しい者も，最良の市場で手に入れられる財貨と同じような最良かつ純良の品物を常に受け取るだろうという条件で，1つの共同のセンターに，自分たちの家族の日常的な消費のためにさまざまな注文を出すことになるだろう，ということなのである[54]。

　CCAの設立と方針について，ニールは主に彼1人の責任で行動したので，促進者協議会は，なん度かニールの提案について議論を重ねたが，彼の方針について実質的なコントロールを行使せずにいた。そうなると当然，「社会主義のキリスト教化」というキリスト教社会主義の目的を遂行する存在としてのSPWMAの内部には，ほとんどSPWMAや促進者協議会にも諮ることなくニール1人の責任でなされている企業行動にどの程度まで責任をもつことができるのか，という問題が生じてくる。要するに，SPWMAにとってCCAはいかなる正当性と重要性をもち得るのか，ということが問題になるのである。
　そこで，ニールとラドローは，すぐ後で見るように，『キリスト教社会主義者』紙上で労働者生産協同組合と分配協同組合（消費者協同組合）の各々のメリットについて議論を戦わせることになった。これは，促進者会議と中央委員会は，CCAが設立された時に，公式にCCAを是認する決議を示しておきながら，労働者生産協同組合と分配協同組合との間の関係について十分に議論することを怠ったためである[55]。モーリスは，ラドローの意見を考慮して，SPWMAは，CCAと別個の組織であり，したがって，CCAの行為に何ら責任を負わないこと，またCCAを支援する義務のないことを宣言せざるを得なかったが，しかし，ニールとヒューズを促進者協議会に留めておくために，次のようにコメントした。そもそも，SPWMAとCCAの2つの組織の関係について混同がみられたのは，SPWMAがキリスト教精神を「取引きと工業」にどのように適用させるのか，ということに専ら関心があるのに対して，CCAは——事実上，まさにそのことを実践しているのであるが，それにもかかわらず——SPWMAの主要かつ特有の任務である，キリスト教と産業（「取引きと工業」）の相互の関係を人びとに教える特別な宗教的目的を軽んじてしまった。したがって，これからは，両者はそれぞ

れ同じ目的を達成するためにそれぞれ最良の方法を自由に駆使するべきである，と。そしてモーリスは，シャーロット・ストリートにある SPWMA のオフィスから CCA が出てゆくことを明示した。

このモーリスの妥協案でキリスト教社会主義運動の内部分裂は避けられたが，しかし，ニールとラドローの協同組合をめぐる論争——労働者生産協同組合と消費者協同組合との関係——の隔たりは容易には縮まらなかった。では，2人の論点はどのようなものであったのだろうか。少しく見てみよう。

2. CCA をめぐるラドローとニールの論争

既に述べたように，ラドローは，消費者協同組合の必要性を認めてはいたが，消費者協同組合が労働者生産協同組合に対してイニシアティヴをとることにけっして同意しなかった。彼がルシェヴァリエの反競争代理店の計画に反対し，ロンドン協同組合店舗に反対したのも，そして今またニールの CCA に事実上反対しているのも，消費者協同組合の理念は労働者生産協同組合の理念に対立する原理を内包している，と彼が考えていたからである。彼のこのような見解は，彼自身のキリスト教社会主義思想の表現でもあった。それだけに，ラドローは，CCA はキリスト教精神に基づいた意志や心的態度を宣言することを避けているにもかかわらず，一般の人たちには「CCA はキリスト教社会主義者の仕事の正統な拡張である」と思われ，したがって，CCA は「キリスト教社会主義の真の目的」を不鮮明にしてしまう，との危惧を抱いていたのである。ラドローはこのように主張した。すなわち，社会主義の一般的な運動は2つの別個の潮流から成っており，また社会主義運動の働きや作用は2つの力から成っているが，

> 一方は，単純に人間を人間として処遇し，しばしば無意識のうちに，共通の「父たる神」(Father) の下での人びとのお互いに同等な関係から出発し，人びとをその愛の下に1つに結びつけようとする同胞愛の精神である。他方は，単純に人を人として処遇するのではなく，共通の利益のために，人びとが協力・提携することあるいは交際することが可能になるようにする，(そう言ってよいならば) パートナーシップの精神である。これら2つの精神の

各々には，今やその精神に相応しい有用な領域が存在する。同胞愛の精神は「労働者生産協同組合」において自らを具現化する——そしてパートナーシップの理念は「協同組合店舗」で特に実現されるのである。そこで，労働者生産協同組合が成功し，増大していくに応じて，社会主義は1つの「信条(フェイス)」以上のものになり，協同組合店舗が成功し，増大していくに応じて，社会主義は1つの「制度(システム)」あるいは「事業体(ビジネス)」以上のものになるのである。この2つの精神の徹底した，不断の結合，厳密に並行的な展開のみが，社会主義を，当然そうあるべきものする——そうあり得るものにする。すなわち，一方では人間的な同胞愛のもっとも完全な表現となり，他方では人間社会のもっとも繁栄している状態となる[56]。

われわれは，ラドローがここでは「同胞愛の精神」と「パートナーシップの精神」を同格に扱っていないことに注意すべきである。「同胞愛の精神」が基本なのであって，「パートナーシップの精神」はその上にのみ存在する，ということである。したがって，協同組合運動にあっても，「同胞愛の精神」なしには成功を保証されない労働者生産協同組合が基本なのであって，協同組合店舗（消費者協同組合）はその上で展開されるべきだ，とラドローは主張しているのである。協同組合運動全体の発展のためには，両者の精神の「徹底した，不断の結合」が必要ではあるが，しかし，それは「厳密に並行的な展開」でなければならない，というのがラドローの主張なのである。「協同組合店舗ではたとえこの同胞愛の精神が非常に希薄であっても」，協同組合店舗は成功するのである。何故なら，協同組合店舗にあっては，組合員とマネージャーとの間で，「財貨の分配において，また利潤の分配において，普通の誠実さを実行し，公正な取引きを行なうこと，それが必要とされるすべて」だからである[57]。

ラドローは，労働者生産協同組合と消費者協同組合との間にどうしてこのような相異が生じるか，について次のように説明する。

　　生産は本質的に非利己的行為であるが，消費は利己的行為である。生産者は自分の労働を与えることから始める。生産者は，現在の社会状態の下では，

賃金あるいは利潤という形で自分の労働の成果を手に入れることができる前に，誰かある他の人に自分の労働を与えなければならない。それに反して，消費者は，与えるのでなく受け取り，自分自身を犠牲にする代わりに享受するのである[58]。

労働者生産協同組合と消費者協同組合の決定的な相異点は，要するに，「生産は本質的に非利己的行為」であるのに対して，「消費は利己的行為」である，という事実にあるのだ，とラドローは説明しているのである。彼のこの思想は終生変わらなかった。例えば彼は，1873年にニューカッスルで開催された第4回イギリス協同組合大会での「利潤分配」をめぐる論争においてCWS陣営の見解を代弁したJ.ワッツの「協同組合の基礎は小売店舗である」との主張に対してこう反論している。

再び言うが，消費は，たとえそれが最高の目的のためになされたとしても，それだけをとってみれば，利己的行為なのである。……生産は，その目的がもっとも利己的である場合でさえ，それだけをとってみれば，本質的に非利己的行為である。すなわち，生産する者，労働する者は，自らを消費することから始めるのである。諸君は消費こそすべてであるというが，しかし，別の観点からすれば，世の人びとはすべて生産者から，すなわち，生産に責任を負う人たちから成っているのである。人間は，単なる消費者としては，消費から得られる以上のものを直接間接に生産に返還しないかぎり，最小限の権利しか有しないのである[59]。

ラドローは，このような「生産優先論」に基づいて，消費者協同組合と労働者生産協同組合との相異を説き，そしてその相異から消費者協同組合に対する「労働者生産協同組合優先論」を主張するのであるが，T.クリステンセンによれば，ラドローのこのような見解は彼の神学論によるものである。というのは，「生産することは神の創造力の現われなのである――したがって，生産者は神聖な行為に参加したのであり，その行為において創造し与えることで，彼ら生産者は自分

自身を犠牲にするのである。これに比べると，消費は消費それ自体を目的にして受け取る，という利己的な原理を象徴している」，とラドローは確信していたからである[60]。このようにして，ラドローは，「キリスト教社会主義の理念を実践的に体現するのは労働者生産協同組合」であることをニールに明示し，SPWMAにとってのCCAの正当性を拒否したのである。

　とはいえ，ラドローのこの拒否は，消費者協同組合は彼らの運動に不必要である，ということを意味しない。そうではなく，彼は，ニールたちに対して，消費者協同組合は，生産者のことを一顧だにすることなく，できる限り安価に品物を購買するという「利己主義の媒体」になる可能性があるが，その可能性は，消費者協同組合を労働者生産協同組合に付随するものと位置づけることによって防ぐことができる，とそう主張したのである。換言すれば，ラドローは，労働者生産協同組合よりもはるかに数の多い消費者協同組合に対して，「パートナーシップの精神」よりもまず「同胞愛の精神」に従った事業活動をするよう要求したのである。

　ニールとCCAに対するラドローのこのような厳しい批判にもかかわらず，CCAはロイド・ジョーンズの大きな努力によってその活動範囲を広げ，特にロッチデールの先駆者組合をはじめイングランド北部の主要な消費者協同組合は，事実上，CCAを承認し，利用していた[61]。この事実は，ニールにとって非常に有利であった。SPWMAのメンバーの多数は，ジョーンズの努力の成果を認めて，CCAをキリスト教社会主義運動の目的の正当な一部であることを受け入れ，CCAの事業活動を保障したのである。

　そこでニールは改めて，ラドローによる批判に応え，CCAの正当性を主張した。すなわち，ラドローが労働者生産協同組合と消費者協同組合の相異をことさら強調し，前者に「同胞愛の精神」を，後者に「パートナーシップの精神」を与えて，前者の精神を後者の精神よりも高位に置いたことは，結局のところ，労働者生産協同組合を称賛し，消費者協同組合を軽視することになる。しかしながら，実際的にも，原理的にも，双方の協同組合をそのように捉えることはできないのであって，双方とも協同思想と協同組合運動の「真の産物」なのであって，同じ基盤の上に立つものである。何故なら，生産も消費も人間の生活になくてはなら

ないものだからである。同様に，工業も商業もともに「同胞愛の精神」を創り出す手段として価値のあるものであり，いずれが欠けても完全ではないのである[62]。

ニールは，このように，ラドローによる批判に対して労働者生産協同組合と消費者協同組合の同等性を説き，その上で労働者生産協同組合にとっての消費者協同組合の有意義性を論じて，CCAの正当性を印象づけたのである。ニールはこう強調した。自助の1つの形態としての「協同組合店舗の適切に組織された機構」は，「そのなかに発展の大きな可能性」を秘めており，それ故，労働者生産協同組合の製品に対する需要を確実にすることによって，労働者生産協同組合の設立を促進するだろう。さらには，労働者生産協同組合は事業を行なうのに比較的大規模な資本，より高い技倆それにより多くの時間を必要とするのに対し，消費者協同組合は「貧しい諸階級がそれによってもっとも容易に自助を遂行することができるので，協同組合のより高い形態に向かって前進するための道を切り開くことができる」にもかかわらず，その前進は遅々とし，その発展は阻害されてきた。この主要な原因は，消費者協同組合が「合理的な価格で純良な品物を手に入れること」が困難であったためであるが，これからはCCAがその原因を取り除くのであるから，それによって消費者協同組合が一層の発展を見せるようになれば，消費者協同組合は労働者生産協同組合の確実な市場になり，労働者生産協同組合の確実なパートナーとなり，やがては労働者に質の高い生活条件を準備する，協同組合の最高の段階である「ホーム・コロニー」の建設を可能にするのである——「ホーム・コロニー」という言葉をニールが用いたことは，彼が協同組合運動の社会的使命を再認識したことを意味すると同時に，もはや「協同組合年次大会でしか厳粛に表明されなくなった単なるスローガンに堕してしまった」かつての協同主義精神や理想主義を取り戻そうそうとする彼の心的態度を表わすものであった[63]。

ニールはさらに消費者協同組合の重要性を別の観点から論証する。例えば，ロンドンに設立された労働者生産協同組合にあっては，「資本家と労働者の利害」や「生産者と消費者の利害」を調和させる，という社会的な目的を遂行する試みが今のところなされていないのに対して，消費者協同組合にあっては，少なくとも「販売者と購買者の利害対立」を排除しつつある，という実績を示しているの

で，その限りでは，消費者協同組合の方が労働者生産協同組合よりは「協同組合の原理」を，すなわち，「利害の統一」を表現しているのである[64]，と。

このように，ラドローとニールはCCAをめぐって批判と反批判を応酬し，SPWMAの内部も，したがってまた，キリスト教社会主義運動の内部もこの2人の議論に合わせて分かれることになる。クリステンセンが言うように，「こういう純粋に実際的な問題は最大の重要性をもつ問題を内包している」のであり，事実，この問題の次にキリスト教社会主義者たちは「資本と労働，雇用主と使用人という関係を基礎とする既存の経済秩序に協同組合の精神を鼓吹すべきなのか，それとも協同組合を，労働者共同管理 (Collective Mastership) を特徴とする新しい経済的，社会的秩序を創り出す手段とみなすべきなのか」，という問題をめぐって論争することになるのである[65]。そしてキリスト教社会主義者たちはこの問題に直面して再び困惑するのである。ラドローは，後者の立場をとり，労働者生産協同組合をキリスト教社会主義の目的である「社会主義のキリスト教化」を実現する社会変革の手段とみなし，そのための「同胞愛の精神」を強調した。他方，ニールもまた新しい経済的，社会的秩序を求めたのではあるが，しかし，彼は労働者生産協同組合をキリスト教社会主義の目的を実現するための単なる手段とみなすことには賛成しなかった。そうすることは協同組合運動の領域を事実上狭めてしまうし，何よりも現に貧困にあえいでいる労働者の利益を妨げることになる，と彼は考えたからである。

労働者生産協同組合と消費者協同組合に関わるラドローとニールのこのような論争は，やがて来るキリスト教社会主義運動の崩壊を予知させるのであるが，この2人の論争を通じてキリスト教社会主義者たちは「労働の原理」について落ち着き先のない論争を展開し，SPWMAの多数がニールを支持したことで，ラドローはSPWMAを去るのである。そして1854年にキリスト教社会主義運動は終焉し，ニールのCCAも57年にそのドアを閉じることになる。

ニールやラドローたちが再び協同組合運動の指導者として立ち現れるのは1860年代になってからである。ニールが協同組合運動に再登場した時，彼の協同思想は以前よりも幅広く，奥行きのあるものに仕立てられていたが，それは，キリスト教社会主義運動の過程で育まれ，協同思想を支えた彼の「経済理論」の成果で

あった。終生変わることのなかった彼の経済理論は，確たる思想的基礎を彼に与えていたのである。では，ニールの経済理論はどのような理論であったのだろうか。

第5節　E. V. ニールの経済理論

　ニールは，1877年に『協同組合とは何か』を著わして，次のように論じた。「社会改革の預言者たちは，既存の社会に存在する利害対立を排除されなければならない諸悪の根源だと非難し」，その主要な原因を「小売供給の競争制度にまとわりつくコストの不必要な増加とおびただしいほどの不正手段」に帰してきた。すなわち，「本源的資本」(original capital) を調達した小売商人は，しばしば，不正な手段によって購買者から法外な利益を得てきた。そこで，購買者たる労働者は，本源的資本を自ら調達することによって労働者自身の間で生活必需品を分配するための施設 (arrangements) を設立して，不必要なコストの増加と有害な手段を終わらせようと努力してきた——それが「分配店舗の起源であり，組織的協同の第一歩であった」。第2の段階は協同卸売事業である。それは，組合員のために，組合員が必要としていて，しかも組合員が要求したとおりの品質を保証された製品や品物を生産者から直接入手し，供給する事業である。そして第3の段階は「協同組合銀行制度」である。「この段階が協同組合の将来にとってどんなに重要であるかは，シュルツェ・デーリッチの指導の下にあるドイツの協同組合銀行に目を転じさえすればよい」。かくして，第4の段階が準備される。それは，「分配協同組合」(消費者協同組合) のための努力とは別の努力の，そしてそれ以上に重要な努力の領域にわれわれを連れ込むのである。協同組合生産の段階がすなわちそれである。「ここにおいてわれわれは，すぐ前で論じた段階 (分配協同組合と卸売協同組合) と調和することを必要とする，第3の要素——労働の要素——の面前いるのに気づくのである」[66]。

　ニールは，1877年以前から，協同組合運動の展開過程は，第1に消費者協同組合，第2に卸売協同組合，第3に労働者生産協同組合の段階を経る，と論じていた (ただし，新しい要素としての協同組合銀行制度についてはこれまで言及しなかっ

た)。また彼は——ここでは触れていないが——既に1872年1月27日付の『協同組合ニュース』で，フランスのJ. B. A. ゴダンの「協同ホーム」(Associated Homes) に論及して協同組合運動についての彼の目標と理想を示唆し，ゴダンを通じて彼がロッチデールの先駆者たちの目標と理想を共有しようとしたこと，したがって，彼の協同組合運動の発展段階論を明示したが，これについては第4章で論究される。

CCAをめぐるラドローとの論争にみられたように，ニールは協同組合運動の実際の展開過程においては，労働者生産協同組合と消費者協同組合との間に優先順位をおかずに，両者の同等性を尊重した。しかしながら，協同組合運動に基礎をおく「社会改革プログラム」との関連でみると，彼の「協同組合発展段階論」は労働者生産協同組合に優先性を与えることになる。とはいえ，彼は，その理論的根拠を，ラドローのようにキリスト教社会主義の「神学論」におくのではなく，1つは彼の経済理論に，他は彼独自の「社会主義論」および「協同自助論」におくのである(「社会主義論」と「協同自助論」については第4章で論述する)。そこで，彼の協同組合発展段階論を念頭において，彼の経済理論を論究することにしよう。

ニールは，1852年3月29日に，SPWMAの要請で，「労働と資本」(Labour and Capital) と題する講演を行なった。この講演のペーパーはニールの経済理論をもっとも明確に示してくれており，またその後の，「コ・パートナーシップ」論を含めた彼の経済理論のスタンスは基本的にこのペーパーと変わっていない。それ故，ここでは，ニールの経済理論を「労働と資本」に拠って論究する。

ニールの経済理論を論究する際に注意すべきことは，その経済理論の展開軸が「労働と資本の関係」を中心とするところにある，ということである。彼は次の4つのテーゼをもって展開する。すなわち，(1)「労働と資本との間に現存する関係」が必然的にもたらすものは何か，(2) この関係の存続は実際に避けることができないのか否か，(3) この関係はどのようにしても修正され得ないのか否か，(4) この関係は，神 (Reason, すなわち理性) が望ましいと是認し得る関係と一致し得ないのか否か，である[67]。そして彼は，これら4つのテーゼに基づいて，「資本とは何か」を考察していく。

「資本は，そのもっとも広い意味で，それによってわれわれの目的（objects）が達成されることを可能にする物質的手段あるいは道具である，と定義される」[68]，とニールは言う。「物質的手段」とは，ニールによれば，例えば，綿製品製造業者の工場，蒸気機関，織機，紡錘，綿糸であり，あるいはまた戦争を遂行するのに必要とされるすべての種類の装具である。見られるように，彼の「資本の定義」は混沌としている。何故，混沌としているかといえば，資本を，生産と分配に関係しない「目的」をも含めた所与のあらゆる「目的」を達成するための「物質的手段」である，とニールが定義してしまったからである[69]。

しかも，この定義が以下で言及する「資本概念」の前提になってしまっていることに，われわれは注意しなければならない。その意味で，「われわれが生活する土地（earth）は人類の本源的資本（the Original capital of the human race）である」，とニールが述べているのは驚くべきことではないかもしれない。何故なら，彼にとって，「土地は，人間が考える多くの目的のすべてのための道具あるいは手段の巨大な供給者」[70]であるからである。この「本源的資本」という概念は，ニール固有の「資本」概念——第1の資本概念——である（なお，先に言及した『協同組合とは何か』〈1877年〉では，「本源的資本」を「創業資本」と同じ意味で用いているが，ここではそのことについて触れない）。要するに，ニールの「本源的資本」は「個人的に所有されない土地それ自体」を表象しているのである。したがって，本源的資本は，人間の諸活動の目的を達成するために必要とされる「道具」あるいは「手段」，すなわち，「本源的手段」と言い換えることができる。そしてニールは，本源的資本と労働との関係を「本源的関係」と規定し，この「本源的関係」をまた資本と労働の「自然的関係」とも規定した。

次にニールは，資本を，「価値」の側面から考察して，「蓄積された過去の人間労働の成果」である，と定義する。「本源的資本」という資本概念を導き出した定義を第1の定義とすると，この「蓄積された過去の人間労働の成果」——あるいは「蓄積された人間労働の成果」——という定義は第2の資本の定義である。ニールは言う。「蓄積された過去の人間労働の成果に，われわれはすぐれて資本の名を与える」[71]，と。しかしながら，蓄積された過去の，対象化された「人間労働」は，一定の歴史的段階で，すなわち，資本主義的生産関係の下ではじめて

「資本」になり得るのであって、そのことは、単なる過去の労働の生産物が資本でないのと同じである。それ故、もしニールがこのことを前提としているのであれば、第2の資本の定義は間違いではない。「現在の労働の行使は、直接的には、過去の労働の成果の保持と使用に左右される」、あるいは「現在の労働は、それを成功裡に行使するためには、過去の労働を自在に使いこなす能力に左右される」、とのニールの主張は、必ずしも明確ではないが、資本主義的生産関係の下での「過去の対象化された労働」と「現在の生きた労働」との関係を示唆している、と言ってよい[72]。というのは、「労働に道具を供給する手段としての資本への労働の必然的従属が不可避的に存在することになるが、そのことは社会が進歩するにつれてますます明白になる」[73]、とニールは述べているからである。

資本をこのように定義したニールは、さらに、「労働の資本への必然的従属」を「現在の生きた労働」の「蓄積された過去の労働」への従属とみなして、この両者の「従属関係」を分析する。ニールは次のように言う。

　　労働の資本への必然的従属は、過去の世代の労働者による労働の結果生じた、蓄積された労働を、すなわち、蓄積された資本をコントロールする諸条件を十分注意深く規制することが何よりも重要である。というのは、その後の世代の労働者の福祉（well-being）は、これらの諸条件を規制する知識に左右されるからである[74]。

ここで注意すべきことは、第2の資本の定義に基づく「労働と資本の関係」は、たった今見たように、「労働の資本への必然的従属」の関係にあるのだが、ニールにとってこの必然的従属関係は、労働者の労働条件の劣悪化を一義的に意味するのではなく、むしろ労働者の労働条件と生活状態を改善する要因になり得る、ということである。「（労働者が）資本をコントロールする諸条件を十分注意深く規制する」との条件つきではあるが、ニールは、「労働の資本への必然的従属」の拡大は労働者の労働条件と生活状態の改善に、したがって、社会の進歩に繋がる、と確信していたのである。ニールはこう強調する。「この改善の必要条件として、労働の蓄積を促進すること、換言すれば、資本の増大を促進すること」が

自分たち自身の生活状態の改善を願っているあらゆる人びとの目的にならなければならず,したがって,労働者階級の現状を改善するためのすべての計画は,「資本を蓄積しようとする傾向を著しく阻害するものであれば,失敗するに違いない」[75],と——ニールのために再び言っておけば,彼には,労働者が基本的に「資本をコントロールする」という必要条件が常に前提とされているのである。

ところで,ニールはこの時代のイギリス社会の状況を次のように認識していた。「莫大な富と絶望的な貧困との組み合わせ,不正で無謀な競争,恐ろしいほど多くの詐欺行為,富める者と貧しき者との一層の分離,階級と階級の離反,雇う者と雇われる者との反目,資本家と労働者との対立」を際立たせている[76],そういう社会の状況なかに人びとはおかれているのである,と。そしてニールは,このような社会状況が生み出される原因を,「現に労働者が関係せざるを得なくなっている人為的資本」が「本源的資本」に完全に取って代わってしまったことに見い出すのである。ここに彼の第2の資本概念である「人為的資本」が登場する。

「本源的資本」に対立するこの「人為的資本」(artificial capital) について彼はほとんど説明を加えていないが,要するに,社会における人と人との「人為的関係」——競争関係,詐欺行為,不正取引き,階級対立,貧富の格差など——と,その関係を基礎とする「人為的制度」(artificial system) とをつくりだす「資本」を,彼は「人為的資本」と呼んだのである[77]。だが,この説明だけでは「人為的資本」と「人為的制度」の実体が不明なので,先の2つの資本の定義に従ってそれらに考察を加えると,次のようである。すなわち,「人為的資本」とは,「労働者のための原材料や用具に対する支配権」を有する「少数の人たち」=資本家が所有する「資本」である。かかるものとしての資本家はこの「人為的資本」を通じて労働者を搾取するのである。そして,このような資本家が所有する「人為的資本」によって労働者を搾取する生産関係,すなわち,「人為的関係」を基礎とするような人びとの社会的諸関係を成り立たせる経済社会制度(システム)を,彼は「人為的制度」と称したのである[78]。

そこでニールは,労働者がおかれている社会的状態を,したがってまた,労働者の労働条件と生活状態とを改善するために,労働と資本のパートナーシップに基づく協同組合生産を見据えて,こう主張する。現在のところ,労働の諸条件は

「労働を遂行する人たち（労働者）によって取り決められる——本来はそうすることが自然であるのに——のではなく，労働を遂行するのに必要とされる資本を供給する人たち（資本家）によって取り決められている」。しかし，資本家は労働者に何らの同感ももたないかもしれないし，その上，資本家の利益は「労働者の地位が低いことによって損なわれるどころか」，むしろそうしておく方が有利なのであるから，資本家は労働者の地位を引き上げるよりもむしろ引き下げようとする。その結果，労働者の状態は「階級としての労働者が遂行する労働の総量と価値に正確に比例して」劣悪化することになる。というのは，労働の総量と価値の増加に伴って，階級としての資本家の数と重要性も必然的に増大するだろうし，また労働を遂行させるためには，それに相応する一定量の資本が予め蓄積されていなければならないからである。こうして，労働者は，資本主義的商品生産に組み込まれることによって，その所得を生存費ぎりぎりの点まで抑制されてしまうのである[79]。

それでは，労働者はどうすればよいのか。このような労働者の地位と状態は——と，ニールは強調する——実際のところ，労働者が「人為的資本」に従属している結果であり，労働者階級の資本家階級への「従属」の表現である。だが，この「従属」は，先に言及した「労働の資本への必然的従属」と本質を異にする。前者，つまり「人為的資本」への従属は労働者の状態（労働と生活の条件）を劣悪化させるのに対して，後者はそれを改善し，向上させるのである。それ故，労働者は「人為的資本」に基礎をおく「人為的制度」を打ち倒さなければならない。それでは，どのようにして「人為的制度」を打ち倒したらよいのか。「唯一確実な方法」は——と，ニールは再び強調する——「労働と資本との本源的関係を復活すること」である[80]。「本源的資本」が「人為的資本」に再び取って代わるのである。

そこでまたニールはこう論述するのである。「労働と資本の本源的関係」は，「労働することを望んでいる人たちがその労働を対象化させる原材料を容易に獲得することができる，という事実のなかにのみ存在する」。換言すれば，「1848年のフランス（2月）革命の際に大いに議論された，あの権利，すなわち，労働の権利……の実体のなかにのみ存在するのである」[81]。すなわち，労働（者）を雇用

する手段は，資本家の「恣意的な処置」に委ねられるのではなく，労働者自身のコントロールの下におかれて，労働者によって遂行される労働に対する労働者自身のコントロールを保証すること[82]，これである。ニールは「生産の労働者自主管理」を主張しているのである。それでは，彼の「労働者自主管理」はどのような制度の下で実現され，実行され得るのだろうか。彼はこう答える。「この目的を果たす真の方法，これまで提示されたすべての方法のうちでもっとも安全かつ直接的にその目的を果たすことを約束する方法は，労働者生産協同組合（working association）を通じて実行される」[83]，と。

　要するに，ニールは，労働者自らが蓄積した資本（＝「本源的資本」）をもって労働者生産協同組合を組織し，そこでの労働と生産の諸条件を労働者自身がコントロールすることによって（＝「労働の資本への必然的従属」），労働と資本の関係を，対立（＝「人為的関係」）ではなく，パートナーシップ（＝「本源的関係」）にまで高め，その成果を労働者の生活状態の改善に振り向け，かくして「神」つまり「理性」が望ましいと是認するような「人と人との社会的関係」を創出する，というスキーマを描いたのである。

　しかしながら，既に前に述べたように，ニールやラドローたちキリスト教社会主義者による労働者生産協同組合の試みは1854年に頓挫した。そしてその後80年代末から90年代初期にかけて，後述するように労働者生産協同組合とCWS＝消費者協同組合とが運動の路線をめぐって対立することから，ベアトリス・ウェッブによって，彼らの試みは「個人主義的」かつ「ひねくれた民主主義」であり，またその失敗は経営の非効率，労働規律の欠如，市場不足などにある，と批判されるのであるが，ニールは，このような経済理論に基づいた「労働と資本のパートナーシップ」論を一貫してもち続けた。

　その上にニールは，キリスト教社会主義運動の失敗から教訓を汲み取り，1870年代から80年代にかけて労働者生産協同組合の実際的な機能の拡充と独自性の強化を図っていったのである。それは「労働と資本との間の新たな関係の端緒を切り開く」ものであった。すなわち，労働者生産協同組合は生産された利潤を労働者と彼らの子孫のために分配するのであるが，それは次の目的を成し遂げるためである。① 労働者生産協同組合の将来の存続と繁栄と，来るべき世代の幸福と

を保証する，② 組合員労働者の労働に対して正当な権利を保障する——利潤の一部は疾病，死亡，老齢，退職などの年金基金および児童・成人のための教育事業基金として積立てられ，残りの一部は労働者に「労働に応じて分配」する。この視点は，第2章で見たビュシェの視点でもあり，また第4章で見るゴダンの視点でもある。こうして，労働者生産協同組合においてはじめて「労働と資本の新たな関係」＝「労働と資本のパートナーシップ」が確立する，とニールは見通したのである。

ニールは，1870年代から80年代にかけてのこの時期に，79年にゴダンが建設を完成させたコミュニティ，ファミリィステールを視野に入れた労働者生産協同組合運動を展望し，ゴダンの成功した「協同居住福祉の実験」の成果をイギリスの労働者生産協同組合だけでなく協同組合運動全体に取り入れるべく，怠りなくその準備にとりかかっていた。「イギリスにおけるフランス協同思想の展開」が再び開始されるのである。そこには，一貫して変わることのなかったニールの経済理論が大木の根のようにその基礎を占めていたのである。

1854年にキリスト教社会主義運動が頓挫した以後も，ニール，ラドローそれにヒューズたちキリスト教社会主義者は，個人的にイギリス協同組合運動全体に大きな影響力をもち続けた。特にニールは協同組合大会と協同組合連合会の組織化，『協同組合ニュース』の発行など，現在に及ぶ業績を残したのであるが，イギリス協同組合運動におけるニールやラドローなどの役割だけでなく，キリスト教社会主義運動の歴史的なポジションをより正確に位置づけるためには，40年代から80年代にかけて展開されたイギリス協同組合運動について論究しなければならない。そこでわれわれは次章でこの時期のイギリス協同組合運動の展開を考察するのであるが，その際にわれわれはキリスト教社会主義運動の影響力をしばしば目撃することになるだろう。

【注】

1) *Tracts on Christian Socialism, No. I* , p.11.
2) モーリスやラドローは，クーパーを通じてJ. ミルバンクとT. ショーターと親交を結んだ。ミルバンクとショーターの2人は，モーリスがリンカーン・インで行

なった説教に出席し，深い感銘を受けた。彼らは間もなく「労働者協同組合促進協会」のメンバーとなって，労働者生産協同組合運動を指導することになる。

3) キングズリィとマンスフィールドは，この時のコレラの恐怖から「保健連盟」(Health League) の計画を提案するが，モーリスは，その計画が労働者生産協同組合の設立を遅らせるのではないかと懸念して賛成しなかった。ラドローもまた，彼らの計画は非常に有益であるとは思ってはいたが，時期尚早であることを認めていた（cf. C. E. Raven, *op. cit.*, pp.146-147）。

4) キリスト教社会主義運動を批判的にみている J. サヴィルは，ラドローたちが指導した労働者生産協同組合について，次のように述べている。「1830年代のオウエン主義思想から，キリスト教社会主義者たちの提示した思想的アプローチと強調点への転換を十分に認識することは重要である。新世界（the New World）の代わりに存在するものは，協同組合生産の個人主義的原理である。しかもそのビジョンは途方もなく狭隘であり，1834年の豊かな理想主義は退屈極まりない狭量さに道を譲ってしまった。キリスト教社会主義者たちにとって，競争的資本主義の弊害を非難した後になお残っていたものは，労働者の小グループを独立の生産単位として確立するための，思慮を欠いた，狭量な計画であった。」（J. Saville, *op. cit.*, pp.142-143.）しかしながら，サヴィルのこの批判が的確であるかは疑問の余地がある。サヴィルの言う「1834年の豊かな理想主義」は，おそらく，34年に組織され，オウエンがその指導者となった「全国労働組合大連合」（グランド・ナショナル）のことだろう。確かに，建築工を中心に組織されたこの大連合は，さまざまな地域にコミュニティを建設し，そして各コミュニティが連合して政府を形成する，という「理想」を描いており，その限りではそこには「理想主義」が入り込んでいた。しかし，この大連合は親方資本家たちの抑圧によって間もなく崩壊してしまうのであって，この大連合を高く評価することも問題である。大連合を高く評価したのがウェッブ夫妻であることを考えると，サヴィルもベアトリス・ウェッブの見解に立ってキリスト教社会主義運動を考察しているのである。「協同組合生産の個人主義的原理」や「労働者の小グループを独立の生産単位として確立する」という言葉は，紛れもなく彼女の言葉である。現在の，イギリスをはじめとするヨーロッパや北アメリカの国々での労働者協同組合の展開と成長を見ると，彼女の言葉をあたかも金科玉条のようにみなすことは誤りであることがわかるであろう。この点については，第3章第6節を参照されたい。

5) *The Christian Socialist: A Journal of Association, Vol.* Ⅰ, *No.1* (November 2, 1850), p.2.
6) J. M. Ludlow, *The Autobiography of a Christian Socialist* (edited and introduced by A. D. Murray), 1981, p.153.
7) *Ibid*., p.153.
8) *Tracts on Christian Socialism, No.* Ⅳ, p.1.
9) *Ibid*., pp.5-6.
10) *Ibid*., pp.6-7.
11) *Ibid*., pp.8-9.(なお,この和訳個所は原文の抄訳である)。
12) *Ibid.*, pp.10-11.
13) 杉村和子「ビュシェと革命——ビュシェ評価の問題点」日本西洋史学会編『西洋史学』75号,1967年,pp.40-41.
14) 『ヨーロッパ人』(1831年12月-1832年10月)は,当初,*Journal des Sciences morales et politiques* のタイトルで発行された。
15) 谷川稔訳「年賃金労働者の境遇を改善するための方策」河野健二編『資料フランス初期社会主義——2月革命とその思想』所収,p.91. (P.-J.-B. Buchez, *Moyen d'améliorer la condition des salariés des villes. Journal des science morales et politiques*, 17 décembre, 1831.)
16) 同上,p.89.(*Ibid*.)
17) P.-J.-B. Buchez (et P.-C. Roux), *Préface de Histoire Parlementaire de la Révolution Française, ou Journal des Assemblées Nationales depuis* 1789 jusqu'en 1815, t.32, (Paris, 1837), p.ⅷ.(谷川稔訳『フランス革命議会史』第32巻・序文,同上,p.99.)
18) *Ibid.*, pp. xi-xii. (同上,pp.102-103.)
19) *Ibid.*, pp. xi. (同上,p.102.)
20) *Ibid.*, p. xiii. (同上,pp.104-105.)
21) *Ibid.*, pp. xi-xii. (同上,pp.102-103.)
22) *Ibid.*, pp. xi-xii. (同上,p.103.)
23) *Ibid.*, p. ⅶ. (同上,p.98.)
24) *Tracts on Christian Socialism, No. V*, p.1.
25) *Ibid., No. V*, p.13. ラドローは,「フランスのいくつかの労働者生産協同組合はす

べての組合員に平等な賃金（手当）を支払うことに同意しているが，これは重大な誤りである」，と指摘している（Ibid., p.13）。

26) Ibid., No.30, May 24, 1851, pp.234-235. ラドローは「不平等な手当は，私が知っている……社会的平等の最良の調節装置である」(Ibid., p.235.) とも言っている。

27) Ibid., p.235.

28) T. Christensen, op. cit., p.142.

29) 8つの労働者生産協同組合は次のものである。(1) 婦人・紳士用製靴工生産協同組合（Ladies' and Gentlemen's Working Boot and Shoemakers Association) (2) 紳士用製靴工生産協同組合（Gentlemen's Working Boot and Shoe and Strog Shoemakers Association）(3) ウェスト・エンド長靴工生産協同組合（The West End Working Boot-makers Association）(4) 仕立工生産協同組合（Working Tailors' Association）(5) ピムリコ建築工生産協同組合（Pimlico Working Builders' Association）(6) 印刷工生産協同組合（Working Printers' Association）(7) ノース・ロンドン針子生産協同組合（North London Needlewomen's Association）(8) 製パン工生産協同組合（Working Bakers' Association）。また1852年までに設立された3つの労働者生産協同組合は次のものである。(1) 労働者ピアノ生産協同組合（Working Pianoforte Makers' Association）(2) シティ仕立工協同組合（City Working Tailors' Association）(3) 鍛冶工生産協同組合（Working Smiths' Association）。これらの労働者生産協同組合の詳しい説明については，C. E. Raven, op. cit., pp.194-213を参照されたい。

30)「促進者協議会」は，「SPWMAの目的を促進するために」，また「商業と工業の目的にキリスト教精神を実践的に適用するものとして協同組合の原理原則を普及させるために」，SPWMAへの寄付金や供託金を集めたり，またその寄付金や供託金すべてを管理運営する執行機関と位置づけられた（cf. Tracts on Socialism, No. V, p.2)。促進者協議会の常任メンバーはラドロー（法廷弁護士）の他は次の22名であった：モーリス（神学者），ニール（法廷弁護士），トマス・ヒューズ（法廷弁護士），ジョージ・ヒューズ（トマスの兄），F. J. ファーニヴァル（言語学者），クリース，カスバート・エリソン（法律家・治安判事），ゴードリッチ卿，サー・ジョージ・グローヴ（音楽学者），セプティマス・ハンサード師，H. J. ホープ，ロイド・ジョーンズ（オウエン主義者），ジル・ルシェヴァリエ（協同組合運動家・フランス人亡命者），ルイ・ブラン（2月革命の臨時政府大臣・フランス人亡命者），

アレグザンダー・マクミラン（マクミラン出版社の創設者），チャールズ・B. マンスフィールド（公衆衛生改革者），デーヴィッド・マッソン（マクミラン・マガジンの編集者），ジョセフ・ミルバンク（懐中時計ケース仕上工），A. ニコルソン，F. C. ペンローズ（建築家），オーガスタス・A. ヴァンシタート（ニールの従兄弟），チャールズ・ロバート・ウォルシュ（医師），ジョセフ・ウディン（協同組合運動の指導者）。その他に次の9名の臨時メンバーがいた：G. ブッラドリィ，ラグビィ（ウエストミンスターの首席司祭），A. M. キャンベル（建築家），J. エリソン，イートンのW. ジョンソン，キングズリィ（作家），ペンドルトンのT. G. リー師，W. リーズ，キャプテン・ローレンス・シャドウェル（J. Ludlow, *op. cit.*, pp.169–170）。協議会の常任メンバーや臨時メンバーの職業や社会的地位から察することができるように，彼らメンバーのほとんどが当時の支配階級かあるいはそれに近い階級に属していたことは，キリスト教社会主義運動の社会的性格をある程度—すべてではないが—示唆しており，またこの運動が労働者生産協同組合運動に対してもった限界を暗示していたと言えよう。

31) T. Christensen, *op. cit.*, p.147.
32) *Tracts on Christian Socialism, No. V*, pp.4–5.
33) *Ibid.*, p.5.
34) *Ibid.*, pp.5–6.
35) ウィリアム・トンプソンおよびウィリアム・キングの協同思想，並びにロッチデール公正先駆者組合の理念については，中川雄一郎『イギリス協同組合思想研究』（日本経済評論社，1984年）第2・3・4章を参照されたい。
36) Tracts on Christian Socialism, *op. cit.*, pp.5–6. なお，この規約は，サリーが起草して，ラドローが手を加えたものである。
37) *Ibid.*, p.14.
38) T. Christensen, *op. cit.*, p.164.
39) *Ibid.*, pp.165–166 f.
40) C. E. Raven, *op. cit.*, pp.215–216.
41) *The Christian Socialist, Vol. II, No.48* (September 27, 1951)–*No.59* (December 13, 1851), pp.198–371.
42) *The Co-operative Commercial Circular, No.2,* December 1, 1853, p.9.
43) *Ibid., No.3,* January 1, 1854, p.13.

44) アトラス製鉄所の失敗については, C. E. Raven, *op. cit.*, pp.309-310.を参照されたい。
45) *Ibid.*, p.307.
46) *Ibid.*, p.307.
47) J. M. Ludlow, *op. cit.*, p.207.
48) *Report of a Meeting for the Establishment of the Central Co-operative Agency*, 1851, London, pp.3-4.
49) モーリスのこのような見解について, ルシェヴァリエが「彼 (モーリス) は, 労働の道徳的および教育的側面あるいは労働者による自治の原則に何らのシンパシィをもたなかった, と結論づけたことに, モーリスは大いに立腹した」とのことである (cf. C. E. Raven, *ibid*., pp.259-260)。
50) *Cf. The Christian Socialist, Vol.* I, *No.8* (December 21, 1850), p.58.
51) *Report of a Meeting for the Establishment of the Central Co-operative Agency*, p.10.
52) *The Christian Socialist, Vol.* I, *No.27* (May 3, 1851), p.211.
53) *Report of a Meeting for the Establishment of the Central Co-operative Agency*, pp.6-7.
54) *Ibid.*, pp.18-19.
55) Cf. C. E. Raven, *op. cit.*, pp.266-267.
56) *The Christian Socialist, Vol.* I, *No.31* (May 31, 1851), p.241.
57) *Ibid.*, p.241.
58) *Ibid.*, p.241.
59) *The Co-operative News, Vol.* III, *No.16,* April 19, 1873, p.197.
60) T. Christensen, *op. cit.*, p.187 f.
61) *The Christian Socialist, op. cit.*, p.244.
62) *The Christian Socialist, Vol.* I, *No.33* (June 14, 1851), pp.261-262.
63) P. N. Backstrom, *op. cit.*, p.33.
64) The Christian Socialist, *op. cit.*, p.262.
65) T. Christensen, *op. cit.*, p.190.
66) E. V. Neale, *What is Co-operation?* Manchester, 1877, pp.4-5.
67) E. V. Neale, *Labour and Capital,* London, 1852, pp.7-8.

68) *Ibid.*, p.8.
69) ニールはこう説明している。「かくして，銃，銃剣，弾薬など戦争を遂行するのに必要とされるすべての種類の装具が戦争を行なう者によって使用される資本とみなされ得るのであるが，それは，綿製品製造業者の工場，蒸気機関，織機，紡錘，綿糸などが彼の資本を構成するのと同じである。双方の資本とも，すなわち，一方はそれによって征服あるいは防衛の目的にとりかかる人たちにより，他方はそれによって綿製品を生産する目的にとりかかる人たちにより果たされる手段なのである」(*Ibid.*, p.8)。しかしながら，戦争を遂行する，破壊的，不生産的生産物である銃や弾薬という「製品」を「生産する」資本家と，労働力を再生産するための綿製品を生産する資本家の資本とは同じでものである，と言えるにしても，戦争を遂行するための「手段」である銃や弾薬と，人びとの生活に必要な綿製品を生産する「手段」である織機や紡錘を同一視すること，あるいは同じ次元で論じ，定義づけることは間違いである。前者は社会的，一般的に流通し，分配され，消費される商品ではないからである。ましてや近代においては，戦争遂行のための「武器」を所有し，使用する実体は，資本家でも労働者でもなく，国家そのものなのである。
70) *Ibid.*, pp.8-9. なおこの場合,「土地」の真の所有者が「神」であるのは,「土地という無尽蔵の資本」が人類の必要や欲求を満たすために「神」によって惜し気もなく与えられるからである (*Ibid.*, p.9)。
71) *Ibid.*, p.12.
72) ニールは『協同組合とは何か』のなかでこう示唆している。「資本は，蓄積された，そして現在の労働を巧く促すための過去の労働である。われわれがこの蓄積（された資本—引用者）をより多く支配すればするほど，あらゆる種類のわれわれの現在の労働は，それだけより多くの利益を生み出すであろう」(E. V. Neale, *What is Co-operation?* p.8)。
73) E. V. Neale, *Labour and Capital*, p.11.
74) *Ibid.*, p.12.
75) *Ibid.*, p.12.
76) *Ibid.*, p.13.
77) *Ibid.*, p.14.
78) *Ibid.*, p.17.

79) *Ibid.*, p.18.
80) *Ibid.*, p.19.
81) *Ibid.*, pp.14-15.
82) *Ibid.*, p.19.
83) *Ibid.*, p.19.

第3章

1820年代—1880年代におけるイギリス協同組合運動の展開

　1848年にラドロー，モーリスそれにキングズリィによって着手され，間もなくロイド・ジョーンズ，ニールそしてヒューズなどが参加して1854年まで続けられたキリスト教社会主義運動は，第2章で詳しく論究したように，イギリス社会の変革を目指して，主に労働者生産協同組合を中心とした協同組合運動を展開した。彼らによって実践され，展開された運動は，後にベアトリス・ウェッブによって，ロッチデール公正先駆者組合を始点とする近代協同組合運動の伝統ともオウエン主義協同組合運動とも異質のものだ，と厳しく批判されるのであるが，他方でニール，ラドロー，ジョーンズそれにヒューズたちはイギリス協同組合運動のなかに踏み止まって影響力を及ぼし，やがてE. O. グリーニングやG. J. ホリヨークなどと協力して労働者生産協同組合運動の再構築に奮闘することから，本章ではまず，ウェッブの言う「近代協同組合運動の伝統」を創り出す布石となった先駆者組合以前の協同組合運動の歴史的軌跡（前史）を追い，次いで，1844年にひっそりしたトード・レーン（ガマ通り）の倉庫の中で誕生した先駆者組合に源流をもつ近代消費者協同組合運動の成長と，その消費者協同組合運動としばしば路線上の対立を見せてきた労働者生産協同組合運動の展開過程を跡づけ，そしてさらに84年にニールがヒューズやグリーニングと協力して「労働アソシエーション」(Labour Association) を組織するに至った経緯をたどることにする。実際のところ，40年代から80年代におけるイギリス協同組合運動の展開は，協同組合運動に関わった人たちの社会的，経済的，政治的な思想や理念をさまざまに映しだす，興味の尽きないステージを提供してくれるのである。

　それにしても，先駆者組合の誕生以降におけるイギリス協同組合運動の発展過程にはさまざまな努力や路線対立がみられた。重要な事項をあげてみると，キリスト教社会主義運動の1つの大きな成果である，世界最初の協同組合法＝「産業

および節約組合法」の成立（1852年），CWS の設立（1863年），イギリス協同組合大会（1869年に第1回大会をロンドンで開催），機関紙『協同組合ニュース』の発行（1871年），協同組合連合会の設立（1873年），労働アソシエーションの設立（1884年），それに国際協同組合同盟（1895年）の設立など，現代のイギリス協同組合運動のみならず，国際的な協同組合運動にもその軌跡は残されている。それ故，本章においてわれわれはまず，近代協同組合の創始たるロッチデール公正先駆者組合が生まれるまでの軌跡を考察し，次にその後の協同組合運動における重要な軌跡を追うことによって，キリスト教社会主義運動の歴史的ポジションを客観的に捉える同時に，ニールが「イギリス協同組合運動のルネサンス」を標榜して協同居住福祉思想を展開することになる道筋を明らかにするであろう。

第1節　近代協同組合運動への軌跡

1. ロンドン協同組合（1824—1834年）の先駆的意義

近代協同組合運動の真の起源は，ジャーナリストであったジョージ・ミューディによって指導された印刷工のグループが1820年に組織した「協同経済組合」(The Co-operative and Economical Society) に遡ることができる，と言われている。この協同経済組合は「ニュー・ラナークのオウエン氏によって計画されたプランに則って，農業，工業および取引きを結び合わせ，一致と相互協同の村を建設する」[1]ことを目指し，実際に，ロンドンの郊外に「集合家族」(congregated families) 形式[2]のコミュニティを建設した。協同経済組合は250家族から成るコミュニティを構想したが，実際はミューディの家族を含めて22家族にとどまり，協同経済組合は早くも22年に解散してしまう。

彼らの試みは僅かな時間で終息するのであるが，その歴史的役割は小さなものではなかった。協同コミュニティは，第1に生活必需品の大量共同購入による利益，家事労働の社会化による女性の労働参加，共同生活による水光熱費の節約によって得られる経済的利益，第2に協同コミュニティによる雇用の創出と農業および製造業の経営から得られる利益を確実にする，とミューディたちは構想し，そしてある程度実践することができた。この構想は，オウエンの提唱する協同コ

ミュニティを建設するために，生活必需品の共同購入による利益の確保と生産事業による雇用創出と経済的利益の確保，というオウエン主義協同組合運動の「原型」を創り出し，また前者は消費者協同組合の，後者は労働者生産協同組合の「原型」を用意したことにおいて重要であった。しかしながら，協同経済組合のこの試みは未だ萌芽的なものであって，協同コミュニティの建設を目指す協同組合運動として明確なビジョンを人びとに示すには至らなかった。そのビジョンを与える役割を担ったのは1824年からおよそ10年間にわたって展開されたロンドン協同組合であった。

オウエンとウィリアム・トンプソンによって指導されたロンドン協同組合は機関誌『協同組合雑誌』(The Co-operative Magazine)[3]を発行し，活発な啓蒙活動を展開した。ロンドン協同組合の運動目標は『協同組合雑誌』の「趣意書」に認められている。

> われわれは，啓発された真の博愛精神によって影響を受けるあらゆる個人を励ましてくれるような時代と環境の下に生きている。
> われわれの歴史のいかなる時代にあっても，民衆の知的精神が社会科学のきわめて重要な問題の研究にこれほどにかき立てられたことは，かつてなかったことである。
> 人類を悩ましている道徳的弊害や肉体的弊害のはるかに大きな部分は，不治なものでも，人間本性から切り離すことができないものでもなく，過去の無知や不完全な諸制度の致命的な結果なのであるから，人間が自分自身の利害に賢明になるや急速に消失するに違いない，と気づくようになった。
> 勤労諸階級は次第に知性を身につけつつある。そこで彼らは，労働が富の承認された親であるのに，貧困と悲惨が何故に労働者の運命なのであろうか，と自問し始めている。……社会のすべての階級の間には，事物の既存の秩序が不自然であり，人為的であり，人間の幸福にとって都合の悪いものである，という確信がますます強まってきている。したがって，そこから発する研究の傾向は，新しい社会構造が不変の基礎の上にうち建てられるまで，また利害対立の現状が，暴力あるいは激変なしに，結合，平等そして普遍的同胞愛

のそれに変わるまで,止みはしないだろう[4]。(傍点はイタリック)

「趣意書」に記されているように,科学的な精神を身につけつつある勤労諸階級は,今や自らの利害を明らかにし,「労働が富の源泉」であることを保障する新しい社会システムを構築する社会的状況のなかにおかれているのであり,またそうすることは「時代の要請」である,とロンドン協同組合の指導者たちは訴えているのである。彼らにとって,オウエンやトンプソンが主張する「相互協同と平等な分配」に基づく新しい社会システムは,いっさいの利害対立を解消し,「現在よりも経済的な——といっても,現在よりも十分に充足される——消費により,すべての個人にあらゆる生活必需品,便宜品,生活を快適に過ごすための品物,生活の質を高めるより良い品物を生産する」ことを可能にする,そういうシステムであった[5]。したがって,ロンドン協同組合に結集してきた人たちは,この可能性を現実のものとする運動を展開することになる。オウエンが提唱する協同コミュニティをロンドンの郊外に建設しようと試みた協同経済組合のプランを,ロンドン協同組合は「ロンドンの50マイル以内に協同コミュニティを建設する」プランをもって引き継いだのである[6]。

イギリスでは,1810年代に展開されたラダイト運動(機械打ち壊し運動)以後,20年代から30年代にかけて産業革命の一層の進展によってさまざまな社会問題が生み出され,労働者階級は雇用と生活を守るために労働組合を組織して雇用主である資本家と激しい闘争を展開した。その事例を「イギリスのウーステッド産業の中心地」であった比較的大規模な産業都市ブラッドフォードに簡潔に見てみよう[7]。

【梳毛と織布の熟練労働者による闘争】

1810年代におけるブラッドフォードの羊毛の紡績業と織布業は家内制的生産によっていたが,20年代に入ると紡績業の家内制的生産はほぼ消滅し,それに代わって工場での機械生産が主流になり,ブラッドフォードは優良な「イギリスのウーステッド産業の中心地」とみなされるようになった。紡績部門の機械化は成年男子の紡績工の「労働と生活の条件」を決定的に変えただけでなく,「工場の

「過酷な要求」に従った女性たちの生活にも大きな変化をもたらし，労働者家族の家庭生活と社会生活に弊害的影響を及ぼした。しかも，紡績工のこのような変化は，ブラッドフォードにあっては，さらに梳毛工と織布工の「労働と生活」にも影響を及ぼすことになる。

毛織物の織布工程の機械化は20年代から30年代にかけて普及していくが，この頃になると織布は紡績工場に付設された仕事場（ショップ）で行なわれるのが一般的になっていた。したがって，それまでは独立した，自分の労働時間や労働条件をある程度コントロールできた「家内労働者」であった織布工は，今や監督の指揮下に置かれ，独立労働者としての地位を失っていくことになる。

梳毛工程の機械化はさらに遅れて40年代になってからであるが，それでも既にそれ以前に梳毛工の労働条件は，織布工と同じように，紡績部門の機械化によって変えられつつあった。なぜなら，機械化による紡績生産は梳き分けられた羊毛製品の需要を大いに増大させたので，既存の梳毛工だけでは増大する需要に応じることができず，新参の梳毛工が養成されて梳毛工の数が増加したからである。これまで梳毛工の社会地位を法的に保障してきた「7年徒弟制規則」(the Seven Years Apprenticeship Rule) は実質的に無効になってしまったのである。梳毛工と織布工に対する需要の増加はブラッドフォードの人口の増加にも反映している。すなわち，1810年に約1万3,000人であった人口は，21年には約2万6,000人に倍化し，さらに31年には約4万3,500人に増加している。

ところで，新たに養成された新参の梳毛工は，織布工と異なって，紡績工場付設の仕事場で労働するのではなく，彼らの雇用主が提供する道具で，彼ら自身の仕事場 (workshop) をもって労働したことから，やはりそれまで自分の仕事場で労働していた親方梳毛工や熟練梳毛工は，新参の梳毛工と同等とみなされて，単なる職人へと零落し，かくして上層移動の機会はまったく失われてしまった。1820年代から30年代にかけてこの過程はもっとも急速に進行した。25年にウーステッド産業の織布工と梳毛工を中心とする大ストライキが起こるのであるが，その背景には，今述べたような梳毛工や織布工の経済的，社会的な変化があったのである。

1824年に団結禁止法が撤廃されると，その2ヵ月後，すなわち，24年8月にブ

ラッドフォードのマニンガム地区の37人の織布工が労働組合を結成する。この労働組合は他の地区の労働者の間を席巻し，大きな組織となった。その年の末には梳毛工も労働組合を結成し，翌年になると両組合はいくつかの事柄について共同闘争の体勢をとることに合意し，さらにはなお残存している親方職人もこれらの組合に加わり，彼らの地位を維持しようとした。

　梳毛工と織布工の両組合は，23の企業に対して「梳毛工と織布工の賃金問題」を検討する機会をもちたい旨を申し入れた。労働組合の意図は，この段階では，「賃金の引上げ」にではなく，「賃金の均等化」にあった。「賃金の均等化」要求は，機械の導入は雇用主にとって結果的に利益にならないことを知らしめようとするものであった。要するに，労働組合は，手労働にせよ機械による労働にせよ，生産された1単位の量の価格は同一とし，したがって，1単位当りの賃金も同一水準とすべきだ，と主張したのである。雇用主側がこの要求を無視したので，梳毛工と織布工は集会を開いて「賃金の引上げ」要求を決議した。雇用主側はこの要求も拒否した。25年6月8日，労働組合はストライキに入った。

　「賃金の引上げ」を求めたこのストライキは，雇用主側が労働組合の存在それ自体に反対した時に，すなわち，「組合に所属する梳毛工と織布工を雇用しない」ことを決めた時に，ブラッドフォードのすべての工場へ拡大した。それに対して，雇用主側はいくつかの攻撃を試みた。1つは組合員の妻や子供の紡績工を雇用しない，というものであり，2つには組合脱退の宣誓書にサインしない親方梳毛工に下請けの仕事をさせない，というものであった。しかし，これらの攻撃は，労働者側の団結によって打ち破られたために，雇用主側は第3の攻撃を仕掛けた。8月いっぱい全工場を封鎖する，というロック・アウト作戦である。この作戦については雇用主側も意見が分かれたが，結局，賛成34対反対9で，決行された。

　9月に入ると雇用主側はさらに，ウェスト・ライディングの他の地域のウーステッド工場所有者に対して，ブラッドフォードのストライカーを支援している各地域の労働者や労働組合に圧力をかけるように要請した。ハリファックスやキースリィでストライカー支援の労働者に対する解雇が実際になされたが，リーズでは雇用主側が梳毛工の賃金引下げを狙っていると労働組合に受け取られたために

第3章　1820年代—1880年代におけるイギリス協同組合運動の展開

梳毛工がストライキに突入することがあって, この要請もさほど功を奏しなかった。このような状況の下で, 雇用主側がとった最後の攻撃は, 梳毛工と織布工とを分断することであった。確かに, この分断攻撃が成功する余地はあった。というのは, 相対的にみると, 梳毛工の賃金は比較的安定していたのに対して, 織布工の賃金は実質的に減少していたからである。しかし, ストライカーたちはこの攻撃にも屈しなかった。梳毛工は, 彼らの賃金引上げ要求が受け入れられたとしても, 織布工の賃金引上げが受け入れらなければ, 仕事に戻らない決意である, と『リーズ・マーキュリィ』紙は伝えている。

ストライキは23週の長期にわたって闘われ, この間ストライカーとその家族は, 大きな経済的困難を被ったが, それでも「労働組合を放棄せよ」という雇用主側の要求には断乎として応じない強い団結の意志を示した。雇用主たちは, この時の労働組合の組織能力と「ウーステッド労働者」であることを誇りに感じるストライカーたちの感情の深さを読み取れなかったのである。このような労働者の態度は, 機械化の過程が比較的遅く進行したウーステッド産業の発展の過渡的段階を表現しているとはいえ, 労働者の労働組合への信頼は非常に大きなものがあったのである。この大ストライキは1825年11月の初めに終結するのであるが, 雇用主側が労働組合を事実上承認したことに終結の最大の要因があったという事実こそ, 労働者が労働組合に寄せる信頼の何よりの証拠であった。賃金引上げの要求は, 結局, 実現されなかったとはいえ, ブラッドフォードの労働者にとって, このストライキによる主要な成果である「労働組合の承認」という事実は, ブラッドフォードに止まらず, 少なくとも, 経済と政治と労働運動の要塞の地であったヨークシャーとランカシャーの地方全体に大きな影響を及ぼしたのである。

おそらく,「ブラッドフォードの大ストライキ」に見られたような労働者とその家族の行動は, 産業革命の最中にあった産業都市の労働者たちにも多かれ少なかれ見られたことだろう。産業革命はイギリスのさまざまな産業部門の多くの労働者にほぼ同じような「労働と生活」の条件の変化を強いたからである。特に熟練労働者にとって, 産業革命によって引き起こされる彼ら自身の「労働と生活」の条件の悪化は, 彼らの財産と社会的地位およびそれに伴う社会的権利の喪失を

直接意味することから、零落しつつある状態の回復を図る行動をとることが必要であった。とはいえ、彼らの状態は既存の社会秩序や社会制度によってもたらされた結果なのであるから、彼らは新しい社会秩序や社会制度に基礎をおくオルターナティヴの新たな社会システムの下でそれを遂行しなければならないのである。オウエン主義はそのような労働者の階層に応える思想であり得たのであり、ロンドン協同組合はそのような労働者の階層に応えるような「実験」を遂行したのである。

「ロンドンの50マイル以内に協同コミュニティを建設する」というロンドン協同組合の提唱は、オウエンの協同思想に応えようとするものであった。『協同組合雑誌』はインディアナ州でオウエン自身によって取り組まれていたニュー・ハーモニーの実験やスコットランドで取り組まれていたオービストンの実験について精力的に記事を掲載し、これらの実験をオウエンの協同思想の具体化として労働者に提示した。それ故、少なくともロンドン協同組合に結集した労働者には、オウエンの協同思想に基づいて「ロンドンの50マイル以内に協同コミュニティを建設する」計画は、実現可能性をもつ計画であり得たのである。

オウエンの協同思想を非常に大まかに表現すれば、「共同の労働と消費と財産および平等な権利」という新たな社会システムに基づくコミュニティを建設し、そこで人びとは人間的な生活を幸福に送るのであり、「共同の労働と消費」は人びとの間に対立を引き起こして彼らを競争に駆り立てる盲目的利潤追求のための「個人的利益の原理」を排除し、「共同の財産と平等な権利」は少数者への富の集積と集中を否定し、労働者に「公正な分け前」を保障する、ということになる。このようなオウエン主義思想に基づく協同コミュニティを「暴力あるいは激変なしに」建設するためには、ロンドン協同組合はその建設基金を労働者自身の手で確保しなければならない。そこでロンドン協同組合はコミュニティ建設基金確保の運動を展開する。その方法は、基本的には、ミューディの協同経済組合が実践した、生活必需品の共同購入と組合員労働者による農業と製造業の生産事業の経営を引き継いだものであるが、ロンドン協同組合の場合は、生活必需品の共同購入と生産事業の経営とが別個に運営され、事実上、前者は消費者協同組合の、後者は労働者生産協同組合の運動を実践することになるのである。

1826年7月,ロンドン協同組合の内部に「協同コミュニティ基金協会」(the Co-operative Community Fund Association)が設立される。この協会は「比較的小規模な協同コミュニティを形成するための基金を集めるために」設立された[8]のであるが,この協会を組織したC.F.C.のイニシャルを用いる人物は,協同コミュニティの建設と消費者協同組合の具体的な運動とを結合することを提唱し,そのために協同組合店舗経営がいかに重要であるかを指摘し[9],そして翌年の27年の初めにはこの基金協会の内部に「補助基金」(the Auxiliary Fund)を組織する。この「補助基金」は,ロンドン協同組合の組合員による生活必需品や便宜品の取引きから生み出される利潤を蓄積することによって協同コミュニティの建設基金を確保することを目的にする組織である。C.F.C.は次のように強調する。

　取引きで得られた利潤から基金を集める計画は,構想され得る計画のなかでももっとも容易な計画である。というのは,その当事者たちには,彼らの現在の便宜や生活のために必要とされる以上のどんな費用もかけさせずに基金を集めることができるからである。現に彼らが一般社会で無差別に使っているお金が「彼ら自身のために」,すなわち,彼ら自身の「店舗」(depôt)で使われることになるからである。ある個人が,1週間に1ポンド消費し,その結果得られる利潤が2シリングであるとすれば,協会の基金はその週末には大いに潤沢になっているだろう。ところが,その1ポンドがどこか他の所で,すなわち,協会以外の所で消費されざるを得ないとすれば,その利潤はもっとも手荒な敵を富ませるのに使われることになろう。さらに言えば,その1ポンドを(他の所で)使う人は,規定の基金に毎週6ペンスを拠出することができないかもしれないのに対して,自分自身の店舗で購買することによって,その人は,当然なさなければならないこと以上の犠牲を払うことなく,2～3シリングを拠出することが可能になるのである[10]。

　見られるように,C.F.C.は,協同コミュニティ建設のための基金は協同組合店舗での組合員の購買によって,すなわち,「補助基金」が消費者協同組合を経営することによってもっとも良く確保されることができる,と言っているのであ

る。この構想は，その後の協同コミュニティ建設の運動に「店舗経営」を，すなわち，消費者協同組合を組み入れていく重要な契機を与えることになるのである。ブライトンのウィリアム・キング博士もまたこの方法を巧みに応用して，労働者生産協同組合の設立と協同コミュニティの建設とを労働者に訴えたことをわれわれは後で見るだろう。

　ところで，C.F.C. が「補助基金」の構想を提起した『協同組合雑誌』の同じ第5号に，「協同コミュニティの基金をいかにして確保するか」と題する「一職工」の文章が掲載されている。この方の文章は労働者生産協同組合の設立を構想した提起である。「協同コミュニティの基金を集める最良の方策はわれわれを直接取巻いている状況をわれわれに有利な方向に向けさせることだと私には思われる。そこで，このことを遂行する最良の方法であるが，それは，われわれに『一般利益と感情』を与えてくれるような条件に従って，われわれ自身の個人的な経営の下にある現在の仕事を結び合わせることである」[11]，と彼は述べて，さらに次のように言及したのである。

　　現にわれわれはこの大都会でさまざまな仕事に従事している状況にあるのだから，このことは，われわれの現在の仕事を通じて供給することのできる品物をお互いに処分し合うために，また売り手と買い手との間に1つの利益を形成する手段となるような一般的な目的のために各々の取引きに1パーセントを課し，さらには現にオービストンで経験している相当な困難を避けるためだけでなく，協同コミュニティに加入する際に求められるわが組合員の「能力」を前もって確かめておくためにも，定期的に相集まることによってもっとも良く成し遂げられ得る，と私には思われる。（中略）
　　さまざまな計画がしばしばわれわれの前に提示された。しかし，それらの計画は，一様に，われわれの現在の所得を犠牲にすることを求めているか，あるいは会計の仕組みやその他の複雑な事柄を伴うものであった。したがって，それらの計画は同じように失敗してしまった。上記の計画はそのようなものを何ひとつも求めていない。したがって，われわれは何かを手に入れるに違いないし，他方損失などはまったく問題外のことになる。われわれの現

第3章　1820年代—1880年代におけるイギリス協同組合運動の展開　　*109*

在の利益はわれわれの将来の可能性と同一であるとみなされるようになる。そうであれば，協同組合の前進は，容易になり，満足のいくものになり，そして感情に合うものになり，かくして，現在われわれの間に存在している相対立する利害を次第になくしていくことができるのである[12]」。

「一職工」のこの示唆は，間もなく（遅くとも1827年6月末に）ロンドンの傘製造職人のウィリアム・キング（この人物はブライトンのウィリアム・キング博士とは同姓同名の別人である）によって「共同交換組合」(the Union Exchange Society) として具体化される。キングによれば，共同交換組合は「（組合員が）協同コミュニティに加入するのに必要な資本を調達するために，あるいは出資するために」組織されたのであり，その直接的な目的は「事情が許すであろうかぎりで，組合員の現在の状態と将来の見通しとを一般化し，対等にすることである」。そしてそのために，「組合員は，彼らのさまざまな職業において生産することのできるような品物を，世間での一般的な比率——この比率はさし当って定期的に決定される——に従ってお互いに供給し合うために，週に1度あるいは状況次第では頻繁に集会を開催してこの直接的な目的を成し遂げるのである[13]」。要するに，共同交換組合の組合員は各自の職業で生産された品物を持ち寄って相互に取引きするのであるが，その際に彼らの取引きに一定の比率を課して資本を調達することで「1つの共通の感情と利害関係」を組合員に与え，かくして，各組合員は「損失の可能性から共同交換組合を守るための個人的責任による十分な出資を保持する」，とキングは考えたのである[14]。

因みに，共同交換組合は，お茶，パン，小麦，衣類，長短靴，傘，装飾彫刻，真鍮・錫製品などを販売し，組合員は「注文に応じてこれらの品物を製造・製作し，修理する」としている。1827年7月の総売上は4ポンド12シリング6ペンス，8月のそれは4ポンド17シリング6ペンスで，これに一定の比率を課すと，利潤として7月と8月で合計16シリング1.5ペンスが「共同のストック」に投入されたので，キングは，この結果から推定して，組合員300人とすると毎週1人当り平均1ポンド，総額300ポンド，したがって，年額1,500ポンドの資本が調達可能である，と楽観的に計算している[15]。

しかしながら，共同交換組合は，1827年12月の『協同組合雑誌』(No.12) でキングが「われわれの指導者オウエン氏の助言に従って」共同交換組合を組織したのは「将来の活動のための材料を選ぶ時間と経験と知識を得る，という目的以外の何ものでもない」と言い，また職工たちが「労働諸階級の状態を改善する組合」という名称で，共同交換組合と同じような組織を形成していること，「労働諸階級がその労働を交換し，お互いの欲求を満たし合うあれこれの方法に注意を向けるようになっている」ことなどを記して[16]以後，どうした理由か突然消息不明になってしまった。『協同組合雑誌』は30年3月 (Vol.Ⅳ, No.Ⅲ.) まで発行されていたのに，その間およそ15ヵ月にわたって『協同組合雑誌』にキングは登場せず，共同交換組合の情報も掲載されなかったのであるから，共同交換組合は解散した，と推測して差し支えないだろう。しかし，キングの努力と共同交換組合の「実験」はけっして無駄ではなかった。それどころか，もう1人の，イギリス協同組合運動の歴史に大きな足跡を残したブライトンのウィリアム・キングに彼の意思は確かに伝わったのである。

こうして，ロンドン協同組合は，「ロンドンの50マイル以内に協同コミュニティを建設する」ことを目標に掲げ，そのために協同組合内部に消費者協同組合の事業を展開する「補助基金」と労働生産協同組合の事業を展開する「共同交換組合」との双方の運動を実践して——これらの運動が最終的にどうなったのか定かではないにしても——ミューディたちの協同コミュニティ建設運動を受け継ぎ，かつまた協同コミュニティ建設運動のための重要な方途となる消費者協同組合と労働者生産協同組合の双方の新たな協同組合運動を根づかせるのに重要な役割を果たしたのである。そして協同組合運動の次なる舞台がロンドンの南およそ80kmの所に位置するブライトンへ移った時に，この地でロンドン協同組合の経験が受け継がれて，それまで以上の現実的な実践が展開されることになるのである。この運動の思想的，実践的指導者こそ，「協同組合のコンセプト」を「協同コミュニティ」から「コミュニティの協同組合」へと結果的に移行させたウィリアム・キング博士であった。

2. ウィリアム・キングと協同組合

【ブライトン協同慈善基金協会と協同取引組合】

1827年の『協同組合雑誌』第5号（5月），9号（9月）および11号（11月）に「ブライトン協同慈善基金協会」(the Brighton Co-operative Benevolent Fund Association) についての記事が掲載されている。これらの記事は，ウィリアム・キング博士の友人で指物師のウィリアム・ブライアンが『協同組合雑誌』の編集者に送った通信文である。ブライアンは，第5号に送った（4月12日付の）通信文のなかで，27年に設立されたこの基金協会の目的を，(1) 協同コミュニティに——自らは参加する手段をもっていない——労働者が参加できるようにするために，毎週小額（少なくとも1ペニー）の出資金を拠出させて基金を集める，(2) 協同組合システムについての知識を（労働者の間に）普及する，と記している[17]。またこの通信文に記されている興味深い点は，先に言及したロンドン協同組合の「C. F. C. のコミュニティ」に多くの労働者が短期間に参加するだろう，とブライアンが考えていたことである。彼がそう考えた根拠は，おそらく，協同コミュニティの建設基金が基金協会の組合員の共同購入＝消費者協同組合の経営によって生じた利潤から得られることを経験したことによるものであろう。彼は，同じ第5号に掲載されている3月18日付の通信文で次のように認めている。

> もし各年平均して50ポンドを労働と引き換えに受け取る労働諸階級の家族の50人あるいは30人が，彼らの資金を協同で利用するならば，彼らは大量の品物を購入することによって，もっとも低く見積もっても，1ポンド当り2シリングを節約できることになるので，これにもし50家族が参加するとすれば，1年当り260ポンドを節約することになる[18]。

ブライアンはさらに，「各人が小売価格で品物を購入し続けるなら，その金額（1年当り260ポンド）は5年もかけずに協同と財産の共有のコミュニティを形成することを可能にするだろう」，と主張し，そして，C. F. C. が強調したのと同じように，「この計画は，十分な資本を獲得するのに当事者たちにはどんな不自由

もかけない」，と強調したのである[19]。

『協同組合雑誌』第9号のブライアンの通信文（7月22日付）は，「協同取引組合」が基金協会の組合員によって設立されたことを知らせている[20]。ブライアンによれば，協同取引組合は基金協会の運動の成果であった。すなわち，基金協会が協同の諸原理についての知識を広範囲にわたって普及させてきたので，協同取引組合の組合員の数は日毎に増してきており，組合員の職業も多様で，農業労働者，住宅大工，煉瓦積工，印刷工，指物師，ろくろ師，塗装工，庭師，婦人服仕立工，パン職人，仕立工，錫細工職人，銅細工職人，靴製造工，製本職人，食糧雑貨商人，使用人（サーヴァント）といった生産的なすべての労働諸階級がこの取引組合に参加しており，そのうちの何人かの労働者は協同コミュニティに今すぐにでも参加するに足りる資本をもっているほどである。「要するに，われわれは，われわれの結合された労働によって，コミュニティに必要なすべてのさまざまな職業を遂行することができるのである」。ブライアンはさらに，「われわれはわが協同慈善基金協会の有用性を経験したのであるから，私はイングランドとスコットランド中の労働者同胞にこの計画をもっとも強力に推奨するものである」，と訴えている。彼の言う「有用性」とは，（C.F.C.の）「補助基金」と同様に，協同コミュニティの建設のための基金を「協同取引組合」＝消費者協同組合の経営によってより確実に，より広範囲に確保し蓄積できる，ということに他ならない。ブライアンにとって，協同取引組合は協同コミュニティを建設するための最高の保証であったのである。それ故，彼は，協同取引組合の規則を定めて確実な経営・運営を行なったのである。すなわち，

(1) 各人5ポンドの出資金で100ポンドの資本を集める。
(2) 各人の出資割当てとして毎週1シリングを積立て，また利潤は5ポンドに達するまで蓄積する（品物は小売価格で販売される）。
(3) 事業経営は出資者（shareholders）の過半数によって選出された委員および代理人（agents）によって行なわれる。
(4) 委員は3ヵ月毎に選出される。出資者の監査のために定期的に会計報告が行なわれる。
(5) 組合員は1口以上を出資する。出資株は過半数の同意がなければ委譲する

ことができない[21]。

　ブライアンが組織した，協同コミュニティ建設のためのこの協同取引組合は，ブライトンに設立された事実上最初の消費者協同組合ではあるが，経営・運営の規則をもっていたこと，萌芽的ではあるが会計報告の開示，事業運営に関わる者の選出などある種の近代性を具備していた点で消費者協同組合運動の先駆的な役割を果たしたといえよう。

　協同取引組合は順調に発展していった。『協同組合雑誌』第11号に記載されているブライアンの（10月22日付）通信文の次のような言葉がそのことを語っている。

　　さて，わが取引組合に関してであるが，われわれの資本を350ポンドに増やすことを計画中である。わが労働者同胞がわれわれに参加することをきわめて強く望んでいるからである。われわれは既に40人の出資者を擁しているし，相応な取引きを行なうよう指導し始めている。われわれは，このような取引組合以外には，生産における協同と富の分配における平等を開始するための資本を獲得する他の方法を見い出せないのである[22]。

　そして間もなくウィリアム・キング博士がこの協同取引組合を指導し，それを事業経営体としての消費者協同組合に育成していく。しかし，キングは，消費者協同組合の「促進者」であっただけではなく労働者生産協同組合の「設計者」でもあったこと，そしてそれらのことと並んで，「協同組合のコンセプト」の「変換者」でもあったことに，われわれとしては注目しなければならないのである。

【ブライトン地区協会とブライトン職工学校】
　ウィリアム・キングがメアリィ・ホーカーと結婚し，ブライトンに居を構えて医者としての活動を始めたのは1821年のことであるが，この頃のブライトンは，住民2万5,000人ほどの町で，他の地域の例に洩れず失業問題に悩んでいた。キングは，この当時，医者として活動する他に，2つの社会活動に関わっていた。1つは21年に設立された「ブライトン地区協会」（The Brighton District Society）で

あり，もう1つは25年に設立された「ブライトン職工学校」(the Mechanics Institution) である。

ブライトン地区協会は，「貧しい人たちに勤勉と質素倹約を奨励すること——病気によって引き起こされようが，他の原因によって引き起こされようが，現にある困窮を救済し，また虚言や詐欺行為を防ぐ」ことを目的とした一種の慈善団体であった[23]。この地区協会の3人のセクレタリィの1人であったキングは，慈善団体としての地区協会に限界を感じていたので，1824年当時ブライトンに滞在していた「刑務所改革」運動や失業問題に取り組んでいた社会運動家のエリザベス・フライと協力して，この協会に「共済組合」(Provident Society) の要素を取り入れて，ブライトン地区協会を「貧民救済」と「失業問題」により有効に対処するべく改組した。この地区協会での活動とフライとの協力は，キングが当時の一般民衆の生活に，とりわけ失業問題に大きな関心を払っていたことをわれわれに知らしめる。この事実を知っておくことは重要である。後で見るように，キングは，何故に，消費者協同組合ではなく，労働者生産協同組合に「労働者の独立と快適で安楽な生活」の実現可能性を求めたのか，その回答を暗示しているからである。それはさておき，この頃になると，キングは，貧しい人たちに医療の手を差し延べる「貧民の医者」として知られるようになっていて，この地区協会の活動を通じて，後に協同組合運動で協力を得ることになるアン・イサベラ・ノエル・バイロン（バイロン夫人）とも面識をもつようになった。フライは，ブライトン地区協会は「キングの助力なしには成功しなかった。彼の組織能力がイギリスにおける最初の地区協会を形成したのである」，とレディ・バイロンに語っている[24]。

キングはブライトン職工学校の設立と運営にも大きく関わった。職工学校は，上層労働者の子弟に一般知識と専門技術を教える施設である。バーベック博士，ヘンリィ・ブルーアム卿，フランシス・プレイスそれにトマス・ホジスキンなど著名な人物がロンドン職工学校を設立したことは夙に有名であるが[25]，オウエンもこのロンドン職工学校においてロンドン協同組合主催による講演会で講演している。職工学校で学んだ労働者の子弟の多くは，学校を終了すると地域の協同組合運動に参加したとのことであり，ブライトン職工学校の子弟についてもそう言

える。キング自身が，ブルーアム卿に宛てた手紙のなかで，職工学校での教育の結果，「彼ら（生徒）の精神が，疑いなく，ここで協同組合を準備したのである」と語っているからである[26]。職工学校についてキングは『ブライトン・ガゼット』紙でこう述べている。

　職工学校は，社会に新しい性格を刻印する制度であり，また地方の安寧を促進しようとする人たちからあらゆる支持を受けるに値する，大胆で有用な制度である。われわれは，知識ほど人びとの能力を呼び起こすのに十分役立つものはないし，また人びとをして貧困という惨めな恩恵を受けることを恥じだと思わせるものはない，と確信しているし，その知識は同時に，上辺はありふれた職工のように見えようとも，真の独立に重みと尊厳を与えるのである[27]。

　キングのこのような言葉，とりわけ労働者に「真の独立に重みと尊厳を与える」という言葉は，彼が協同組合に，特に労働者生産協同組合にかけた期待の程を垣間見せている。彼の手によって毎月編集・発行された『協同組合人』(*The Co-operator*, May 1828–August 1830) の題字の下に，「知識と結合は力である。知識によって導かれる力は幸福である。幸福は創造の目的である」(*KNOWLEDGE AND UNION ARE POWER : POWER, DIRECTED BY KNOWLEDGE, IS HAPPINESS : HAPPINESS IS THE END OF CREATION*) というキングのモットーが掲げられているが，このモットーは，彼が職工学校の設立と運営に努力したその理由を明示してくれている。キングは，『協同組合人』第3号でこのモットーをこう説明をしている。

　われわれのモットーは，「知識と結合は力である」，というものである。すなわち，労働諸階級は，労働する際も，また有用な知識を身につけ，お互いに友愛関係を思いやる気持ちを育むことによって自分たちの知性と心を養い，向上させ，そして啓発する際も，お互いに結び合うことで独立する能力を，欠乏を克服する能力を，快適な暮らしを送るのに必要ないっさいのものを支

配する能力を，勤勉と徳行と信仰へと子供たちをしっかり育てる能力を，かくして，今は時節を待って幸福になり，将来は永久に幸福になる能力を得るようになるだろう[28]。

　このキングの説明に見ることができるように，技術革新を牽引力としてイギリス社会全体を再編成していく産業革命によって生み出される激変に晒されて，高い所得や社会的地位を喪失しつつあった熟練労働者や熟練職人がかつての彼らの独立性を取り戻すこと，しかも彼らの子弟にもその独立性を保持させることこそ，キングの社会活動の目標であった。キングが，ブライトン地区協会だけでなく，職工学校の設立と運営に関わったのもそのためである。

　ブライトン職工学校は1825年に設立され，間もなく200人の子弟（生徒）が登録される。キング自身もこの職工学校で数学と自然哲学を教え，デーヴィッド・リカードも「ガス灯および人工照明一般の原理」（Gas Lights and the Principles of Artificial Light in General）という興味深いタイトルの講義を行なったという記録がある[29]。キングとリカードというこの取り合わせも興味のあるところである。この職工学校は施設管理人と正式の図書館司書を置き，書物は毎晩午後7時から10時まで貸し出しされた。しかしながら，職工学校は28年に生徒数の減少によって閉鎖されてしまった。したがって，キングの社会活動は協同組合に集中されることになる。

　【ウィリアム・キングの歴史的役割】
　前述した，ブライアンによって指導された協同取引組合は，規約および運営方法を決めて確実な経営を実践してきた。例えば，各組合員が5ポンドの出資金（分担金）で100ポンドの資金を集める目標に対して，まずはその5ポンドの出資金を確保するために，小売価格で品物を販売することによって得られる利潤から1組合員当り週1シリングを積立てて5ポンドを調達しようと試みた。ほどなくして，協同取引組合の組合員は先に触れたように40人となり，1年後にその販売高が週当り38ポンドに達するほど着実にこの組合は歩みを進めた。協同コミュニティの建設基金を集めるためのこの協同取引組合こそブライトンで最初の，そし

てキングが大きく関わる消費者協同組合であったのである。キングは，この協同組合を育て，労働者生産協同組合を設立し，そして協同コミュニティを建設するよう労働者に呼びかけるために，多くの労働者が理解できる平易な言葉をもって『協同組合人』を編集・発行し，30年代から40年代初期に至る間の協同組合運動の指導者たちに大きな影響を与えたのである。

『協同組合人』が実際にどの程度の影響力をもち得たかについて，キング自身がこう語っている。すなわち，『協同組合人』が発行された1828年当初，「共同資本の蓄積という原則に基礎をおいた協同組合」は，4協同組合にすぎなかったが，数ヵ月後にはロンドン，ブライトン，バーミンガム，カンタベリーなどで設立されて合計10協同組合となり，29年の4月には56協同組合，5月には63協同組合，12月には130協同組合，そしてキングがこの号をもって止むを得ず『協同組合人』の発行を断念する30年8月にはおよそ300協同組合が存在した，と。

キングが，組合員の出資金・財貨の購入・価格・総売上・在庫・利潤などの正確な簿記・会計システムの確立，現金取引き，品質本位による品物の供給等々，ロッチデール公正先駆者組合を創始とする近代消費者協同組合の事業経営に先鞭をつけたことは有名で，J. グラハム・ブルックスはキングを「イギリス協同組合の知的先駆者の1人」である，と称賛している。と同時にわれわれとしては，T. W. マーサーが強調したように，キングの協同思想には，「革命的思想家を，(F. D.) モーリスとその学派の教義に先鞭をつけたキリスト教社会主義者」の姿をみいだし得るのだ[30]，ということもまた認識すべきである。キングは，『協同組合人』第6号でこう述べているからである。

われわれは，われわれの剰余資本をどのように扱ったらよいのだろうか。その回答はこうである。すなわち，他の組合員向けに靴や衣類などを製造するのに，あなた方自身の組合員を雇用して，その組合員に通常の賃金を支払い，またその利潤を共同資本に加える，これである。こうして，協同組合は，資本が増大していくに応じて，組合員やあるいは一般民衆によって消費される品物を製造するために組合員を順次雇用し続けるだろう。組合員向けに製造を開始するのであるから，販売は確実である。協同組合の資本によって組合

員が消費するよりも多くの財貨を生産することができるようになれば，協同組合は一般民衆全体に需要のある品物を製造するに違いない[31]。

キングのこの論述は，注意深く読むとわかるように，消費者協同組合から生じた剰余資本＝利潤を労働者生産協同組合の開始のために利用し，またそのために組合員を雇用し――別言すれば，組合員のために雇用を創出し――労働者生産協同組合を経営して，それによって生じた利潤を「共同資本」として追加的に投資し，組合員向けだけでなく一般の人たちの需要に応じられ得るように次第にその規模を大きくしていく，というものである。ただ，キングの場合も他のオウエン主義者たちと同じように，消費者協同組合と労働者生産協同組合の後に協同コミュニティの建設が控えているので，われわれとしては，彼が協同コミュニティの建設を彼の協同思想全体のなかでどのように位置づけていたかを問わなければならないだろう。そのような視点でキングの協同コミュニティ論を探っていくと，キングの場合は，他のオウエン主義者たちと異なって，消費者協同組合と労働者生産協同組合とを，協同コミュニティの建設基金を蓄積し確保する手段として単純にみなしていなかった，ということがわかるのである。たとえ，キングが彼の協同思想の究極目標を協同コミュニティの建設においていたとしても，そう言い得るのである。彼は，協同コミュニティについて，『協同組合人』第1号で，単刀直入にこう述べている。

資本が十分蓄積されたならば，協同組合は，土地を購入し，その土地で生活し，組合員自らがその土地を耕作し，そして組合員の欲する製品を生産し，かくして衣・食・住についての組合員のすべての要求を満たすことができるのである。その時にこそ，協同組合はコミュニティと称されるだろう[32]。

キングのコミュニティについてのこの説明には，他のオウエン主義者たちのそれとはニュアンスの微妙な違いがみられる。衣・食・住に関わる組合員のすべての要求を満たしてはじめて「協同組合」は「コミュニティ」となる，とキングが言う場合，それは，「協同組合」のコンセプトが「コミュニティ」のコンセプト

第3章　1820年代—1880年代におけるイギリス協同組合運動の展開　　*119*

に変換することを意味するのに対して，他のオウエン主義者たちは消費者協同組合も労働者生産協同組合もともに協同コミュニティ建設のための手段であったり，ステップであったりするものの，一方の「協同組合」のコンセプトが他方の「コミュニティ」のコンセプトに変換することはけっしてなかった。彼らにとって，目標は飽くまで協同コミュニティの建設であり，協同組合運動は飽くまでコミュニティ建設基金の蓄積のため手段にすぎなかった。

　キングはオウエンやオウエン主義には直接言及しなかったとはいえ，彼がこのような言葉であってもコミュニティに言及したことは，彼がオウエンのコミュニタリアニズムに影響を受けていたことを示唆するものである。しかしそうであっても，キングのコミュニティ論は至って単純である。それは，オウエンは言うに及ばず，既に触れた協同経済組合のジョージ・ミューディ，オービストン・コミュニティの建設を指導した A. クーム，1830年に協同コミュニティ建設のための『実践的指針』を著わしたウィリアム・トンプソン，それに後述するララヒン・コミュニティの指導者の E.T. クレイグのコミュニティ論と比較にならないほどの単純さである。

　何故そうなのか，この点にこそ，われわれは協同組合に関するキングの真の意図を見い出すことができるのである。キングは，協同組合の目的を，現実の社会状況の下で，労働者が独立を回復するための「雇用と生存の保障」という「生活のパラダイム」を確立するのにもっとも実現可能なものに合わせたのである。キングは，『協同組合人』第6号で，協同組合の「目的」を，(1) 貧困に対して組合員が相互に保護し合うこと，(2) 生活を快適で安楽に過ごすことに大きく貢献すること，(3) 共同資本（common capital）によって独立を達成すること，と記している。まことに，マーサーが言い当てたように，キングは——およそ20年後のキリスト教社会主義者たちのように——労働者生産協同組合の展開によって労働者の独立を回復し，したがってまた労働者生産協同組合による新しい社会秩序をある程度展望したのである。

　要するに，ウィリアム・キングと，彼と相前後するコミュニタリアンの相異は次の点にあったのである。オウエン，ミューディ，クーム，トンプソンそれにクレイグは——そしてある程度まで先駆者たちも——協同コミュニティに，①

サービス組織としての機能，② 相互扶助組織（すなわち，協同的自助組織）としての機能，③ 統治・教育組織としての機能，という３つの組織的機能のコンセプトを与えることによって，協同コミュニティのなかにこれら３つの組織的機能を取り込んだのである。それに対して，キングは，これら３つの組織的機能のコンセプトを，協同コミュニティにではなく，消費者協同組合と労働者生産協同組合に与え，とりわけ労働者生産協同組合にそれら３つの組織的機能を取り込もうとしたのである。キングにとって，協同コミュニティの建設は飽くまで「究極目的」であって，それ以上のものでもそれ以下のものでもなかったのである。

　批判を恐れずに言えば，キングはまず，オウエン主義者たちが協同コミュニティに取り込んだ「サービス組織的機能」および「相互扶助組織的機能」と，「統治・教育組織的機能」とを別の次元におき，そうすることで前２者の機能を協同組合運動の「当面の目的」に，そして後者の機能を「究極目的」に据えることによって，前２者の機能を組合員労働者が生活する場としてのコミュニティにおける「協同組合の機能」に変え，次いで組合員労働者の「協同組合への経営参加」という形式で後者の機能を「協同コミュニティ」から引き離し，この後者の機能をも「協同組合の機能」に取り込んだのである。こうしてキングは，協同組合のキー・コンセプトを「協同コミュニティ」（co-operative communities）から「コミュニティ協同組合」（community co-operatives）へ変換することにある程度成功した，イギリス協同組合運動史上初めての協同組合人になったのである。

　換言すれば，キングは，「協同組合」と「コミュニティ」の関係を，両者の「関係の一体性」から，すなわち，「協同社会システムとしてのコミュニティのために機能する協同組合」から，両者の「関係の多元性」へ，すなわち，「コミュニティとその住民の生活と労働のために機能する協同組合」へと変換させるコンセプトを現実の社会のなかから掴み出したのである。彼は『協同組合人』第１号でこう強調したのである。

　　われわれ（労働者）が結合するならば，われわれは，協同組合かあるいはコミュニティかいずれかにおいて事を成すことができるし，数年のうちにわれわれは，資本，安楽そして独立を手にすることができるであろう[33]。

ここではまだ，キングは，「理想としてのコミュニティ」と「実在としてのコミュニティ」を完全に区別していないとはいえ，「協同組合」と「コミュニティ」の両者を相対化させていることは理解されるだろう。このことは，なるほど，社会変革の手段としての協同組合の「理想」の領域を狭めるかもしれないことを，したがってまた，協同組合をより実際的，現実的なものにさせていくかもしれないことを意味するが，しかし，そうであるからといって，われわれはイギリス協同組合運動の牽引者としてのキングの歴史的役割を誤認してはならない。彼は，「協同組合」と「コミュニティ」の関係を相対化させ，両者の関係を「一体的関係」から「多元的関係」へと変換させようとしたことによって，明らかにイギリス協同組合の近代化に大きな役割を果たしたのである。実際，このようなコンセプトの変換はやがて登場するロッチデール公正先駆者組合の実践に先鞭をつけるものとなったのである。キングが「イギリス協同組合の知的先駆者の1人」と称される所以もこの点にあったのである。

3. E. T. クレイグとララヒン・コミュニティ

キングと同時代のオウエン主義者であり，オウエン主義協同コミュニティの形成に全力を傾注したエドワード・トマス・クレイグは，オウエン主義思想のいくつかの構成要素が——例えば，キングに見られたように——協同組合運動のなかで変容をうけつつあった1830年代前半の協同組合運動の移行期に，オウエン主義思想を協同コミュニティの形成に成功裡に適用させた——たとえ彼の「実験」がまったく偶然の外的な原因によってわずか3年で頓挫してしまったとはいえ——唯一の人物であった。

1825年にマンチェスターに設立された「マンチェスター職工学校」(Manchester Mechanics' Institution)で講義を聴講し，またその図書館で勉学に励んだクレイグは，その後間もなくストックポート，オルダムそれにロッチデールなどマンチェスター近隣の町で協同組合の普及運動に積極的に関わるようになった。「職工学校で培われた精神が協同組合を準備した」，とキングは強調したが，まさにクレイグ自身がその典型的な実例であった。その当時の協同組合の多くは組合員に「信用掛け」で食糧や他の生活必需品を供給し，その上まともな簿記もつけな

かったことから「倒産」の憂き目に遭っていた事例を目撃したクレイグは,「信用掛け」による組合員への供給や取引きを「悪弊」だとして拒否し,取引きにおける「現金支払い」の原則を主張した。後述する,イギリス協同組合運動の歴史に重要な位置を占める「協同組合コングレス」のうち31年5月にマンチェスターで開催された第1回協同組合コングレスは「体系的組織と教育」について検討したが,これはクレイグの勧告によるものであった。若きオウエン主義者クレイグはまた,1831-32年に発行された『ランカシャー・ヨークシャー協同組合人』(*The Lancashire and Yorkshire Co-operator*)[34]の最初の編集者としてオウエン主義協同思想と協同組合運動の普及に乗り出した。そして間もなく彼はアイルランドのクレア州でララヒン・コミュニティの建設にとりかかることになる。

1832年4月にロンドンで開催された第3回協同組合コングレスにおいて「ララヒン協同コミュニティの実験」の現況をララヒン・コミュニティの代表者の1人であるW.マロニィが報告した。「オウエン主義の原理」に基づいて建設され,順調に発展しているこのコミュニティ実験にコングレスの参加者は大きな関心と興味を覚えた。

正式名を「ララヒン農業および製造業協同組合」(The Ralahine Agricultural and Manufacturing Co-operative Society) と称するララヒン・コミュニティの建設を指導したクレイグは,このコミュニティの「目的」を次のように規定した[35]。

(1) 共同資本の獲得。
(2) 貧困,疾病,精神的疾患,および高齢による困難に対して組合員が相互に保障し合うこと。
(3) 労働諸階級が現に所有している以上の,生活を快適・安楽に過ごすのに必要な品物の分け前を取得すること。
(4) 組合員の精神的,道徳的改善。
(5) 組合員の児童の教育。

見られるように,この「目的」の(1)～(3)は先に見たキングの「目的」と同じである。この点から,クレイグがキングの『協同組合人』を読み,キングの協同思想に触れた可能性は考えられるし,事実またクレイグが編集者として携わった『ランカシャー協同組合人』[36] (No.2, June 25, 1831) に記載されている「協同の前

進」と題する小論文がブライトンの「協同取引組合」について論及していることからも[37]、その可能性は十分に考えられるところである。因みに、『ランカシャー・ヨークシャー協同組合人』の題字の下に、「結合なしの数は無力である。知識なしの結合は無益である」とのモットーが記されている。

クレイグは、ララヒン・コミュニティを、サービス組織的機能と相互扶助組織的機能および統治・教育組織的機能という3つの組織的機能を備えた「協同コミュニティ」として確立し、経営するべく指導した。そして彼は、何よりもまず、コミュニティ全体を統治するために、生産・分配・コミュニティ内管理・統治／教育に関わる「規則」を取り決めることに努力した。これらのことについて簡潔に見てみよう。

「規則」のうちでクレイグの協同思想が明瞭に表現されている条項について言えば、「生産」条項では第9条、第10条、第11条、第14条、第15条、次に「分配およびコミュニティ内経済」(Domestic Economy) 条項では第16条、第17条、そして「統治」(Government) 条項では第37条、第38条、第39条、第40条、第42条および第44条であろう[38]。

第9条は、各組合員の肉体的、精神的能力と才能を農業や製造業あるいは科学に振り向けて、その科学的知識を組合員相互の間で維持し、特にまた青年に継承させようとするものであり、第10条は、各組合員は可能なかぎり農作業を行なうこと、しかもその場合には他人を監督する「スチュワード」としてではなく、同じ組合員として「労働する」ことを強調している。第11条は、9～17歳までのすべての男女に農業・園芸とともに他の何らかの有用な職業を学習することを義務づけ、また14条は、農業労働に従事する男性は1日当り8ペンスを、女性は5ペンスの報酬を受け取るとしている。この報酬はアイルランドにおける「通常の賃金」に相当することから、他の部門の組合員労働者の報酬は多少高くなる[39]。

第15条は、ララヒン・コミュニティにおける労働のあり方、あるいは経営参加のあり方とも関係するので、全文を記しておこう。

> 組合員は、彼あるいは彼女の感情に合致するサービスやその他の労働、あるいは彼らが遂行でき得るサービスや他の労働以外のどんなサービスや労働も

行なうよう求められない。しかし，ある他の組合員が（彼および彼女の）時間を有効に用いていない，とある組合員がみなした場合には，そのことを委員会に報告することは（後者の組合員の）彼あるいは彼女の義務であり，また委員会は，必要であれば，その無用な組合員を放逐する権限を有する総会に，（前者の）組合員の行為を提示することを義務とする[40]。

クレイグがこれらの条項を設けたのは，彼がある意味でアイルランド社会のなかにアイルランド固有の経済的，産業的な問題点とその要因を見て取ったからである。彼は，「アイルランドに欠けている主要なものは社会的な産業組織」であること，また「アイルランドの弊害は，その救済策が社会的，産業的経済の領域内にあるが故に，単なる政治的な処理によって決して解決できない」，と考えた。そこで彼は，ララヒン・コミュニティに止まらず，アイルランド社会全体のために，次のような方策を講じるよう主張したのである[41]。

(1) すべての階級の青年に対する，工業と農業に関わる徹底した教育・訓練。
(2) 耕作用農地の集団的占有。
(3) 教育，労働および生産物の分配における経済性と効率を保障するための産業諸階級の社会的組織化。
(4) 集団的土地保有に対する地代は，変動相場価格の総額ではなく，生産量に応じて支払われること。
(5) すべての不在地主は，人びとの産業的な教育・訓練に関わる費用を賄うために，彼らの地代収益に比例して課税される。

クレイグは，賢明にも，アイルランド全体の「問題」はララヒン・コミュニティの「問題」でもあることをよく理解していたので，上記のような方策を企図して，ララヒン・コミュニティに「相互協同のより公正な原理」に基づいた「集団的土地所有」と労働制度を確立しようと試みたのである。そして彼は，ここの「規則」にはない「利潤分配の制度」を採り入れて，組合員労働者に「労働に応じた利潤分配」というオウエン主義的な「公正な分け前」による勤労の刺激を生み出そうとした。クレイグはこう強調している。「相互協同のより公正な原理は，労働から生じる利潤を分配することによって，骨折り仕事の十分な報酬を保障す

る。これは正義の原理である」[42]，と。

　実は，ララヒン・コミュニティはオウエンの協同思想に共鳴した地主，ジョン・スコット・ヴァンデルアー——他でもない，彼がララヒン・コミュニティ崩壊の原因を外から持ち込んだのである——から農地618エーカーと家畜・農機具などを借り受けて開始され，組合員もかつてヴァンデルアーの下で働いていた農業労働者であった。したがって，この農地と家畜・農機具がコミュニティの共有財産になるまで，地代700ポンドと使用料200ポンドの合計900ポンドを年々支払うことになっていた。したがって，この「利潤分配」は，900ポンドを地主に支払った残りの利潤部分についてなされるのであるが，その利潤部分は，まず組合員が共同で享受する「共同資本」と「社会保障」に配分され，最後に各組合員が「より高い報酬」として享受する「骨折り仕事の十分な報酬を保障する」ことに向けられた，と想定できる。

　第16条は，すべてのサービスはローテーションによるかあるいは選択によって，17歳未満の男女により遂行される，と若者の勤労を奨励している。第17条は，児童の衣・食・住・教育の費用に関わるものであるが，これらの費用は，児童が組合員有資格者となる17歳になるまでコミュニティの共同基金から支払われると定めている。

　かくして，「集団的土地所有」と「相互協同のより公正な原理」に基づいた「コミュニティ実験」をクレイグは指導していく。そしてこの「実験」において，まず「統治」条項で，すべての成人男女の組合員による半年ごとの選挙で選ばれた9名の組合員から成る委員会が統治の責任を担い，またこの委員会はコミュニティにおける各事業を処理するものとされ（第37条），さらに事業・経営・運営が，(1)農業と園芸，(2)製造業と手仕事，(3)商取引き，(4)コミュニティ内管理，(5)教育の5部門に分割される（第38条）。第39条は，これらの部門を監督する責任者を委員会の委員からかあるいは他の組合員から選び，選ばれた委員は小委員会を構成するよう命じている。

　ところで，委員会は毎晩開かれて，その委員会で翌日の仕事と事業が取り決められ（第12条），また委員会はそこでの討議事項を議事録に記入すること，その要約を書記が総会で報告することが義務づけられている（第40条）。総会には，

半年ごと（5月1日と11月1日）に開催される総会と，毎週1回開かれる総会との2種類の総会があるが，前者は委員会委員の選出（第37条）と事業の取り扱いのためのそれであり（第43条），後者は会計監査と事業や生産における「改善提案ノート」の報告のためのそれである（第41条）。さらに第42条は，「協同組合の帳簿並びに貸借勘定書はすべての組合員が縦覧するために公開される」ことを規定している。クレイグは，「規則」に規定され，謳われた仕事の取り決め，総会，会計監査とその公開などの「統治」に関わる事柄については厳格に履行させた。この点で，ララヒン・コミュニティにおける「統治・教育組織的機能」は，キングにはまったくみられなかったものであり，現実の協同コミュニティにおける労働と生活を統括し，コミュニティの運営を指導していかなければならなかったクレイグには，「協同組合」と「コミュニティ」は，文字どおり，「一体的関係」になければならなかったのである。

　われわれは，これらの条項から，クレイグは，組合員労働者のコミュニティにおける「経営参加」の筋道を次のように考えたのではないかと想定することができる。すなわち，第1は，協同組合による「集団的土地所有制」の下での労働形態を前提に，成人や青年の組合員に農業および工業に関係する産業的訓練と科学的知識の普及を図ることで，特に農業の生産性を高めていくと同時に，児童および青年に「勤労」を奨励し，衣・食・住・教育に関わる費用をコミュニティの共同基金で賄って組合員の自発性を導き出し，その自発性を尊重すること。第2は，「統治」条項によって明確にされているように，組合員の「経営参加」の方法を具体的に提示すること。コミュニティの管理運営責任者を総会で全組合員の選挙によって選出することが統治条項で謳われているが，この方法は経営参加の基本である。さらに，ララヒン・コミュニティでは経営状況を組合員に公開することによって全組合員による「経営参加」意識を高めようとしている。

　そして第3は「利潤分配」である。ララヒン・コミュニティの「規則」には「利潤分配」に関わる条項が存在しないにもかかわらず，ここで「利潤分配」を取り上げるのは，「利潤分配」が必ずしも「組合員個人間での利潤分配」だとはかぎらないからである。クレイグは，「利潤分配」を，まずはコミュニティの全組合員が共同で享受する「共同資本」と「社会保障」のなかに，次に個々の組合

員が享受する「骨折り仕事の十分な報酬」，すなわち，組合員の労働に対するより高い報酬のなかに見たのである[43]。要するに，クレイグが強調したように，「経営参加」と「利潤分配」は「教育，労働および生産物の分配における経済性と効率性を保障するための産業諸階級の社会的組織化」の重要な手段であったのである[44]。

ララヒン・コミュニティで注視されるべき別の実例は，コミュニティ内に設置された「店舗」である。この「店舗」は，「協同組合店舗」なのか，それともそうでないのか。G.J.ホリヨークは「協同組合店舗」であるとみなした。しかし，われわれは，かつてオウエンがニュー・ラナーク工場の敷地内に設置した「店舗」に類似した施設ではないか，と考える。確かに，ララヒン・コミュニティでは労働の価値の評価（基準）レートの基礎を「その時の，その地域の労働者の通常の賃金」においた「労働紙幣」（Labour-note）が発行され，「これらの労働紙幣は，（ララヒン・コミュニティの）農場で生産された品物，それに衣類や燃料の原材料などと引き換えに店舗での通貨として受け取られる」，ということであった。また労働紙幣は流通している「硬貨」とも交換できたし，さらに店舗における食糧品やその他の生活必需品の品質・量・価格が純良・適正・安価であったために，ほとんどすべての組合員がこの店舗を利用した，とクレイグは述べている。そしてクレイグはこう強調することができた。

> 労働紙幣の利益はほどなく組合員の倹約にはっきりと現われてきた。組合員は雇用，賃金あるいは食糧価格についてまったく心配しなくなった。各組合員は欲しいだけの量の野菜を食べることができるようになった。幼児と児童の食糧と教育のための費用は，共同基金で賄われるようになった。……これまでぼろ着をまとっていた農夫，貧しい身なりをしていた農夫が2着の服をもち，労働紙幣で倹約したお金(マネー)を所持するようになった。すべてこれらの結果は，（ララヒン・コミュニティでは）外部の農民と名目上同じ賃金が支払われているのであるから，わが体制の経済によって達成されたのである……[45]。

しかしながら，クレイグのこのような主張にもかかわらず，この店舗がブライ

トンやロッチデールの協同組合店舗と異なっていることは明らかである。組合員がお互いに出資し，食糧品や他の生活必需品を共同購入して供給しているのではなかったからである。ララヒン・コミュニティの店舗がニュー・ラナーク工場の店舗に類似した施設である，とわれわれが言うのは，ニュー・ラナーク工場の店舗も「品質・量・価格」がオウエンによって労働者の利益になるよう保障されていただけでなく，工場労働者とその家族はその店舗を利用せざるを得ない環境におかれていたからである。その意味で言えば，ララヒン・コミュニティの組合員はかなりの程度までコミュニティの内部で生活を完結することができたと思われる。それよりはむしろ，ララヒン・コミュニティの店舗はオウエンの「公正労働交換所」に類似した施設である，とみなされてしまう可能性があるかもしれない。先に触れた第3回協同組合コングレスの個別集会で，W.マロニィが「コミュニティには『労働交換銀行』があり，その交換銀行で組合員は彼らが必要とする生活必需品と『労働紙幣』を交換する」[46]，と報告しているからである。しかし，マロニィのこの報告から，ララヒン・コミュニティの店舗をオウエンの労働交換所と類似した施設である，と結論するのは正しくない。マロニィの報告が不正確であったからである。彼のいう「労働交換所」は，実は，組合員が彼らの賃金の一部を節約して貯蓄する「貯蓄銀行」であって，彼ら組合員が実際に労働紙幣と交換して食糧品や生活必需品を購買するのは，コミュニティ内に設置された「店舗」においてであった。

　この店舗は，ララヒン・コミュニティにとって非常に重要な経済的役割をもつ施設であった。というのは，コミュニティは地主に年額900ポンドもの地代およびその他の賃料を現金で支払わなければならなかったことから，コミュニティには必要な現金の不足が常に予測されたので，労働紙幣を使用することで現金不足が生じないようにした，と考えられるからである。クレイグは，「618エーカーに対して年額900ポンドの地代を支払っている」のであるから，コミュニティは「本当のところ，そのうちのわずか268エーカーを占有し，耕作している」にすぎないと述べて[47]，現金不足の可能性を懸念していた。したがって，彼にとって，コミュニティの組合員がこの店舗で食糧や他の生活必需品を労働紙幣で購入してくれるのであれば，それだけ現金不足が生じる可能性は小さくなるし，何よりも

そうすることによって組合員の労働と生活がこのコミュニティの内部で完結し得るようになると思われたのである。実際のところ，ララヒン・コミュニティは小規模な集団（成人男子35人，成人女子23人，少年・児童23人）であって，その小規模さが協同組合事業経営の条件づくり，コミュニティ運営の民主主義的構造，コミュニティ住民同士のより濃密なコミュニケーションや相互扶助意識に望ましい影響を与えただけでなく，コミュニティ全体の財務的実行可能性にも有利に作用し，わずか「268エーカー」の農地でもって残りの「350エーカー」分の利益をも支え得たのである。

いずれにしても，クレイグは労働紙幣をララヒン・コミュニティの経済的性格や人的構成，それにアイルランドの産業的，社会的組織化に適した方法で巧みに利用したのである。この労働紙幣は「縦2.5インチ×横1.5インチ」の名刺判の大きさで，1日の労働の価値の単位が記されている——例えば，8 PENCE FOR ONE DAY'S LABOUR のようにである。価値として付される評価額の基礎は「その時の，その地域の労働者の通常の賃金」である。「これらの労働紙幣は，（コミュニティの）農場で生産された農産物，衣類や燃料の原材料などと引き換えに，店舗での通貨として受け取られる」。労働紙幣の発行は当初は「お金ではない」ということで反対されたが，必要があれば現に流通している「硬貨」と交換できること，店舗で食糧品や他の生活必需品と交換できることを理解した組合員は，労働紙幣の発行に反対するどころか，かえって「現金支払い」よりも労働紙幣を好むようになった。何故そうなったのか，先の引用文の他にクレイグの言うところを聴いてみよう。

> 労働は，毎日，「労働シート」に記録され，誰でも次の週の間そのシートを閲覧することができる。組合員は，彼ら自身の裁量で，労働することもしないこともできる。（だが）労働しなければ（労働シートに）記録されず，したがって，賃金は得られない。実際のところ，この取り決めは大いに有益であった。怠惰な者はいなかったし，また労働紙幣はコミュニティ内部でのみ有効であったので，組合員は次第に，その時の費用を支払った後に，十分な資金を所有するようになっていたのである[48]。

要するに，クレイグは，ララヒン・コミュニティの組合員に「自発的労働」と「倹約」を勧奨して「共同資本」を形成し，組合員労働者による自治的で自立的な自主管理の，産業的に組織された協同コミュニティをララヒンの地に設立する「実験」を試みたのである。そして彼は「店舗」をそのための重要な手段と位置づけたのである。その意味で，ララヒン・コミュニティの店舗はブライトンの消費者協同組合の店舗やロッチデールの店舗と異なるとはいえ，現実に存在する協同コミュニティにおける「店舗」がその経済的役割だけでなく，社会的役割をもオウエン主義協同組合運動の世界に認識させるのに与って力があったことは，ララヒン・コミュニティの「実験」の大きな功績であったと言えよう。事実，ララヒン・コミュニティの「実験」の成果は，「近代協同組合運動の黎明」となる「オウエン主義協同思想の世界」で展開される「協同組合コングレス」に生かされていくのである。

　ララヒン・コミュニティは1833年に突如として崩壊を余儀なくされてしまった。オウエン主義協同組合運動の目標であった「協同コミュニティの建設」の「実験」として，多くの協同組合人の注目を引き付けている最中に，「コミュニティの所有者であり代表者であって，ギャンブラー」という地主のジョン・スコット・ヴァンデルアーの「矛盾した役割」——ダブリン・クラブでのギャンブルによる大損——によってララヒン・コミュニティは破壊されてしまったのである。これはまさに，「喜劇的悲劇」としか言いようがない。しかしながら，ララヒン・コミュニティを，ベアトリス・ウェッブは「協同コミュニティの１つの成功した実験」[49]であったと言い，A.L.モートンは「成功したと思われる，オウエン主義路線の唯一のコミュニティ」[50]と強調し，そしてR.G.ガーネットは「共同生活と社会的平等に基礎をおいたもっとも成功した実験」[51]と述べているように，ララヒン・コミュニティの指導者であったクレイグはオウエン主義者たちに多大な影響を与えたのである。

4. 近代協同組合運動の黎明：協同組合コングレス

　1832年４月23—30日にロンドンで開催された第３回協同組合コングレスでララヒン・コミュニティを代表してW.マロニィは「コミュニティ実験」の現況を報

第3章　1820年代—1880年代におけるイギリス協同組合運動の展開

告し，参加者は大きな関心と興味を覚えた，と先に述べたが，この一連の「協同組合コングレス」[52]は，オウエン主義協同思想のオリエンティーリングという点で非常に重要な契機となった。というのは，オウエン主義協同思想は，マロニィの報告が参加者の耳目を引いたように，協同コミュニティの建設を運動の目標に掲げると同時に，それを保証する基金の確保のために卸売連合協同組合を組織して「消費者協同組合」と「労働者生産協同組合」の双方の運動を大規模に展開する意図を明確にしたからである。

　第1回協同組合コングレス（1831年5月26-27日，マンチェスター）は，「(会員である) 協同組合のために，できるかぎり安価に，一般的な消費物資を購入および販売すること，また協同組合で製造された製品やその他の製品の販売と交換を奨励し，促進することを目的とする」「イングランド北西部連合協同組合」(the North West of England United Co-operative Company) の設立を決議し（決議ⅢおよびⅣ），また「相互協同，協同所有および諸活動と享受の手段の平等」の原理に基づくコミュニティ建設計画の実行可能性を明示するために，可及的速やかに協同コミュニティをイングランド内に建設するよう試みると強調している（決議Ⅶ）[53]。そして第2回協同組合コングレス（1831年10月4-6日，バーミンガム）で卸売連合協同組合の開設とその強化が決議された[54]。

　第3回協同組合コングレス（1832年4月23-30日，ロンドン）は，イギリス近代協同組合運動にとってきわめて重要な契機を提供した。それは，協同コミュニティ建設の規模をめぐって闘わされたオウエン（派）とトンプソン（派）との間の論争がもたらした副産物——オウエンのヘゲモニーを許さない協同組合人の意識[55]——だけではなかった。オウエン主義協同組合運動のなかに「消費者協同組合」が明確に位置づけられたことによって，オウエン主義協同思想を掲げる協同組合人の間でロッチデール公正先駆者組合創設への道に近づいていく意識が大きく醸成されたこと，これである。そしてこのことこそがこの一連の協同組合コングレスの意義を明らかにしてくれるのである。われわれが協同組合コングレスを「近代協同組合運動の黎明」と呼ぶ所以である。

　協同コミュニティの規模をめぐるオウエン（派）とトンプソン（派）の論争は，一見するとオウエン（派）とトンプソン（派）いずれの主張する規模が協同コ

ミュニティ建設にとって実行可能性があるのか，というところに強調点が置かれてしまうが，その点しか見ようとしないのであれば両者の論争の本意が見失われてしまうことになるだろう。それ故，われわれとしては，この論争を協同コミュニティ建設への「原理論的アプローチ」(オウエン)と「運動論的アプローチ」(トンプソン)の相違としてみることが必要だろう。すなわち，オウエンは第2回協同組合コングレスにおいて「私が推奨してきたようなコミュニティは未だかつて存在したことはないし，試みられたこともない。それ故，(コミュニティの建設は)『失敗した』ことなどないのである。私は思い切って言うが，私が初めから提案してきたコミュニティに誰一人としてこれまでアプローチしなかったのである―そのようなコミュニティが形成された時こそコミュニティは成功するだろう。私は，オービストン・コミュニティ(の建設)に直ちに反対したが，それは，成功を保証する状況に体制が準じていないことに私が気づいたからである」[56]，と主張し，また第3回協同組合コングレスでもオウエンは，提案されているコミュニティ建設について「成功の見込みのあるものとして提示されたものは1つも聞かれない」，と論難している。

　オウエンは，コミュニティの単なる規模を問題にしているのではなく，協同コミュニティを建設した後のコミュニティでの「労働と生活」の「原理」を取り上げたのである。オウエンはこう論じている。「もし(コミュニティの)構成員が外部世界とのいっさいの取引きを断って，彼ら自身の労働の生産物で生活していくつもりであるならば，(トンプソンの)体制は考えていたものと非常に異なるものにならざるを得なくなる」はずであるのに，そうでないのは，彼らが外部世界との競争に入っていくことを意図したものであったのか[57]，と。オウエンは，「新道徳世界」としての協同コミュニティ，すなわち，彼の理想社会での生産力の発展が個人的蓄積欲と私利私欲を消滅させ，能力に応じて労働し，必要に応じて享受することを可能とするためには，そこで構成員全体の生活が完結し得る体制を確立する必要があることを知っていたのである。協同コミュニティが外部世界と競争することは，協同コミュニティが外部世界から侵食される可能性のあることを意味したのである。したがって，ここではじめて，「大規模なコミュニティ」という主張が，すなわち，協同コミュニティにおいて構成員の生活が完結され得

る生産力をカヴァーする規模の問題が起こってくるのである。

　他方，トンプソンは運動論的アプローチをもって協同コミュニティの建設を目指した。トンプソン派のベテランの協同組合人であるウィリアム・ペアは次のように論じた。「オウエン氏は豊富な資金を注ぎ込んだ彼自身のやり方による偶然の成果をあまりに高く評価してきただけでなく，労働諸階級の力量と能力をあまりに低く評価してきた」[58]。また同じく，後にチャーティスト運動の指導者となるウィリアム・ラベットは，「オウエン氏によって提案されている社会の幸福な状態を世の中で本当に実現し得るとするならば，それは，現に熟考されているような小規模なコミュニティによってでなければならない。（現実には労働者は）困難と困窮の只中で自分たち自身や子供たちの生存の不安に苛まれて暮らしているのに，どうして労働諸階級がコミュニティの完全な状態に必要な知識を身につけることができるというのか，ましてや必要な気質をや」[59]，とオウエンの非現実的な対応を批判した。確かに，オウエンには，労働者階級の現状を理解し，それに応じた広範囲にわたる団結の方法を見い出そうとする努力が欠けていた。ペアとラベットが批判したのはまさにその点であった。ましてや，小規模であってもその時には成功裡に運営されていたララヒン・コミュニティの実例がトンプソンたちを勇気づけていたのである。トンプソンはこう主張した。

　　もしわれわれが直ちに最上のコミュニティを創設できないとするならば，われわれは小規模なコミュニティから始めることにしよう。もしわれわれが貧しい人びとの状態を改善しようと願うのであれば，われわれは今述べたようなコミュニティに甘んじなければならない。……われわれが大きな富の援助なしで（コミュニティの建設を）実施し始めるべきか否かの考察についていえば，クレア州にあるヴァンデルアー氏の施設（ララヒン・コミュニティ）が明瞭に証明しているように，そのような考察の手数を省いてもよいだろう[60]。

　見られるように，トンプソンは小規模であっても成功裡に経営され運営されているララヒン・コミュニティの生きた実例によって大いに励まされたのである。協同コミュニティ建設の運動は「労働諸階級の運動」でなければならないと確信

していたトンプソンにとって，ララヒン・コミュニティは最良のモデルであった。トンプソン自身が語ったように，彼にはもはやオウエン的な「原理論的アプローチ」を考慮する必要がなくなったほどの，生きたモデルが存在していたのである。いずれにしても，協同コミュニティ建設をめぐるオウエン（派）とトンプソン（派）の論争は，事実上，トンプソン（派）の「運動論的アプローチ」の勝利となり，労働階級にとって可能な，小規模な協同コミュニティ建設から着手することがオウエン主義協同組合運動の承認するところとなった。しかしながら，この時に，オウエンはもちろん，トンプソンにしてもペアやラベットも，この運動論的アプローチの勝利が協同組合運動の歴史を画するターニング・ポイントになろうとは誰一人気づかなかったのである。

　両派の論争の後にコングレスの討議に付された「協同組合に関する諸規則」がそのターニング・ポイントの牽引車となった。これによってイギリス協同組合運動は，「協同コミュニティ」から「協同組合店舗」へとその針路を変え，ロッチデールへ向かって近代協同組合運動の歴史の道を歩みだすことになるのである。

　「協同組合に関する諸規則」は，すぐ後で見るように，直接的に協同組合運動のターニング・ポイントを明示しているわけではない。それでもこの「諸規則」が決定的な意味をもったのは，オウエン主義協同組合運動のなかに協同組合店舗が，すなわち，消費者協同組合が明確に位置づけられたことによる。この点は「諸規則」のなかに容易に見て取ることができるのである。前文と7つの項目から成る「協同組合に関する諸規則」をすべて記そう[61]。

　　グレート・ブリテンおよびアイルランドの協同組合の代表者から成る本コングレスは，現在および将来にわたるすべての協同組合に対して，協同組合がその上に永続的に，かつ成功裡のうちに設立され得る唯一の組織構成基盤として，以下のような基本的規定および規則を採用するよう特に勧めるものである。
　　　(1) 商業，製造業に従事しようと，農業経営に従事しようと，すべての協同組合の壮大な究極目的は「土地のコミュニティ」であることを普遍的なものにしよう。

(2) この重要な目的を果たすために，毎週1ペニー以上の同意された金額の出資が，貨幣，財貨，あるいは労働によって協同組合の目的を成し遂げるのに十分な資本を蓄積するまで，年々継続されることが絶対に必要である。
(3) 前項の予備として遂行されるべき次の準備段階は，資本の蓄積の増進のために，市場価格で小売りされる通常の消費のための，もっとも純良な種類の品物を協同組合が卸売価格で購入することであろう。もちろん，この方針を受け入れるかどうかは特定の協同組合の事情と性向によって決められるだろう。
(4) これらの協同組合が首尾よくコミュニティに接近することができた場合に，その協同組合から引き出すことができる直接的な利益は，組合員相互の雇用，児童教育のための学校の設立，成人のための図書館と読書室の開設である。
(5) いかなる失敗の可能性もなくこれらの望ましい目的を成功裡に完遂することを保証するために，このような協同組合（associations）によって蓄積された資本は不分割なものとされなければならないこと，また将来のある時機に単に配当を行なう目的で，利潤の蓄積を企図して形成されたいかなる取引協同組合も，自治的統一体とみなされる本コングレスによって承認され得ないこと，さらにそのような取引協同組合は，独立し，平等化されたコミュニティの状態に向かって急速に前進しつつある偉大な社会的家族の一員になれないことを，ここに参集された代表者の満場一致の決定とする。
(6) 協同組合のすべての商取引きにおいて特に不可欠であると思われることは，信用掛けで貸し借りしないことである。この重要な原則からの逸脱こそが，以前の多数の協同組合が崩壊した唯一の原因であったのであり，その結果，協同組合の全般的な発展を遅らせる害を及ぼしたのである。コングレスは，この重要な基準が首尾よく効力をもつようになるために，組合員の間に雇用が不足している場合には，可能な限りまた地方の事情が許すかぎり，組合員に何らかの雇用を用意する手段が協同組合

によってとられるべきことを勧める。疾病の場合，他に救済の拠り所がまったくないのであれば，協同組合の基金からか，あるいは組合員同士の個人的な寄付金からか，金銭的な援助がなされるだろう。
（7）コングレスは，既にある協同組合の組合員になっている個人が別の協同組合の組合員になるのを認めることは，協同組合の原理に著しく反しており，したがって，もっとも有害な結果をもたらす，と考えるものである。

これらの7項目から成る「諸規則」は次のように要約され得るだろう。
① オウエン主義協同組合運動は協同コミュニティの建設を「究極目的」とする。
② そのために，協同組合の組合員は，毎週1ペニー以上の拠出金を出資し，資本を蓄積する。
③ 資本の蓄積を増進するために，協同組合は「取引協同組合」＝「小売店舗」を経営する。ただし，組合員への「信用掛け」を禁止し，「現金取引き」を原則とする。
④ 小売店舗経営によって生じる利潤は配当されてはならない。すなわち，獲得された利潤は協同組合から「不分割」でなければならない。
⑤ 協同組合は，可能なかぎり組合員に雇用の機会を与え，児童教育と成人教育を促進し，もって組合員の当面の利益とする。

これらの点に「諸規則」のなかに記されている事柄，すなわち，「もっとも純良な種類の品物を協同組合が卸売価格で購入する」ことや「市場価格での小売り」を付け加えると，この「諸規則」はブライトンのウィリアム・キングが『協同組合人』で論じてきたこととおおよそ重なる，とわれわれは指摘することができる。その意味で，この「諸規則」こそ，1820年代から30年代初期にかけて展開されたオウエン主義協同組合運動の結節点であった，と言えよう。換言すれば，「諸規則」は，既に論究したように，ミューディの協同経済組合からロンドン協同組合へと継続された運動の「発展流」の表現であり，そしてロンドンからブライトンへと繋がってウィリアム・キングの協同思想に収斂した真の成果であり，

したがってまた，ロッチデール公正先駆者組合誕生の思想的，運動的背景の重要な構成要素であったのである。この「諸規則」を含む一連の協同組合コングレスは，それ故，「近代協同組合運動の黎明」を告げ知らせるきわめて重要な歴史舞台となったのである。

第2節　ロッチデール公正先駆者組合の創設

1. 地方の協同組合運動とオウエン主義者

　第4回協同組合コングレス（1832年10月1－6日，リヴァプール）はウィリアム・キングへの「感謝決議」を行なった[62]。第4回協同組合コングレスの議長を務めたトマス・ハーストは，「最初の取引基金組合」[63]の1つが形成されたブライトンで，「1828年から29年（正しくは1830年）の間発行された『協同組合人』という他に類のない労作」について発言し，キングへの「感謝決議」の提案理由を次のように述べた。「この労作が世の中に忘れ去られることがあるとすれば，それは協同組合にとって永遠の不名誉である。この労作は，数千人とはいわないまでも，数百人もの人たちをこの運動に回心させたのである。しかし，今や残念なことに，それが絶版となり，残りもほとんど入手できなくなっている」[64]。「本コングレスは，『協同組合人』のタイトルでブライトンにおいて発行された新聞の，博愛的で有能な著者の簡潔にして真に能弁な言葉で論じられた重要問題についての……有益な教授に対して感謝を捧げるものである。ペア氏は，本決議を（キングに）伝える権限を委任され，またペア氏が必要と思われるなら，（決議文を）加筆・修正して，『協同組合人』の新版を著者（キング）が発行することを，本コングレスの名で，また本コングレスのために慎んで懇請する権限を委任される」[65]。議長のハーストのこの言葉から，われわれは，キングの協同思想がオウエン主義協同組合運動に与えた影響力の大きさを知ることができるのである。

　ハーストは，産業革命の舞台となった産業都市マンチェスターとリーズのほぼ中間に位置し，ロッチデールにも比較的近いハッダーズフィールドに設立された「第1次ハッダーズフィールド取引・製造業協同組合」の指導者であった。彼は，キングに，1833年4月にハッダーズフィールドで開催されることになっていた第

5回協同組合コングレスへの参加を要請する手紙を送り（1833年3月25日付），キングの協同思想に対する彼自身の信頼を明らかにしたが，しかし，キングはこの要請を断っている[66]。この頃になると，オウエンは彼の関心を協同組合よりもむしろ建築工労働組合を中心とする「全国労働組合大連合」(the Grand National Consolidated Trades Union, 1833—1834) に向けており，またウィリアム・トンプソンは33年の初めに没していて，協同組合コングレスはハーストのように地方で協同組合運動を指導していたオウエン主義者たちによって運営されるようになっていた。事実，ハーストはその代表的な人物の1人であった。彼は，「ハッダーズフィールド取引・製造業協同組合」を代表して，（少なくとも記録にあるかぎりで）第2回，第3回および第4回のコングレスに参加し，特に第4回コングレスでは議長の大役を務め，前述したキングへの「感謝決議」を行なっている。しかしながら，不幸にして，彼は，第5回協同組合コングレスがハッダーズフィールドで開催されていた頃に瀕死の状態でベッドに臥せっていた。

　第5回コングレスの内容についてはオウエンとオウエンの息子のロバート・デール・オウエンによって編集・発行されていた『クライシス』（1832年4月—1833年8月）に簡単に触れられているだけで[67]，議事録もなく，それ以前のコングレスに見られた活気はまったくわれわれに伝わってこない。それでも，「専らヨークシャーのウエスト・ライディングにあるいくつかの協同組合が5,000ポンドの資本を蓄積している」との報告は，われわれの関心を引くところである。というのは，当時この地域では，利潤を「出資者にのみ分配する」協同組合，1827年に設立されたメルサム・ミル協同組合のような利潤の「購買高に応じた配当」を原則とする協同組合，それに「利潤は分配されず，主に世界を再構成するために蓄積される」とする「利潤の不分割」を原則とする協同組合が混在していたからである。その当時の協同組合にあっては運営原則は各協同組合の事情に任されていたのであって，したがって，同じ地域であっても原則は統一されることがなかったし，とりわけ利潤分配についてはそうであった。その意味で，第3回協同組合コングレスが決議した「協同組合に関する諸規則」は統一的な運営原則を明示したことで当時の協同組合運動に非常に重要な教訓を残した，と言い得るのである。そこで，当時もっとも協同組合運動が活発に展開されていたウエスト・ラ

イディングの地域に組織されていたハーストの「ハッダーズフィールド取引・製造業協同組合」に論及することで，当時の地方の協同組合運動とそれを指導したオウエン主義者たちの理念とを垣間見ることにしよう。

　ハッダーズフィールド取引・製造業協同組合は1829年4月20日に設立されている（事業の開始は30年4月）[68]。この協同組合は，その名称から「店舗」と「製造業」の双方の事業を経営するのであるが，そのための資本はほとんど借入金で賄われた。レディ・バイロンもその有力なパトロンの1人であった。1892年1月から2月にかけて「レディ・バイロンの未発表の手紙」を『協同組合ニュース』に寄稿したG.J.ホリヨークは，そのなかでハッダーズフィールド取引・製造業協同組合について次のように記している。

　　第1次ハッダーズフィールド協同組合の初期の規約は，この協同組合が設立されてから6年後の1835年に，ハリファックスのグローブ・ストリートのJ.ニコルソンによって書かれた。その規約を見ると，現在の（ハッダーズフィールド）協同組合店舗の規約よりも当時の方が人間的で，生き生きしていたことがわかる。……この第1次ハッダーズフィールド協同組合は，そのモットーとして，（旧約聖書の）イザヤ書から引用した素晴らしい言葉を掲げている。すなわち，「汝ら各人は，その隣人を助け，またその兄弟に，真の勇気をもて，と伝えよ」。……1830年4月に7名で構成される「製造委員会」が決められた。2名の「兄弟」が協同組合の販売係に任命されて，協同組合に雇用されている他の人たちと同じように手数料を受け取っている。次回の総会までは組合員数を250名に制限するよう図られた。協同組合の帳簿は，組合員が閲覧するために毎月1回委員会室で開示されるべきこと，と定められた。

　1829年11月，（執行）委員会はチャールズ・ウッドから50ポンドを借入した。翌年3月には，13名の受託者全員が「第1次ハッダーズフィールド協同組合の代理人となり，連帯してあるいは個別にジェームズ・ホワイトスタッフへの総額60ポンドの支払いを，すなわち，総額60ポンドの注文を契約した」約束手形に署名した。同年末に彼らはハッダーズフィールドのヘン

リィ・ネイローから30ポンドを借入した。……（また）1830年3月に1名の組合員が「明白な犯罪行為」を犯したために除名されているが，しかし，その犯罪行為の性質については明記されていない。「明白な」犯罪行為は多々あるので，これを推断することは不可能である。（中略）

　1830年4月17日に，「ハッダーズフィールド協同組合は『ウィークリィ・フリープレス』と『協同組合ジャーナル』の10ポンド株を購入することに同意する」ことが決議された。……1830年5月31日に，エイブラハム・テイラー氏が週20ペンスで販売係に任命され，またチャールズ・グレンディング氏は疾病組合設立のための規約を準備するよう依頼された。6月29日には，6名の受託者が任命され，「もし彼あるいは彼女が譲渡可能な株を購入しないのであれば，それ以上の組合員の加入は承認されない」，とのことが決議された[69]。

　ホリヨークからのこの引用文は時間的経過の順序に少々混乱を来してしまいそうだが，要するに，1829年4月20日に設立され，翌30年4月に事業を開始した「第1次ハッダーズフィールド取引・製造業協同組合」について，第1段落は，規約が35年に決められたこと，事業開始に伴って7名から成る「製造委員会」が発足したこと，2名の組合員が販売係に任命されたこと，組合員数を250名に制限したいこと，それに協同組合の会計帳簿を組合員に開示することを記している。第2段落に記されていることは，執行委員会（理事会）が，事業開始の準備のために，チャールズ・ウッドという人物から50ポンドを借入したこと，また13名の受託者がジェームズ・ホワイトスタッフという人物に60ポンドを返済する約束手形を切ったこと，さらにヘンリィ・ネイローという地元の人物から30ポンドを借り受けたこと，事業開始直前に「犯罪行為」を犯した組合員1名を除名したこと，である。そして第3段落に記されていることは，ハッダーズフィールド協同組合が事業開始直前に『ウィークリィ・フリープレス』と『協同組合ジャーナル』の10ポンド株を購入したこと，事業開始後の5月31日にエイブラハム・テイラーが協同組合の販売係に任命されたこと，チャールズ・グレンディニングが疾病組合設立の規約作成を依頼されたこと，そしてハッダーズフィールド協同組合の「譲

渡可能な株」が購入されない場合には「組合員の加入」を制限する旨の決議である。

　この引用文は当時の協同組合運動の状況を明示している。第1に，特定の人物——おそらく，レディ・バイロンのような博愛主義者や地元の篤志家——から事業資金を借入していること，第2に，組合員の加入を制限していること，第3に，出資を「譲渡可能な株」としていること，第4に，指導的な組合員を販売係に任命していることである（さらには，自前の機関誌紙に代わる情報誌紙を用意していることを付け加えてもよいだろう）。そしてわれわれは，ロッチデール公正先駆者組合が第1，第2および第3についてけっしてこれらを行なわなかったことを知っているのである。しかし同時に，われわれは，経営・会計の開示や組合員の疾病に関わる共済保険の必要性が示されていることに注目すべきである。

　ホリヨークが記しているこのようなハッダーズフィールド協同組合の物語は，いくつかの興味深い事実をわれわれに示しているので，もう少しその物語をホリヨークに語ってもらうことにしよう。

　　1831年5月の総会で，コミュニティ（建設）を促進する問題が検討されたが，特にチャトモスにおける土地の耕作については，その時にはまだ賢策でなく，また実行不可能でもある，との決定を見た。この頃，製造業部門は忙しかったに違いない。というのは，家具，衣料品，毛織物および装飾品の事業部門に迅速に対処するために，9名の委員たちと共に事業に従事するべく4名の者が任命されたからである。……1831年の総会に（ララヒン・コミュニティの所有者の）ヴァンデルアー氏が出席し，アイルランドの彼の所有地に住む貧しい人たちのために安楽のシステムが確立されつつある，との彼の努力について話された。総会の間ハッダーズフィールドは熱狂に包まれた。ヴァンデルアー氏に感謝決議が送られ，……レディ・バイロンにも感謝決議が授与された。この年の利潤は151ポンドと報告され，大いに称賛された。同じ年の7月（10月の誤り—引用者）にハースト氏は，バーミンガム・コングレス（第2回協同組合コングレス—引用者）に（ハッダーズフィールド協同組合を代表して—引用者）派遣され，そのコングレスではイギリス中に協同組

合の原理を普及させるために（協同組合）伝道師が使わされることが決議された……。ロッチデール協同組合が設立されたことについて，ハッダーズフィールド協同組合の店舗に書状が認められてきたので，「ジョン・ヒートン（代理人）が両者の望みどおりに……また両者の費用でロッチデールを訪問するために任命された」。10月には，ヘアーウッド卿の妹，つまりレディ・バイロンに「組合員の利益のために，羊毛製品の製造を続行する資金400ポンドの貸付けを申し込むこと」が決議された。（中略）

リヴァプール卸売連合（第1回および第2回協同組合コングレスで決議され設立されたイングランド北西部連合協同組合—引用者）が何度か議事録に記されているが，ハッダーズフィールド協同組合はこの卸売連合を形成するために出資する決議を行なっている。リヴァプール卸売連合は各協同組合の製品の販売を促進する代理店であったように思われるが，1832年の議事録には「リヴァプール卸売連合は，協同組合人としてのわれわれにさほどの利益をもたらしていない」とのことが記されている。それでもこの卸売連合は，他の協同組合にとっては有益なので，ハッダーズフィールド協同組合としては，協同組合コングレスにそれを奨励するよう勧告する，とのことである。……また「本協同組合では，その開始から1832年4月24日の現在まで，利潤総額は増加してきているので，その利潤のうち自分の分け前を受け取る資格のある組合員全員の間で，（組合員である）期間に応じて分配される」，とのもう1つの決議がなされている。その当時，利潤分配の正当性について彼らは何らの疑問も挟まなかったのであって，これは，クイーンウッド・コミュニティが開始される12年前のことであった……[70]。

　ホリヨークのこの一節からわれわれは次のことを想起することができる。それは，大まかに言えば，1830年代前半における協同組合運動の先進地域といわれたウェスト・ライディングを中心とするイングランド北部地方の協同組合は，思想的にも運動的にも一貫していなかった，あるいはそう言ってよいならば，アンバランスであった，ということである。とはいえ，ホリヨークが記してくれているこの「物語」は，おそらく，当時のオウエン主義協同組合運動の一般的な姿で

第3章　1820年代―1880年代におけるイギリス協同組合運動の展開　　　143

あったといって差し支えないだろう。

　というのは，第1に，ハッダーズフィールド取引・製造業協同組合はコミュニティ建設を検討している――ララヒン・コミュニティの所有者であるヴァンデルアーへの「感謝決議」はこのことと関係している。第2に，それは，製造業，すなわち，労働者生産協同組合を経営している。第3に，この協同組合は一連の協同組合コングレスに代表を派遣している――これはオウエン主義協同組合運動の思想的，運動的な潮流に与していたことを示している。第4に，（前にも触れておいたが）この協同組合は組合員数を制限している――この当時の協同組合の大部分は事業運営上の理由から組合員数を制限していた。ロッチデールの先駆者たちも設立までの過程においては組合員数を制限しようと考えていた。

　しかしながら，この協同組合は，他方でオウエン主義協同組合運動の原則に反する行動をとっている。第1に，協同組合事業の経営資金の多くを「借入金」に依存している――レディ・バイロンへの「感謝決議」はこのことと関係している。「借入金」――「寄付」ではない――に依存することはオウエン主義協同組合運動の原則からの逸脱である。第2に，この協同組合は組合員の間で「利潤分配」を行なっている。オウエン主義協同組合運動にあっては，利潤は労働者生産協同組合の資金として，そして究極的にはコミュニティ建設の基金として蓄積されなければならず，分配されてはならないのである。「蓄積された資本は協同組合から不分割」でなければならないのである。先に論及したように，1832年4月24日の第3回協同組合コングレスの決議である「協同組合に関する諸規則」は，「利潤の配当を目的とした協同組合」をオウエン主義協同組合であることを認めないとした。それにもかかわらず，この協同組合は，33年の時点でも「店舗における正規の取引者および一般基金への正規の出資者であるすべての組合員は，利潤の平等な分け前を受け取る」として利潤の分配を認めたのである[71]。ホリヨークが述べているように，協同組合の組合員は「その当時，利潤分配の正当性については何らの疑問も挟まなかった」のである。実際のところ，ロッチデールの先駆者たちにしてさえ組合員の間での利潤分配に「何らの疑問も挟まなかった」のである。

　この協同組合はまた，第1回協同組合コングレスが設立を決定したリヴァプール卸売連合（すなわち，「イングランド北西部連合協同組合」）の組織化に参画し，

コングレスの決議を遵守した。その上，この協同組合は，リヴァプール卸売連合が損失を被った場合には「すべての協同組合に対して，損失補填のために，組合員1人当り5シリングの割合で拠出するよう」勧告さえしているのである。

このように，ハッダーズフィールド取引・製造業協同組合は，オウエン主義協同組合運動のある原則についてはそれを遵守し，他の原則についてはそれを逸脱する，という一貫しない行動をとり，アンバランスな状況を呈した。しかし，そのことがこの協同組合の弱点を表現しているのかと言えば，必ずしもそうではないのである。オウエン主義協同組合運動の「目的」と，その「目的」を達成しようと目指したハッダーズフィールド協同組合がとった「手段」との間に「ズレ」があったとしても，その「ズレ」は多かれ少なかれ当時の協同組合に一般的に見られたそれなのである。したがってまた，その「ズレ」は現実の協同組合運動に否定的に作用したわけでも，協同組合の組合員に消極的に捉えられたわけでもないのである。ハッダーズフィールド協同組合に弱点があるとすれば，それは，協同コミュニティの建設を検討する一方で，レディ・バイロンなど富裕な人たちから多額の事業資金を借入する，という指導者たちの意識感覚である。その意味で，協同コミュニティの建設運動は「労働諸階級の運動である」と協同組合コングレスで主張したウィリアム・トンプソンの思想から大きく逸脱したのがハッダーズフィールド取引・製造業協同組合であり，それを忠実に遵守したのがロッチデールの先駆者たちであったのである。

ところで，もう1つ，ホリヨークの「物語」にはわれわれの興味をそそる件がある。「ジョン・ヒートン（代理人）が両者の望みどおりに……また両者の費用でロッチデールを訪問するために任命された」，という件である。おそらく，ヒートンは，1830年10月に設立された「ロッチデール友愛協同組合」（ホリヨークのいう「ロッチデール協同組合」である）を訪問したであろう。というのは，ハッダーズフィールド協同組合とロッチデール友愛組合との間には「相互の利益」を確立するべき関係があったからである。ロッチデール友愛協同組合は「1829年のストライキから起こったフランネル職工たちの協同組合であって，何人かの熱狂的なオウエン主義者の支援を受けて設立された」協同組合であった[72]。その友愛協同組合は，32年の第3回協同組合コングレスに，協同組合の現状やア

ンケートへの回答を認めた次のような信任状を書き送っている。「本協同組合は1830年10月に形成され，ロッチデール友愛協同組合の名称を用いている。組合員は52名，基金総額は108ポンドである。本協同組合は10名の組合員とその家族を雇用している。本協同組合はフランネルを製造している。本協同組合は32冊の書物を所蔵している。本協同組合は学校をもっておらず，労働交換所の原理については討議していない。近隣には2つの協同組合がある」[73]。そしてさらに，ロッチデール友愛協同組合は次のような「手紙」もコングレスに宛てている。

　　わが協同組合は，本コングレスに，以下の課題を提起することの有効性を主張したい。第1はウール製造協同組合工場の設立である。ハッダーズフィールドの服地，ハリファックスとブラッドフォードの毛織物原料，レスターとラフバラのストッキング，ロッチデールのフランネルなどは，いくつかの点で，同類の機械と製造工程を必要としているので，これらの協同組合が，協同の原理に基づいて協働するようにし，個々別々の工場によっては得られない相互の利益を獲得すべきである。第2は実際的で永続的な伝道体制[74]。

　この「手紙」に明記されているように，ロッチデール友愛協同組合は，ヨークシャー，ランカシャーそれにレスターシャーの地域に散在する，相互に関連する労働者生産協同組合が「協同の原理」に基づいて「協働する」ことで利益を獲得することができる，と主張しているのであるが，ハッダーズフィールド協同組合もリヴァプール卸売連合を支えていたことから，友愛協同組合と同じ利害をもっていたことが推測される。いくつかの毛織物労働者生産協同組合を統合して「ウール製造協同組合工場」を設立すれば，コストの削減や規格の統一を図ることができ，また規模の経済を実現することができるし，何よりも卸売連合による製品市場の確保が可能になるのである。

　ロッチデール友愛協同組合は，リヴァプールで開催された第4回協同組合コングレスにT.レディマンとJ.ナットールの2名を派遣した。しかし，そのコングレスの「統計表」を見ると，友愛協同組合は「組合員数30名，基金総額70ポンド，雇用組合員数3名」と記されており，第3回コングレスの時点よりいずれの数字

も減少している。2つあった近隣の協同組合も1つに減り，増えたものはといえば，32冊から36冊になった書籍だけである。そしてこの友愛協同組合は1833年に解散し，代わって同じ年にロッチデールで最初の消費者協同組合となる「協同組合店」(Co-operative Shop) が設立される。協同組合店の指導者は W. ハリソン (第4回協同組合コングレスの時点では友愛協同組合の書記であった) と T. ナットール (第3回協同組合コングレスの時点では友愛協同組合の書記で，第4回協同組合コングレスに友愛協同組合の代表の1人として参加)，53年にロッチデール公正先駆者組合の図書館係になる J. アスプデンそれに CWS の初代会長となる J. T. W. ミッチェルの祖父の J. ミッチェルなどであった。指導者の顔ぶれを見るかぎり，友愛協同組合と協同組合店の双方は関連があったことは確かのようである。

　先駆者組合の歴史について論述しているある著書[75]は，協同組合店の設立に関係した指導者に，チャールズ・ハワースとジェームズ・スタンドリングの2人の先駆者を加えているが，2人の名前をあげることには大いに問題がある。ましてや，協同組合店の「規則」の作成者がハワースであるかのように論じることは，「ロッチデールの先駆者たち」を過大に評価するだけでなく，協同組合店の解散の責任を負わされることにも繋がっていく。コールが述べているように，「彼（ハワース）はわずか19歳にすぎなかった」し，その上ハリソン，レディマン，アスプデンといった協同組合運動のベテランが指導していたのだから，ハワースが「規則」の作成者であったというのは事実ではないだろう。「ただし，彼（ハワース）が事業に関係していたことは確かであったし，ジェームズ・スタンドリングをはじめ何人かもそうであった」とのコール指摘は首肯できるだろう。ハワースやスタンドリングなど何人かの先駆者は，この協同組合店での経験やそこで生起した事柄を忘れずに，彼らが同じロッチデールで創設した彼ら自身の協同組合にその経験を十分に生かしたのである。

　彼らが経験した事柄のうちもっとも重要だと思われたそれは，協同組合店が組合員に「信用売り」（信用掛けによる販売）を行なったことである。このことによって，協同組合店は早くも1835年に「ドアを閉じる」ことになってしまったのである。「顧客帳簿」に記入された貧しい組合員の借金は，週末に返済されることになっていたが，大抵の場合返済は不履行のままであった。協同組合店は「友

愛組合法」(The Friendly Societies Act) に準拠して登録されていなかったために，債務者となった組合員を告訴できなかった。他のもう1つの経験は，協同組合店が「資本に対してのみ配当」していたことである。周知のように，先駆者組合は，「出資配当」よりもハワースによって復活される「購買高に応じた配当」に大きな比重を置いたのである。

　ところで，協同組合店は何故「信用売り」を行なったのだろうか。第3回協同組合コングレスに友愛協同組合の代表として参加したハリソンが，この協同組合コングレスで満場一致で採択された「協同組合に関する諸規則」を知らなかったわけはないだろう。先に触れたように，「諸規則」の第6項は，「信用売り」が「多くの協同組合の崩壊の唯一の原因」であり，その結果，協同組合運動の全般的な発展を遅らせてしまった，と断言して，「信用売り」を禁じている。また第5項は，協同コミュニティの建設のために「蓄積された資本は不分割」とされなければならないこと，またコングレスは単に配当を行なう目的で利潤を蓄積しようとする「取引協同組合」をオウエン主義協同組合としてけっして認めないことを強調していた。協同組合店はこれらの規則に違反しているのである。協同組合店がこれらの規則を遵守し得なかったのは，貧しい組合員を救済するための別途の方策を具体的に提示し得なかったためである。またハッダーズフィールド協同組合のように事業資金を借入金に依存するのであれば，「出資に対する配当」は当然のこととなる。

　これまで，ハッダーズフィールド取引・製造業協同組合やロッチデールにおける友愛協同組合と協同組合店に言及し，地方におけるオウエン主義協同組合運動とその運動を指導したオウエン主義者たちの行動を見てきたのであるが，これらの数少ない協同組合運動の事例だけでも，われわれはロッチデール公正先駆者組合に連なるいくつかの重要な転換点を指摘することができる。ハッダーズフィールド協同組合の事例に見られた第1の転換点は「経営・会計の開示」，第2のそれは利潤分配，すなわち，「購買高に応じた配当」と「出資に対する配当」，第3のそれはオウエン主義に基づく協同コミュニティの建設に高いプライオリティをおいていないこと，そして第4のそれは卸売連合組織を形成し，労働者生産協同組合の製品市場を確保しようとしたこと，である。反対に，事業資金の借入れ，

組合員数の制限,信用売り(協同組合店)は,先駆者組合によって否定される。

ハッダーズフィールド協同組合の事例に見られたように,1830年代における協同組合は思想的にも運動的にも一貫しておらず,アンバランスであった,と先にわれわれは指摘したが,それは,ある意味で,近代的な協同組合運動に向かって前進していく足の運び方の問題であった,と言えよう。換言すれば,すぐ前で示した協同組合運動の転換点は,近代協同組合の創始たるロッチデール公正先駆者組合誕生への軌跡に刻み込まれた重要なステップであったのである。

1833年10月にロンドンで第6回協同組合コングレスが開催される。オウエンは,このコングレスに参加して,「全国生産階級道徳大連合」(the Grand National Moral Union of the Productive Classes of the United Kingdom)の結成を呼びかけた。彼は,この時期に,建築工組合を再編して「全国建築工大ギルド」(the Grand National Guild of Builders)を創設することに成功していた。「このギルドは,個人営業の建築請負業者に取って代わるべきであり,また全建築産業を協同組合の方針に沿って引き受けるべきものとされた。すなわち,事実上,労働者自らが組織し運営する,1つの巨大な全国建築協同組合たるべきものであった」[76]。建築工ギルド創設の熱冷めやらぬオウエンが,このコングレスで「全国生産階級道徳大連合」の結成を提案し,コングレスは彼の提案を受け入れる。34年2月に道徳大連合は「全国労働組合大連合」となり,労働組合運動を展開することになる。だが,オウエン自身は「グランド・ナショナルに心を奪われ」,他方オウエン主義者の協同組合人は労働組合運動から次第に離れていった。34年3月末から4月初めにかけてバーンズリィで開催された第7回協同組合コングレスと35年4月にハリファックスで開催された第8回協同組合コングレスの内容は,オウエン主義の出版物に記録さえされなかった。かくして,「近代協同組合運動の黎明」を画した一連の協同組合コングレスは,ついに第8回をもって幕を閉じたのである[77]。

しかしながら,オウエン主義協同組合運動のこのような状況のなかでも,ハッダーズフィールド協同組合は順調に運動を展開していった。例えば,1834年8月12日の総会で,委員会は「2台の織機と1台のジェニー紡績機を購入すること,また機会が得られたならば,直ちに他の人を雇用すること」を求められ,翌35年4月16日の総会は「リヴァプール(卸売連合)の基金に38ポンドを充当する」よ

う命じている[78]。またホリヨークが示し
ている次の数字もハッダーズフィールド
協同組合の順調な展開の証明となるだろ
う[79]（表参照）。

年・月・日	総利潤 £ s. d.
1835. 10. 1	1,450 13 6
36. 3. 24	1,867 11 1
36. 10. 5	2,175 18 3
37. 10. 4	2,419 5 7
38. 10. 3	2,939 10 9
39. 10. 3	3,120 4 7

1829年4月に設立され，翌年に事業を
開始したハッダーズフィールド協同組合
の34年までの利潤については不明であるが，この協同組合は，この表を見るかぎ
り，5年間は順調に推移している。ただ，36年の早い時期にレディ・バイロンか
らの借入金102ポンド6ペンスを彼女に返済し，また同年10月には「レディ・バ
イロンに100ポンドを支払うことを約束」していること，さらには翌37年10月に
同じくレディ・バイロンに136ポンドを返済している[80]ことから推測すると，借
入金に依存する傾向のあるハッダーズフィールド協同組合なので，この表の「総
利潤」額から毎年相当の返済額が差し引かれていたとみなした方がよいだろう。
それでも，この協同組合は，36年には製造された製品を販売するための馬と荷馬
車を購入しているし，ハリファックス在住の数人の青年の加入を承認したり，労
働者を雇用したりしている。さらにまた，この協同組合は「事業のために，総額
500ポンドまでホワイト・イートン（Money Club）への加入を決議」してもいる[81]。

ところで，ハッダーズフィールド協同組合の「規約」に次のような条項がある。

> 本協同組合は，組合員全体のために設立されたのであるから，すべての組合
> 員はできるかぎり本協同組合の店舗で購買することを誓約すること。またこ
> の誓約に従わなかった組合員は，どうしてそうしたのか，正当な理由を明示
> しなければならない[82]。

コールによれば，ロッチデールの先駆者組合もこれと似たような「規約条項」
を採用しようとしたが，チャールズ・ハワースの説得によってその採用を取り止
めた，とのことである。ハワースは，「そのような強制は，自分たちが打ち立て
ようとしている新しい運動の，本質的に自発的であるべき性格と矛盾する」[83]，
と説いたのである。先駆者たちがその規約条項を採用しなかったことは賢明な選

択であった。ハッダーズフィールド協同組合のように店舗と生産双方の事業を経営する協同組合がこのような規約条項を採用することは十分考えられるところである。特にハッダーズフィールド協同組合は，製品市場を確保するためにリヴァプール卸売連合の事業に投資したこと，組合員数を250名に制限したこと，それに出資への配当を行なったことによって，このような誓約の条項を規約のなかに入れざるを得なかったのである。しかし他方ではまた——ハッダーズフィールド協同組合も部分的にはそうであったが——メルサム・ミル協同組合のように，店舗を利用した組合員への「購買高配当」を通じて彼らに「店舗への忠誠心」を保持させようとした協同組合も存在したのであるから，誓約の条項が一般的にみられたことだとは必ずしも言えないのである。いずれにしても，先駆者組合が「自由加入制」と「購買高配当」の原則を組合わせることによって店舗の成長を実現し得たのは，何よりも地方で試行錯誤的に展開された協同組合運動の産物に他ならなかったのである。

　残念なことに，1840年以降のハッダーズフィールド取引・製造業協同組合の展開を知り得る資料はわれわれの手許に何もない。それでも，総じて言えば，「第1次ハッダーズフィールド取引・製造業協同組合」のようなオウエン主義協同組合は，組織されて間もない34年7月のグランド・ナショナルの崩壊によるオウエン主義の影響力の衰退とともに衰退していくか，消滅する運命をたどったのである。コールが述べているように，「1834年以降，オウエン主義は労働者階級の思想に有力な影響力を及ぼす基軸的地位を喪失していった」のである[84]。とはいえ，オウエン主義者たちがいなくなったのではない。彼らの活動の舞台は間もなくチャーティスト運動に移っていくが，しかしそうであるからといって，彼らは労働組合運動も協同組合運動も忘れてしまったわけではない。協同組合運動は，チャーティスト運動あるいは労働組合運動よりもずっと控え目に，息を忍ばせるかのようにして存続していたのである。

2.　ロッチデール公正先駆者組合の誕生

　ブリテン島には「飢餓の40年代」という歴史がある。その「40年代」の中葉にロッチデール公正先駆者組合は創設されたのである。産業革命は19世紀の40年代

には大きな生産力を現出させていた。既に30年には世界最初の鉄道である「リヴァプール・マンチェスター鉄道」が開業し，人と物資の移動を一層容易にしていった。しかしながら，この生産力によって，一般的には，資本家や雇用主は大きな富と繁栄を与えられ，労働者階級は常に失業と賃金引下げの脅威に晒された。したがって，この時期に，労働者の側はそのような状態を改善する激しい闘争を展開した。ホリヨークは，先駆者組合の起源はフランネル織布工の「賃上げ運動の失敗」に遡ると述べ，先駆者組合たちの何人かもストライキを決行したものの賃金の引上げに失敗し，その結果，オウエン派社会主義者たち――ジェームズ・デリィ，チャールズ・ハワースそれにジョン・ヒルといった面々――が「自らの生活状態を改善するために協同し，自らが手にしている手段を駆使すべきである」と主張したことに，先駆者組合の真の出発点を求めている[85]。

　労働者の側はまた，チャーティスト運動による社会改革を通じて自分たちの境遇を改善しようともした。既に述べたように，労働者階級による普通選挙権の獲得＝人民憲章を掲げたこの運動の基底には労働者とその家族の「ナイフとフォークの問題」が横たわっていたのであって，チャーティストたちは，「労働と生活」に関わるこの問題を，労働者階級が普通選挙権を獲得することによって経済的，社会的平等を，すなわち，「社会的な力のバランスの変化」を現実化することで，解決しようとしたのである。

　では何故，この時代に拡大された生産力は，労働者に福祉ではなく，貧窮をもたらしたのか。その回答は彼らの「労働と生活」を見ればはっきりする。おびただしい数の過剰労働者の存在と婦女子と児童労働の大量雇用，その結果としての賃金の引下げ，その上に個別資本間の激しい競争による一層の賃金引下げが強行されたためである。過剰労働の存在と婦女子・児童労働の雇用は成人男子労働者の失業を生み出し，彼ら成人男子労働者はその家庭生活において貧困と対峙するだけでなく，夫婦・親子の希釈化されていく関係とも対峙することになる。少額にせよ収入のある子供は父親や母親に対して横柄な態度をとるようになるし，女性労働者たる母親が雇われて長時間工場で働くようになると家庭生活における親子・夫婦の関係に歪みがしばしば生じるのである。F. エンゲルスが，『イギリスにおける労働者階級の状態』において，この「飢餓の40年代」の労働者階級の

「労働と生活」の状態をリアルに描き、資本家階級や他の支配階級を鋭く告発したことは有名である。またジャーナリストのヘンリー・メイヒューが1849年に『モーニング・クロニクル』紙に寄稿した「ロンドンの労働とロンドンの貧民」も事実上「飢餓の40年代」を描いたものであって、キリスト教社会主義運動の指導者たちがこの記事を目にして労働者生産協同組合運動を開始したことは既に述べたとおりである。

協同組合運動との関連で言及すると、「飢餓の40年代」において労働者とその家族の生活を圧迫していた他の大きな要因の１つとして、一般に、「トミー・ショップ」や「トラック・ショップ」、あるいは「パジャー」と呼ばれた前期的商人と労働者家族との売買関係があげられる。前の２つは「専ら掠奪を狙ったものであった——雇用主か、その威を借りた職工長が貧しい人びとを巧みに搾取する方策」であり、後者は「貸しのある人に高い値をふっかけるとか、混ざり物の商品を売りつけるかして、信用売りのリスクをカヴァーする掛売り」である。貧しく現金のない労働者とその家族は、このような悪徳商法や商人により「債務奴隷化」されてしまうのである。「初期の協同組合人の胸に刻み込まれた掛売りへの憎悪は、この種の商法の苦い体験に由来していた。彼ら協同組合人は、この商法が健康に有害で危険な混ぜ物につながることや、労働者がいつも借金を負うことである特定の商人へ拘束されるに至ってしまうことを見て取った」のである[86]。貧しい組合員に信用売り＝掛売りを許した「協同組合店」の選択も、危険があまりにも大きいために掛売りを認めずに現金取引きを選択したウィリアム・キングや先駆者たちの選択も、このような前期的商人による「掛売りへの憎悪」に起因したのである。

ロッチデール公正先駆者組合が創設された「飢餓の40年代」と称される時期の社会的背景はこのようなものであった。先駆者たちは、それ故、この辛く厳しい時期をどうしても生き延びて、新しい社会秩序を打ち立てようと臨んだのである。

1844年８月11日に先駆者たちは協同組合設立のための第１回総会を開き、次のことを決議した[87]。

1. 今般設立された協同組合の事業を経営するために、次の人たちが任命さ

第3章　1820年代—1880年代におけるイギリス協同組合運動の展開

れる。

  ジョン・ホルト……………………　会計係
  ジェームズ・デリィ……………………　書記
  マイルズ・アシュワース………………　組合長

2. チャールズ・ハワース，ジョージ・アシュワースおよびウィリアム・マラリューの各氏が受託者（trustees）に任命される。
3. ジェームズ・トウィーデール，ジェームズ・スミシーズ，ジェームズ・ホルト，ジェームズ・バンフォードおよびウィリアム・テーラの各氏が理事（directors）に任命される。
4. ジョン・ベントおよびジョーゼフ・スミスの両氏が監査（auditors）に任命される。
5. 顧問（arbitrators）
  ジェームズ・ウィルキンソン　（製靴工・ハイストリート）
  チャールズ・バーニッシュ　（織布工・スポットランド）
  ジョージ・ヒーリー　（帽子製造工・サドゥン・ブラウ）
  ジョン・ガーサイド　（指物師・ハイストリート）
  ジョン・ロード　（織布工・クロンキィ・ショー）

引き続いて8月13日に社会会館（social institution）で開かれた会合で，次のことが決議された。

1. 以下の帳簿が購入される。すなわち，本協同組合が使用する議事録帳，登録簿。
2. 本協同組合は，1844年8月15日を設立日とする。
3. 本協同組合が使用するために，友愛組合に関する法律書が購入される。

こうして，先駆者たちは，彼らの協同組合の設立日を1844年8月15日と決定すると，その後間もなくの8月29日の会合で事業運営に関わる重要な事柄を決議している。

より迅速に資本を調達するために，出資（持ち分）に対する利子，あるいは本協同組合の店舗での取引きから生じる利潤も，本協同組合が本格的な活動を開始してから最初の12ヵ月間は引き出されない。しかし，それらは，各人の蓄え（stock）に加算され，追加的出資を形成することになる。

　この決議から，先駆者たちは「資本形成」を十分に考慮していたこと，また出資に対する「利子配当」および購買（利用）に応じた「購買高配当」を考えていたことが窺える。他方，先駆者たちは，この時期にはまだ，「自由加入制」（開かれた組合員制）について態度を決めかねていた。10月17日の会合で，先駆者たちは「組合員数の制限に関する問題は次回まで延期する」と決め，さらに10月24日の会合でも「組合員数の制限に関する問題は依然として未決定」としている。何故，先駆者たちは「組合員数の制限」に拘ったのだろうか。「組合員数の制限」は，資本形成や資本調達に対する障害になり得ても，協同組合運動の発展のための有利な条件にはなり得ないはずである。それにもかかわらず組合員数に一定の枠を設けようとしたのである。このことについてコールは，「このようなことが行なわれたのは，協同組合がある一定の規模に達すると，それ以上組合員を増やすよりも新しい協同組合を設立した方がよいと信じられていたからである」，と説明しているが，おそらく，納得のいく説明であろう。その他の理由としては，出資（持ち分）の口数の上限が決められていた（口数が少ない）ことから比較的富裕な者は組合員にならず，他方で貧しい労働者が多数組合員になることは資本形成・資本調達の点で有利ではなかった，と考えられたことがあげられよう。いずれにしても，この時代の協同組合は，先のハッダーズフィールド協同組合の例でみたように，組合員数を制限する傾向があったのである。先駆者たちは，結局，最初から制限枠を設けずに「自由加入制」を採用したのであり，このことが運動の発展の大きな原動力の1つになった，といっても過言ではないのである。

　1844年10月27日の総会は，「規約」を250部印刷すること，そのための費用についてマラリューとデリィが調べることを決めている。またこの総会は，既に10月24日に「ロッチデール公正先駆者組合の規則と目的」（Laws and Objects of the

第3章　1820年代—1880年代におけるイギリス協同組合運動の展開

Rochdale Society of Equitable Pioneers）が法的承認を得たことから，組合員の確保など具体的な活動を始めていることを窺わせている。店舗の場所については，10月17日の総会で次週の24日に総会を開いてクロス・ストリートに在る建物を賃借することの適否について検討するとなっているが，24日の議事録にはその件は記されておらず，その代わりに，27日の総会の第1決議で，「C. バターワース氏の建物を調査し，その建物を維持し得る状態にするためにどのような修理が必要かを報告する」委員としてジョン・ヒル，マラリュー，ジェームズ・メデン，ハワース，デリィそれにアシュワースが任命されている。また10月31日の会合でハワースがクロス・ストリートの建物を賃借するためにバターワース氏を訪ねることが決められた。しかし，結局，バターワース氏との間で賃貸契約は成立しなかったので，「トウィーデールとジョン・アシュワースが（ウォルター・）ダンロップ氏を訪問し，12ポンド（の家賃）の賃貸契約が成立し，修理は家主もちという条件で倉庫を借りる」ことが11月21日の委員会（Board Meeting）で決定された。さらに11月28日の委員会はトウィーデール，アシュワースそれにデリィの3名が修理のために「トード・レーンの建物」を管理することを決めた。そして最終的に，ダンロップ氏は「年額10ポンドで3年間の賃貸」に同意した。こうして，先駆者たちはトード・レーン（ガマ通り）に店舗を確保したのである。

　この間に，ウィリアム・クーパーが会計係，サミュエル・アシュワースが販売係に任命され，1時間当り3ペンスを受け取ることが決議されている。また12月12日の委員会で「デーヴィット・ブルック氏とジョン・ホルト氏が本協同組合の仕入品を扱う仕入係」となり，「仕入品は小麦，バター，砂糖およびオートミールである」ことが決定された[88]。先に触れたハッダーズフィールド協同組合は1833年頃には「袋詰小麦，オートミール，澱粉，砂糖，小粒種無し干葡萄・干葡萄，麦芽，ホップ，ソーダ，タバコ，その他の品物」を店舗で小売りしていた，との記録を残しているが[89]，これと比べても先駆者組合の品数はいかにも少なかった。それでも，先駆者たちは，44年12月21日（土曜日）夕刻，漸くにして自分たちの店舗を開設したのである。ここに近代協同組合運動の創始としての最初の一歩が印されたのである。

　1844年12月26日の委員会で，ロバート・ラプトン，ジョージ・モートンおよび

ジェームズ・ワトモウの加入が承認され，翌年の1月2日の委員会ではジェームズ・スミシーズを店舗支配人（superintendent）とすることが決定された。先駆者組合の最初の定例総会（General Quarterly Meeting）は45年1月6日に開催され，報告の承認と，組合長チャールズ・ハワース，書記ジェームズ・デリィおよび会計係ジョン・ホルトの新三役の承認がなされた。同年2月27日の委員会は次のように開店時間の変更を決めた。44年10月24日に承認された「規約」では店舗は「月曜日の午後7時―9時と土曜日の午後6時―11時の間開店」となっていたのに，この変更――しかも，週5日の開店――決定は，先駆者組合の店舗に対する需要が短期日に増大したことを窺わせる[90]。

月曜日………　午後 4時 ～ 9時
水曜日………　〃　 7時 ～ 9時
木曜日………　〃　 8時 ～ 10時
金曜日………　〃　 7時 ～ 9時
土曜日………　〃　 1時 ～ 11時

1846年1月5日の総会は，ジェームズ・スミシーズが組合長に，デリィが書記にそしてジョン・ホルトが会計係にこの年の末まで就任することを決定した。こうして，ロッチデール公正先駆者組合は難渋の現実社会の荒波に向かって船出し，進み出したのである。ホリヨークは『ロッチデールの先駆者たちの歴史』の序文（1893年9月）でこう述べている。

> 協同組合は，ゆっくりと，しかも遠い道のりを歩いてきた。協同組合は，さながら亀のように，イギリスのランカシャーの故郷を出発し，フランス，ドイツを通過し，凍てつくロシアの原野も横切った。心の明るいベンガル人も，機を見るに敏にして思慮深いアメリカ人もこれを取り入れた。オーストラリアのわがイギリス人移民も，その地にこれを移植しようとしている。協同組合は，すぐれた精密機械のように気候の変化の影響を受けることなく，行くとして可ならざるはないのである[91]。

そこで，ホリヨークがこのように称賛した近代協同組合運動の創始たるロッチ

デール公正先駆者組合が，現代の協同組合運動に伝え残している「遺産」について簡潔に検討しておこう。

　現代のわれわれや協同組合人が「先駆者組合の遺産」というコンセプトから先駆者組合を考察する場合，何よりもまずわれわれは先駆者組合の「1844年規約」の「第1条」を検討対象として取り上げることになろう。しかし，それを検討する前に，われわれは「先駆者組合の遺産」とは何か，という問題提起に答えなければならない。この問題提起なしには，「先駆者組合の遺産」は単なる「歴史の教訓」になりさがってしまうかもしれないからである。

　「先駆者組合の遺産」は，確かに協同組合運動の「歴史の教訓」をわれわれに突きつけるだろう。だが，われわれとしては，「先駆者組合の遺産」を単なる「歴史の教訓」に止めておくわけにはいかない。何故なら，単なる「歴史の教訓」は，第1に先駆者組合のどのような側面が現代の協同組合運動と共通しているのかというアプローチを，第2に先駆者たちの思想と実践は現代の協同組合運動にどのように有効であるのかというアプローチを迫るからである。しかしながら，そのようなアプローチの迫り方は，先駆者組合の生成と発展の歴史的コンテクストを往々にして無視してしまうことになる。

　そのようなアプローチよりはむしろ，現代のわれわれや協同組合人は，先駆者たちが経験し遭遇した歴史的なコンテクストのなかで何を発想し，協同組合運動に対してどのような態度をとったのか，を明らかにするアプローチを重視すべきである。先駆者組合が生まれ，発展した状況と現代の協同組合運動のそれとの間には物質的にも知的にも大きな隔たりがあるし，また仮に現代の協同組合人が，あの当時の先駆者組合の歴史を読み，当時の先駆者組合に親近感を覚えたからといって，それだけでは先駆者たちが経験し，先駆者組合が遭遇したさまざまな事柄を的確に理解できるものではないだろう。何故なら，現代のわれわれや協同組合人は先駆者たちあるいは先駆者組合の社会的，経済的前提を共有し得ないからである。

　それ故，現代のわれわれや協同組合人が「先駆者組合の遺産」を正しく評価しようとすれば，われわれ自身が協同組合運動の過去との接触を深め，われわれ自身の「経験の領域」を広めていく作業を遂行しなければならないだろう。要する

に,「先駆者組合の遺産」とは, 先駆者たちと先駆者組合が経験し遭遇した歴史的コンテクストにわれわれが接触し, われわれ自身の「経験の領域」を広めていくことによって, 現代社会についての認識を深めていくことである。このような問題意識の上に立ってわれわれは, 協同組合運動や協同思想の体系化を図っていかなければならないのである。

ところで,「オウエン主義協同組合運動の世界」——われわれの言葉で言えば,「近代協同組合運動の黎明」——である協同組合コングレスの後を受けて, ハッダーズフィールドやロッチデールなどの地方で協同組合運動が展開されつつあった, あるいは生まれはじめていた1839年から46年にかけての時期に, オウエン主義のコンセプトに基づいた最後の協同コミュニティの実験がハンプシャーのクイーンウッドで取り組まれた。オウエンの他に, ジョン・フィンチやウィリアム・ペアなどベテランのオウエン主義者たちが700エーカー余の借地を舞台に最後の協同コミュニティ実験に取り組んだのである。しかし, オウエンは早くも39年10月にいったん, このコミュニティが誤った理解の上に計画されており, それ故, 時期尚早であるとして「統治者」の役目を辞してしまう。彼が再び「統治者」の役目に就くのは42年7月のことである。クイーンウッド・コミュニティでは41年に, 水道施設をはじめ, 厨房, 食堂, 図書室, 講義室それに個人の寝室など十分な施設を備えた「ハーモニー・ホール」が建設され, 詳細に取り決められた「規則」に基づいて, 農業生産, 手工業生産, それに教育活動が遂行されるのであるが, コミュニティ全体を運営する財政的負担は相当に大きく, またコミュニティの参加者には「真のコミュニティ精神」をまったく理解していない者も少なからずいたとのことである。46年にクイーンウッド・コミュニティは挫折するのであるが, その主要な原因が財政的困難と人的構成にあったといわれる所以である。しかし同時に, クイーンウッド・コミュニティの挫折には, 外的な作用因による影響も大きかった。総じて言えば, 1830年代後半から40年代前半にかけての時期は, 協同コミュニティの建設に社会改革の実例を見い出そうとしたオウエン主義者たちに味方をしなかったのである。

「飢餓の40年代」にさしかかっていた時期の労働者階級の「労働と生活」は依然として厳しく, 改善されるべき余地は非常に大きかったので, この時期の労働

者階級の人たちは，協同コミュニティの建設運動がもはや時代遅れになったとは必ずしも思わなかったが，それよりはむしろ，彼らは，自らの「労働と生活」の改善のために，チャーティスト運動，10時間法運動，反穀物法運動に関心を示したのである。この点では，この時期の労働者は消費者協同組合運動にも冷淡であったかもしれない。オウエンの公正労働交換所の失敗以後もさまざまな地方で運動の努力は続けられていたとはいえ，消費者協同組合はいわば「引き潮」の状態におかれていたのである。しかも時代は，協同組合とコミュニティとの間の多元的関係を求めていたのである。換言すれば，協同組合は，コミュニティにサービス組織的機能と相互扶助組織的機能を求められ，加えてオウエン主義の協同コミュニティに不可欠であった統治・教育組織的機能を協同組合自体に引き入れるべく模索していたのである。ロッチデール公正先駆者組合の「1844年規約」がそのことをよく明示している。

その「1844年規約」であるが，その第1条はあまりに有名であり，またこの第1条にこそ先駆者たちの協同思想の，また実践の伝統と経験が凝縮されていることは，多くの人たちが指摘しているところである。そこでわれわれは，この第1条を考察することによって先駆者たちの思想的，実践的な伝統を理解し，そうすることで「1844年規約」の意義を明らかにすることにしよう。

第1条は次の文章をもって始まる。すなわち，

> 本協同組合の目的と計画は，1人1ポンドの出資金で十分な額の資本を調達することによって，組合員の金銭的利益と社会的および家庭的状態の改善のための制度（arrangements）を形成することにある。そのために，次のような計画と取り決めを実行に移す。

第1条におけるこの前文は重要である。先駆者組合の優先課題は「組合員の金銭的利益」を実現する制度と「組合員の社会的および家庭的状態の改善」を実現する制度を形成することだ，とこの前文は述べているのである。そして以下で，そうするための「計画と取り決め」を示したのである。「組合員の金銭的利益」の実現という先駆者たちの発想あるいは心的態度は彼らを取巻いていたコンテク

ストのなかから生まれたものであり,「組合員の社会的および家庭的状態の改善」の実現という彼らの発想あるいは心的態度も同様である。彼らのこれらの発想あるいは心的態度は,明らかに,イギリス協同組合運動の新しい方向を示唆するものであった。それは,彼ら先駆者たちが「協同組合」と「コミュニティ」とをどのように捉え,どのように結び合わせようとしたのか,ということでもあった。その点は彼らの「計画と取り決め」をみれば容易に理解され得る。すなわち,

1. 食料品,衣料品などの販売のための店舗の開設。
2. 自分たちの家庭的および社会的状態を改善するためにお互いに助け合おうと願っている組合員が居住できる住宅を多数建築・購入もしくは組み立てる。
3. 失業状態にある組合員あるいはくり返しなされる賃金の引下げに苦しんでいる組合員に仕事を与えるために,本協同組合が決定し得る品物の製造を開始する。
4. 本協同組合の組合員に対する一層の利益と安全のために,本協同組合は,土地あるいは土地の不動産権を購入もしくは賃借して,失業している組合員あるいはその労働に対して不当に低い報酬しか与えられない組合員にそれを耕作させる。
5. 実行可能になり次第,本協同組合は,生産,分配,教育および統治の能力を備えるよう着手する。換言すれば,共同の利益で結ばれた自立的な国内殖民地(ホーム・コロニィ)を建設し,またそのような国内植民地を建設しようとする他の協同組合を援助するよう着手する。
6. 禁酒を普及するために,都合がつき次第,本協同組合の建物の一部に禁酒ホテルが開設される。

28名の先駆者たち[92]にとって,この「計画と取り決め」は,彼らの思想と運動と生活の経験から発せられた自己表現に他ならなかった。「組合員の金銭的利益」の実現のための店舗開設,「社会的および家庭的状態の改善」のために失業と低賃金に代わる仕事と雇用の創出,それに(清潔な)住宅の建築あるいは確保,

これらのことが優先課題への対応策としてコミュニティの住民に提示されたのである。

　第5の項目は，周知のように，オウエン派協同社会主義思想に基礎をおいた「コミュニティの建設」というオウエン主義協同組合運動の目標を示唆している。だが，そうであるからといって，コールのように第1から第4の各項目は第5項のための準備段階である，と単純に考えてよいのだろうか。確かに，先駆者組合の「1844年規約」は，イギリス初期協同組合運動が積み重ねてきた試行錯誤の「成果」を凝縮したものだと言えよう。しかし，「協同コミュニティの建設」を優先課題に据えてきたオウエン主義協同組合運動は，既述したように，ウィリアム・キングによってターニング・ポイントを与えられたのである。「協同コミュニティ」と「協同組合」との関係を相対化し，多元化したキングのこのターニング・ポイントはイギリス協同組合運動史上非常に大きな意味をもったのである。

　コールの「準備段階」説には，先駆者たちが「コミュニティ」と「協同組合」との関係を「一体的関係」と捉え，協同コミュニティにサービス組織的機能，相互扶助組織的機能，統治・教育組織的機能という3つの組織的機能を組み込んで，それらの組織的機能を一体的に実現しようとした，という理解がある。しかしながら，「1844年規約」の前文は，明らかに，「協同コミュニティ」と「協同組合」との関係を一体的なものだとみなしていないのである。先駆者たちは，何よりも「組合員の金銭的利益」と「組合員の社会的および家庭的状態の改善」を，サービスと相互扶助の組織的機能が発揮され得る制度 (arrangements) を取り込んだ協同組合によって実現しようとしたのであり，その限りでは「協同コミュニティ」と「協同組合」の関係は多元的関係にならざるを得ないのである。それだけではなく，先駆者たちは，実際には，統治・教育組織的機能をも協同組合それ自体に取り込んだのである。彼らは，「規約第22条」で購買高（利用高）に応じて利潤（剰余）を分配することを明示し，さらに第21条と26条ですべての購買において「現金取引き」を要求することで協同組合経営の安定を図り，かくしてコミュニティと協同組合の関係を相対化することによって，両者の関係を多元化したのである。換言すれば，先駆者たちは「協同コミュニティ」(co-operative community) から「コミュニティ協同組合」(community co-operative) へと運動の基軸

を切り換えたのである。

　第6の項目もそのような観点から理解されるべきだろう。すなわち，第6項の「禁酒ホテルの開設」は他の5つの項目と比べると「竜頭蛇尾であり，バランスを失している」とのコールの主張は再吟味される必要がある，ということになろう。当時の労働者の飲酒問題は「組合員の金銭的利益」と「組合員の社会的および家庭的状の改善」の実現と基本的に結びついていたのである。

　先駆者たちは，実際のところ，「組合員の金銭的利益」のための「制度」と「組合員の社会的および家庭的状態の改善」のための「制度」を，協同コミュニティの建設を待つことなく，ロッチデールという彼らが現に労働し生活しているコミュニティで形成し，そのための取り決めを実行に移したのである。既に述べたように，ウィリアム・キングは，協同コミュニティの建設を「究極目的」と位置づけて，コミュニティ建設から「当面の目的」としての消費者協同組合と労働者生産協同組合とを引き離したのであるが，先駆者たちも，ある意味で，同じことを行なったのである。だが，キングは獲得された利潤（剰余）を組合員個人にけっして分配しなかった。それは「共同資本」の形成のために蓄積されるべきものであった。しかしながら，先駆者たちは，すぐ前で述べたように，協同組合の経営内容を公開し，組合員に購買高（利用高）に応じて利潤（剰余）を分配することを「規約第22条」に掲げたのである。そして，このことは，先駆者たちが「市場」を十分考慮していたことを意味したのである。協同組合運動における「店舗経営」＝消費者協同組合の自立化はもはや時間の問題であった。換言すれば，先駆者たちは，市場価格→現金取引き→利潤分配→金銭的利益の実現→社会的および家庭的状態の改善→店舗の成功，というスキーマを描いたのである。われわれはかつてこのスキーマを次のように理論構成した。

　　先駆者組合は，組合員に対して，誠実さと現金取引きに基づく「経営の公正」と「市場の公正」をもって臨むことにより，組合員を（権利と義務を含め）消費の次元で同一水準におき，また出資に対する利子の支払いを基本的に優先させることで，組合員に貯蓄を奨励して出資金を確保させ，さらに購買高（利用高）配当により一層の「出資貯蓄源」を提供する，という店舗経

第3章　1820年代—1880年代におけるイギリス協同組合運動の展開　　163

営の成功・発展と「組合員の社会的および家庭的状態の改善」の実現との双方を効果的に遂行した[93]。

　イギリス協同組合運動の，「協同コミュニティ」から「コミュニティ協同組合」へのコンセプトの変換がこうして次第に完成していく。しかし他方で，このことは，20年にも満たない前に，ロンドン協同組合が「新しい社会構造を不変の基礎の上に打建てる」と訴えた「社会改革の理想」も協同組合運動から引き離されることの予兆でもあった。E. V. ニールが，労働者生産協同組合における利潤分配問題と労働者の住宅問題の視点から「協同組合」と「コミュニティ」との関係を再び捉え直そうとしたのは，とりわけ1870年代以降のイギリス協同組合運動の「理想の欠如」を批判するためであった。ニールは，「先駆者たちの理想」を単なる「協同組合大会のスローガン」に堕落させている状況の下で店舗経営の成長をひたすら追求するようになってしまった「コミュニティ協同組合」のコンセプトに，コミュニティとの「一体的関係」を強く意識させる，労働者生産協同組合を基礎とする「協同コミュニティ」のコンセプトを対峙させるのである。

　それはさておき，1844年から54年のおよそ10年間にわたる先駆者組合の成長には目を見張るものがあった。数字で表わすと，組合員数は50倍（28人から1,400人），基金総額は400倍（28ポンドから1万1,032ポンド），事業量は63倍（55年時点で4万4,502ポンド），剰余は100倍（55年時点で3,106ポンド）の成長となる。しかし——と，再び言うが——このような成長はやがて，以前と異なる思想状況を先駆者組合にもたらすことになるのである。ニールや J. M. ラドローそれに T. ヒューズなどのキリスト教社会主義者たちの努力によって1852年に成立した協同組合法＝「産業および節約組合法」に準拠して作成され，54年10月の総会で承認された新規約＝「1854年規約」の第2条は，このような協同組合の成長を背景に，先駆者組合の「目的」を次のように記した。

　　本協同組合の目的は，一般の商人（dealers）の取引きと同じように経営することによって，組合員が食料品，燃料品，衣料品あるいはその他の生活必需品を一層有利に購入できるようにするための基金を組合員の自発的出資によ

り調達することである[94]。

　この「目的」に，われわれは，初期協同組合運動を代表したロンドン協同組合の理想はもちろん，先駆者たちが10年前に掲げた「社会改革の理想」を見ることはできない。むしろ新規約は，協同組合の事業実績をさらに伸ばしていくための基盤固めであることを示唆している。例えば，先駆者組合は，「本協同組合の事業は2つの部門——卸売りと小売り——に分割される」（第13条）として，卸売部門を設立し（第14条—17条），消費者協同組合運動の一層の発展を目指しているのである。

　とはいえ，新規約から「社会改革の理念」がまったく消えてなくなったわけではない。第30条では「本協同組合のすべての集会において，各組合員は1票のみを有する」という「1人1票の議決権」の原則が謳われ，第42条には組合員とその家族のために教育手段を講じ，その基金に利潤の2.5％を充当する，との組合員教育の原則が記されている。周知のように，前者は，チャーティストの願望であった労働者の普通選挙権を先取りした原則——しかも，これには，チャーティストたちの要求からいつの間にか消えてしまった成人女性の普通選挙権も含まれていたのである——であっただけでなく，「1人1票の議決権」に基づく協同組合の「民主的管理」の原則の根幹を成すものとなったのである。後者は，現在でも「教育の促進」（「教育，研修および公報」）の原則としてその威光を放っている。両原則は，現在にあって一層，協同組合の特徴的性格を明示するものとなっているのである。

第3節　消費者協同組合運動の成長

1.　「産業および節約組合法」の成立と展開

【「産業および節約組合法」の成立】
　創設当初のロッチデール公正先駆者組合の特徴を一言で表現すれば，それは「先駆者組合パラドクス」である。というのは，先駆者組合は，1844年に創設され

た時，一方では「オウエン派協同社会主義への忠節」を誓い，他方では「組合員への利潤分配」を謳ったからである。前者は，「1844年規約」第1条の第5項で言及されているいわゆる「オウエン主義協同コミュニティの建設」のための基金を創出する手段として消費者協同組合の経営を位置づけ，そこで得られる利潤（剰余）を蓄積すること，したがって，利潤（剰余）をけっして分配してはならいこと（利潤の不分割）——第3回コングレスの「協同組合に関する諸規則」を想起せよ——を意味したのに対して，後者は「規約」の第22条で明記されているように利潤（剰余）の分配そのものを意味したのである。先駆者たちが彼らの左手にオウエン主義を掲げ，同時に右手に利潤分配を掲げることは，紛れもない「パラドクス」であった。

このパラドクスは，既に論及された「規約」の前文において潜在的に示されていた。先駆者たちは，「組合員の金銭的利益」の実現と「組合員の社会的および家庭的状態の改善」の実現に優先課題をおき，確たる協同組合経営と利潤の分配とによってこれらの双方を実現しようとしたのである。換言すれば，彼らはこのことを「パラドクス」とは思わなかったのである。彼らは，「組合員の金銭的利益」の実現も「組合員の社会的および家庭的状態の改善」の実現も，1つは「良質の品物を正確な度量で供給する」ことで，もう1つは店舗経営の成功に基づいた「購買高配当」によって可能となる，と考えたのである。その意味で，このパラドクスは，キングによって既に与えられていた協同組合運動のターニング・ポイントが先駆者たちの発想と経験に基づいて独自に取り込まれ，展開されたプロセスであった，とも言い得るのである。そしてやがて彼らは，「オウエン主義協同コミュニティの建設」は将来のことである，と考えるようになるのである。

こうして，先駆者組合の新規約は協同組合とコミュニティとの関係を完全に多元的に捉えるようになった。協同組合は組合員のためのサービス・相互扶助組織的機能を果たし，コミュニティはその協同組合が事業を遂行する活動空間であり，そこで組合員が生活する場となり，統治・教育組織的機能さえもが専ら協同組合事業の管理と運営とに取り込まれる。先駆者組合は，かくして，10年前の思想状況とははるかに隔たった所に位置するようになり，またその後に組織される，先駆者組合をモデルとする消費者協同組合の成長・拡大によって，「近代協同組合

運動の創始」たる栄誉を与えられることになるのである。協同組合人の多くが協同組合を「コミュニティの協同組合」とみなすようになるのは,その時からである。

　1840年代末から50年代初期にかけて,ランカシャーやヨークシャー地方では先駆者組合をモデルにした消費者協同組合が多数組織されるが,それでも,協同組合運動は,労働運動全体のなかでは地方的な,限定された存在であったし,したがって,労働運動における地位も控え目なもので,労働組合との実力の差は厳然としていたし,協力を求めるのはいつも協同組合の側であった。その点で,ラドローやニールたちキリスト教社会主義者が指導した労働者生産協同組合運動は,協同組合運動全体に大きなインパクトを与えることができたのである。イングランド北部地方に限定されていた協同組合運動が,ロンドンで展開されたことの意味はけっして小さなものではなかったからである。

　モーリス,ラドロー,ニールそれにヒューズなど若きキリスト教社会主義者たちが労働者協同組合促進協会を組織して労働者生産協同組合を設立していく経過について,またラドローやロイド・ジョーンズがイングランド北部の消費者協同組合を視察したこについては前章で述べたが,実際のところ,彼らキリスト教社会主義者たちは,彼らが指導した労働者生産協同組合だけでなく消費者協同組合も含めた,協同組合運動全体の前進を図るべく努力した。法廷弁護士であったラドロー,ニールそしてヒューズは,協同組合運動に従事しているすべての協同組合人を「同胞」だと考え,とりわけ協同組合運動の面前にあってその前進を阻んでいる「法律的障害」を除去するために可能な限り彼らの力を傾注したのである。

　1852年に成立する「産業および節約組合法」(The Industrial and Provident Societies Act)はニールがラドローとヒューズの協力を得て書き上げた法案であった。そしてこの法案を成立させるのに議会で大きな役割を果たしたのが,当時国会議員であったジョン・スチュアート・ミルであった。事実,彼らは,ミルの協力と援助なしではこの法律は成立しなかっただろう,と述懐している[95]。

　この「産業および節約組合法」が成立するまで,協同組合の多くは,先駆者組合がそうであったように,「友愛組合法」に準拠して登記し,少しばかりの法律上の保護を受けていた。ホリヨークは,先駆者たちもマンチェスターにあった

第3章　1820年代―1880年代におけるイギリス協同組合運動の展開　　*167*

「疾病・埋葬組合」を手本にして登記をすませた，と述べているが，具体的にはそれは，1834年に修正された友愛組合法に準拠したものであり，先に言及した「1844年規約」もそれに倣った形式をとったものであった。

　1834年の友愛組合法は，確かに，「合法的な目的のために設立される組合は，財産受託人の名義で登記でき，法律的認可を得る」ことができる，と規定し，商取引きを行なう「労働者の組織」を「申請適格」とした。しかし他方で，同法は，協同組合が土地を購入すること，非組合員と取引きすること，また政府証券以外にその資金を投資することを禁じていた。したがって，このことは，例えば先駆者組合であれば，先駆者組合は協同組合としてではなく友愛組合として存在することを意味したのである。すなわち，先駆者組合は，同法に従えば，先駆者たちが掲げたあの「目的と計画」のうちの「食料品，衣料品などの販売のための店舗の設立」以外のすべての項目――組合員住宅の建築，農用地の耕作，労働者生産協同組合の設立，それに何よりも「ホーム・コロニー」の建設――の実現を諦めなければならない。そうであるならば，先駆者組合は，34年の友愛組合法による僅かな法的保護と引き換えに，先駆者たちが目指したもっとも基本的な「目的」を規制されてしまうことになるのである。

　ところが，1846年に「友愛組合法」が修正される。その結果，その修正友愛組合法は，34年のそれと較べると，先駆者組合のみならず協同組合運動全般に一層有利に作用するようになった。46年の修正友愛組合法が協同組合に有効な法律的地位を保障する最初の契機となったことの意味は非常に大きい。ラドローやニールたちがこの修正友愛組合法を拡大して適用しようとした意図からも，そのことが窺えるのである。

　第1に，「節約投資条項」（The Frugal Investment Clause）である。この条項は，「組合員が食料品，衣料品その他の生活必需品ないしは組合員の営む商工業の道具，家具の購入，組合員の子弟縁者の教育の準備を用意にするために，蓄えを慎ましやかに投資する」ことを認可しており，これによって協同組合は商取引きの活動範囲を拡大すること，それに教育活動に関する規定を明文化することができるようになったのである。第2に，修正された同法は，確かに，友愛組合以外の資力の乏しい，影響力の小さい労働者の組織が「節約投資条項」の適用を受けず

に，その組織の規約を登記官に提示しても，「適格」の資格をその組織に与えるものではなかったが，それでも同法の適用を受けようとする協同組合には法律上の保護を容易に与えることを可能にしたのである。同法は，登記に関するすべての権限を，それまでの四半期ごとの「巡回法廷」による裁決から，常任の登記官に委ねられることになったからである。

　しかしながら，1846年の修正友愛組合法にしても，協同組合運動の一層の発展を期するには依然として大きな「障害」を内包していた。修正友愛組合法は，店舗経営を行なう消費者協同組合には「節約投資条項」に基づいた法律的保護を保証するにしても，キリスト教社会主義者が指導するような労働者生産協同組合，あるいはまた消費者協同組合による生産活動には実質的に法律的保護を与えることを困難にしていたからである。すなわち，同法は組合員以外の一般の購買者と協同組合が取引きすることを禁じていたので，自己の組合員に生活必需品を供給・販売する店舗経営の消費者協同組合はこの「禁止条項」に従うことができるにしても，より大きな市場——すなわち，組合員以外の一般の購買者——を必要とする労働者生産協同組合や生産活動を行なう消費者協同組合にあっては，一般の購買者と取引きすることなしに組合員労働者のための生産活動も消費者としての組合員のための消費財生産活動も不可能になる，ということである。

　そこで，いくつかの協同組合は，友愛組合法ではなく，1844年に成立を見た「株式会社法」(The Joint-stock Companies Act) に準拠して登記した。しかしながら，協同組合にとってこの株式会社法にも重大な「障害」があった。すなわち，この株式会社法に従って組合員数を25名以下に制限すると，組合員全員がパートナー（共同出資者）となるので，各組合員のすべてが協同組合の信用を担保とする能力を有することになり，そのことからしばしば不正行為が生じるのである。不正行為の発生は，とりわけ労働者生産協同組合にとって，十中八九，直接的な崩壊を招くことになる。ラドロー，ニールそれにヒューズなどキリスト教社会主義者たちが協同組合立法への取り組みを開始したのには，このような背景があったのである。

　先に言及したように，ラドロー，ニール，ヒューズの基本戦略は，1846年の修正友愛組合法の適用範囲を拡大して，労働者生産協同組合と消費者協同組合の生

産活動にも同法を適用できるようにすることにおかれていた。J. S. ミルの協力を得て，スラニー委員会において52年に成立した「産業および節約組合法」は，その意味では，彼らの要求をかなりの程度満たしていた。すなわち，「産業および節約組合法」（以下「組合法」と略記）は，次の権利を協同組合に与えたのである[96]。

(1) 協同組合の設立を登記することにより，消費者協同組合と労働者生産協同組合の双方を合法化する（法人格の取得）。
(2) 協同組合の名義で不動産を所有することができる。
(3) 役員の名をもって訴訟を起こす権利を有する。
(4) 組合員の出資持分の譲渡を制限することができる。
(5) 員外利用の承認。

これらの権利は，1846年の修正友愛組合法と較べれば，「員外利用の承認」に典型的にみられるように，労働者生産協同組合や消費者協同組合による生産活動だけでなく，協同組合運動全体により大きな利点をもたらすものではあったが，しかし，ラドローやニールたちの戦略的意図からしても，また何より協同組合運動のさらなる大きな発展を目指すためにも，この組合法には修正を加えられるべき「難点」がいくつか残されていた。すなわち，第1は「無限責任制」（unlimited liability），第2は「連合活動に関わる規定の欠如」，第3は「組合債によって協同組合が受け入れ得る総額の制限」，そして第4は「ある協同組合が他の協同組合に投資し得る額を200ポンドに制限していること」，である。これらの「難点」を除去するために，ラドロー，ニールそれにヒューズなどキリスト教社会主義者たちはもちろん，他の協同組合人たちも大きな努力を払った。その結果，第1，第2および第3の「難点」は62年に撤廃・修正されて，また第4の「難点」は67年に修正されて排除された。とりわけ，第2の「難点」であった「連合活動に関わる規定の欠如」の排除は，「ある協同組合が他の協同組合の出資を保有することを合法」と認めるものであることから，63年のCWS設立の法律的根拠となったのである[97]。

1863年に設立され，翌年から事業を開始したCWSは，消費者協同組合運動に飛躍的な発展をもたらし，その結果，CWSは70年代の初めにその運動の司令部

としての位置を占めるようになり，73年にはビスケット生産（クランプソール・ビスケット工場の買収）とブーツ生産（後で言及するレスター・ブーツ工場）に乗り出し，その後も経済的，運動的能力を一層高めていった。それに対して，労働者生産協同組合は，60年代から80年代にかけて，ある分野では一定の発展を見せるものの[98]，CWSを中心とする消費者協同組合とは対照的に相当数を失うことになってしまう。かくして，CWSを中心とする消費者協同組合陣営は，その成長基盤に立って，それまでラドローやニールたちの労働者生産協同組合陣営が堅持してきた「利潤分配方式」である「労働に応じた配当」(bonus on labour) に代わって，「購買高配当」(dividend on purchase) を原則とする「利潤分配方式」がすべての協同組合に一律に適用されるべきことを要求して，労働者生産協同組合陣営と対立していく。この時期には，「利潤分配方式」の他に「労働者自主管理」をめぐって両陣営の対立が激しくなるのであるが，これらについては項を改めて詳しく述べるので，ここでは「組合法」に関わる協同組合の展開についてもう少し考察を加えていくことにしよう。

このような対立をともないながらも，1870年代から80年代にかけて，協同組合運動は全体として大きく前進していった。既に述べたように，近代協同組合大会 (Co-operative Congress) の開始 (1869年)，協同組合運動の機関紙『協同組合ニュース』(The Co-operative News) の発行 (1871年)，協同組合運動の指導機関である協同組合連合会 (Co-operative Union) の創設 (1873年) が連続してなされた。これらの全国的な統一組織の形成によって，イギリスの協同組合運動はその偉容をはっきりと労働者大衆の前に示すことができたのである。あとは協同組合銀行の設立を急ぐことであった。

【1876年の修正「産業および節約組合法」の意義】
1870年代に見られたこのような協同組合運動の大きな進展の法律的支えが62年と67年に修正された「組合法」であったように，80年代における協同組合運動の進展には76年の「修正組合法」が与って力があった。76年の修正組合法こそ「従来の法案を全て合体した一大統合法律」であり，イギリスの協同組合立法はこの組合法をもって実質的に完成したのである[99]。

第3章　1820年代―1880年代におけるイギリス協同組合運動の展開　　*171*

　前述したように，1862年の修正組合法は，協同組合に「有限責任」(limited liability) の特権を付与し，組合債の制限を撤廃し，個人の出資総額の上限を100ポンドから200ポンドに引き上げて，協同組合経営の財務上の制限を緩和した。また67年のそれは，協同組合間の投資総額の制限（200ポンド）を撤廃したので，単位協同組合の CWS やその他の連合組織への出資を増額することができるようになった。これらの制限撤廃や緩和に加えて，71年にさらに組合法が修正され，登記された協同組合の不動産保有権をより明確にするとともに，組合員に動産および不動産を担保にした「貸付け」ができるようになった。これら一連の修正組合法に基づいて，CWS は，72年に「貸付預金」の名称で銀行部門を開設することができるようになり，加えて76年の組合法の修正によって銀行業務に関する制限が撤廃されると同時に小口預金の取扱いに関する規定も明文化されて，株式会社法に基づく銀行業務と同じ条件で事業を経営することが可能になった[100]。「CWS 銀行部門」の誕生である。かくして，CWS 銀行部門は，協同組合や組合員個人だけでなく，労働組合やその他の労働者組織のなかに顧客をもつようになる。地域協同組合による「貯蓄銀行部門」や小口銀行のいわゆる「ペニー銀行」の設立認可もこの修正組合法に基づくものであった[101]。ニールは，この「ペニー銀行」について，これは友愛組合法によって明示されている保証を16歳以上の預金者に与えるもので，協同組合にとって若い世代に協同組合運動を知らしめる有力な分野である，との評価を与えている[102]。

　ラドロー，ニール，ヒューズたちキリスト教社会主義者の努力とミルの援助によって1852年に成立した「組合法」は，数度にわたる修正を経て，遂に76年の修正による銀行業務の認可を得ることでほぼ完成し，ここにおいて協同組合は友愛組合法のいかなる規定からも独立した法律的地位を保証されることになったのである。ラドロー，ニールたちの基本戦略もここに完遂されたのである。しかしながら，皮肉なことに，完成された「産業および節約組合法」という協同組合法による保証を得た CWS は，その経済的能力を成長させていき，イギリス協同組合運動の司令部としての地位を不動のものとすることによって，ラドローやニールたちの労働者生産協同組合運動の路線と対立する「要塞」となるのである。

　それはともかく，ラドロー，ニール，ヒューズたち若きキリスト教社会主義者

は，協同組合運動に従事しているすべての「協同組合人」を「同胞」とみなし，協同組合運動の「内的統一」のための努力を惜しまず，1852年に「産業および節約組合法」を成立させたのである。この協同組合法の歴史的意義を高く評価した後代の協同組合人は，この法律を「協同組合のマグナ・カルタ」と称したのである。協同組合法の完成を告げた76年の修正組合法について，ニールは，感慨深げにこう語っている。

> 産業および節約組合法の政治史には興味をそそられる。1852年の最初の法律は，フランス人が「中道左派」——自由党穏健派——と称した党派に属したスラニー氏によって下院に提出された。62年の法律については，長い間友愛組合に大きな関心を払ってきた保守党員のS.エスコート氏に多くを負っている。上院では，エスコート氏の友人で，自由党所属のポートマン卿がそれを取り上げてくれた。67年と71年の法律は，われわれ自身の頼りになる友人たち，すなわち，T.ヒューズ氏とW.モリソン氏が下院で，上院ではリボン侯爵が——彼らは自由党員である——支持した。現法律（1876年の「修正産業および節約組合法」—引用者）が，保守党が多数を占める議会で，保守党政府の下で可決されたこと，また現法律に関わってきた議員のうち，S.ヒル氏，ロッドウェル氏それにヘニッカー卿が保守党に所属していること——ただし，この法律の通称に自分の名前を貸してくれたC.テンプル氏および銀行業務に関する条項の定義に尽力してくれたバード氏は野党に所属していた——は，一保守党員として私の満足するところである。このことを協同組合人は忘れないだろう，と私は思う。これらの事実は，民衆の福祉に関係する法案は党派的政策や感情の嵐によって影響を受けない領域になりつつある，という心強い徴候であるように私には思われるのである[103]。

2. E. O. グリーニングと労働者生産協同組合運動

【消費者協同組合の成長】
ラドロー，ニール，ヒューズたち若きキリスト教社会主義者の飽くことのない

努力の成果である.1852年に成立した世界最初の協同組合法「産業および節約組合法」とその後の「修正産業および節約組合法」の法律的保証を背景に,60年代から80年代にかけて,イギリス協同組合運動は全体として大きな成長を見る。ヒューズによれば,「組合法」に準拠して登記された消費者協同組合の数は,52年に174,65年に441,そして70年に749,とおよそ20年間に4倍以上に増加している[104]。またコールによると,ランカシャーとヨークシャー以外の地域で,協同組合運動の発展がみられた東西ミッドランドにおける消費者協同組合の数（ただし,1875年までに設立され,1912年になお存続していた消費者協同組合の数）[105]は,1851—55年においては僅か5であったが,61—65年には88,そして71—75年には198,と大きな成長を示している[106]。さらにランカシャーとヨークシャーとチェシャーにおける協同組合の数（ただし,消費者協同組合と労働者生産協同組合で,1884年までに設立され,1912年になお存続していた協同組合の数）[107]の変化をみると,1850—54年に39,60—64年に183,70—74年に284,そして80—84年には327,と非常に大きな成長が認められる[108]。

ところで,先に述べたように,CWSは1862年の修正組合法によってはじめて組織されたのであるが,この修正組合法を用意したのは紛れもなく消費者協同組合運動の発展そのものであった。それ故,CWSの形成は消費者協同組合の成長の必然的な結果であるにしても,CWSによって大量の品物がより良い条件で購入され,全国の協同組合店舗に分配されることを可能にし,したがってまた消費者協同組合運動の全国的な広がりと統一性を実現することを可能にしたのである。次の表はCWS傘下の単位消費者協同組合に関わる数字である。この表から消費者協同組合の広がりと統一性を見て取ることができるだろう。ヒューズは71年末に「CWS,S（スコットランド）CWS,既に機能している保険協同組合,そして労働者生産協同組合や消費者協同組合所有の工場の製品を販売するための中央代理店に似たような協同組合運動全体を結合する協同組合組織が確実に拡大してきている」が,これは協同組合運動の「新たな方向への発展の徴候」である[109],と強調しているのである。

CWSが1864年に事業を開始したとき,消費者協同組合の組合員数は1万8,000人,出資額2,000ポンド,販売額2万5,000ポンドにすぎなかったのに,71年には

CWS の成長（1864-1875年）（単位：人，ポンド）

年　次	組合員数	出資額	販売額
1864	18,000	2,000	52,000
65	24,000	7,000	121,000
66	31,000	11,000	175,000
67	59,000	11,000	332,000
68	79,000	15,000	412,000
69	75,000	17,000	507,000
70	90,000	19,000	678,000
71	115,000	24,000	759,000
72	134,000	31,000	1,153,000
73	169,000	48,000	1,637,000
74	200,000	61,000	1,965,000
75	250,000	78,000	2,247,000

資料：D. G. H. Cole, *A Century of Co-operation*, p.175.

組合員数11万5,000人，出資額2万4,000ポンド，販売額75万9,000ポンドと消費者協同組合は大きな成長を遂げている。さらにCWSの事業開始から11年後の75年には組合員数は25万人，出資額7万8,000ポンド，販売額224万7,000ポンドという大きな数値に達した。その上，これも先に述べたように67年に組合法が修正されてCWSへの出資制限が取り除かれ，CWSへの出資額が増大したのであるから，消費者協同組合運動はCWSを機軸に非常に大きな成長を見せることができたのである。CWSがその大きな経済的能力をもって73年にビスケット工場と製靴工場を開設したことは，既に前に触れておいた。

　労働者生産協同組合運動はそれとは対照的であった。労働者生産協同組合は1851年に35を数えたが，その数が漸増していくのはようやく60年代に入ってからのことである。コールは「62年から80年にかけて，『産業および節約組合法』に準拠して登記された労働者生産協同組合は163を下回らない記録がある」[110]と述べているが，しかし，それらのうちのある協同組合は協同組合的性格を欠いていたり，またある協同組合は「もっぱら出資金に対する利子として利潤を分配している」ものであったりした。このような労働者生産協同組合は少ない数ではなかった。しかし他方では，その数は少なかったが，「株式会社法」に準拠して登記されてはいるものの，実際には協同組合的性格を有していた事業組織も存在した。ヒューズは，労働者生産協同組合運動におけるこのような状況を観察して，「真の協同組合的性格」を有する労働者生産協同組合の数は1ダースにも満たない，と嘆かざるを得なかった[111]。

　ラドロー，ニールそれにヒューズたちキリスト教社会主義者が指導した労働者生産協同組合運動が1854年に挫折した後のしばらくの間，労働者生産協同組合運

動は沈静していた。それが再び協同組合運動の舞台に現われるのは65年以後のことである。そしてこの時期の舞台に労働者生産協同組合の新しい運動＝「産業パートナーシップ」（後に「コ・パートナーシップ」に変更）を主張して登場した協同組合人がE. O. グリーニング（1836—1922年）であった。

【E. O. グリーニングと「産業パートナーシップ」】

　エドワード・オウエン・グリーニングは，1836年8月17日にイングランド北西部に位置するチェシャーのウォリントンに生まれ，50年にワイヤー製造業を営む父親の仕事の都合でマンチェスターに移った。彼は，マンチェスターでクエイカー教徒の学校に通い，フレンド派の思想や生活態度に影響を受け，「抑圧されている人たちに同感し，不平を言わずに彼らの重荷を背負い，機会があれば弱き人びとを援助して，有徳で真剣な仕事に悦びを見い出す」ことを教えられた[112]。不運にも彼はこの学校を中途で退学し，徒弟に出なければならなくなったが，理想主義者であった校長のチャールズ・クランバーの教えは強くグリーニングの心に残り，彼は「平和運動の促進を生涯の目的の1つとする」ことを決意したのである。また彼の徒弟時代の経験は後に「労働者の生活についての洞察力」を彼自身に与えることになり，その「洞察力」をもって彼は労働者生産協同組合運動の指導者として重要な働きをするのである[113]。

　グリーニングが初めて社会運動に参加したのは，マンチェスターに設立されていた「反奴隷制協会」（Anti-Slavery Society）においてであった。この協会のメンバーは，クエイカーとユニテリアンの教徒であった。この時に彼は弱冠16歳であったにも拘わらず，書記として協会の重責を果たしたのである。彼が若くして「反奴隷制運動」に参加したことの事実は，彼へのフレンド派の影響を示すものである。

　グリーニングの伝記作家トム・クライムスは，彼の徒弟時代との関連で次のようなことを記している。すなわち，1851年6月2日にマンチェスターで「協同組合と協同労働」（Co-operative and Associative Labour）を検討する集会が開催され，かつてのキリスト教社会主義運動の指導者であったモーリス，ヒューズおよびロイド・ジョーンズの3人による講演が行なわれたのであるが，グリーニングがこ

の集会に参加したかどうかは確定できないとはいえ，彼のその後の社会的，政治的立場や活動を考えると，彼がこの集会に参加したことの可能性は否めない，と推測している[114]。しかし，グリーニング自身が「1856年にはマンチェスター産業協同組合（the Manchester Industrial Co-operative Society）の組合員であった」と述べていることから[115]，クライムスの推測もある程度肯けるかもしれない。いずれにしても，われわれとしては，グリーニングが16歳あるいは17歳の若い時期に協同組合運動に関心をもったことは，確信できるのである。

　1855年に彼の父親は事業に失敗してカナダに移住するが，グリーニングは，兄弟と共にイギリスに残り，その後10年の間兄弟で事業経営に従事して相応の資本を蓄えた。この間にまたグリーニングは，反奴隷制協会のメンバーであり先駆者組合の組合員でもあるT. B. パター，CWSの初代書記となるJ. C. エドワーズなど社会運動や協同組合運動の指導者たちと協力関係を打ち立て，61年に彼らと共に「統一・解放協会」（the Union and Emancipation Society）を設立する。この協会でグリーニングはエドワーズと書記の任務を分担した。この協会は，アメリカ市民戦争（南北戦争）の終結まで存続し，イギリスの支配層が「南部の奴隷所有者」と結託するのを阻止した[116]。グリーニングはまた「政治改革同盟」にも参加し，かつてのチャーティスト運動の指導者のアーネスト・ジョーンズや統一・解放協会のE. フーソン等と同盟の北部支部設立に関わったりした。こうして，グリーニングは，これらの社会運動への参加を通じて，「社会改革」への熱意を逞しくし，また希望を沸き立たせ，自らを「進歩的急進主義者」に育てあげたのである。後に彼の「生涯の仕事」となる協同組合運動，とりわけ労働者生産協同組合運動の素地が，このような社会運動や社会改革思想に潜在化していたことにわれわれは注目しなければならないだろう。

　グリーニングが協同組合運動に一層大きな社会的重要性を見い出すようになったのは，統一・解放協会での活動を通じてであった。彼は，「ほとんどすべての協同組合人は（合衆国の）北部諸州と自由の側に立っていたので，この統一・解放協会は協同組合運動と密接な同盟関係にあった」と述べているように[117]，イギリス協同組合運動の進歩性と自由の信念とを確信していたし，また後にCWSの初代書記に就く協同組合人であり，この協会の指導者でもあったエドワーズに

よって協同組合について知的な影響を与えられたと思われる。グリーニングはエドワーズについて後にこう語っている。彼は「疲れを知らない協同組合の擁護者」であり，「協同組合について講演するために毎晩のように巡回し，多数の小さな協同組合を設立した」協同組合人であった[118]，と。

グリーニングはさらに，統一・解放協会を通じて，かつてのオウエン主義伝道者で，後に「利潤分配」方式をめぐって鋭く対立することになるJ.ワッツからも協同組合の知識を吸収した。ワッツは，この協会と関係していたが，同時にイギリスにおける「無料図書館運動」の先駆者であった。グリーニングはワッツについてこう記している。「ワッツはイギリスにおける最初の無料図書館をマンチェスターに設立した名誉を与えられなければならない。表向きはトマス・バレッドが創設者である。しかしバレッドは無料図書館設立のための基金と善意をもってはいたものの，ワッツ博士こそ実にイギリス全国における無料図書館運動の開始を告げた精神的支柱であったのである」[119]。無料図書館運動は，協同組合の組合員だけでなく，コミュニティの住民の「知的改善」を社会的使命としている協同組合運動と密接に結びついていた。やがてCWSの理論的指導者となり，不幸にしてグリーニングたち労働者生産協同組合運動と対立する側に立つワッツが，無料図書館運動の「精神的支柱」になったことはけっして偶然のことではないのである。「利潤分配」を含むコ・パートナーシップ（Co-partnership）をめぐって対立する最大の論敵であったワッツを，しかし，グリーニングは冷静に評価している。すなわち，「ワッツは，実に，『消費者協同組合』として現に知られているものの父であった。『消費者協同組合』は，CWSがイギリス中のさまざまな協同組合のすべての知識と必要条件とをまとめあげようとした公式であり，理論である。……その理論に対する名誉はワッツ博士に与えられなければならない」[120]，とグリーニングはワッツを「消費者協同組合の理論」を定式化した人物である，とそう評価しているのである。

さて，グリーニングは，「産業パートナーシップ」（the Industrial Partnership）原則を採用した企業「Greening & Co. Ltd.」（手摺りおよび家屋に必要な他の備品を製造する企業）を1865年に彼の弟と共に設立した。「産業パートナーシップ」とは労働者への利潤分配（＝「労働配当」）を原則とする企業の経営管理の方法である。

しかし，この企業は最終的に70年に倒産してしまう。グリーニング自身は，「産業パートナーシップ」という新しい企業経営の運動の前進を図るのに多くの時間を割かれて経営に専念できなかったことと資金不足を倒産の理由にしているが，それよりも，後に批判されたように，パートナーシップと関連する彼の企業運営自体に倒産の本当の理由があったように思われる。その批判はこう論じている。「マスターシップ（資本家的支配—引用者）体制から産業パートナーシップ体制への変革を首尾よく果たそうとする際の正しい計画は，初めのうちはすべてこの旧い規律を損なわないようにすることである。すなわち，労働者の新たな熱意がその事業に付け加わることが必要なのであって，労働と統治の旧い機構のいくつかを他のものに取り代えることではないのである」（傍点は引用者）[121]。

　グリーニングは，彼のこの企業で産業パートナーシップ＝「利潤分配」（「労働配当」）に基づいた「労働の解放」を目指したのであるが，労働者の経営参加が効果的にかつ具体的に行なわれなかったことを，この批判は示唆している。換言すれば，この批判は，資本主義的企業の経営管理から協同組合企業経営の管理運営への転換の際に，第一義的になされなければならないことは何か，そして次になされるべきことは何かというように，経営管理システムの移行を労働者の参加意識の次元と運動の状況に適合させていくことを求めているのである。この観点は，現代の協同労働に基づく労働者協同組合にも示唆を与えるであろう。「労働者の新たな熱意がその事業に付け加わる」方法を「協同労働の実現形態」として確立すること，すなわち，協同労働が「労働者の経営参加」を通じて目に見えるようにする道筋を創り出すことを強調しているからである。

　グリーニングが試みた最初の協同組合企業経営の失敗は，彼に大きな教訓を与えた。それ以後彼は，協同組合運動の第1の基本原則として「労働の権利」を掲げ，また「労働の権利」を産業パートナーシップの不変的基礎とすることによって，「労働と資本との新しいそしてより良い関係」の論拠を「労働の権利」から導き出していくのである。

　グリーニングは，1867年に「農業・園芸協同組合」(The Agricultural and Horticultural Association)[122]を設立し，農業の領域にも産業パートナーシップ原則に基づいた協同組合を導入した。この協同組合は「組合員に最良のメーカーの農業用

具と機械および純然の種子と肥料，それに家畜加工飼料を安価に供給する」ことを目的とした[123]。ホリヨークはこの協同組合を「協同組合原則の基準を維持している」ものとみなしたが，ロイド・ジョーンズは批判的であった。ジョーンズは，グリーニングの協同組合は「労働それ自体の状態を向上させるために形成されたのではなく，むしろ農産物の粗悪化を防ぐために形成されたのである——その主要な顧客は，当然のように，社会的，文化的に収奪されている階級ではない農業経営者と土地所有者になってしまう」，と主張した。グリーニングはそこでジョーンズの批判に応え，また産業パートナーシップの原則を普及していくために，機関紙『産業パートナーシップ・レコード』(The Industrial Partnership Record) を同じ年に編集・発行した（『産業パートナーシップ・レコード』は翌年に『ソーシャル・エコノミスト』The Social Economist とタイトルを変更して1869年まで続く）。1863年にはこの機関紙の編集に統一・解放協会を通じてグリーニングと親しく交際していたホリヨークも携わった。グリーニングのこれらの活動と産業パートナーシップ論は，後述するヘブデン・ブリッジ・ファスチアン製造協同組合と86年に再組織されるレスター・イクゥイティ・ブランド協同組合に大きな影響を与えることになる。

　グリーニングはまた，同じ頃にオウエン主義者のジェームズ・ホールと知り合い，さらにホールを通じてジョーンズと知り合いになる（ジョーンズとホールは後に「リーズ産業協同組合」〈The Leeds Industrial Co-operative Society〉の指導者となる）。グリーニングがオウエン主義者と本格的に交流を深めるようになるのは，1868年頃からであり，しかもロンドンにおいてのことであるが，今述べたように，実は彼は，それより以前に「マンチェスターのオウエン主義者たち」と知り合い，懇意になっていたのであるから，彼が既にこの時期にオウエン主義者たちから協同組合について思想的影響を受けたことは大いに考えられる。実際のところ，特にジェームズ・ホールのオウエン主義思想＝アソシエーション思想は，グリーニングの協同思想に，とりわけ労働者生産協同組合の思想やコ・パートナーシップの理念に強い影響を及ぼしたのである。グリーニングが彼の「労働者生産協同組合におけるコ・パートナーシップ」の理念的基礎を形づくる重要な時期は63年前後であるが，この時期彼はホールと「同じ事務所にいた」ので，彼と

ホールとの親交は大いに深まり，したがってまた，彼にはホールのアソシエーション思想に触れる機会がしばしばあったのである。そこで，グリーニングの労働者生産協同組合の思想や理念を理解する一助として，ジェームズ・ホールのアソシエーション思想について簡潔に論及しておこう[124]。

【ジェームズ・ホールの「労働する資本家」】
　ジェームズ・ホール（James Hole）は，1851年に『社会科学および労働の組織に関する講義』(Lectures on Social Science and the Organization of Labour) を著わし，そのなかで次のようなアソシエーション思想を展開した。すなわち，社会の変革を推し進める「世論」を前提に，「土地（所有）の独占の廃止」と「労働の賢明な組織化による失業者の吸収」を可能にする社会制度を実現するために，「国家の遅々とした関与を期待する必要のない，しかし労働階級自身の積極的参加のみを必要とする手段であるアソシエーション」を人びとは確立しなければならない。1つのアソシエーションは消費者協同組合である。もう1つのアソシエーションは，消費者協同組合よりも「さらに高い機能」を具備しているアソシエーションである。このアソシエーションは「正しく理解され構成された国家的機能の行使によって，また自発的アソシエーションの能力の賢明な行使によって，文明の利益が大多数の人びとにもたらされる」ような「生産と交換」を担うものである。それは，労働者が「資本と土地」の主人となる「労働する資本家」(Labouring-Capitalists) のアソシエーションである。これこそが労働者に生産手段の完全な利益を保障する唯一の原理である[125]。

　ホールの言う「労働する資本家」とは，労働者が「労働と資本の関係」を支配するシステム，すなわち，労働者が資本の所有者になるシステムのことである。この「労働する資本家」のシステムの下で，アソシエーションは生産・交換・消費の機能を発揮するのである。ホールは，このアソシエーションを「自発的アソシエーション」(Voluntary Association) と名づけ，そしてそれらの自発的アソシエーションが連合体を組織し，その連合体を通じて国家的機能を遂行していくことで人びとに「文明の利益」を与えることが可能になる，と論じ，こう締め括った。「労働する資本家こそ，労働問題の唯一の真の解決者である。何故なら，労

働と資本との間には,もはや何らの対立も存在し得ないからである」[126],と。かくして,われわれは,ホールの「自発的アソシエーション」思想にグリーニングの「産業パートナーシップ」(すなわち,コ・パートナーシップ)のプロトタイプを見ることができるのである。

【第1回協同組合大会】
　グリーニングに大きな影響を与えたもう1人の人物はニールである。グリーニングがニールや他のキリスト教社会主義者と親交するようになるのは1865年頃であるので,グリーニングのコ・パートナーシップ原則の第1の基礎は「オウエン派社会主義の労働価値」にあったが,それに劣らず重要な基礎を成したのは「労働に対する利潤分配」に基づく「労働の解放」というキリスト教社会主義思想であった。とりわけ,「労働と資本の新しい関係」を論じたニールの『労働と資本』(1852年)がグリーニングに与えた影響は大きかった。グリーニングとニールの誠実な協力関係は,1892年にニールが没するまで続いた。
　1867年にグリーニングはマンチェスターで「産業パートナーシップ協議会」を開催して,「マンチェスター地区で協同組合を成功させてきた実践家とオウエンの学派並びにモーリスの学派のかつての指導者」を一堂に会させることをやってのけた。「この協議会の意図を過小評価してはならない」──と,バックストロームは強調する──「すべての会議が集団的に運営実行されたことから,この協議会は,1869年の第1回協同組合大会に導いた最初の,そしてもっとも重要な連続した会合を構成した」からである[127]。それ故にまた,グリーニングの次の言葉は,彼自身の面目躍如たるところを吐露しているのであるが,しかしそれは必ずしも自画自賛ではなかった。「1868年とその翌年,私は,労働の産業的解放を目指すこれらの2学派の労働勢力が新たなそして緊密な同盟関係を結ぶための仲介の労を取った。私は,コ・パートナーシップ原則の明確な承認をその決議で具体化した協同組合人の第1回大会への道を拓いたのである。こうして,このコ・パートナーシップ原則は,一時期,イギリス協同組合運動の公認の路線になったのである」[128]。
　先に論及したように,1863年のCWSの設立によって大きな活動の基盤を得た

消費者協同組合運動は，60年代後半から80年代において展開されたイギリス協同組合運動全体の特徴を明示するものであった。すなわち，CWSは，消費者協同組合の事業活動の大きな広がりだけでなく，それに基礎をおいた事業と運動双方の指導上の権能をも漸次強化してきたのである。ニール，ヒューズやグリーニングなど労働者生産協同組合運動を促進しようとしてきた陣営の人たちは，当初は，イギリス協同組合運動の統一を願う立場からCWSの発展を歓迎したが，しかし，CWSがその権能を拡大していくにつれて次第にCWSの政策を批判するようになっていった。彼らが協同組合大会の開催を急いだのも，このことと関係があった。第１協同組合大会の「主題」をみれば，そのことが理解されるだろう。

　近代協同組合運動の偉容を最初にイギリス社会に示すことになった，1869年にロンドンのThe Theatre of the Society of Artsで開催された第１回協同組合大会を実際に用意したのはニールとグリーニングであった。68年８月，グリーニングは彼が指導する農業・園芸協同組合のホールで「協同組合企業に関心のある人たちによる会議」が開かれた。議長はニールであった。この会議は，69年２月にロンドンで協同組合大会を開催すること，そのための基金の確立，その大会に「イギリス内外の労働者生産協同組合を招聘する」こと，その際に「各労働者生産協同組合が生産している製品のサンプルを展示する」こと，そして「各労働者生産協同組合の利潤が資本と労働と顧客との間にどのような割合で分配されているかを明示する」ことなどを決議した。これらの決議に従って，ジョーンズは各協同組合に69年２月の協同組合大会への出席を要請する「回状」を送ったが，反応が鈍かったことから，２月の開催を延期して，今度は「協同組合運動のベテラン」W.ペアが会議を召集し――この時の議長もニールが務めた――大会開催の「準備委員会」を設置した。この準備委員会は，「ランカシャー・ヨークシャー協同組合会議委員会」と連絡をとって大会開催の援助の約束を取りつけた。こうして，69年５月31日―６月３日に，ロッチデールの先駆者組合をはじめCWS（スコットランドCWSを含む）など58の協同組合の代表と産業パートナーシップ原則を採用している企業の代表63名が参加した歴史的な第１回協同組合大会が開催される運びとなったのである。

　第１回大会は，イギリスにおける協同組合運動の到達点と成果，そして問題点

第3章　1820年代—1880年代におけるイギリス協同組合運動の展開　　*183*

を次のように認識し，5つの「主題」を提示した。

　協同組合の急速な成長は近代史上もっとも注目すべき事実の1つである。労働階級が創始した事業制度が導入されたのであるが，それは，正しく遂行されるならば，購買者と販売者の間の関係，雇用主と被雇用者との間の関係を抜本的に変えることによって，この国の社会的，産業的諸側面の完全な変革を約束するだろう。このもっとも重要な運動が速やかかつ完全な成功を成し遂げるほど賢明に行なわれるかどうかは……コミュニティにとって——とりわけ，協同組合人として，実際にその変革の仕事に携わっている人たちにとって——深い関心をもつ問題である。

　協同組合は到る所に拡がっているが，しかし，その主要な原理原則は未だ厳密に定義されていないし，その高邁な諸目的も理解されていない。さまざまな分配協同組合あるいは生産協同組合における事業方法は今でもなお調和がとれていない。個々の事例をみると，成功が確実だというところほど実はその成功は疑わしいし，他方，失敗や損失が生じると，このような実験を始める人たちに直ちに害を及ぼし，他の人たちたちを落胆させるのである。

　協同組合運動の成功は，もはや疑う余地はないとはいえ，除去されるべき障害，対抗すべき危険はなお存在しているし，高邁な目的はなお追求されなければならない。これらのことが，協同組合の原理原則を研究している人たちと協同組合の仕事に従事している人たちとの間の協議を必要ならしめるのである。

　実行可能であるならば，本大会期間中に，代表者と一般の民衆に協同組合生産と産業パートナーシップの実例を，生産の場所，卸売価格，利潤分配方式などの項目とともに提示したい[129]。

見られるように，第1回大会は，近代イギリス協同組合運動の到達点を踏まえて，さらに一層の発展を成し遂げるために，各協同組合が同じ目的に向かって統一し，障害を取り除いていくこと，そのために独り協同組合人の努力だけでなく，研究者や他の市井の人たちの援助をも必要とすること強調しているのであるが，

われわれとしてはこの大会が産業パートナーシップ（コ・パートナーシップ）の原理原則をめぐる検討を求めていることに特別な注意を払うべきだろう。これこそが第1回大会の真の内容を示唆しているからである。論点を単純化して言えば，この大会の意図するところは，労働者生産協同組合が生産した品物の市場を消費者協同組合の店舗が保証し，利潤が得られたならば組合員労働者に利潤の一部を分配する「労働に応じた利潤分配方式」を確立すること，これである。そしてこの点については，以下の5つの「主題」が明示しているところである。

 Ⅰ 1868年6月にマンチェスターで開催された「労働組合大会」の決議——「協同組合の諸目的のために労働組合の組織を活用する」——を実行するためにとられるべき手段は何か。

 Ⅱ 協同組合が相互に有用になる最良の方法について；
  (a) 協同組合の製品のために協同組合市場と一般市場を確保する，
  (b) 保証引受制度，銀行および労働交換所を開設する，
  (c) 協同組合を農業・園芸に適用する，
  (d) 製造工業と農業・園芸とを結びつける，
  (e) 産業協同組合企業（Industrial Co-operative Enterprise）による自立可能な教育制度，
  (f) イギリス内外のすべての協同組合とすべての協同組合人の組織を形成する，
  (g) 協同組合運動を妨げる法律の改正。

 Ⅲ 協同組合店舗と協同組合製造工場の失敗の主要な原因は何か，また各々が成功するために必要な基本的条件は何か。

 Ⅳ *産業パートナーシップ*においては，資本と労働の間ではどのような利潤分配が完全に調和した働きを，したがってまた，成功の最大の尺度を生み出すか。換言すれば，どのような利潤分配が，もっとも公正であり，また*現にもっとも実行可能*であるか（傍点はイタリック）。

 Ⅴ 一般民衆の間に協同組合の知識を普及し，店舗経営や他の協同組合事業にとってもっとも定評のある計画を促進する最良の実践手段は何か[130]。

これらの「主題」は，この時点でのイギリスにおける消費者協同組合と労働者生産協同組合との間の「路線」をめぐる「対立と妥協」の内容を暗示しているの

であるが，同時にまた協同組合運動全体の将来的課題をある程度視野に収めている点で評価されよう[131]。それはともかくとしても，われわれは各々の「主題」についての討議内容から次の点を指摘できる。第1に，消費者協同組合と労働者生産協同組合双方の前進を謳っているが，事実上，運動的には後者の優先性を主張し，事業的には前者を後者のための確実な「市場」と位置づけていること，第2に，産業パートナーシップ原則を協同組合運動の基本原則の1つに加えたこと，第3に，協同組合の適用範囲を農業・園芸領域に拡げたこと，さらに第4に，協同組合運動の国内的な統一組織と国際的な統一組織の創設を展望したこと，である。そしてわれわれは，これらの点にある特徴的傾向をみることができるのである。それは，1854年のキリスト教社会主義運動崩壊後もなお協同組合運動に止まって影響力を及ぼしていた「キリスト教社会主義思想」と65年以降グリーニングによって試みられ，協同組合の新たな原則として運動の舞台に現われた「産業パートナーシップ」（コ・パートナーシップ）の思想との結合である。両者の思想は，労働者生産協同組合や消費者協同組合所有の工場で生み出された利潤の一部を「資本と労働の間で分配する」こと，すなわち，「労働に応じた利潤分配」(profit-sharing to labour) を協同組合原則の1つとすべきである，という点で一致していた。

　第1の点についていえば，既に述べたようなニールとラドローの論争を踏まえてもなお，キリスト教社会主義者たちは基本的に労働者生産協同組合の優先性を主張し続けてきたのであり，この大会においても彼らの基本的な立場は貫かれている。第2の点は，「労働に応じた利潤分配」を労働者の正当な権利とみなしたキリスト教社会主義運動の経験とグリーニングの産業パートナーシップの試みとを基礎としている。ラドローはかつて『人民のための政治』のなかで「パートナーシップ」と「社会主義」を重ね合わした理論を展開した。「社会主義」は「人びとをパートナーシップにする科学，パートナーシップの科学」である，とラドローは論じたのである。第3の点についても，キリスト教社会主義運動の指導者であったモーリスとキングズリィが彼らの機関誌『キリスト教社会主義誌』において協同組合を農業・園芸部門に拡げることの有用性を強調したし，グリーニングはその実践者であった。そして第4の点については，ニールは早くから協

同組合運動の国内外の統一組織確立の必要性を訴えていた。先に言及したように，この協同組合大会自体がニールとグリーニングたちの呼びかけによるものであったし，1873年に組織されるイギリス協同組合連合会の出発点はこの大会にあった。そしてまた，95年に設立される国際協同組合同盟（ICA）は，ニール，ラドロー，ヒューズのキリスト教社会主義者とグリーニングの努力の賜物であった。

このように，歴史的な第１回協同組合大会は，総じて言えば，労働者生産協同組合の優先性を印象づけるものであった。実際のところ，大会最終日に開催された集会でヒューズが読み上げて満場一致で採択された「決議」の１つは，産業パートナーシップ原則の採用を，協同組合だけでなく，株式会社法に準拠して登録された企業にも薦めたという点で，労働者生産協同組合の優先性を明示する典型であった。ヒューズはこう読み上げた。「……本集会の見解に立てば，資本と労働の利害を産業パートナーシップによって統一する計画は，雇用主と被雇用者の双方に多大な利益をもたらすのであるから，前者に産業パートナーシップの採用を真剣に薦めるものである」[132]。こうして，第１回協同組合大会は産業パートナーシップ原則を「イギリス協同組合運動の公式な原則」とすることを決めたが，同時にそのことが，「利潤分配」のあり方をめぐる論争を背景にして，イギリス協同組合運動上の路線対立をもたらすことにも繋がっていくのである。だが，それはちょうど，イギリス協同組合運動の新しい時代の鼓動を伝えるかのような響きでもあったのである。

【CWSとの路線対立】

1869年の第１回協同組合大会から80年の第12回までの大会で毎回のように「産業パートナーシップ」原則に基づく労働者生産協同組合運動の重要性が強調されてはいたが，労働者生産協同組合運動の実態はその掛け声に呼応するほどの力量をもっていなかった。とりわけCWSを中心とする消費者協同組合運動のそれと比較すると，その力不足は判然としていた。CWSは既に，その経済的能力を背景に，72年には「労働に応じた利潤分配」に反対の意志を示し，「（協同組合）工場は，店舗によって共同所有され，消費者の利益のために機能する場合にはじめて真に協同組合的になり得る」との立場を明確にしていた[133]。したがって，73年

の第5回ニューカッスル大会において利潤分配問題が山場をむかえた時，CWS＝消費者協同組合陣営は，「購買（利用）に応じた利潤分配」以外は認めない，という基本的な態度を固めていた。この大会ではワッツがCWS＝消費者協同組合の代弁者として，またラドローが労働者生産協同組合の代弁者として，「利潤分配」論争を展開した。

　ワッツは次のように論じた。協同組合の基礎は小売店舗であり，また小売店舗は，卸売組合によって連合化されることで「分配協同組合を1つの制度にまで高めた」のである。ところが，産業パートナーシップは，「通常の雇用制度に比べれば大きな前進である」かもしれないが，「商品の生産者と消費者の間で仕事を営む商人を排除しない」のであるから，それによって労働者が得た利益は商人に収奪されてしまう。それ故，考察されるべき実際問題は，店舗に基礎を置くCWSが「店舗自体の主要な消費財を自らのために生産することによって急速に増大する資本を活用し，その主要な消費財の損失リスクを最小限に抑える」ことであって，「通常の製造業者と同じように，店舗からできるかぎり高い価格を引きだそうとする独立した企業」（＝労働者生産協同組合）を設立することではない——ワッツのこの理論は後にベアトリス・ウェッブによって援用される。要するに，ワッツは，CWSによる生活必需品の生産と協同組合小売店舗を通じてのその販売によってはじめて労働者の組合員は実質的利益を得るのに対し，産業パートナーシップに基づく「独立した」自治・自主管理の労働者生産協同組合はその組合員の労働者のためにのみ高価格を引き出すのであるから，消費者協同組合の組合員に損失を与える，と産業パートナーシップを批判したのである[134]。

　これに対して，ラドローはこう反論した。「協同組合が解決すべきすべての実際問題のうちもっとも重要と思われる問題は生産組織のそれである」が，これまで協同組合生産については3つの見解が示されてきた。第1の見解は，協同組合生産は十分な需要を有しているので，CWSが生産部門を1つずつ経営していくというものである。これは「上から生産を組織する計画」である。第2の見解は，次善の策とでもいうべきもので，個々の協同組合が出資して生産を組織し，各協同組合はその生産組織のメンバーになる——したがって，個人は出資者になれない——というものである。これは「内部からの生産の組織化」といえよう。そし

て第3の見解は，協同組合生産は経済部門別になされるべきだというものである。これは「下からの生産の組織化」である。これらも3つの「生産の組織化」は，「正しい原則に則って，正しい精神で」遂行されるならば有効であろうし，またいずれの「生産の組織化」を選択するかは各々の特殊な事情とケースによって決定されるだろう。それ故，問題は，協同組合生産が経営される「形態」ではなく，「原則と精神」ということになる。では，「原則と精神」とは何を意味するのか。それは，一言で言えば，「消費を生産に従属させること」である。「国民国家においては，人間の肉体と同じく，生産なしの消費も，消費なしの生産も等しく死を意味する。本質的な点は生産と消費の間の必然的な関係を保持すること」である。生産と消費を対立させるのではなく，消費を生産の維持と発展の源泉とすることが肝要なのである。換言すれば，「主たる問題は，消費者としてのわれわれが所与の商品をポンド重量当り，あるいはヤード当りより安くまたはより高く購買するかどうかではなく，その商品の生産に労働を費やした労働者が自分の労働の成果に対して第1の請求権をもつことができるか否かである」。この観点に立てば，次のように結論できるのである。「それ自身の基礎の上に自らを構成することが生産協同組合 (productive association) の権利であるだけでなく，生産的目的に対しては生産者の協同組合に優先権が与えられるべきである」，と[135]。

かくして，ラドローはこの結論に立って，「労働者自身は協同の自己雇用者 (associated self-employers) としての地位にあること」，また「最大多数の労働者同胞にその利益を分配すること」が重要であり，労働者生産協同組合においてであろうと株式会社においてであろうと，「労働に対する配当」(bonus to labour) も「労働者の出資」も「労働者の経営参加」も，結局のところ，この2つの目標に至るための要素に他ならない，と力説した[136]。

しかしながら，産業パートナーシップをめぐるCWS陣営と労働者生産協同組合陣営との間の論争は嚙み合わず，「路線対立」の構図だけが鮮明になってしまった。結果的にニューカッスル大会は「個人がその蓄えを出資者として投資すること，また労働者生産協同組合の規約が資本と労働——それに実践可能であれば商業——との間で正当かつ公正な利潤分配を規定することは，協同組合生産の十分かつ完全な発展のために不可欠である」[137]との決議を採択したが，CWSはこ

第3章　1820年代—1880年代におけるイギリス協同組合運動の展開　　*189*

れを無視する。

　前に述べたように，CWSは1873年2月にビスケットと靴の生産に乗り出し，経営も順調に推移していく。CWSは，この実験の成功を基礎に「労働に応じた利潤分配」に反対する路線を強め，ついに75年にCWSをはじめとする消費者協同組合が設立した協同組合工場に「労働に応じた利潤分配の廃止」を事実上適用させた。それに対して，グリーニングやニールは「労働に応じた利潤分配」を原則とする産業パートナーシップ（コ・パートナーシップ）の労働者生産協同組合運動を指導していく。CWSとグリーニングたちのグループとの路線対立が再浮上するのは80年のニューカッスル大会である。この大会でも「協同組合で生産された財貨に優先性を付与するのは協同組合人の積極的な義務である」との決議が採択されるが，CWSはその決議を公然と無視する。J. T. W. ミッチェルの指導の下にあったCWSのこのような態度は，グリーニングやニールたちの労働者生産協同組合グループとの対立をいちだんと深めることになり，83年にエディンバラで開催された第15回協同組合大会において両者の対立は決定的となり，翌年のダービー大会の個別集会でグリーニングは「労働アソシエーション」（Labour Association）の組織化を提案し，かくして，協同組合生産の領域には，CWSの協同組合工場とコ・パートナーシップに基づく「自治・自主管理」の労働者生産協同組合の2つが対立並存することになる。

　第15回のエディンバラ大会での「協同組合生産」に関するグリーニングの論旨はどの大会のそれよりも明確であった。それには，1876年から78年にかけて「ヘブデン・ブリッジ・ファスチアン製造協同組合」とをめぐってグリーニング自身が経験したCWSとの「攻防戦」の総括が与って力があった。しかし，グリーニングにはもう1つの重要な「攻防戦」の経験があった。「レスター・『イクゥイティ・ブランド』協同組合」の設立である。彼とニールが中心となって設立したCWSへの対抗組織「労働アソシエーション」を維持し，ある程度の発展をみることができたのは，この戦いの経験によるものであった。そこでしばらくの間，これら2つの「攻防戦」を見ることにしよう。

(1) ヘブデン・ブリッジ・ファスチアン製造協同組合の攻防

　グリーニングは，1881年6月にウェスト・ライディングにあるヘブデン・ブリッジ・ファスチアン製造協同組合（The Hebden Bridge Fustian Manufacturing Society Ltd., 以下「ヘブデン・ブリッジ協同組合」と略記）を再訪問した。その時彼は，「ロッチデールを成功した協同組合分配と結びつけるように，ヘブデン・ブリッジを成功した協同組合生産と結びつけて考えるのは不思議な連想である」，との感想を述べているが，彼のこの言葉にはコ・パートナーシップ原則によって管理運営されているヘブデン・ブリッジ協同組合に対する彼の高い評価が込められていた。

　ヘブデン・ブリッジ協同組合は，1人の貧しい年老いた労働者の死をきっかけに，1870年9月に68人の労働者によって設立された。彼らはこの協同組合の規約に次のような「目的」を織り込んだ。第1に，自ら雇用を創出し，組合員のために少額の出資金を蓄積していくと同時に「労働配当」（労働に応じた利潤分配）を行なう，第2に，組合員労働者の「労働と賃金」に関して協同組合独自の規定を定める（労働者自主管理），そして第3に，組合員の生活改善と向上に資する諸原則について組合員教育を実践する（組合員教育）[138]。これらの「目的」はグリーニングの目指す協同組合運動にぴったり一致するものであった。

　ヘブデン・ブリッジ協同組合は設立後しばらくの間，消費者協同組合のハッダーズフィールド協同組合などウェスト・ライディングのいくつかの消費者協同組合と連帯し，「協同組合店舗」(store) と「労働者生産協同組合」(workshop)の相互依存関係を保持してきた。しかし，この関係は想像以上の困難を抱えていた。1873年中葉ころからその困難が表面化する。皮肉にも，両者の関係の前進それ自体が，店舗によるヘブデン・ブリッジ協同組合へのより大きな要求をつくりだすのである。ヘブデン・ブリッジ協同組合が実現した全利潤（剰余）の約7分の6が店舗に支払われるような事態になり，ヘブデン・ブリッジ協同組合は「労働配当」の引下げを余儀なくされた。協同組合店舗との取引きの増大は消費者協同組合からの出資金を増加させたが，その結果，消費者協同組合がヘブデン・ブリッジ協同組合の管理運営に口を挟むようになってきた。1874年にはヘブデン・ブリッジ協同組合は消費者協同組合の干渉を全面的に受ける状態に陥ってしまっ

た。

　1876年から78年にかけて，消費者協同組合はヘブデン・ブリッジ協同組合の「規約改正」を迫り，結局，改正が行なわれていく。最初は協同組合店舗が「最大の利潤分配」に与れるような改正，次は協同組合店舗が「ヘブデン・ブリッジ協同組合の事業の実際的な主人(マスター)」になるような改正，さらに「出資金一覧表」(share list)の公開の拒否とヘブデン・ブリッジ協同組合の組合員労働者の出資金の制限（1人20ポンド）の改正といったように次第にエスカレートしていった。最後のそして決定的な規約改正が「工場の労働者への利潤分配の完全な廃止」であった。

　グリーニングは当初，ヘブデン・ブリッジ協同組合におけるこの一連の動きを見守っていたが，「労働配当」の原則の廃止が決定された直後に憤然と立ち上がり，これはCWSの指示によるものだと次のようにCWSを糾弾した。

　　これらのことはウヤムヤにされてはならない。……もしわれわれが，将来において大衆的な指導者たちに原則からの逸脱を思い止まらせようとするならば，過去について明白に語らなければならない。CWSやいくつかの大店舗の（規約改正の）主唱者は，恥ずべき行為に我を忘れたことを認めた。彼らは，労働配当は失敗であり，原則は死んだ，と説得にかかった。（しかし実は）彼らは，ヘブデン・ブリッジ協同組合では労働配当は生きた，成功した事実であると見たが故に，それを殺しにかかったのである。生きた事実は，その時々のお気に入りの理論に対立したのである[139]。

　そこでグリーニングは，CWS陣営による「規約改正」直後に「改正規約」の再検討を行なうための集会をヘブデン・ブリッジで開催させ，ヘブデン・ブリッジ協同組合に出資しているすべての消費者協同組合の代表者に労働配当原則の正当性を訴えた。グリーニングのこの行動は，マンチェスターにもグラスゴーにも知れわたり，集会のさなかに「労働配当原則を支持する」とのS（スコットランド）CWSの電報が届き，これによって結局，「改正規約の再改正」が決定された。ヘブデン・ブリッジ協同組合の組合長であったJ. グリーンウッドはその歓びを

こう語っている。「……ニール氏は後になってわれわれの要求に見合うよう規約を変更し，その規約が採択され，登記された。ヘブデン・ブリッジ協同組合は救われたのである。ヘブデン・ブリッジ協同組合はこれまで以上のことをなさなければならない。ヘブデン・ブリッジ協同組合は，労働の組織の先頭に立つ指導者になり得たのである」[140]。

「ヘブデン・ブリッジ協同組合の攻防」は，グリーニングにコ・パートナーシップ原則を擁護する路線の，新たなそして確固とした確立を意識させることになった。彼は，1881年7月の『協同組合ニュース』で次のように述べている。「私は，本紙で，労働者と消費者との間の利益の同一性（アイデンティティ）の確立が可能であること，すなわち，労働者は労働配当を受け取り，消費者は品物の価値あるいは価格においてどんな損失も受けないことを例証してきた。加えて，ヘブデン・ブリッジ協同組合は，真の原則の上で機能する成功した協同組合生産の別の重要な成果を例証している，と私は考えている。それは，資本を拠出する人たちの配当を縮小しているにもかかわらず，彼らの地位を実際には改善しているのである」[141]。これを要するに，グリーニングはこう言いたかったのである。労働者生産協同組合においては生産者である労働者は自らが実現した利潤の一部を「労働配当」として受け取ることによって利益を得，他方，消費者協同組合においては組合員は労働者生産協同組合からの良質で安価な品物の購買と店舗での「購買高配当」によって利益を得るのであり，資本への配当（利子）制限——これは協同組合の基本原則である——にもかかわらず，組合員の社会的地位の改善が達成され，かくして「労働者と消費者との間の利益の同一性」が実現される。これが「労働（者）と消費（者）のパートナーシップ」である，と。

グリーニングやニールたち労働者生産協同組合陣営とCWS陣営との対立は，基本的には，前者が消費者協同組合やCWSの経営する工場でも「労働配当」原則が堅持されるべきだとしたのに対して，後者は労働者生産協同組合の組合員労働者は消費者協同組合の組合員として「購買高配当」を受け取ればよいのであり，また消費者協同組合は労働者生産協同組合の出資者として配当を得る上に，購買者として「購買高配当」を受け取るべきである，と主張したことにあった。しかしながら，グリーニングの労働者生産協同組合は「労働の解放」を目標としてお

り，それは「労働と資本との間の利益の同一性」が工場や仕事場（workshop）で実現させることを意味した。それ故，「労働の解放」は何よりも労働者生産協同組合において実現され得るのであって，コ・パートナーシップはそのための根本原則であり，労働配当はコ・パートナーシップの具体化であった。

　その意味で，グリーニングにとって，ヘブデン・ブリッジ協同組合は設立以来コ・パートナーシップを実践し，大きな成果を上げてきた重要な協同組合であったのであり，その篭絡を試みようとしたCWSの攻勢を彼は身を賭しても防がなければならなかったのである。こうして彼は「労働者と消費者との間の利益の同一性」を協同組合運動内部に根づかせるためには労働者生産協同組合運動の「大同団結」が必要であることを改めて確認したのである。後述するように，1880年のニューカッスル大会を経て，82年の「協同組合生産連合会」（CPF）の設立，そして84年の「労働アソシエーション」の創設と続く，労働者生産協同組合運動の一連の展開のなかでグリーニングは誰よりも大きな役割を果たしたのである。

(2) レスター・「イクゥイティ・ブランド」協同組合の攻防

　CWSが1873年に生産事業に乗り出しことは既に述べたが，75年にCWSはCWS所有の生産工場における「労働配当」を廃止し，その後は店舗における「購買（利用）高配当」が唯一の利潤分配方式である，と主張しつづけた。80年代に入るとCWSは一段とその経済的能力を拡大していき，それに応じて消費者協同組合全体に及ぼす影響力を強めていった。労働者生産協同組合における自主管理と労働配当を実践していたグリーニングやニールたちにとって，CWSの影響力の増大は「消費者による（協同組合の）排他的所有と完全な支配権」の確立であるように思われた。82年に彼らが協同組合生産連合会を設立した背景にはそのような運動上の危機感があったのである。

　1886年にCWSのレスター製靴工場の労働者が労働条件の改善を要求してストライキを決行した時，グリーニングは戸惑った。このストライキは，確かに「協同組合精神」にショッキングな影響を与えたし，何よりもイギリス協同組合運動史上初めての「事件」であったからである。

　1873年の設立以来レスター製靴工場は堅実に成長してきたので，84年5月に大

規模な拡張が行なわれた。供給年額は73年の3万ポンドから84年の9万ポンドへと，およそ10年間に3倍もの成長をみせたのである。しかし不運にも，工場の拡張が行なわれた頃からレスターの靴業界は不況に見舞われる。CWSがこの不況を低賃金政策で乗り切ろうとしたことから，レスター製靴工場の労働者は低賃金政策に反対してストライキを決行したのである[142]。そして，ストライキ決行後間もなくして何人かのストライカーが「レスター製靴協同組合」(The Leicester Boot and Shoe Manufacturing Society) の設立を提案する。

彼らは，レスター製靴協同組合を，「労働者の資本，管理，経営への直積的責任」に基づいて運営されるコ・パートナーシップの労働者生産協同組合である，と明確に位置づけた。

新しい労働者生産協同組合の設立を提案したストライカーたちは，グリーニングに彼らの提案と計画に与するよう要請したが，グリーニングはその要請に再び戸惑った。というのは，「CWS製靴工場は，たとえその労働者が一種の私的資本家的特性以上の何ものをも感じなかったような原理原則の上に設立されたとはいえ，既にレスターにその地位を確立していたという事実」をグリーニングは無視することができなかったからである[143]。しかし，間もなく彼は3つの理由から新しい労働者生産協同組合の設立者たちに協力する。第1に，この事態に対するCWSの指導者たちの態度に希望がもてなかったこと[144]，第2に，新たな出発を計画した労働者たちは有能かつ信頼できる労働者集団であったこと，そして第3に，この事態を契機にして，他のCWS工場でのコ・パートナーシップ原則に基づく「改革の機会」を期待したこと，である。

特に第3の理由について言えば，ストライカーによる労働者生産協同組合の設立計画は，コ・パートナーシップの問題を協同組合運動全体のそれとして再びクローズ・アップさせた。トマス・ヒューズは，1887年のカーライルにおける協同組合大会で，CWSはコ・パートナーシップ原則と調和するように再構成されるべきである，との決議——しかも，CWSそれ自体の再構成の決議である——を提案し，ホリヨークがその提案を支持したのである。しかしながら，次の大会までこの問題の議論を延期する」というCWS陣営とグリーニングたち労働アソシエーション陣営との対立を避ける修正案が186票対107票で通る。グリーニングは，

その結果，新しい労働者生産協同組合の基礎を「できるかぎり健全で完全に満足のいくものにしよう」と決意する。「新しい労働者生産協同組合の労働者は『出資する権利，利潤に参加する権利，集会に出席する権利，そして自分たちを管理する人たちを投票で選出する権利』を有することができる」[145]ようにするよう彼は決意するのである。こうして，グリーニングがレスター・「イクゥイティ・ブランド」(The Leicester Equity Brand) と呼称したレスター製靴協同組合が誕生し，労働アソシエーションの重要な実験的モデルとなるのである。

グリーニングとニールが「イクゥイティ・ブランド」からコ・パートナーシップ原則に基づいた「規約」の起草を依頼された時，彼らが想起したのは，次章で詳しく論究するあのJ. B. A. ゴダンの「コ・パートナーシップ」モデル——ファミリィステール——であった。グリーニングたちが「イクゥイティ・ブランド」を労働アソシエーションの実験的モデルにと決め，さらにそのモデルとしてゴダンのファミリィステールを想起した時，「イクゥイティ・ブランド」は既存の協同組合あるいは労働者生産協同組合とも異なるものだと考えられたのである。換言すれば，それは，協同組合運動全体を，店舗＝消費者協同組合や工場＝労働者生産協同組合という枠から抜け出させた歩みを進めることであった。グリーニングはかつてこう述べたことがある。「ゴダンは，われわれが熟知している店舗や工場における協同の発展をただ単に遂行するだけでなく，イギリスにおいてわれわれが試みたことのないような，学校や家庭と結びついた社会的発展を遂行するために，自分を支持してくれるグループを見い出したのである」[146]。

しかしながら，グリーニングは「イクゥイティ・ブランド」の出発を手放しで喜ぶことができなかった。というのは，彼は，CWSや私企業との競争場裡で「ブランド」が生き残っていくための確実な市場を，とりわけ協同組合店舗を確保していくことの困難さを十分理解していたからである。その困難をいかにして乗り切るか——十分な機械設備もなしに，「ブランド」の商品が市場を確保し，さらに販路を拡大していくためには「近代的な機械装置を利用して生産する（CWSや私企業の）品物よりも良質で安価な品物を生産する他はない」のであるが，そうするための唯一の要素は「自分たちの協同組合を創設した労働者が依拠するコ・パートナーシップ原則への彼らの確固とした信念である」，とグリーニ

ングには思われた[147]。しかし同時に，彼は，一時的にはある程度まで組合員労働者からその「熱意」を引き出すことができたとしても，かかる信念や熱意を支える制度的，物質的基盤が確立されていなければ，「イクゥイティ・ブランド」は早晩衰退していくだろうとも考えていた。それ故，まさにその「制度的，物質的基盤」を確立することがグリーニングにとっては緊要なことであった。彼が「ゴダンの工場」を「イクゥイティ・ブランド」のモデルとする方針を示したのはそのためである。しかも，「ゴダンのフランス的コ・パートナーシップのルールをイギリス的状況に適応させること」が成功のもっとも重要な鍵になるように，である。そこで，労働アソシエーションの執行部は，ゴダンの「フランス的コ・パートナーシップ」を「イクゥイティ・ブランド」工場に適用する方法を検討し，その結果，次の基本ルールを採用した。すなわち，

　　土地，建物および機械の減価償却と準備金並びに5％の資本利子とを超える利潤部分を以下の形式で分配する。(ⅰ) 労働者に40％, (ⅱ) 経営委員会12％, (ⅲ) 教育目的に5％, (ⅳ) 共済基金に10％, (ⅴ) 技術革新のための特別サービス基金に3％, (ⅵ) 出資者に10％, (ⅶ) 顧客（消費者協同組合）に20％。

　見られるように，この基本ルールはイギリスにおける協同組合運動の現状を反映している。というのは，ゴダンのコ・パートナーシップのルールには(ⅶ)の項目は含まれていないからである。これは，ヘブデン・ブリッジ協同組合の「攻防戦」を経験したグリーニングが，顧客としての消費者協同組合（＝CWS）が労働者生産協同組合から「購買高配当」原則を口実に利潤分配を受け取ることの「危険性」を認識していたにもかかわらず，いわゆる「市場問題」のために，「現実的対応」を余儀なくされた結果である。グリーニングは，なるほど，この「現実的対応」について，「工業と商業の双方の成果に顧客（消費者）が与る要求を認めること」は「分配協同組合（消費者協同組合）にその労働者が経営に参加する要求をやがて認めさせることになる」[148]，と説明しているが，この時点での彼の「現実的対応」は約8,000人の組合員を擁するレスター消費者協同組合を「イクゥイティ・ブランド」の「安定市場」として保持していくための対応であったこと

は否めない。

彼は，労働アソシエーションでの「ゴダンの優れたコ・パートナーシップ」の検討を振り返って，多少自嘲気味にこう告白している。「主要な困難は，フランス的ルールの論理的完全性にあった。何故なら，イギリス的方法は常に多かれ少なかれ妥協の方法であるからである」[149]。それでも彼の「現実的対応」はレスター製靴協同組合を含めた労働者生産協同組合運動のより高い発展に照準を合わせていた。それは，かつて彼が労働者生産協同組合の労働者に訴えた言葉に端的に表現されている。

　　われわれが協同組合工場を設立するために協同組合店舗から離れる時に，われわれが採るだろう最初のステップは，労働者にその労働時間と労働様式に対する管理権を与えることである。それは，工場が協同組合原則に基礎をおいているとすれば，工場における労働者は利潤と経営とにおけるパートナーである，ということである。もしわれわれがそれ以上に歩みを進めるならば，そしてわが分配協同組合と労働者生産協同組合とによってできるかぎり確実かつ適切な社会変革を準備するならば，われわれは組合員の生活を快適さと輝きで満たすことができるだろう[150]。

　(3)　労働アソシエーション
　グリーニングやニールたちがCWS陣営とレスター・「イクゥイティ・ブランド」協同組合の攻防を戦い得たのは，これまでしばしば登場してきた彼らの運動組織「労働アソシエーション」が存在していたからである。この労働アソシエーションは，ある意味では労働者生産協同組合運動の発展過程での1つの「成果」であるが，またある意味ではCWS陣営との激しい対立によって設立を余儀なくされた「結果」でもあった。それ故，1880年代のイギリス協同組合運動の展開は，労働アソシエーションの設立過程を考察することによって一層的確に論究することができる。

　労働アソシエーションの設立に向かう最初の重要な契機は前述したヘブデン・ブリッジ協同組合の攻防戦であったが，次のそして決定的な契機は協同組合生産

連合会 (The Co-operative Productive Federation : CPF) の形成であった。グリーニングとニールたちは，1870年代後半におけるCWSとの対立のなかで，CWSと対抗し得る労働者生産協同組合の連合組織を形成する必要性を感じ取っていた。CWSはグリーニングたちのコ・パートナーシップという基本原則を認めようとしなかっただけでなく，あらゆる場面で彼らの運動に反対するする態度を取るようになってきた。そこで82年に，彼らは，協同組合店舗を含めた新しい市場を開拓するために，CWSを飛び越えても会員の労働者生産協同組合のための「代理店」として活動する組織＝CPFの形成に着手したのである。

　CPFの主要な機能は，(1) 公正な条件に基づいた資本の確保，(2) 市場の確保，(3) 工場の能率的組織化と効率的経営，を促進することであるとされたが，しかし，グリーニングにとって，CPFは単なる「代理店」に止まるものではなかった。CPFは労働者生産協同組合の統一を実現し，労働運動を推し進めるものでなければならない，と彼は考えていたからである。そのためにも彼は，CPFを運動的に支えていく「同志の組織」の確立を急がねばならなかった。労働アソシエーションがそれである。

　1883年にエディンバラで開催された第15回協同組合大会では，第3日目に「生産協同組合」をめぐってCWS陣営とCPF陣営（グリーニング，ニール，ヒューズ，ジョーンズ，ホリヨークそれにヘブデン・ブリッジ協同組合のグリーンウッド）との間で激しい論争が展開された。例えば，グリーンウッドは「労働者の状態を改善するために，労働者は自らの労働管理とその成果に参加しなければならない」，とコ・パートナーシップ原則の採用を主張し，ホリヨークはもっと強い調子で，CWSの路線は「労働の解放を見通すものではない」，と論難した。続いてグリーニングは，「自治的・自主管理工場」において労働者はパートナーとしての地位を与えられること，および労働者が「労働の解放のために何事かを行なう権利」を承認するための委員会セクションの設置を要求して，CWSに正面から論戦を挑んだ。彼のこの要求は，ホリヨークがそう理解したように，CWSが「労働者の労働から生じる利潤の現実的で明確な部分を労働者に分配する協同組合を支持すること」のそれであったが，CWSは当然彼の要求に反対した。結局，議論の結果，次の妥協的な「決議」が採択された[151]。(1) CWSは，ザ・タインに穀物製

第3章　1820年代—1880年代におけるイギリス協同組合運動の展開　　199

粉所を開設し，ヒルズバラのフランネル工場を管理する他に皮革製品の生産事業に着手する，(2) これらの各生産部門においては，純利潤の適正な部分がそこに雇用されている労働者に分配される。なお，この決議に賛成した各代表者は，この決議の精神に則り，各々の現場の世論に可能なかぎり利潤分配について働きかけることを誓約する。既に述べたように，CWS は1875年に「利潤の労働分配」を廃止したのであるから，この「決議」も「利潤の労働分配」という点では CWS には何の意味もなかった。「決議」の (2) は，労働者への「利潤分配」の実施はこの「決議」に賛成した個々の代表者の個人的努力に待つ外ない，と読めるのである。

　グリーニングもこの「決議」のもつ意味を理解していた。それ故，彼はこの大会の「1883年版 CWS 年次報告」についての集会で次のように主張したのである。

　　今や，協同組合人は，労働者を単なる労苦の地位からパートナーシップの地位に引き上げることによって，協同組合の創設者の本来の意志を遂行する第2の偉大な努力の前夜にさしかかっている。店舗は資本を増やし利潤を高めるのにもっとも成功してきたが，しかし，もし配慮を怠るならば，店舗は労働者自身に反対することが常となるだろう。(店舗には) 労働者にパートナーシップを与えないことによって成功を容易にしようとする願望があるからである[152]。(傍点は引用者)

　グリーニングの主張は重要である。彼は，CWS がコ・パートナーシップ（産業パートナーシップ）に反対することによって「店舗の成功」を得ようとしているのであるから，真の協同組合人は「協同組合の創設者の本来の意志を遂行する第2の偉大な努力」を実行に移す秋がきた，とそう呼びかけたのである。「第2の偉大な努力」とは，もちろん，「ロッチデールの先駆者たちの努力」に続くもの，という意味である。換言すれば，CWS は先駆者たちの協同組合の理想をもはや追求しようとしないのであるから，コ・パートナーシップに基づいた労働者生産協同組合がそれを追求するしかない，と彼は主張したのである。彼のこの主張は協同組合運動における「CWS 路線」との訣別と対決を意味したのである。

1884年，第16回協同組合ダービー大会の際に開催されたCPFの会議で，グリーニングは労働者生産協同組合運動の現状を説明し，「同志の組織」としての「労働アソシエーション」を形成することの必要性を労働者生産協同組合の代表者に訴えた。彼は次のように説明した。

> 現在，労働者生産協同組合運動は特有な状況にある。長い間，利潤のパートナーシップは絶対的な失敗である，と信じられてきたし，この運動の同志でさえもパートナーシップ原則が商業的な成功を成し遂げてきた事実をなかなか理解できなかったほどである。しかし，中央協同組合委員会が発表したばかりの報告書に掲載されている表は，昨年（1883年）には34の協同組合工場が……12％の平均利潤を生みだした，という驚くべき結果を実際に明らかにしている。……34のうち15から18の協同組合工場は労働者出資（worker-shareholder），労働者への利潤分配（bonus to labour）それに労働者の経営参加（participation in management）というコ・パートナーシップ原則に基づいているものである。またそのうちの少なくとも12の協同組合工場は利潤分配について完全に成功しているし，健全で満足のできる状況にある。……さらに，例えば，かなりの数の労働者生産協同組合は今では……ヘブデン・ブリッジ・ファスチアン製造協同組合のルールを模範としているのである。……労働者生産協同組合の間でのコミュニケーションが一層頻繁になれば，かつて分配協同組合が相互の援助ために連合組織を形成した時にその失敗の時代が去ったように，労働者生産協同組合は相互に自らを組織することによって失敗の時代に終止符を打つであろう[153]。

グリーニングは，見られるように，コ・パートナーシップ原則の3条件（労働者出資・労働者への利潤分配・労働者の経営参加）を示し，この原則を基礎とする労働者生産協同組合に運動上の展望が見込まれることを強調し，CPFを支える「同志の組織」としての連合組織結成の必要性を明確にして，労働アソシエーションを形成することに導いたのであるが，ここまでに至るのに他の若干の経過があった。

第3章　1820年代—1880年代におけるイギリス協同組合運動の展開　*201*

　既に述べたように，CPFはコ・パートナーシップ原則に基礎をおく労働者生産協同組合の最初の連合機関であるが，その主要な活動のエリアはイングランド北部とミッドランド東部であったことから，グリーニングとニールは，1883年にロンドンを中心とするイングランド南部における労働者生産協同組合運動を促進するための別の組織である「協同組合援助アソシエーション」(the Co-operative Aid Association : CAA) を設立した（このアソシエーションは1891年まで存続した）。しかしながら，CPFの機能は主にそのメンバーのための市場調査と開発および経営の能率化に限定されていたし，他方，CAAはコ・パートナーシップ原則を協同組合運動の基礎として促進しようと考えていた労働者生産協同組合運動の指導者たちには必ずしも満足のいく組織になり得ていなかった。それ故，労働者生産協同組合運動の指導者たちはCAAと異なる機能を有する組織の設立を期待したのである。その期待が労働アソシエーションの形成に繋がるのである。

　1884年に開催されたダービー大会でグリーニングたちは「労働アソシエーション」[154]の創設を宣言した。グリーニングとニールの他に，H. コックス（ジャーナリスト），B. キング（コ・パートナーシップ農場経営の先駆者），E. ドゥ・ボアヴ（フランス消費者協同組合運動のニーム派の指導者）それにジョーンズが創設者として加わった。そして労働アソシエーションの第1回大会が1885年1月にあのヘブデン・ブリッジ協同組合で開催されることになる。

　労働アソシエーションの規約を起草し，「原則の宣言」(the First Declaration of Principles) を書き上げたのはニールであった。ニールは，1885年に「労働アソシエーション：その原則，目的および方法」を論じて労働アソシエーションの機能と特徴を明らかにすると同時に，「CWS路線」の批判を通じて労働者生産協同組合運動の進むべき方向を示した[155]。すなわち，コ・パートナーシップに基づく協同組合生産を促進することによって，(1) 産業の世界においては「協同的協調」が「敵対的闘争」に取って代わる，(2) 人間が到達した自然に対する支配力を労働者大衆の福祉に資するようにする，(3) 生産された富を争奪のなすがままにすることを許さない，とのことを明確な実際的構想とする協同組合組織が協同組合人によって希求されてきた。この構想は，ロッチデールの先駆者たちが彼らの「究極的かつ現実的目的」として掲げたものである。ところが，現在では多数の

協同組合人の「生産的労働に対する態度」は，先駆者たちのそれとはまったく異なってしまった。先駆者たちは，彼らの運動のプログラムに「究極的かつ現実的目的として，自らの労働の成果によって維持される労働者が教育的，知的，道徳的そして社会的なあらゆる利益を労働者自身とその家族に保障することのできるホーム・コロニーの形成」を掲げ，その準備のための生活必需品供給の取引きを「究極目的に必要とされる基金を漸次蓄積していく手段」と位置づけた。しかるに，現在の多数の協同組合人は，分配（消費者）協同組合が成功したことで単純に「生産」よりも「交換」を重視するようになり，その結果，「ホーム・コロニーの建設」という先駆者たちの思想とその目的の意味を理解せずに，労働者には「賃金のみ」が，出資者には「最小の利子率」が与えられ，かくして消費者には「価格の直接的引下げか，あるいは購買高配当」によって剰余（利潤）が分配され，「もっとも実行可能な給付額が最大多数の人たちに与えられる理論」が展開されるようになってしまった。CWSの生産工場はこの理論で経営されている。これに対して，労働者生産協同組合では組合員が協同組合事業の成長のなかにその資本を有益に使用する好機を見い出し，事業の成長を通して近代的な「ホーム・コロニーの建設」を協同組合運動のなかに呼び戻し，生産と交換と消費のバランスのとれた社会の実現を目指すことの意味を理解するようになる。換言すれば，労働者生産協同組合こそ労働者大衆に大いなる福祉をもたらすシステムを確立し得る基盤である，とニールは論じたのである。ニールにとって，それ故，労働アソシエーションは「近代イギリス協同組合運動のルネサンス」をリードするパイロットであったのである。そしてグリーニングは後に労働アソシエーションの歴史的意義についてこう述べている。

> 労働アソシエーションは，蒔かれた種子から発芽した苗木が親木を引き継いでいく，という意味でのみキリスト教社会主義運動の継承であるとみなされてよい。労働アソシエーションを形成した私や他の人たちはそのインスピレーションをヒューズと彼の同志に負っていたので，われわれは，彼らの仕事を継続しようとしたその時に，われわれに開け放たれていた唯一の道をとったのである[156)]。

第4節　ベアトリス・ウェッブの労働者生産協同組合批判

1.　G. J. ホリヨークの「労働と資本」

　1886年に G. J. ホリヨークが労働アソシエーションに参加し，運動のスポークスマンの役割を果たすようになったことは，労働者生産協同組合運動にとって非常大きな味方を得たことになる。それは，彼がオウエン主義者であり，またロッチデール公正先駆者組合の誕生と成長の一部始終を知る協同組合運動の指導者であったということよりはむしろ，彼が「利潤の労働に応じた分配」の擁護者であったということである。彼は既に1879年に名著 *The History of Co operation in England* で「(先駆者組合の) 明確な協同組合原則は……生産協同組合を分配協同組合と同じ計画の上におくものであり，したがって，資本を，主役としてではなく，単なる (労働の) 代行者として扱うものである。分配協同組合における資本の利子は，コストとして扱われ，利潤が処分される前に支払われる費用の一部として勘定される。生産協同組合においても同じルールが遵守されなければならない」[157]と論じ，さらに次のように主張した。

　　われわれが「協同組合」という用語を事業に用いるのは，利潤の源泉に関してではなく，利潤の分配に関してである。店舗において利潤が分配されるのは，投資された資本の総額に応じてではなく，組合員による購買の総額に応じてである――組合員であるその購買者は労働者の地位にいる。すなわち，彼ら労働者は，(生産において) 利潤を生み出し，そして (店舗において) その利潤を獲得するのである。それに対して，中立の代行者である資本は制限された利子を受け取るのであって，それ以上のものではない。他方，生産協同組合は，労働者が自分たちの労働によって利潤を獲得するために結合する労働者の協同組織，すなわち，労働に応じて利潤を分配する協同組織なのである。それは，彼ら労働者が購買高に応じた利潤分配に与るのとまったく同じことなのである[158]。

見られるように，ホリヨークは，消費者協同組合においても労働者生産協同組合においても労働者の労働の所産としての利潤が分配されること，一方は「協同組合店舗」において購買高に応じて，他方は「生産協同組合」において労働に応じて分配されること，またそのように利潤が分配されるのは「協同組合」という協同組織であるが故だからである，と主張しているのである。ホリヨークは，このように2通りの利潤分配方式を認め，また利潤は基本的に生産において生じることも熟知していた。したがって，彼は，労働者生産協同組合や協同組合工場における労働に応じた利潤分配を拒否し，購買高に応じた利潤分配しか認めようとしないCWS陣営を批判してきた。だが，彼の批判には，単なる利潤分配の方法に解消されない，もう1つ別の重要な視点があった。それは，協同組合における「労働と資本の関係」をどのように位置づけるか，ということである。
　ホリヨークは「労働と資本」との一般的関係を次のように捉える。すなわち，資本は「それ自体では何事もなし得ないし，何ものも得ることができない」が，資本は「労働によって雇用されるならば，労働者の頭脳と勤労によって生産的になる」。そこで，もし資本が利子を受け取ることでその要求を終わらせるのであれば，資本は労働と対立しないだろうが，しかし実際には，資本は労働によって生み出された利潤の獲得を要求するのであるから，資本と労働は対立するのである，と。要するに，資本は「利子＋α」を要求し，労働との対立関係をつくりだす，と彼は「労働と資本」の一般的関係を捉えるのである。
　ところが——とホリヨークは明言する——協同組合はそのような「労働と資本」の一般的関係を変えてしまう。では，どのようにして変えるのか。それは，「資本を，それ相応の価格が付与される，生産の自然費用の一部として扱う」ことによって，一言で言えば，「資本の吸収能力を制限すること」によってである。それではどのようにすればそれが可能となるのか。ホリヨークは労働者にわかるようにこう説明する。資本が産業の領域に入ってきた時，人びとは貧しく，資本の能力について無知であったが，協同組合だけは資本を創出すること，したがってまた，資本を「雇う」ことの方策を知っていた。それ故，一方で，

　　資本は，労働を雇い，労働の市場価格を支払い，したがって，利潤のすべて

を取得してきたけれども,やがて協同組合の労働がこの過程を逆転すること
を提唱する。その計画は資本を購入し,資本にその市場価格を支払うことで
あり,したがって,協同組合の労働それ自体が利潤のすべてを取得すること
である。社会の進歩にとっては,資本が人びとを所有するよりも,人びとが
資本を所有する方がずっと道理に合っており,ずっと適切なことである。資
本は使用人であり,人びとが主人公なのである。資本がそれに相応しい地位
にいる場合には,不平不満も対立も生まれないだろう。

 競争においては資本が労働を購入する。協同においては労働が資本を購入
する。この点にこそ原則の差異全体が存在する。資本は協同組合に使用され
れば,誠実に返報を受ける。しかし,資本家は排除される。資本は商品で
あって,人間ではないのである。労働者こそ協同組合に関係する唯一の人間
なのである[159]。

 協同組合の労働者に向けたホリヨークのこのような説明は,労働者生産協同組
合における利潤分配を正当化するのに受け入れやすい論理であったし——筆者と
しては,現代の労働者生産協同組合,とりわけモンドラゴン協同組合企業体に通
じる思想であるように思える——ニール,ヒューズ,ラドローたちキリスト教社
会主義者やグリーニングの労働者生産協同組合の理論を擁護するものでもあった。
しかし,CWS陣営としては「労働に応じた利潤分配」を,ひいてはコ・パート
ナーシップ原則を徹底して批判することが必要であった。そしてベアトリス・
ウェッブ(ポター)がそのための筆を執ったのである。彼女は名著 *The Co-operative Movement in Great Britain* (1891) を書き上げて,その役割を果たすこと
になる。そこで,ウェッブの労働者生産協同組合批判とニールとラドローの反批
判を見ていくことにしよう——彼女の批判がイギリス協同組合運動史研究に及ぼ
した影響については既に述べたとおりである。

2. ベアトリス・ウェッブの労働者生産協同組合批判

 ベアトリス・ウェッブの上記の著書で展開されている労働者生産協同組合批判
は,意識して読めばわかるように,キリスト教社会主義者による労働者生産協同

組合運動に対する批判である。1869年の第1回協同組合大会から80年代に至ってもなお毎年のようにコ・パートナーシップ（産業パートナーシップ）をめぐって労働者生産協同組合陣営とCWS陣営との間で展開されてきた路線対立と論争の根源は，あのキリスト教社会主義運動とその思想にある，と彼女には思われた。彼女は「産業民主制」の擁護者として協同組合運動に登場したのであるが，コ・パートナーシップ原則を産業民主制の障害であると考えた彼女にとっては，消費者協同組合運動をイギリス協同組合運動の主流に留めておくためにも労働アソシエーションが指導する労働者生産協同組合を徹底的に批判すること，そのためにはまた「自治的・自主管理」を経営のコンセプトとするキリスト教社会主義の労働者生産協同組合運動に遡ってそれを批判することが必要であった。それに費やされたページが第5章「生産者協同組合」（Association of Producers）である。そして第7章「理想と現実」（The Ideal and The Fact）と第8章「結語」（Conclusion）とにおいて，彼女は産業民主制を明確に擁護し，協同組合運動における産業民主制の基礎として「消費者主権」を打ち出し，それをラドローやニールなどキリスト教社会主義者が指導した労働者生産協同組合批判と結びつけたのである。

彼女は「理想と現実」のなかで次のように主張する。

> 営利家を排除するだけでなく，利潤を絶滅させることによって，コミュニティに奉仕することと無関係に富を取得する技巧（アート）の機会を破壊する——そのまさに基礎を根こそぎ一掃する——ことこそ，協同組合の民主的形態の独自な，そう言ってよいならば，華々しい功績である。……消費者の協同組合における分け前（shares）は，資本に対する利子が購買高配当というロッチデール・システムによって市場利子率に自動的に引き下げられるのであるから，等価以上にはけっしてなり得ないことは明白である。生産者の協同組合においては，彼らが労働を買う資本家であろうと，資本を買う労働者であろうと，あるいは産業パートナーシップであろうと，分け前は実現された利潤に応じて大きくなったり小さくなったりするのである[160]。

ウェッブの言う「協同組合の民主的形態」とは消費者協同組合のことであるが，

それは,「利潤」を「絶滅する」のは消費者協同組合であって,労働者生産協同組合ではい,という単純な基準に基づいている。彼女は,消費者協同組合は原価で商品を販売することによって価格に対する利潤(=商業利潤)を根絶させ,その結果,営利家(=資本家)を排除することができるのに対して,労働者生産協同組合はただ単に利潤を取得するだけでなく,利潤を増大させるにすぎない,と言うのである。しかしながら,彼女は,消費者協同組合が「利潤」それ自体を除去するものではないことを知っていた。何故ならば,彼女は,剰余としての利潤は「協同組合店舗」において生じる,と論じているからである。資本主義経済においては,仮に消費者協同組合が商品を原価で購入し,それを販売したとしても,利潤を「絶滅させる」ことはできない。ここでは商業資本である消費者協同組合は商品を生産する産業資本家からその商品を価値以下で購入し,価値通りに販売するしかないからである。消費者協同組合における「剰余」とはこの公正な市場取引きによって生じる商業利潤に他ならないのである。

それ故,彼女がこう述べたのは当然である。「(協同組合)店舗およびそれに附属する連合機関(CWS)の公開民主制においては,生産費を上回るすべての剰余は,優位な立地条件や景気変動による『自然増価』とともに,新旧を問わず加入しているすべての人びとの間に分配されるか,土地および建物の特別減価償却や市民の将来の世代の利用に備える多大な準備基金として蓄積されるかである」[161]。要するに,彼女は,消費者協同組合では剰余=利潤が生じると論じているのである。その利潤をどのように扱うかは確かに協同組合民主主義に関わることではあるが,協同組合民主主義と利潤が生じることとは相互に関係がないのである。

次にウェッブは「生産者と消費者を直接結びつける」ために労働組合と消費者協同組合との連携を提案する。集団としての労働者と集団としての消費者の「共同取引き(コレクティヴ・バーゲン)」である。製靴工がその靴を織布工に販売し,織布工がその服地を農夫の妻に販売する,という個人的関係――彼女はそれを「個人主義的交換は個人主義的生産の結果である」と表現する――は産業革命によって変革された商業システムの下ではもはや不可能であるから,「個人と個人の間の交換は,権限を与えられた代表者を通じての,労働者のグループと消費者のグループとの間の交渉に取って代わられなければならない」と彼女は主張する[162]。この彼女の主張に

はある意図が示されている。すなわち,彼女は,労働者に向かって——しかも,「できることならば,民主的自治のために,あまり貧しくもなく,またあまり富裕でもない中間的な労働者階級」に向かって——個人的関係に代わるべき社会的関係としての「共同取引き」の概念を明らかにするために,産業民主制が十分に発展し,産業が消費者の連合組織（アソシエーション）である消費者協同組合や卸売連合会と地方自治体や国家の公共セクターとによって組織され,同時にすべての労働者が労働組合に統合されている場面を想定するように呼びかけるのである[163]。

換言すれば,ウェッブの主張するところは,協同組合経営への労働者参加に基礎をおく労働者生産協同組合によってではなく,労働組合・消費者協同組合・卸売連合会・地方自治体といった集団組織の代表者を通じて労働者はその利益を集団的に取得するのであり,そうすることによってはじめて労働者は地方自治体あるいは国家の「市民」として社会の「主人公」になり得るのだということである。「一方では協同組合連合会への,他方では労働組合連合会への全労働者階級の結集は,労働者をして,国における事実上の最高位者たらしめるであろう」[164],これが彼女のもっとも強調したかったところである。そして彼女は,このような観点に立って,労働者生産協同組合を「個人主義派」(Individualist) と称し,CWS＝消費者協同組合を「連合主義派」(Federalist) と称して,労働者生産協同組合運動の批判を展開したのである。したがって,われわれとしても,キリスト教社会主義思想に基づいた労働者生産協同組合を批判する手段としての彼女のこの用語の使い方に注意しておく必要があろう。

ウェッブが産業民主主義の擁護者として協同組合運動の舞台に現われた時,彼女としてはラドローやニールなどキリスト教社会主義者によって指導された労働者生産協同組合を批判することが肝要であった,と先に述べておいたが,それは,彼女にとって,産業民主制と対立し,しかもキリスト教社会主義運動にルーツをもつコ・パートナーシップを目標に掲げる労働者生産協同組合を批判するのに不可欠であったためである。産業民主制の観点からすれば,労働者生産協同組合は1人の営利家に代えて多数の営利家をつくりだすだけであり,ましてや「取引きの道徳化」をもたらすものでもない個人主義的な組織に彼女には思えた。彼女はこう強調している。「自分たち自身の親方になること,また自分の労働によって

より多くの物を得ることは，サービスと資本を受取った労働者にしてみれば，自らを改善しようとするまったく至当な願望に従ったものと言えるかもしれないが，しかし，私には彼らの行為のなかにどんな理想も見い出せないのである」[165]。

　しかしながら，労働者生産協同組合を個人主義的生産組織だとみなすウェッブの主張が正しいとするならば，オウエン主義を起源とする協同組合，とりわけロッチデール公正先駆者組合はどのように説明されるのだろうか。既に見たように，先駆者組合の「1844年規約」は店舗で生じた利潤を購買高に応じて組合員に分配することを承認する一方で，先駆者組合を単なる消費者協同組合に止めない，すなわち，消費者協同組合以上のものにすることを記していた。だが，「購買高配当」と称される利潤分配方式は，実際には，組合員個人の生活改善を目指したものであって，それ以上のものではない。その点からすれば，購買高配当は個人主義的な規定である。他方，先駆者たちにとって生産者協同組合は消費者協同組合と同じ重要さをもっていたのであるが，先駆者たちは，例えば製粉所経営に見られたように，生産者協同組合の経営に成功しなかったのである。ウェッブの用いた「個人主義派」と「連合主義派」という用語は，したがって，協同組合運動の歴史的視点から見ても曖昧さのある概念を基礎としている，と言わなければならない。そこで，ウェッブの労働者生産協同組合批判についての見解を検討する前に，彼女のキリスト教社会主義運動＝労働者生産協同組合批判の「用具」となっている，「個人主義派」と「連合主義派」の概念について考察を加えておくことにする。

　ウェッブはこれら2つの用語を次のように定義する。「個人主義派という用語は，各個の製造工場がそこで労働する人たち（組合員労働者－引用者）によって統治（可能であれば所有）されるべきであり，利潤はそれらの労働する所有者の間で分配されるべきである，と主張する協同組合人の一派を指す……ために用いられている。……他方，（政治的民主主義に倣って）産業の民主的運営を擁護する協同組合人は，通例，連合主義派と称される」[166]。彼女の定義に従えば，「個人主義派」とは各労働者生産協同組合の自治を承認し，またその協同組合で労働する組合員労働者の間での（労働に応じた）利潤分配を承認する協同組合人，ということである。しかし，この定義には議論の余地がある。第1に，オウエン主義の

協同組合であろうとなかろうと，また労働者生産協同組合であろうと消費者協同組合であろうと，およそ自治的でない協同組合など存在しないだろうと思われるし，第2に，利潤分配に関して言えば，さまざまな時期の協同組合運動は各々の時期の経済的，社会的状況の下での要求や理念あるいは主要な目的に見合った仕方で利潤を扱うことを求められてきたのであって，産業民主主義に見合った彼女の理想とする「利潤分配」方式以外の方式を直ちに唾棄してはならないのである。例えば，協同コミュニティの建設を目指した1830年代前半のオウエン主義協同組合運動は，協同組合の事業によって生じた利潤を「不分割」とし，いかなる形態にせよ組合員の間で分配することを許さなかった。それに対して，この運動の流れを汲む先駆者組合は，先に言及したように，「1844年規約」の第22条で「購買高配当」を明示したのである。しかし同時に，先駆者たちはその同じ規約の第1条でオウエン主義の理念と要求と目的を掲げていたのである。

　ウェッブの観点に立てば，少なくとも先駆者たちは「個人主義派」に属するはずであるが，しかし彼女はそうとは言わない。何故言わないのか，その理由は，彼女が利潤分配を，「分配の方法」と協同組合の「統治の方法」と密接に関係させて考えていたからである。すなわち，彼女にとって重要なことは，「職務上の地位」に対する組合員労働者（＝従業員）の「無資格性」が原則になっていることである。「購買高配当」は，彼女にとって「公開民主制」の基礎であっただけでなく，この原則を確かなものにするキー・ストンであったのである。

　ウェッブたちフェビアン社会主義者の「産業民主主義」は，選挙による政治的民主主義だけでは労働者の労働と生活条件を大きく改善できないとして，労働組合や協同組合の内部における民主主義の確立を踏まえ，共済，団体交渉，法律制定などの方法によって労働組合や協同組合の影響力を産業や社会のなかで拡大していくことを戦略目標としたものであった。しかし，その際の戦術は，労働組合や協同組合が関与する領域を労働条件の決定などに限定し，したがって，雇用主や経営担当者の意思決定領域を侵すことをせず，また産業の能率や公的利益を労働組合や協同組合が損なわないことを原則としていた。それ故，彼女にとって，協同組合に関して言えば，経営担当者だけでなく雇用主や資本家の統治や意思決定領域に抵触することになる，自治や労働者自主管理，あるいは経営参加や労働

に応じた利潤分配といった労働者生産協同組合のコ・パートナーシップはけっして許されるものではなかったのである。換言すれば，キリスト教社会主義者たちが擁護する「自治と利潤分配の方法」は，彼女の理想とする「産業民主制」にとって実に都合の悪いものであったのである。それ故に，彼女は先駆者組合をこう賛美し，協同組合における「産業民主主義」の範を垂れたのである。

> ここ（先駆者組合－引用者）には統治をわが物とし，利潤を独り占めにする特定少数の個人（資本家であれ労働者であれ）が存在する代わりに，絶えず増加する投票者の団体――組合員の諸権利が地方自治体のそれよりも容易に達成される選挙団体――が存在するのである。すなわち，自治的生活の１つの部門――個人的使用のための商品の調達と分配――を経営管理する代表者を選挙する公開民主制が存在するのである。これこそ「購買高配当」の偉業である。それは産業組織に類のない民主的基礎をもたらしているのである[167]。

こうして見てくると，ウェッブの「個人主義派」と「連合主義派」の用語は恣意的に使われていることがわかるし，キリスト教社会主義者と労働者生産協同組合運動を批判する単なる「用具」になってしまっていることにわれわれは気づくのである。彼女がキリスト教社会主義運動とその流れを汲む労働者生産協同組合をオウエン主義やイギリス協同組合運動の伝統と異なるものだとして切り離そうとした意図も，われわれははっきり理解できるのである。

3. ラドローの反証

ウェッブは自分に都合の悪い事実を隠してキリスト教社会主義運動とその流れを汲む労働者生産協同組合を批判したのではない。それどころか，彼女は「批判の相手でもその長所を認める」という態度を崩さなかった。したがって，そのかぎりでは，彼女は「イギリス協同組合運動史において不当に低い位置しか与えられてこなかった」キリスト教社会主義の運動と思想を彼女の名著に書き留めたという役割を客観的に果たした。しかしながら，他方で彼女は，キリスト教社会主義の運動と思想を労働者生産協同組合や協同組合工場の挫折や失敗と直接結びつ

けることによって，キリスト教社会主義者たちのイギリス協同組合運動全体への貢献を巧妙に避けようとした。そのうえ，彼女は，キリスト教社会主義の運動と思想を P. J. B. ビュシェの協同組合思想に無媒介的に結びつけることによって，労働者生産協同組合や協同組合工場の失敗をもっともなことと思わせたのである。

　キリスト教社会主義運動がラドローを通じてビュシェの自治的な労働者生産協同組合によって影響を受けたことは確かであるが，同時にラドローはシャルル・フーリエやルイ・ブランそれにプルードンの思想にも大いに鼓舞されたし，ニールに至ってはオウエンの思想から学ぶところが多々あったのである。そこで，ウェッブのキリスト教社会主義批判の論拠に対するラドローの反証を取り上げてみよう。ラドローは次のように述べている。

　　B. ポター（ウェッブ）女史は……ビュシェこそがわれわれのすべての協同組合事業の創始者である，と強調する。われわれの協同組合の初期の形態はパリの協同組合を大いにモデルとしたのであるから，われわれの協同組合がビュシェにその起源を求められることは疑いない。しかし，ウェッブ夫人よりもヨーロッパ大陸の社会主義に詳しい人であれば誰でも，サリー（キリスト教社会主義運動の執行機関 SPWMA の初代書記－引用者）の『規定集』のなかにさまざまな他の人たち影響の形跡を見るだろう。「労働の組織化」とは何よりもルイ・ブランのスローガンであった。しかし，それ以上にわれわれは，「交換」と「消費」の組織──「商品の交換と分配」──に目を向けていたし，これによってわれわれの目的を，一方ではオウエンの目的と他方ではプルードンの目的と関連づけたのである。実際のところ，かつてのオウエン主義者ロイド・ジョーンズと，サン・シモンとフーリエを信奉しまたプルードンにも協力したルシェヴァリエの存在を考えれば……われわれが何が何でもビュシェに従うべきだ，というのはまったく不可能であったし，ビュシェについて言えば，われわれの仲間のイギリス人は，サリーを別にすれば，われわれの協同組合が開始される以前にビュシェの社会主義の著書を読んだことがなかったのである。私がこのように言うのは，私がかなりのシンパシィをもったビュシェの価値を軽視しようとするためでなく，事実を事実として言った

までのことである[168]。

　ラドローのこの反証は興味深い。P. N. バックストロームが強調しているように,「キリスト教社会主義運動は, 精神においてはフランスであったとはいえ, イギリスに固有のオウエン主義と密接に対応していた」[169]ことをラドローは語っているからである。それにもかかわらず, ウェッブは, キリスト教社会主義の運動と思想は専らビュシェから影響を受けた, と主張することで, 自治的で労働者自主管理の労働者生産協同組合を「個人主義派」と称して, その運動を「連合主義派」と彼女が称するオウエン主義やロッチデールの先駆者組合の伝統の流れから切り離してしまおうとしたのである。もし彼女がビュシェとラドローの思想的類似性を単純に強調するのではなく, キリスト教社会主義たちがイギリス協同組合運動全体に与えてきた実際のインパクトを客観的に評価しさえしていれば, 彼らは, 労働者生産協同組合や協同組合工場の挫折や失敗にもかかわらず, イギリス協同組合運動の発展に少なからず重要な足跡を残した, と既に広く認められていたことであろう。

4. ニールの反批判

　ウェッブによるキリスト教社会主義の運動と思想に対する批判は, 労働者生産協同組合の「非民主主義的性質」という点にも向けられていた。彼女は次のように論じている。

　　今や私は, 読者に, 労働者生産協同組合はその構成の上からも反民主主義的である, と私が暗黙のうちに想定してきたその理由を考えてもらわなければならない。まず第1に, まさにその活動の性質上, 死力を尽くして互いに闘うか, あるいは価格と品質を大衆に押しつけるために結びつくか, いずれかしかない生産者の小自治集団にコミュニティを分裂させるというのは, 妙にひねくれた民主主義観ではないのか[170]。

　実は, ウェッブのこの批判は, キリスト教社会主義批判家のW. R. グレッグが

1851年1月に『エディンバラ・レヴュー』紙で「イギリス社会主義と共産主義的協同組合」(English Socialism and Communistic Association) と題して論じたキリスト教社会主義批判に非常に似ているので，ウェッブと直接論争する機会のなかったニールのために，ここでニールの「反批判」として示しておくことにする。ラヴェンも述べているように[171]，ウェッブに先立つ40年も以前に彼女と同じようなキリスト教社会主義の運動と思想に対する批判があったことは，われわれとしても興味を覚えるのである。

ニールのW. R. グレッグへの批判は，1852年3月に労働者協同組合促進協会 (SPWMA) の求めに応じてニールが行なった講演「労働と資本」のなかで展開された批判である（第2章第5節を参照）。ニールは次のように述べて，グレッグの労働者生産協同組合批判に応えている。すなわち，労働者生産協同組合や協同組合工場は「人びとに，自分たち自身の利益のためだけでなく，他人の利益のためにも結合することを要求する」。それらは，人びとに「自分たち自身の利益のために他人の労働を使用する」ことによって個人的により高い社会的地位を確保することを求めるのではなく，「自分たち自身だけでなく，他人のためにも労働しようと断乎として決意すること」を求めるのである。グレッグのような批判家たちは，すべての協同労働のなかに存在するこのような性向をまったく看過してしまっている。彼ら批判家は労働者生産協同組合や協同組合工場を，資本の所有者が「自分自身の利益のために何とかして他人の労働を使用しようとする」株式会社と同一視し，また「競争は個人間でも企業間でも有害な形で存在するかもしれない以上，協同組合も競争を免れないだろうと推論する」が，協同組合間の競争を株式会社間のそれと同一視されてはならないのである[172]，と。

ニールは，常々，労働者生産協同組合は単なる労働の行使の場から，協同労働を通じて道徳的，知的な資質を次第に高めていく労働者を創り出す高次な組織になるべきだと考えていたが，ここではさらに，労働者生産協同組合は，所有と経営を分離し，雇用主と労働者を分離する株式会社とまったく別個の存在であることを強調すると同時に，協同組合間の競争は「品質を落とすことなくコストを下げる」という協同組合生産の優位性を強調することによって，協同組合間の競争と株式会社間の競争との質的な相異を示そうとした。この点は，後にウェッブが

第3章 1820年代—1880年代におけるイギリス協同組合運動の展開 215

主張した点——「労働者は，もし彼らに選択の自由があるとすれば，労働から資本を切り離すことを選ぶ」[173]——に対する反論になろう。その意味で，自発的意志に基礎をおく自治的・労働者自主管理が「能率」と両立し得る道をニールが用意しておく必要性を看取していたことは，彼の鋭さであったといえよう。彼はこう言及している。資本主義社会においては，労働者が雇用を制御するようにならないかぎり，「労働者は他人に対してどんな利己的な満足にすぎないものでも手放そうとしないし……どんな賢明な配慮もどんな仁愛のある願望も働かせようとはしない。労働者は外面的な善に加わるかもしれないが，しかし，より価値のある高次の内面的な善からは排除されるのである」[174]。この文脈に，われわれは，労働者自主管理と協同労働による「労働の解放」を実現し，そうすることで社会改革を遂行しようとのニールの意志を読み取ることができるのである。それ故にまた，ここからは，ウェッブが言ったような「妙にひねくれた民主主義観」などけっして読み取れないのである。むしろ彼は，協同労働に基礎をおいた民主主義の理想を追求し，その確立を労働者生産協同組合のなかで目指していたのである。ニールはグレッグの批判に応えて，次のように論じた。

> 協同労働（associated labour）が当然のように生み出す中央機関の管理運営を通じて，等しく優れたすべての労働は，それがどこでなされようとも，等しく処置され得ることだろう。すべての協同組合工場は，それらがどこに位置していようとも，生産に必要な原材料を調達することができるだろう。……次に，これらの協同組合工場は，洗練された自然の美観がすべての人の手に届く範囲におさめられた協同組合工場になり，そして知識を身につけ技術を習得する機会を与えてくれる協同組合工場になるだろう。またそれらは，製造活動が農業の営みと結びつけられて管理運営される協同組合工場にもなるだろうが，そのような協同組合工場では人間の食糧を生産するための土壌の肥沃さを自然の土壌に還元するシステムが確立されるだろう。そこでは，フーリエの創造に富んだ才能が描いた職業ローテーションによって，細分業の原理が最適利益をもたらすところまで拡大されるだろう。そこではまた，労働を魅力あるものとすることによって，富む者と貧しき者とを区別してい

る大きな境界線が取り払われるであろう。その時にこそ，この世での人間の真の運命が理解されはじめるだろうし，かくして人びとは，神の意志をそこで遂行することの意味が何であるかを知覚しはじめるだろう[175)]。

　ニールのこの見解は，フーリエの協同コミュニティ思想に基づいたものではあるが，協同労働に基礎をおく労働者生産協同組合が目指すべき労働諸条件を示したものである。良好な自然的環境，知識と技能を高める職業訓練の機会，何よりも労働を魅力あるものするための条件整備など，人間味のある労働と生活を労働者生産協同組合は追求していくことをニールは強調したのである。彼のキリスト教社会主義思想には，一般民衆に高い価格を押しつけるか，あるいは品質の悪化を押しつけることはもちろん，コミュニティを生産者の小自治集団に分裂させる意図もないのである。彼の意図するところは，社会改革としての近代的協同コミュニティの建設への重要なステップとして労働者生産協同組合を位置づけることであったのである。

　さて次に，ウェッブによるキリスト教社会主義批判の別の論拠である，キリスト教社会主義たちは「産業革命によって引き起こされた基本的変化を看過していること，すなわち，大資本の使用から生じる増大する利益，工場制度の精緻な規律そして競争の圧力の下で市場を確保するのに必要な熟達した知識といったことを看過している」[176)]という見解に目を転じてみよう。

　ラヴェンは，ウェッブのこの見解をラドローのコメントを引き合いにして反論しているが[177)]，しかし，それは説得的でないように思える。というのは，キリスト教社会主義者たちが目指した目標と彼らが実際に試みた「実験」とを区別していない，という点ではラヴェンもウェッブも同じ誤りに陥っているからである。むしろこの場合，われわれとしては，「協同組合工場は，しばしば，不景気の時期に，あるいは衰退しつつある産業において設立されている」[178)]とのウェッブの指摘に同意すべきである。しかし，それでもなお，われわれはきわめて限定された同意しか彼女に与えることができない。キリスト教社会主義者たちは「産業革命によって引き起こされた基本的な変化を……看過した」という彼女の見解は，キリスト教社会主義運動について十分に事実を説明するものでないからである。

第3章　1820年代—1880年代におけるイギリス協同組合運動の展開　　217

　キリスト教社会主義者たちが「産業革命によって引き起こされた」失業と貧困から労働者を解放するべく労働者生産協同組合の事業に乗り出した時，彼らとしてはまずもっとも実行可能な産業領域において事業に着手した。ところが，その産業領域でも生産と販売において厳しい競争が貫徹されており，その結果，多くの労働者生産協同組合は失敗の憂き目をみた。このかぎりでは，ウェッブの見解は説得力をもつ。しかし同時に強調されるべきことは，彼らが労働者生産協同組合に乗り出したのは，彼らが産業における「基本的変化」を目の当たりにし，その基本的変化を十分認識したからである，ということである。キリスト教社会主義運動の機関誌『キリスト教社会主義誌』でのラドローの主張はそのことをよく語っている。

　　今やわれわれの任務は，キリスト教社会主義の目的が……いかなる機構によって成し遂げられ得るのかを明示することである。すなわち，労働者はどのようにして競争制度の下での個人的労働の束縛から自らを解放することができるのか，また自らを解放するために他の人たちの援助を得ることができるのか，あるいは少なくとも，現在どの程度まで労働者は誠実な同胞関係によってその弊害を軽減できるのか，ということである。この機構を他の人たちに提示する際に，われわれは，社会を車輪やスプリングの単なる集合とみなし，生きた人間のパートナーシップとみなさず，また社会に活気を与える形式のみを考慮して，その精神を考慮しないような社会機構の盲目的崇拝に異議を唱えなければならない。しかし同時に，われわれは，いっさいの規則的な行動の方法を嘲り笑う個人的意志の盲目的崇拝にも本気で異議を唱えなければならない[179]。

　ラドローのこの主張のなかに，われわれは，オウエン主義協同組合運動の思想を，ひいては1844年の先駆者たちの思想を垣間見ることができるであろう。ラドローのこの主張は，資本主義的労働制度からの「労働の解放」を謳っている，キリスト教社会主義者の社会改革へのプレリュードであったのである。バックストロームの次の言葉はキリスト教社会主義者たちに届いたであろうか。

ベアトリス・ウェッブが冒した基本的な誤謬は，1870年代と80年代にコ・パートナーシップの路線に沿った協同組合生産の復活に着手したすべての人を，たった1つのポットに入れて煮てしまったことであった[180]。

【注】

1) *The Economist : A Periodical Paper, Explanatory of The New System of Society projected by Robert Owen, ESQ, ; and of A Plan of Association for Improving the Condition of the Working Classes, During their Continuance at their Present Employment, Vol.2, No.39, 1822,* (Reprinted in 1966.) p.205.

2) 「集合家族」形式とは，例えば250の労働者家族がコミュニティで共同生活をし，そこでの生活は構成員に相当な利益をもたらすことを他の労働者に証明してみせ，それを目撃した労働者が自分の住んでいる場所で協同経済組合に参加して組合員となり，時機をみてある場所に集結し，そこにコミュニティを建設する，という「協同コミュニティの建設」の方法である（上記 *The Economist* のサブタイトルを参照されたい）。

3) 1826年1月から30年3月にわたって発行された『協同組合雑誌』(*The Co-operative Magazine*）の「趣意書」のタイトルページに記されているサブタイトルは，「相互協同と平等な分配に基礎をおく社会体制の新しいシステムの月刊ヘラルド」，である（*The Monthly Herald of The New System of Social Arrangements, founded on Mutual Co-operation and Equal Distribution*）。このサブタイトルにロンドン協同組合の目標が要約的に示されている。

4) *The Co-operative Magazine, Vol.1*, 1826, title page 1.

5) *The Co-operative Magazine, Vol.1, No.1,* January, 1826, p.6.

6) *Ibid., No.2*, February, 1826, p.57.

7) 中川雄一郎「ブラッドフォード『再考』」（『明治大学政経資料センターニュース』No.39／40, 1987年3月）参照。

8) *Ibid., No.7*, July, 1826, p.224.

9) *Cf. The Co-operative Magazine, Vol.2, No.1,* January, 1827, pp.29-30.

10) *Ibid., No.5*, May, 1827, pp.223-224.

11) *Ibid.*, p.230.

12) *Ibid.*, pp.230-231.

第3章　1820年代—1880年代におけるイギリス協同組合運動の展開

13) *Ibid., No.9*, September, 1827, p.421.
14) *Ibid*., p.421.
15) *Ibid., No.10*, October, 1927, p.458.
16) *Ibid., No.12*, December, 1827, pp.547–550.
17) *Ibid., No.5*, May, 1827, p.225.
18) *Ibid*., p.226.
19) *Ibid*., p.226.
20) *Ibid*., No.9, pp.418–419.
21) *Ibid*., p.419.
22) *Ibid., No.11*, November, 1827, p.508.
23) T. W. Mercer, *Co-operation's Prophet, The Life and Letters of Dr. William King of Brighton with a Reprint of The Co-operator, 1828–1830*, Co-operative Union, Manchester, 1947, p.4.
24) *Ibid*., pp.4-5. フライはまた，彼女の親友で，ブライトンを訪れては地区協会の集会に1度ならず参加していた，ニュー・ラナーク時代のオウエンの経営パートナーの1人であった裕福なクエーカー教徒，ウィリアム・アレンをキングにひき合わせている。おそらく，キングは，アレンからニュー・ラナーク時代のオウエンの功績や人となりについて聞かされたことと思われる。
25) ロンドン職工学校 (the London Mechanics' Institute) については，鎌田武治著『市場経済と協働社会思想：イギリス資本主義批判の思想的源流』(未来社, 2000年)「ウルトラ・リベラリズムの展開過程・Ⅰ London Mechanics' Institute の開設」を参照されたい。
26) T. W. Mercer, *op. cit*., p.169.
27) *Ibid*., p.6.
28) *Ibid*., p.62.
29) リカードの講義の内容を『ブライトン・ガゼット』紙はこう伝えている。「あらゆる種類の食糧価格が上昇している——このことは，収穫が例年以上に大量なのであるから，すこぶる異常である。0.5ポンド（重量）のパン1個が11ペンス，もっとも良質の小麦粉が1ガロン（4.5リットル，8分の1ブッシェル）当り1シリング10ペンス，牛肉1ポンド（重量）当り8—10ペンス，それに良質のポテト1ガロン当り10ペンスである。」「何事もなく平穏に年が過ぎ，収穫量も十分なのに，この

ような法外な価格については，確かに説明を要する。そこで，農民は現在のような食糧価格の上昇によって利益を得るのか，さもなければ，今やその利益は中間商人たちによって吸い取られているのか。……われわれはこのように推測する。すなわち，中間商人は，ここでもまた現に，農民や一般民衆を犠牲にして主要な利益を手に入れているのである」(傍点はイタリック，*Ibid*., p.9)。

30) *Ibid*., p.46.
31) *Ibid*., p.73.
32) *Ibid*., p.53.
33) *Ibid*., p.53.
34) 1831年6月11日から隔週で発行された『ランカシャー協同組合人』(No.1〈1831年6月11日〉―No.6〈1831年8月20日〉)は，1831年9月3日の発行から『ランカシャー・ヨークシャー協同組合人』にそのタイトルを変更している。
35) E. T. Craig, *The Irish Land and Labour Question, illustrated in The History of Ralahine and Co-operative Farming*, London and Manchester, 1893, p.40.
36) 注34)を参照されたい。
37) *The Lancashire Co-operator, No.2*, June 25, 1831, pp.3-5.
38) E. T. Craig, *op. cit*., pp.46-49.
39) *Ibid*., p.47.
40) *Ibid*., p.47.
41) *Ibid*., pp. v – vi.
42) *Ibid*., p.vi.
43) 後にクレイグは，ある新聞に，「ララヒン（コミュニティ）におけるように，労働する資本家（Labouring Capitalists）による生産的労働の経営と利潤への参加」について書いた，と述べているが(*Ibid*., p.69, see the footnote)，この言葉は，彼の言う「利潤分配」の真意をよく表現している。
44) *Ibid*., p.75.
45) *Ibid*., p.76.
46) *Proceedings of the Third Co-operative Congress; held in London, and Composed of Delegates from the Co-operative Societies of Great Britain and Ireland, on the 23rd of April 1832, and by adjournment on Each of the Six Days, Sunday Excepted, by William Carpenter*, London, 1832, p.80.

47) E. T. Craig, op. *cit*., p.76.
48) *Ibid*., p.75.
49) Beatrice Potter, *The Co-operative Movement in Great Britain*, London, 1893 (published in association with the LSE), p.30.
50) A. L. Morton, *The Life and Ideas of Robert Owen*, London, 1969, p.60.
51) R. G. Garnett, *Co-operation and the Owenite Socialist Communities in Britain 1825—45*, MUP, 1972, p.123.
52) 1831年5月（第1回）から35年4月（第8回）にわたって開かれた Co-operative Congress を「協同組合コングレス」と表現したのは，1869年から現在まで毎年開催されている近代の「協同組合大会」（Co-operative Congress）と便宜的に区別するためである。なお，この協同組合コングレスは，事実上，第1回から第4回までが協同コミュニティ建設や他の協同組合運動に関わる事柄を検討したのに対して，第5回から第8回は主に労働組合運動（グランド・ナショナル）について論じており，また特に第7回および第8回は「オウエン主義者たちの新聞には記録されじまいであった」（G. D. H. Cole, *op. cit*., p.28.）ほど低調で，しかも協同組合運動から離れてしまった。
53) *Resolutions & c, passed at the First Meeting of the Co-operative Congress*, held in Manchester, on Thursday and Friday, May 26 and 27, 1831. なお，決議Ⅳは，別途に「イングランド北西部連合協同組合」の「管理運営規則」（Laws for the Government）を決定している。例えば，次のような「規則」である（Laws for the Government of the "North West of England United Co-operative Company"）。

＜連合協同組合の目的＞
(1) リヴァプールの卸売店舗に各協同組合が取引きする……最良の品質の消費物資を最低の価格で供給し，あるいはストックしておくために，卸売店舗と取引きする協同組合からの拠出金と借入金とにより資本を調達する。
(2) 協同組合で製造されたすべての品物の販売と交換を促進する。
(3) 相互の保護と利益に向けて，好意ある尽力と思いやりのある行為を繰り返し遂行するために，イギリスのすべての地方にある協同組合を1つの組織体に固く統一する。

＜加入条件＞
(1) 本連合協同組合の会員になることを望む協同組合は，前もって協同組合の規則

の写しを届け出なければならない。……それらの協同組合が「共同資本と共同労働」(United Capital and Labour) に基礎をおき，またそれらの協同組合の究極目的が「財産の共同」(Union of property) と権利の平等，そして享受の手段の平等であるならば，…それらの協同組合は本「規則」を承認し，また本基金に公正な金額を支払えば，本連合協同組合への加入を承認される。

(2) 各協同組合は，組合員100人につき20ポンドの割合で本連合協同組合の基金に拠出する。

(略)

〈取引き方式〉

各協同組合は，代理人に注文書と一緒に注文と同額の支払い金額を（理事会が任命した）連合協同組合の銀行業者に送くる。連合協同組合の信用（預金残高）が確立されるまでは，すべての事業は予め現金でなされなければならない。

〈基金の処理〉

卸売店舗と関連して，都合がつき次第，小売店舗が開設される。また事業全体から生じる剰余利潤 (surplus profits) は，協同コミュニティを形成する目的，あるいは本連合協同組合を構成する協同組合の代表者が半年毎に開催される集会で同意する他の目的に充当される。

54) 第2回協同組合コングレスでは，この決議の他に，「協同伝道」(Co-operative Missions) のための「教育法典」(Code of Instructions for the use of the Missionaries) をめぐってオウエンとトンプソンの間で白熱した議論が展開された。その結果，トンプソンが提案した「協同伝道」に関した次のような決議がなされた。「オウエン氏，モーガン氏，グレイ氏そしてトンプソン氏は，各自の著書を各伝道師に一部贈呈するよう求められる。また伝道師は，上記の人たちの著書で論じられている教理と対立するいかなる諸原理も説諭しないこと，委員会は伝道師用の教育法典を作成し，次回コングレスにその同じ法典を提出することを，本コングレスの訓令とする。」(Proceedings of the Second Co-operative Congress, p.23.) この議論および決議は，次の第3回コングレスで「政治的および宗教的見解」と「協同コミュニティ建設」をめぐって展開されオウエン（派）とトンプソン（派）との間の論争のプロローグであった。

55) 例えば，第3回協同組合コングレスで決議された「政治的および宗教的見解」はオウエンのヘゲモニーを批判したものである。すなわち，「協同組合の世界はあら

ゆる宗派や政党に属する人たちを包み入れるものであるから，協同組合人は，協同組合人自身としては，いかなる宗教的あるいは政治的教義ともまったく結びつけられないのである。オウエン氏の教義であろうと，他のいかなる個人の教義であろうと問わないものである。このことを満場一致で決議する。」(*Proceedings of the Third Co-operative Congress*, title page.)

56) *Proceedings of the Second Co-operative Congress ; held in Birmingham, October 4, 5, and 6, 1831, and Composed of Delegates from the Co-operative Societies of Great Britain and Ireland*, p.23.
57) *Proceedings of the Third Co-operative Congress*, p.88.
58) *Ibid*., p.90.
59) *Ibid*., p.88.
60) *Ibid*., p.93.
61) *Ibid*., pp.102-103.
62) 第4回協同組合コングレスは，キングと共にレディ・バイロンに対しても「感謝決議」を行なっている。
63) トマス・ハーストの言う「取引基金組合」(Trading Fund Association) は，正しくは「協同取引組合」(Co-operative Trading Association) である。
64) *Proceedings of the Fourth Co-operative Congress, Held in Liverpool, 10, 1 and 6, 1832*, by William Pare, p.33.
65) *Ibid*., p.44.
66) Cf. T. W. Mercer, *op. cit*., p.170.
67) Cf. *The Crisis, or the Change from Error and Misery, to Truth and Happiness*, Vol. II, No.15, April 20, 1833, pp.113-114.
68) ハッダーズフィールド取引・製造業協同組合は1829年4月に設立され1839年まで存続した。
69) G. J. Holyoake, *The Co-operative News*, Vol. XXIII, No.1, pp.1-2.
なお，「エイブラハム・テイラー氏が週20ペンスで販売係に任命された……」とホリヨークは記しているが，この週給20ペンスは当時の労働者の賃金と較べるとかなり高額だと言ってよい。
70) *Ibid*., p.2.
71) *Ibid*., No.3, p.53.

72) G. D. H. Cole, *op. cit.*, p.24.
73) *Proceedings of the Third Co-operative Congress*, p.121.
74) *Ibid.*, p.121.
75) William Robertson, *Rochdale : The Birthplace of Modern Co-operation* (Handbook of Co-operative Congress, Rochdale, 1892, Manchester, 1892).
76) G. D. H. Cole, *op. cit.*, p.27.
77) *Ibid.*, p.28.
78) G. J. Holyoake, The Co-operative News, *op. cit.*, p.54.
79) *Ibid.*, p.54.
80) *Ibid.*, p.54.
81) *Ibid.*, p.53.
82) *Ibid.*, p.53.
83) G. D. H. Cole, *op. cit.*, p.71.
84) *Ibid.*, p.32.
85) G. J. Holyoake, *Self-help by the People : The History of the Rochdale Pioneers* (Tenth Edition Revised and Enlarged), Swan Sonnenschein & Co., London, 1893, p.10.
86) G. D. H. Cole, *op. cit.*, p.8.
87) 総会の決議はすべて，*The Rochdale Equitable Pioneers Minutes 1844-1860* (ページなし) による。
88) 先駆者組合開設時の「品物」については *The Equitable Pioneers Minutes 1844-1860* による。ただし，著名なイギリス協同組合史の研究者である W. H. ブラウンは，「バター，砂糖，小麦粉，オートミール，キャンドル」が並べられ，「費用は16ポンド11シリング11ペンス」であったとしている (W. H. Brown, *The Rochdale Pioneers : A Century of Co-operation*, Co-operative Union, Manchester, p.24)。
89) G. J. Holyoake, *The Co-operative News, Vol. XXIII, No.3*, p.53.
90) その後の「1844年規約」(「ロッチデール公正先駆者組合の法と目的」) では，店舗の開設は，月曜日が午後7時—9時および土曜日が午後6—11時となっている (*Laws of Objects of The Rochdale Society of Equitable Pioneers*, 1844, p.10)。
91) G. J. Holyoake, *The History of the Rochdale Pioneers*, p.XI (協同組合経営研究所訳『ロッチデールの先駆者たち』協同組合経営研究所，1968年，p.12)。
92) コールによると，28名の先駆者は次の人たちである。George Ashworth, Miles Ash-

worth, Samuel Ashworth, James Bamford, John Bent, David Brooks, Thomas Chadwick, John Collier, William Cooper, James Daly, John Hill, James Holt, John Holt, Charles Howarth, James Maden, William Mallalieu, James Manock, James Riley, Benjamin Rudman, John Scowcroft, Joseph Smith, James Smithies, James Standring, Robert Taylor, William Taylor, James Tweedale, John Whitehead, William Williams.（なお顧問は組合員ではないが，以下の人たちである。Charles Barnish, John Garside, George Healy, John Lord, James Wilkinson. また William Walker は「議事録に初代受託者（理事）とあるが，すぐに脱退している」ので，先駆者に加えていない。)

93) 中川雄一郎『イギリス協同組合思想研究』日本経済評論社，1984年，p.224.を参照されたい。
94) *Laws for the Government of the Rochdale Society of Equitable Pioneers*, Rochdale, 1855, p.3.
95) cf., *The Christian Socialist ; A Journal of Association, Vol.* I *, No.2* (November 9, 1850) and *No.7* (December 14, 1850).
96) 大塚喜一郎『協同組合法の研究［増訂版］』有斐閣，1980年，pp.104-105.
97) G. D. H. Cole, *op. cit*., pp.185-186.
98) コールは，1862年から80年にかけて，「産業および節約組合法」に準拠して登記された労働者生産協同組合の数は163を下回らない記録がある，と述べている（*Ibid*., p.158）。
99) *Ibid*., p.124.
100) *The Industrial and Provident Societies Act, 1876*. Published by Direction of The Central Co-operative Board. With an Introduction by E. V. Neale, (Manchester, 1876), pp.8-9.
101) G. D. H. Cole, *op. cit*., p.124.
102) *The Industrial and Provident Societies Act, 1876*., p.11.
103) *Ibid*., pp.20-21.
104) *The Co-operative News, Vol.* I *, No.15*, December 9, 1871, pp.157-158.
105) それ故，この数字は，当時の消費者協同組合の実数を必ずしも示すものではないにしても，その「成長傾向」を示すものとしては有用である。
106) G. D. H. Cole, *op. cit*., p.155.
107) 注105）と同じことが言える。

108) G. D. H. Cole, *op. cit.*, p.177.
109) *The Co-operative News, Vol.* I*, No.14*, December 2, 1871, pp.145-146.
110) G. D. H. Cole, *op. cit.*, p.158.
111) *The Co-operative News, Vol.* I*, No.15*, 1871, p.157.
112) *The Co-operative News, Vol.* V*, No.13*, November 25, 1875, p.587.
113) Tom Crimes, *Edward Owen Greening : A Maker of Modern Co-operation*, Manchester, 1923, p.16.
114) *Ibid.*, pp.20-21.
115) *Ibid.*, p.21.
116) E. O. Greening, *Memories of Robert Owen and the Co-operative Pioneers : Two Lectures delivered by E. O. Greening*, edited by T. W. Mercer, Manchester, 1925, p.6.
117) *Ibid.*, p.30. アメリカの奴隷解放運動とイギリスの協同組合運動との「同盟関係」について言えば，例えば，先駆者組合の指導者 A. グリーンウッドは，1862年にミドルトンで開催された協同組合の協議会で，イギリス協同組合運動の「反奴隷制」の意志表示として，CWS の名を WFA (the Wholesale Federal Agency) と変更するよう提案したことがあげられよう。Federal は合衆国の北部諸州との連帯を意味したのである。
118) *Ibid.*, p.6.
119) *Ibid.*, p.6.
120) *Ibid.*, p.6.
121) The Co-operative News, *op. cit.*, p.587.
122) 農業・園芸協同組合は，1,000人の組合員と2万ポンドの資本を擁し，年当り7万ポンドの取引を行なった。J. ラスキンも当初この協同組合に参加していた。
123) P. N. Backstrom, *op. cit.*, p.178.
124) 詳しくは，中川雄一郎 *James* Hole's Associative Thought and Workers' Co-operatives (*Robert Owen and the World of Co-operation,* Edited by C. Tsuzuki, Hokusensha, 1992, 所収) を参照されたい。
125) James Hole, *Lectures on Social Science and the Organization of Labour*, London, 1851, pp.149-150.
126) *Ibid.*, p.150.
127) P. N. Backstrom, *op. cit.*, p.82.

第3章 1820年代―1880年代におけるイギリス協同組合運動の展開　　227

128) E. O. Greening, *A Pioneer Co-partnership : Being the History of the Leicester Co-operative Boot and Shoe Manufacturing Society Ltd*, London, 1923, p.9.
129) *Proceedings of the Co-operative Congress held in London, at the Theatre of the Society of Arts, May 31st, and June 1st, 2nd, and 3rd, 1869.*, Edited by J. M. Ludlow, London, p.6.
130) *Ibid*., p.6.
131) 例えば，Ⅱの(b)は協同組合銀行の，(c)は農業協同組合の，(e)は協同組合大学の設立を，(f)は国際協同組合同盟 (ICA) の形成を展望しているし，さらに(g)は，既に論及したように，1876年に実質的改正を実現させることになる。
132) *Ibid*., p.104.
133) P. N. Backstrom, *op. cit*., p.99.
134) *The Co-operative News, Vol. Ⅲ, No.16*, April 19, 1873, pp.195-197.
135) *Ibid*., p.197.
136) *Ibid*., p.197.
137) *The Fifth Annual Co-operative Congress, held at Newcastle-upon-Tyne, April 12th, 14th, 15th, and 16th, 1873,* Edited by G. J. Holyoake, Manchester, p.128.
138) J. Greenwood, *The Story of the Formation of the Hebden Bridge Fustian Manufacturing Society Ltd*., Manchester, 1888, p.8.
139) *The Co-operative News, Vol. ⅩⅡ, No.29*, July 16, 1881, p.473.
140) J. Greenwood, *op. cit*., p.20.
141) The Co-operative News, *op. cit*., p.474.
142) E. O. Greening, *op. cit*., p.13.
143) E. O. Greening, *The Leicester Co-operative Boot and Shoe Manufacturing Society Ltd*., 1898, p.102.
144) グリーニングとニールは，ストライキの原因を調査する審査会の設置を CWS に要請したが，ミッチェルはこれを拒否した。
145) E. O. Greening, *ibid*., pp.14-15.
146) *The Co-operative News, Vol. ⅩⅤ, No.48*, November 29, 1884, p.1041.
147) E. O. Greening, *A Pioneer Co-partnership*, p.34.
148) *Ibid*., p.37.
149) *Ibid*., p.34.

150) *The Co-operative News, Vol. XV, No.37*, September 13, 1884, p.817.
151) *The Fifteenth Annual Co-operative Congress, 1883 : held in the Oddfellows' Hall, Edinburgh, May 14th, 15th, and 16th*, Edited by E. V. Neale, Manchester, p.53.
152) *Ibid.*, p.61.
153) *The Sixteenth Annual Co-operative Congress, 1884 : held in the Lecture Hall, Derby, June 2nd, 3rd, and 4th*, Edited by E. V. Neale, Manchester, p.67.
154) 労働アソシエーション (The Labour Association) の正式名称は，The Labour Association for the Promotion of Co-operative Production であったが，1902年に The Labour Co-partnership Association に変更される。
155) E. V. Neale, *The Principles, Objects, and Methods of the Labour Association*, 1885, pp.3-7.
156) Tom Crimes, *op. cit.*, p.52.
157) George Jacob Holyoake, *The History of Co-operation in England : Its Literature and Its Advocates, Vol. II* (Reprinted from the edition of 1879, London, First AMS Edition published 1971, USA), p.84.
158) *Ibid.*, p.85.
159) *Ibid.*, pp.87-88.
160) Beatrice Potter, *The Co-operative Movement in Great Britain* (Reprinted from The London School of Economics and Political Science, 1987), p.206.
161) *Ibid.*, p.207.
162) *Ibid.*, pp.216-217.
163) *Ibid.*, pp.217-218.
164) *Ibid.*, p.239.
165) *Ibid.*, p.155.
166) *Ibid.*, p.75-76 fn.
167) *Ibid.*, pp.69-70.
168) J. M. Ludlow, *The Autobiography of Christian Socialist*, p.165.
169) P. N. Backstrom, *op. cit.*, p.323.
170) B. Potter, *op. cit.*, pp.155-156.
171) ラヴェンは『キリスト教社会主義 1848―1854』のなかで，若くして没したF. J. ファーニヴァルとラドローの見解を引用してウェッブへの反論を試みている (cf. C.

E. Raven, *op. cit.* pp.319-320）。
172) E. V. Neale, *Labour and Capital*, pp.24-25.
173) B. Potter, *op. cit.*, p.130.
174) E. V. Neale, *op. cit.*, pp.22-23.
175) *Ibid.*, p.27.
176) B. Potter, *op. cit.*, p.167.
177) cf. C. E. Raven, *op. cit.*, pp.321-322.
178) B. Potter, *op. cit.*, p.167.
179) *Tracts on Christian Socialism, No. V*, p.1.
180) P. N. Backstrom, *op. cit.*, p.324.

第4章

協同組合運動と福祉：ニールの協同居住福祉思想

　これまで見てきたように，1848年に開始され，モーリス，ラドロー，ニールなどキリスト教社会主義者によって指導された労働者生産協同組合の試みは54年に挫折したが，その後ラドロー，ニール，ヒューズそれにグリーニングなどが60年代後半から再び労働者生産協同組合の「実験」に乗り出し，今度は産業パートナーシップ（コ・パートナーシップ）を原則とする労働者生産協同組合を運動として組み立て，展開する。しかし，90年代の初めにベアトリス・ウェッブは，この運動を「個人主義的」であり，「ひねくれた民主主義」である，と論難し，また「経営の非効率」・「労働規律の欠如」・「市場の不足」を克服できないでいる，と厳しく批判して，彼女の「産業民主制」に基づいた協同組合運動を奨励した。だが，そのことは，ニールやグリーニングたちの指導する労働者生産協同組合運動がイギリス協同組合運動にある種のインパクトを与えていたことを物語っていることでもあった。

　1860年代後半から80年代を通して，ニールとグリーニングはコ・パートナーシップの労働者生産協同組合運動にさまざまな形で関わるのであるが，とりわけニールは，「労働と資本のパートナーシップ」論を一貫してもち続け，「イギリス協同組合運動のルネサンス」を叫びながら，協同組合運動を福祉に結びつける特異な理論と思想を築き上げた。しかしながら，彼の理論と思想は，それまでの労働者生産協同組合の単なる延長ではなく，労働者生産協同組合を中心とする近代的な協同コミュニティによる「協同居住福祉」を構想するものであった。ニールはそのモデルをフランスのギーズで建設されていたJ. B. A. ゴダンのコミュニティ＝ファミリィステールに見い出し，協同居住福祉をイギリス協同組合運動と結びつけようと努力した。そこで本章では，「イギリス協同組合運動のルネサンス」を標榜して，新しい協同思想を「協同居住福祉」として構想したニールの

「イギリスにおけるフランス協同思想の展開」を論究することにする。これは，ある意味で，70年代から80年代において一層大きな経済能力を身につけるようになったCWSを中心とする消費者協同組合運動に対する労働者生産協同組合運動の根本的な批判でもあった。

第1節　E. V. ニールの「社会主義論」と「協同自助論」

キリスト教社会主義者たちが協同組合を何故に「アソシエーション」と呼んだのか，その理由は定かではないが，考えられる１つの点は，彼らが労働者生産協同組合を開始する際にフランスの労働者生産協同組合――フランスの労働者は労働者生産協同組合をアソシエーションと呼称していた――からその実践を学んだことと関係がある，ということである。しかしながら，このことは，ウェッブが彼らの労働者生産協同組合運動に投げかけたあの恐ろしい言葉，「イギリスの協同組合運動の伝統と異質である」，ということを意味しない。彼らは，その当時のイギリスでは運動としてほとんど展開さていなかった労働者生産協同組合をフランスで学ばざるを得なかったのである。彼らは，オウエン主義に遡るイギリスの運動的，思想的伝統を無視することはなかったのである。ニールは,1870年代以降の「消費者協同組合の堕落」を嘆き，先駆者たちに立ち返ることを協同組合人に常に訴えていたほどである。

キリスト教社会主義者たちが協同組合を「アソシエーション」と呼んだ，もう１つの考えられ得る理由は，彼らが労働者生産協同組合と消費者協同組合の相異を明らかにしようとしたためではないか，ということである。この点の論拠を，われわれはとりわけ，第1章第3節で述べたニールの「キリスト教社会主義の理論」に見ることができる。ニールは，労働者生産協同組合運動を特殊な性格の運動ではなく，普遍的な性格の運動として，すなわち，現実の社会では支配的な「労働と資本」の関係と異なる関係に基づいて展開される生産的労働を協同組合において実現し，そこで生み出された労働の成果を労働者の手に委ねる，という別の新しい「人と人との社会的関係」を確立する運動として捉えていたのである。彼にとって，労働者生産協同組合は「労働の権利」と「福祉の保障」を結実させ

る，普遍的で根本的な協同組織であって，現実の社会関係に直接触れない「小売り・分配」の流通に関わる消費者協同組合のような改良組織の協同とは次元を異にするものであった。ニールにとって，「アソシエーション」は普遍的で社会的な協同性を意味するものであったのである。

1882年に行なわれたニールの講演「アソシエーションと教育：国民のためになし得ることは何か」で，彼はオウエンの「環境決定論」について次のように論及した。

> ロバート・オウエンが主張した教義——それは，忍耐を伴う，しかも一方に偏った，しかしそれでも，かなりの程度まで彼自身の経験によって正当化された教義である——は，ある程度真実なのであって，そのことをわが精神生活の現実に没頭している人たちは看過しがちである。人間は，ほとんどのところ，環境の被造物である。人間の性格は，その人を取巻く環境の，無意識の連続する作用によって影響を受けるのであるから，無数の実例に見られるように，その環境によって実際に形成される，と言って差し支えないのである[1]。

既に述べたように，ニールはオウエンの「環境決定論」から少なからず示唆を得ていたが，この時期に彼が改めて人間の生活に対する環境の重要性を強調したのは，住居を含めた「労働と生活」の環境を改善しなければならない，と考えていたからである。そしてその理想的なモデルをニールは，フーリエ主義者のJ. B. A. ゴダンによってパリ郊外のギーズに建設された，労働者自主管理の近代的工場と直結した「協同ホーム」——ゴダンはそれを「ファミリィステール」と名づけた——に見い出した。そこでは，労働，資本，才能，福利厚生，保健・医療，教育，協同組合，家事労働の社会化など「労働と生活」の諸条件が——実質的には3つのクラスの——組合員労働者の自主的な管理運営（コントロール）の下におかれていた。ニールは，ゴダンのこのファミリィステールを模範とする協同コミュニティの諸要素をイギリス協同組合運動に取り入れると同時に，アソシエーションの原理に基づいた協同組合運動を優先させようと考えた。そのために彼は，「富の生産と

分配」および「労働によって生み出される富の利益を，それを生産する人たちにもたらす方法」(=「労働に応じた利潤分配」)に関わる諸問題について明確な見解を示しておかなければならなかった。彼にとって，これらの問題は「社会主義」と「協同の自助」の主題を形成する，物質的な重要性だけでなく，道徳的な重要性を有するものでもあった。こうしてニールは，「社会主義」と「協同の自助」と「アソシエーション」を近接させるのである。

1. ニールの「社会主義論」

　ニールは，この講演より4年前の1878年5月の『協同組合ニュース』に「社会主義のディーモン」(The Demon of Socialism) と題する一文を寄せた。その内容を要約するとこうである。支配階級が恐ろしいと考えている「社会主義」は，実はけっして恐ろしいものではないのであって，それはちょうど，人類が「自然の秩序」に無知であった時代に「自然の力」を恐れていたのと同じである。それ故，「社会主義のディーモン」とは「自由と平等という自然本能の電気で充満している人間性の雷雲」に他ならず，もし同胞愛の精神をもった「避雷針」によってその激しいエネルギーを穏やかな均衡に変えないならば，革命的爆発がわが文明を急襲することになるだろう。そこで，協同のアソシエーションが同胞愛の精神をもつ「避雷針」の本体を形成することになるのである。自分の労働や技能によって生み出された成果を自分自身の利益のために享受して自分の安寧を欲するのは，本来人間にとって自然なことであるのに，現実のわが社会では，そのことは軽視され，反対に多くの人びとは自分の分け前にならない他人の利益のために労働し生産しなければならないようになっている。したがって，われわれはこのような事態を変えていかなければならないが，そのためには2つの方法が考えられる。1つは，「自然的衝動」を満たす目的を人びとが追求する価値があると認める他の目的に代えることにより，「自然的衝動」を抑制することである。もう1つは，「社会福祉」(social well-being) の目標を達成することであるが，それは，政治変革の道，すなわち，法律によってではなく，人間の自由意志によってはじめて達成される。実際のところ，法律は，協同組合に対する国家干渉から協同組合を保護することと，協同組合や人びとが活動し機能する余地とを保障する以上のこと

をなすべきではない。そこで，前者の方法は人びとの外的条件を改善しようとするすべての真剣な努力を放棄させてしまうことになるので，後者の方法，しかも人間の自由意志による方法で現状を変革していかなければならない。社会のより高次の平和的前進をもたらすこの方法こそが，政治家の脳裏からなかなか去らない「社会主義のディーモン」を，アソシエーションの原理によって人類のために用意される多様な祝福を人びとの間に広める「慈善心に富むジーニアス（守護神）」に改心させるのである。かくして，アソシエーションの原理は，人と人とを，そして「人類と神」とを結びつける根源的な「愛の法」を人びとの通常の交際や普通の生活において実現させるのである[2]。

われわれがニールのこのような「社会主義」を理解しておくことは，彼の「社会主義」論と「アソシエーション」論の関連をみる際に特に有用である。簡潔に示しておけばこうである。社会主義は人びとの日常生活における当然な要求を掲げているのであって，けっして「ディーモン（悪霊）」なのではなく，むしろ人びとの要求を「ディーモン」と決めつけて，その要求を無視する支配階級の方が問題なのである。このような事態が続くならば革命が起き，政治的変革による法律が成立する。だが，その法律は人びとの自由意志を拘束することになる。そこで，アソシエーションの原理に則って，すなわち，人びとの自由意志に基づく組織や運動を通じて，人びとの「社会福祉」を達成していくことが肝要になってくるのである。

ニールは，実際のところ，国家による上からの社会給付という「国家福祉」に期待しなかった。彼にとって重要なことは，協同組合を組織し形成する自由と，協同組合が十分に活動し機能する自由とを国家が保障することであった。換言すれば，ニールの意図するところは，社会主義が実現しようとする人びとの当たり前の要求を，アソシエーションの原理に基づく協同組合，とりわけ労働者生産協同組合によって，あるいはまた――ゴダンのファミリィステールのような――近代的協同コミュニティによって実現すること，これであった。

ニールは翌月の『協同組合ニュース』に改めて「社会主義とは何か」を寄稿した。この論稿で彼は，社会主義について多少掘り下げた彼なりの考察を試みて，社会主義とアソシエーションの関連を明確にしている。少しく見てみよう[3]。

社会主義には「社会的社会主義」（Social Socialism）と「政治的社会主義」（Political Socialism）の2つの社会主義がある，とニールは言う。両者は同じ目的を掲げているが，それを達成しようとする手段を異にしているので，人びとの精神に及ぼす影響もまったく異なる。「社会的社会主義」は，暴力行為，例えば「暗殺」を実行することはけっしてない——それが「自己の目的を促進する」1つの方法として提起されるのであれば，罪悪であるだけでなく，自家撞着でもある。他方，「政治的社会主義」は，その暴力行為のために政治的支配者の著しい恐怖政治を正当化させる観念を一般民衆のなかに容易に忍び込ませ，またその暴力行為を実行に移すための「陰謀の理念の領域」に立て籠もってしまう。要するに，社会的社会主義は暴力なしに社会を改革しようとするが，政治的社会主義は暴力による社会改革を目指す，とニールは言っているのである。
　では何故，「社会主義」には2つの社会主義が存在するのか。それは，かつて宗教の名の下に犯された犯罪（宗教裁判）や自由の名の下に犯された犯罪（フランス革命）に見られたように，キリスト教と革命にかつて内在した「二重の性格」を「社会主義の原理」は内包しているからである。では，その「二重の性格」の原因は何であるのか。1つは，その原理が労働者階級にとって「魅力的かつ効果的」であって，彼らの心を強く捉えるからである。もう1つは，したがって，いずれの社会主義の方向を労働者階級が選択するかによって社会主義が「良い方向にか悪い方向にか，いずれかに強く作用する」からである。それ故，労働者階級の人びとをして「社会主義」を選択させる際には，「個人的自由を得てはじめて完全なものになる自由の原理に抵触することなく……人びとの生活を律するために，断片的，部分的な手法ではなく……普遍的に適用されるアソシエーションの原理」に社会主義を近接させなければならない，とニールは強調する——「断片的，部分的な手法」とは消費者協同組合のことであり，「普遍的に適用されるアソシエーションの原理」とは労働者生産協同組合のことである。こうして，ニールは社会主義とアソシエーションと労働者生産協同組合を近接させる。
　そこで次に，ニールは，彼なりの歴史観を示しながら，自由意志に基づく「自発的アソシエーション」について述べていく。先の「個人的自由」とは「人が自分自身の労働とその成果を自分自身の意志に従って自由に処分する権利」のこと

である。人は誰も，他人の労働とその成果を，その労働者の同意なしに処分する権利をもっていない。このことは，人類の普遍的な経験が示してい結論でもある。しかし，人口が増加し，競争の圧力が強まるに従って，「もっとも強力な者，もっとも賢明な者，もっとも倹約するもの，時にはもっとも幸運な者が資本と呼ばれる蓄積された労働の所有者……あるいはまた土地の所有者になり」，他の人たちはますます自分たちの生活手段をそのような「比較的少数の資本と土地の所有者」との取引きに，すなわち，市場に依存するようになる。そのことはまた，「現在の産業の競争制度」の下での工業生産や農業生産の非効率，流通過程の浪費それに失業などの経済的弊害を拡大させ，その結果，道徳的弊害をもたらすことになる。かくして，「社会改革派」が出現するのである。

　社会改革者たちは，「競争的世界の至る所で部分的に実施されている自発的アソシエーションの原理を全般的に適用することによって人類の富は途方もなく増大する」と考え，自発的アソシエーションの下で「労働者の組織は，自らの利益のために労働者に雇用を与える人たち（資本家）の意志に従属する存在から，それを通じて労働者の雇用が可能となる資本の共同所有者に変わる」ことを理解する。そして「資本の共同所有」と「労働のアソシエーション」に一般的な福祉を生み出す他の結合形態が続くことになる。「生産と交換のアソシエーションが労働者に与える富を利用するアソシエーションの様式」がすなわちそれである。例えば，「協同ホーム」は労働者生産協同組合（雇用）と結びつき，そこでは製造業と農業が結合されている。こうして，そこでの富は，資本家による排他的な享受に代わって，すべての労働者の共通の遺産となり，富者と貧民という階層的区別は洗練された人間性の光の下で消失する。

　これらのことは「すべての社会主義」の「希望であり夢である」が，しかしながら，「この希望は，社会が自然により高度な形態に成長していくことを通してはじめて実現するのだと考えるのが社会的社会主義者の信念である」，とニールは再び強調する。ニールは，政治的社会主義者は自由意志に基づく自発的アソシエーションではなく，政治的変革を基礎としたアソシエーションの政策を推し進めようとしている，とみなしたのであるが，それは，彼にとっては，既存の強力な中央集権国家・政府と同じように危険なものであったし，またかつてキリスト

教社会主義者が示したチャーティスト運動の「革命派」への懸念と同じものでもあった。ニールが常に発していた言葉,「自然的」,「自発的」あるいは「自由意志の」といった形容詞は,彼のアソシエーションには不可欠な用語であった。彼は言う。「社会的社会主義者が想像しているように,命は短いが,社会改革の仕事は長い。それは,遂行されるべき事柄に必ずつきまとう困難のためでなく,協力して仕事を遂行する能力と意志を得ることの困難のためである」,と。実際に,彼のこの「困難な仕事」は,彼が没するまで続けられるのである。

　ニールは,こうして,中央政府の権力の拡大と近代社会主義の上からのアソシエーション化とを懸念しつつ,時間はかかろうとも,自由意志に基づく自発的アソシエーションの原理を基礎とする近代的な協同コミュニティを建設することによってイギリス協同組合運動の「復興」を図ろうとしたのである。彼は,イギリス協同組合運動のなかにあって,近代社会主義者になるのではなく,自らがつくった「社会的社会主義者」になろうと努力したのである。

2. ニールの「協同自助論」

　ニールのアソシエーション論のもう1つの要素は「協同自助論」であった。周知のように,「自助」(Self-help) という言葉は,1859年にサミュエル・スマイルズが個人主義的な立場からイギリス中産階級の生活を模範として著わした『自助』(Self help) によって知れわたるようになった。他方,協同組合運動の領域においては,スマイルズの出版に先立つ2年前の1857年にホリヨークが Daily News 紙に連載文として書いた「ロッチデール公正先駆者組合の歴史」を通じてその言葉は労働者の間に浸透し始めていた。この連載文にホリヨークは「民衆による自助」(Self-Help by the People) という副題をつけておいた。ホリヨークは「『民衆による自助』をタイトルとして用いたのはこれが最初であると確信している」,と後に単行本として出版された『ロッチデール先駆者組合の歴史』の「序文」で語っている。また彼はその序文に次のことも記している。「本書が有益であることを知って満足に思う。ロッチデールのウィリアム・クーパー氏は,1863年12月に Daily News 紙に一文を寄せて,現在登記されている332の協同組合のうち251の協同組合は『自助』が書かれた1857年以後に設立されたモデルである

と述べている」[4]。

　産業革命の成果を「世界の工場」として集約し，諸外国に対して大きな経済力を誇るようになったヴィクトリア中期のイギリス社会にあって，人びとは「自助」を2つの意味で理解していた。1つは，スマイルズが主張したような，成功を求めて奮闘する個人主義的な自助で，この立場は中産階級の人たちに受け入れられた。もう1つは，ホリヨークがいみじくも称したような，労働者階級の「民衆による自助」，あるいは「協同の自助」である。前者が「競争的」であるとすれば，後者は「協同的」である。この時期の労働者階級の人たちは，各家族の収入を増やそうとする個人的努力を無視はしなかったけれども，そうする努力よりも，依然として不健康・不衛生から，時には失業・貧困から自らを護ることに力を削がなければならなかった。彼らの一部は，確かに，通常の労働に加えて，生活時間を切り詰めて洗濯労働を引き受けたり，燃料の薪を売ったりして家族の収入を増やそうと努めた。しかしながら，近年「ペニー資本家」と多少自嘲気味に語られるようになった「19世紀の労働者階級の事業」によっても，彼らの収入が彼らとその家族をもう1つ上の階層に引き上げることはほとんど稀なことであった。それ故，労働者階級の多くの人たちは，労働組合による労働条件の改善によって，あるいは友愛組合による疾病や老齢の共済保険によって，さらには協同組合の事業やサービスによって，「協同の自助」を可能にしようとしたのである。

　ニールは，もちろん，「自助」をスマイルズの観念では捉えていなかった。それどころか彼は，一貫して，「自助」を，個人的なものとしてではなく，「組織化のプロセス」の立場から「協同の自助」として理解していた[5]。その点ではむしろ，消費者協同組合の指導者の方がスマイルジアンであった。例えば，1880年9月末の『協同組合ニュース』でロッチデール先駆者組合の組合長はスマイルズに沿った次のような自助論を展開した。「人は，できるかぎり自分自身のためになることを行なうことが自分の利益であるだけでなく義務でもあるということ，また人は，できるかぎり自分自身のためになることを行なう際に，1つの有益で価値ある単位を成す大きな組織によって全般的幸福の促進を可能にするよう最善を尽くすこと――ここで述べられている方法によって自助の原理を展開するならば――有益で自立的な構成員の数を最大に増やし，他方では反対に，困窮していて

依存的な構成員の数を最小に減らすことを……社会のあらゆる構成員が確信し，またその確信に則って行動するようになった時に，社会は，社会的および道徳的意味で，最高の成熟状態に到達するだろう」[6]。ニールはこの自助論に立腹した。この自助論は，自己の利益を追求し実現することが，結果として，組織や社会全体の幸福に繋がる，というレッセ・フェールの理論であり，時の政府と同じ思想である，と彼を嘆かせた。

そこでニールは次のように反論し，協同組合の「自助」とは何であるかを示した。すなわち，わずか36年前に先駆者たちが協同組合を設立したとき，彼らは「実行可能になり次第，本協同組合は，生産，分配，教育および統治の能力を備えるよう着手する。換言すれば，協同の利益で結ばれた自立的な国内植民地を建設し，またそのような国内植民地を建設しようとする他の協同組合を援助する」，というプログラムをもって事業を開始した。現在の先駆者組合の指導者は，先駆者たちのこのようなプログラムとは異なる行動の指針をもっているようだが，その指針は「食糧雑貨商人が擁護しているものと違わない」ではないか。「われわれは，協同組合人として，人類のためにいったいいかなる指針をもつべきかを自問すべきである」。そしてさらにニールはこのように問うた。

　　「自助」は，協同組合人にとって，例えばスマイルズ博士にとって意味する以上のことを意味するのかどうか。スマイルズ博士は競争戦での自助の成果についての面白い解説によって立派な家を手に入れた，と言われている。……もし協同組合人にとっての自助がスマイルズ博士にとっての自助以上のものでないとするならば，協同組合の原理を普及するためにわれわれが行なう努力はまったく無駄骨であると私には思えるのであるが[7]。

先に述べたように，ニールにとって，自助とは「協同の自助」に他ならない。それは，先駆者たちも含めたオウエン主義者が用いた「自助」の理念と同じであった。それ故，「協同ホーム」という近代的な協同コミュニティ建設のプログラムを考えていたニールには，消費者協同組合陣営を代表するような先駆者組合の組合長のスマイルズ流の自助論を批判しておく必要があった。ニールはさらに

手厳しい批判を加える。「彼（先駆者組合の組合長）の主張のなかで私が強く批判することは，彼がこの「助け」(help) を向ける対象である。彼は，『あなたの力の及ぶかぎり，あなた自身を助けなさい，そうすれば，あなたはもっと良く他の人びとを助けるだろう』，というのである。」しかし，それは逆立ちした協同組合の原理ではないのか。それは動物的な「生存闘争の法則」の代弁である。「協同組合の行動の指針はそれとは反対である——『あなたの力の及ぶかぎり，他の人びとを助けなさい，そうすれば，あなたはもっと良くあなた自身を助けるだろうし，そうすればまた，あなたはもっと良く他の人びととあなた自身の双方を成長させ，双方に利益 (good) をもたらし，すべての人を助けるだろう』，というものである。」こうしてはじめて，人びとは「相対立する利害の，果てしない，絶え間なく起こる浪費的闘争」から抜け出して，「結合された労働の安らぎと豊かさ」を獲得するのである[8]。

　このように，ニールの自助論は，いわゆる「他者への配慮」が基調になっているのであるが，かかる一般的な指針から「協同労働」と「協同ホーム」に向かうところに大きな特徴がある。彼はこう言っている。協同組合が実際に生産と分配を管理し，多数の人びとに利益をもたらしたいのであれば，近代的な工場と結びついた協同ホームの住民である組合員労働者とその家族にその労働者が生み出した利潤を振り向けることである。それは明らかに労働者自身による労働者自身の「保険」になるだろう。そうすることによって，「自助は，私利的な助けであることを止めて，個人に利益を与えるという結果を直接引き起こすようになるのである。そして他方で，そのようにして生じた共通の利害の意識は，相対立する利害がもたらす敵対によって現にバラバラにされてしまっている人びとを結束させるのである」[9]，と。

　ニールのこのような自助論は，実は，国家や政府の温情的な「助け」を拒否しようとする側面を含んでいる。その意味で，彼にとって，自助は労働者階級の多面的で，積極的で，根本的な「労働と生活のあり方」を問うものであると同時に，協同組合運動のあり方を根源的に問うものでもあったのである。彼が常に「自助」を利潤分配と協同コミュニティ建設と結びつけて考えていたのはそのためである。確かに，スマイルズの中産階級的，個人主義的自助を暗黙裡に承認する，

CWSを主流とする協同組合運動はニールに対して冷淡であったが，それでも，集団的な「協同の自助」に基づく彼の自助論は，ある程度まで，協同組合運動内部にかぎらず，社会的にもアソシエーションを是認する労働者とその組織にとっては有効であったように思われる。ニールは次のように開陳している。

> 実際のところ，アソシエーションは，人びとのために大きなことが期待される真の教育である――アソシエーションは，私利的な「助け」ではなく，人びとが高潔なる未来に向かって徐々に努力して進んでいこうとする意識により，また公衆の利益を促進することにより，人びとが自分たち自身の福祉（well-being）をもっと有効に促進するように行動する，という確たる信念によって結び合った人たちの相互扶助たる自助の教育である[10]。

ニールは，協同組合運動にキリスト教神学論をもち込むことを好まなかったとはいえ，キリスト教社会主義の旗を降ろそうとはけっして考えなかった。彼は，協同組合人に対して彼の社会主義論を説く際には，同時にキリスト教精神を説くことも忘れなかったし，とりわけ慈善心（charity）は彼の協同思想のきわめて当然の前提であった。その点では，彼の「協同自助論」も同じであった。それ故，ニールにとって，社会主義もキリスト教精神もともに協同組合人が協同組合人であるための基本的な要素であった。ニールは言う。「協同組合人は，開かれた目と自由な手をもって，社会改革の大問題にアプローチする社会改革者である」。協同組合人は，「社会主義の預言者」が提示する目的の重要性を認識しており，したがって，「科学的研究の自由な精神をもって」社会主義者の提示する社会システムを研究するけれども，その社会システムを盲目的に受け入れたり，あるいはその社会システムに対して偏見をもったりはしない[11]，と。要するに，彼は，協同組合人は，現存する社会問題に対応し，そのための改革の指針や提案を示さなければならないが，その場合には社会主義システムそれ自体を受け入れるのではない，と言うのである。「アソシエーションの制度としての協同組合と共産主義との間の関係は，無限に接近するけれども，けっして接触することはない」[12]，というニールの言葉に，彼の目指すべき協同組合の理想が見えてくる。

第4章　協同組合運動と福祉：ニールの協同居住福祉思想　　243

　ニールは，1860年代初頭から都市労働者の住宅問題に関心を抱いていた[13]。しかし，この60年代はイギリス協同組合運動の発展のための，ある種のテイク・オフの時期であって，運動の指導者たちはその内部の諸問題への対応に力を注がなければならなかったし，ニール自身にしてさえも都市における住宅問題に力を割くことが困難であった。その代わり，彼は70年代になると，それまでの空白を埋めるかのように住宅問題に注意を向けるようになった。そのことは，確かに，大きな経済的能力をもつようになってきたCWSを中心とする消費者協同組合運動の路線に対する彼の批判と，近代的な「協同コミュニティの建設」という彼の理想を実現するのに不可欠な労働者生産協同組合運動と関係があったのであるが，しかし他方で，その時期には，イギリス社会の構造変化とそれによる「女性の役割」の社会的変化に基づく「家庭」あるいは「ホーム」の社会的意味の変化および都市労働者の住宅問題とが問われだしたこととも大いに関係があったのである。そしてニールは，協同組合運動と「家庭」＝「ホーム」と住宅問題とを同時に論じ，対処するためのモデルをフランス・ギーズに建設されたゴダンのファミリィステールに見い出していたのである。ここには，ニールが学び，経験し，追求してきたものがほとんどすべて存在していた。アソシエーション，労働者自主管理，福祉，協同ホーム，協同組合，コ・パートナーシップ，利潤分配，社会主義と協同の自助等々である。

　ニールは，ギーズのファミリィステールを，オウエン主義者や先駆者たちが目指したアソシエーションであることを協同組合人に理解させるべくかなりのプロパガンダを行なった。彼が初めてファミリィステールについて公に論じたものは，1872年1月27日付け『協同組合ニュース』に「協同ホーム」(Associated Home) と題して掲載された一文である。それ以後彼は80年代の初期に至るまで精力的にファミリィステールについて考察を加えていく。ニールは83年にファミリィステールについて総括的にこう記している。「協同ホームは社会的アーチ門の礎石である――合理的享受と民衆の福祉の不可欠な条件である」[14]。そこで，以下の節でゴダンの福祉思想と経済理論それにファミリィステールに言及しながら，ニールの協同居住福祉論について考察することにしよう。

第 2 節　E. V. ニールの協同居住福祉思想

　エドワード・ヴァンシタート・ニールは，イギリス協同組合運動がコミュニティと福祉に関与することの重要性を訴え続けた。それは，協同組合運動が労働者の「労働と生活」の条件を改善していくことを意味し，労働者自主管理を進めるコ・パートナーシップ原則の確立と住居に基礎をおいた福祉の向上とを実現していくことを意味した。しかし，不幸にして，当時の運動の主流を形成していたCWSを擁する消費者協同組合陣営はニールの訴えには敏感ではなかった。消費者協同組合にとって，福祉は「金銭的利益の増大」に，コミュニティは「店舗の数」に解消されてしまっていた。ニールは，このような運動の状況に警鐘を鳴らして，そもそも協同組合とは何であるのか，オウエンやオウエン主義者たち，それにロッチデールの先駆者たちの「真の目的」は何であったのか，問いかけた。1870年代初期から1892年に没する直前まで，彼はこの問いかけをけっして止めようとしなかった。
　彼が何より恐れたのは，社会を改革し，再生するという協同組合の高潔な思想が「できるかぎり安い価格で良質の品物を手に入れる」ことの観念に道を譲ってしまうのではないか，ということであった。福祉は単なる「金銭的利益の増大」ではないし，コミュニティは単なる「店舗の数」でもないのである。協同組合は，それが拠って立つコミュニティとその住民のためのサービス組織，相互扶助（協同的自助）組織それに教育・自治（統治）組織の機能を発揮して，社会福祉サービス，高齢者ケア，障害者ケア，保育，学校教育，保険，年金の保障，雇用の確保，清潔で広い住宅の供給，そして何よりも清潔で，明るく，緑ゆたかな環境の整備というような，住民が健康で安心できる生活と労働を送れるよう積極的に関与しなければならないのである。このことをニールは協同組合に託そうとしたのである。しかし，これもまた残念なことに，CWSが牽引する協同組合運動の大きな発展のなかではニールのかかる協同思想は軽んじられてしまった。
　それでもニールが「挫折と苛立ち」のなかでこの思想を堅持しつづけ得たのは，その理想のモデルが存在し，実際に機能していたからである。先に触れたように，

パリ郊外のギーズに設立されていたゴダンのファミリィステールである。ファミリィステールは，明らかに，ニールの主張する協同組合運動の思想と理論と実践のトリニティを具現化していた。ニールは，このファミリィステールという，「協同組合と福祉とコミュニティ」のトリニティの完成図を当時のイギリスの協同組合人に精力的に書き送ったのである。

前述したように，ニールは，J. S. ミルの援助を得て1852年に世界最初の協同組合法「産業および節約組合法」を成立させたのを皮切りに，CWS の形成 (1863年)，協同組合大会の開始 (1869年)，機関紙『協同組合ニュース』の刊行 (1871年) それに協同組合連合会の設立 (1873年)[15]という，イギリス協同組合運動史上非常に重要な一連の貢献を果たしてきたにもかかわらず，彼にとって70年代は「挫折と苛立ちの」時期であった。それは，今述べたように，CWS をはじめとする消費者協同組合運動が，その経済的，社会的能力を大きく拡げてきたにもかかわらず，協同組合運動の本来の目的を打ち捨てているかのような方向に進んでいる，と彼には思われたからである。ニールは，それ故，すべての協同組合人に向かって，「協同組合の先駆者たちへの回帰」を訴えていく。それは文字どおりの「イギリス協同組合運動のルネサンス」の叫びであった。

「協同組合運動のルネサンス」は何よりもロッチデールの先駆者たちの思想に立ち戻ることである，とのニールの主張は，彼自身が言ったように，「古い道」(the old path) であったかもしれない。特に CWS 陣営の人たちはそう感じていたに違いない。しかし，われわれは，「古い道」はニール自身の言葉であって，CWS の指導者たちの言葉ではなかったことに注意しなければならない。ニールが CWS や消費者協同組合の運動方向に疑念をもちはじめ，批判を展開するのは70年代前半からではあるが，本格的な批判はこの78年の末に『協同組合ニュース』へ寄稿した，「古い道」と題した彼の小論からである。

ニールは言う。「私は，協同組合の巡礼者たちに向かって，元気で暮らしているさなかに何らかの困難に出遭っても落胆することなく，古い道を行くよう熱心に説得するだろう」。そして，協同組合が目標をもって進む各段階には各々固有の困難があるにしても，その困難を切り開いていく能力を協同組合運動は備えているのであって，その能力は，協同組合が現在の社会構造を変えていくことのな

かで生み出されるだろう[16]」，と。これを協同組合システムに置き換えて言えば，分配協同組合——ニールは，消費者協同組合という用語の代わりに，「分配協同組合」という用語をしばしば用いる——は最初の段階の協同組合システムであり，次の中間段階のそれが労働者生産協同組合であり，そして最終段階のシステムが「生活協同組合」[17]である，と彼は言うのである。

　分配（消費者）協同組合，労働者生産協同組合そして生活協同組合は，協同組合運動の進路の各段階を示しているのであり，各段階の協同組合システムは，その段階の社会構造を変え，かつ次の段階の社会構造を創り出していく，そういう機能(ワーク)を遂行しなければならないのである。消費者協同組合は「人間の技倆と勤労の生産物の分け前を彼らの手の届く範囲に置くことによって，生活の負担をほんの少し楽にしてくれる」[18]のであるが，今は次の段階の労働者生産協同組合によって「死んだ（蓄積された）人間労働の一部分」である資本が，「生きている人間」である労働者の分け前を全体として支配している社会構造を変える時である[19]。そしてやがて，「骨の折れる仕事であればあるほど報酬が大きくなるというのではなく，骨が折れ，不快な仕事であればあるほどその報酬が小さくなる，という分配のルールが逆転される」生活協同組合が組織される社会が創造されることになる[20]。これがロッチデールの先駆者たちが計画した協同組合による社会変革のプログラムではなかったのか，ニールはそう主張しているのである。彼が「古い道」といったのは，消費者協同組合運動が先駆者たちの協同思想に忠実であるならば，この「生活協同組合」をこそ消費者協同組合運動は目指さなければならないのである，と強調したかったからである。

　ニールが想定する「生活協同組合」のモデルは，ゴダンによって建設された近代的コミュニティ，ファミリィステールである。ファミリィステールについては後で詳しく論述するので，ここではニールが「コミュニティ」をどのように考察していたかを論じ，何故，彼には「コミュニティ協同組合」ではなく，「協同コミュニティ」でなければならなかったのか，について論及することにする。この論及によって，ニールのコミュニティ福祉思想が，したがってまた，協同福祉思想が明らかになるだろう。

1. コミュニティと協同福祉：E. T. クレイグと E.-J. ルクレール

　既に述べたように、イギリスおよびアイルランドでオウエン主義思想に基づいて実践された「コミュニティ実験」のうちもっとも存続可能性のあったそれは、アイルランド・クレア州のララヒン・コミュニティであったろう。この点も既に言及したように、ララヒン・コミュニティは1831—33年の間しか実際には存続しなかったが、内部の要因ではなく、外部の、しかもあろうことか、オウエンの教義に共鳴した地主のギャンブルによって土地が抵当に入れられるという「喜劇的悲劇」に遭遇して崩壊を余儀なくされたからである。その間はオウエン主義者 E. T. クレイグの指導の下で成功裡のうちに行き届いた生産とコミュニティ運営がなされてきたのである。そのララヒン・コミュニティについてニールは次のように述べている。

　すなわち、雇用を確保するための資本を蓄積する有望な手段として、もっとも真剣な注意が求められるシステムの実例は、クレイグによって顕著な成功を収めたララヒン・コミュニティである。このコミュニティは、土地の所有と耕作について協同組合システムとしての展望を与えるまでにはいかなかったとはいえ、「協同組合が目指す大望の目的」である「成功裡に労働者生産協同組合を建設する」ための刺激となり、指針を示すことができた。何故なら、ララヒン・コミュニティのシステムは、仕事に関わったすべての組合員や他の構成員が自分自身の労働の生産物に直接利害関係をもつような組織になっており、コミュニティの運営も「労働の組織」としての労働者自身の委員会によって行なわれていたからである。このコミュニティをオウエン主義者の J. フィンチが訪問した時、コミュニティの組合員が彼らの現在と以前を比較して彼に語った言葉をニールは取り上げている。「私たちは、以前は、大いに労働すること、適切に労働すること、あるいはいろいろな改善を提案することに何らの関心ももちませんでした。というのは、いっさいの利益と賞賛が専横的な職場長のものとなるようになっていたからです。職場長の注意と用心深い監督のお陰だという訳です。私たちはただ単に機械とみなされたにすぎないのであって、彼の本務はわれわれを働かせ続けることだったのです。……現在は、私たちの利益と義務は同一であるとされているのです。私たちには常設の職場長などまったく必要ありません」[21]。ニールは、要

するに，ララヒン・コミュニティの成功の要因は，組合員である労働者自身が委員会を設置し，その委員会が生産とコミュニティの運営を管理したことによって，組合員の「利益と義務が同一」になったことである，と指摘しているのであって，雇用を確保するための資本蓄積を基軸に，労働者が自らの生産と生活を管理する自主管理組織としてのララヒン・コミュニティを高く評価したのである。換言すれば，ニールの目指す「近代的コミュニティ」は，少なくともララヒン・コミュニティの「成功の要素」をもっていなければならないコミュニティであった。

われわれとしては，ララヒン・コミュニティに対するこのようなニールの評価から，彼が目指すコミュニティの概要をある程度知ることができる。それでは，コミュニティで実際に行なわれる協同組合の生産と管理についての彼の方針はどのようなものであろうか。その概要は，ゴダンとほぼ同時代を生きた E.-J. ルクレール（1801—1872）がパリに設立した労働者生産協同組合(アソシエーション)についてのニールの言及に見て取れる。

ルクレールの労働者生産協同組合システムは，しばしば「コ・パートナーシップ」の視点からゴダンのシステムと比較されるが[22]，ゴダンのように住居を核とするコミュニティを前提としたわけではない。にもかかわらずニールがルクレールに言及しているのは，労働者生産協同組合の経営管理がニールの協同組合思想に，したがってまた，ゴダンのシステムにかなり接近していたからである。

ニールはルクレールの労働者生産協同組合について次のように言及している。この労働者生産協同組合には，商業的基礎，道徳的基礎，社会的基礎および勤労的基礎という４つの基礎がある。「商業的基礎」とは，労働者生産協同組合が6,000フラン（約237ポンド）の給料を受け取り，また利潤分配の原則に基づいて利潤の８分の１を受け取るパートナーの事業活動と事業能力とに基礎をおいていることである。彼らは自分自身の資力によってか，あるいは利潤の分け前を蓄積することによってか，40万フラン（約１万5,859ポンド）の８分の１の資本を準備しなければならない。

「道徳的基礎」とは，25歳以上40歳以下の労働者を労働者生産協同組合の組合員とし，総会で選出される「中核グループ」（noyeau）と呼ばれる組織と労働者の適性能力に関わる調査委員会に基礎をおいていることである。この調査委員会

は，(1) 経営パートナーの任命，(2) 監査役の任命，(3)（工場施設内の規律に関わるすべての問題に意思決定を下す）上級(シニア)パートナーから成る調停委員（8名）の任命，を行なう。

「社会的基礎」とは，事業の純利益の25％を相互扶助組合（Mutual Aid Society）に充当することに基礎をおいていることである。すべての組合員労働者と従業員（組合員になることを希望している未組合員）は，相互扶助組合に一定の加入料金（約16シリング）を支払えば，次のような福利給付が得られる：(1) 治療を受け，医薬を受け取ることができ，また疾病と傷害に対して1日2シリングの手当てを受け取る，(2) 労働者生産協同組合での仕事中の事故あるいは病気によって労働不能者になってしまった場合，20年継続して組合員でいれば50歳に達した時に年間1,400フラン（約47ポンド）の生涯年金が，寡婦には同じくその半額が与えられる。

「勤労的基礎」とは，事業資金や福利給付部分を控除した後の残余の利潤を組合員と従業員に「賃金に応じて」利潤を分配することに基礎をおいていることである。これによって，例えば，「中核グループ」の組合員の場合は平均賃金を上回ることになる。

このような事業・経営管理・福祉・利潤分配といったシステムの他に，ルクレールは，図書館を設置して知的能力の涵養を促したり，12歳以上の読み書きのできる組合員の子供たちに「徒弟」としての技術教育を施したりした。かくしてニールは，ルクレールが労働者生産協同組合で実施した事業の経営管理，労働者の自治的統治，教育を含む福祉そして労働者の利潤への参加（利潤分配）を高く評価したのである。とりわけ，ニールにとって福祉と利潤分配は労働者生産協同組合に不可欠な要素であったので，彼は，医療制度や年金制度が労働者階級に依然として及ばなかった1860年代から80年代にかけて労働者のための保健・医療サービスと年金を柱とした先進的な福祉制度を確立し，また「賃金に応じた利潤分配」を実施していたルクレールの労働者生産協同組合からイギリスの協同組合人も福祉制度や利潤分配制度を学ぶよう彼らに訴えたのである。

こうしてニールは，彼の協同思想の中身を充実させていくために，農業生産協同組合を基盤とするクレイグの「コミュニティ」と労働者協同組合を基盤とする

ルクレールの「福祉制度と利潤分配制度」との双方を兼ね備えていたゴダンのファミリィステールをモデルとした協同組合運動の再興を試みようとするのである。ニールにとってそれは，ロッチデールの先駆者たちが目指したコミュニティ建設の取り組みであり，まさに「イギリス協同組合のルネサンス」であった。

2. ニールの協同居住福祉論

しかしながら，ニールは，クレイグにもルクレールにもなかった思想，すなわち，「協同居住福祉」[23]を何よりも重視していたのであって，この点にこそ，ニールがゴダンのファミリィステールを「イギリス協同組合運動のルネサンス」のモデルにした理由があった。

ニールの「協同居住福祉思想」とは，労働者の生活の場である住宅(ハウス)を労働者の協同の力によって建設し，それを人間的で健康的な共同の住居(アビタシオン)とし，その共同の住居を基盤とする職住接近のコミュニティにおいて，労働者・住民のための雇用確保，適切な賃金，より良い労働条件，年金，疾病手当，保健・医療サービス，衛生，高齢者ケア，障害者ケア，保育，児童・成人教育，自然環境保護などの福祉を確立し，労働者・住民が尊厳のある豊かな生活を送ることを目指そうとするものであった。それは，いわば「コミュニティによる福祉」と「コミュニティにおける福祉」との双方を基礎とする「福祉社会」を築いていこうとする思想であった。

ニールが労働者の住宅問題について比較的早い時期から関心を抱いていたことは確かである。彼は1860年にC.ヘンリー・クリントンから送られてきた回状にある種の共感を示した[24]。クリントンの回状には，「資本，科学それに機械はすべての人びとの福祉(ウェルフェア)に役立つために生み出された」のであるから，工場，鉄道，鉱山，保険，その他の有益な企業は「公共の便益」のための協同をもたらすはずなので，「居心地の良い家庭」を望んでいる人たちによる「家庭協会」(home society)を組織したい旨が認められていた。そしてさらにクリントンは別の回状で住宅建築の計画について提言してきた[25]。これらの回状に対しニールは次のような返事を送っている。「現在の状態よりも高次の状態へ人びとが前進するためには，嫌悪すべき労働を最小限にまで無くしていく必要があるし，またこれらの労

第4章　協同組合運動と福祉：ニールの協同居住福祉思想　　251

働の遂行が堕落だと見なされないようにする……体制を導入する必要がある」が，このような体制は「現在の孤立した住宅ではなく，共同住宅(ユニタリィ)を伴わなければ」成功しないだろう。したがって，孤立する社会的傾向が共同住宅の建設によって克服されるとすれば，「勤勉な『家庭学校(ホーム・スクール)』で思慮深い教育を受けた多数の男女の子供たちとともに，その試みが開始される」であろう[26]，と。ニールは既に60年に「共同住宅」と「分配のルールの逆転」について考え始めていたのであるが，しかし，彼が本格的に両者の問題についてあるパースペクティヴを示すようになるのは70代に入ってからのことである。それは，既に見たように，利潤分配をめぐってCWSとの対立が深刻化していく時期でもあった。

　ニールは1872年からファミリィステールを意識した記事や論文を精力的に書き始める。彼は，72年1月27日付けの『協同組合ニュース』に，ゴダンが59年に建設に着手した正方形の5階建会館（アパートメント）を想定した記事を次のように書いている（ゴダンはこの会館を「社会パレス」(Social Palace) と名づけ，79年までに中央会館を挟んで対を成しているライトウイング館とレフトウイング館から成る3つの正方形の5階建会館を完成させ，翌年からこれら3棟の会館を完全に使用できるようにした。ファミリィステールには72年の時点で既に900人の住民が居住しており，左右2棟の会館で1,200人の収容能力があった）。

　　ある1対の会館を想定してみよう。その会館は5階建で大きな正方形を成しており，周りにあるどの建物からも便利良く出入りすることができ，中央にある会館によって分けられている。中央会館には，1階に厨房とそれに接続する事務室，洗濯室，浴室それに乾燥室が備えられている。2階から上には，食堂，社会的な目的に相応しい図書館，談話室，講義室，喫煙室およびビリヤード・ルームがある。最上階には保育室と託児室，それに診療室が配置されている。これらの会館は，（中央会館を挟んで）1対を成しているのであるが，1つは中庭に面しており，もう1つは街路に面している。左右の会館は所々に各ブロックに分けられた階段室の通路によって中央会館と繋がっている。各会館の屋根は採光ができるように工夫されている。……住民にはプライヴァシィが保障され，また出入りが自由なので，人びとを監視することは

まったく無駄なことである[27]。

ニールのこの描写は、ゴダンがいわば「ファミリィステールにおける協同居住福祉」の核とするために建設した「社会パレス」そのものである。ファミリィステールは1860年代中葉以降さまざまな理由で多くの視察者が訪問する有名なコミュニティになってくる。ファミリィステールがフランスで注目を引き始めるのは65年のことであるが、ここを訪れた人たちは一様に驚きの声を上げたとのことである。あるフランス人ジャーナリストは「社会パレスの住居が住民に及ぼす知的, 道徳的効果」についての小冊子を発行し、イギリスでは、社会パレスについて「T.パグリアルディニィ氏が広範囲に配布された論文を公表し」、バーミンガム・ジャーナル誌、社会科学評論、タイムズ紙、社会科学ジャーナルなどが社会パレスを取り上げた。アメリカでは76年以後になってファミリィステールについての情報が広められた[28]。

ニールは、社会パレスを、協同の原理が「住宅」にまで広げられた実例であるとみなした。「建物（社会パレス）を利用することから得られる剰余を、協同組合店舗に倣って、その施設の全般的な保全費を支払った後に組合員に還元する。このような組合組織は日常生活上の多様な利益と便宜を組合員に供与するだろう」[29]、とニールは述べている。この頃ニールは、労働者が消費者協同組合から集められ得るであろう2万ポンドの資金を基礎に、協同組合方式によって300人の組合員から成る共同住宅、すなわち、「協同ホーム」（Associated Homes）をランカシャーとヨークシャーに建設することを提言していた。

彼の「協同ホーム」は時宜を得た提言であったようである。翌週の『協同組合ニュース』は、リーズ社会科学学会で報告されたP. H. ホランドの「住居の衛生改善」のペーパーを引用した無署名記事を載せている[30]。この記事は、「住居と労働者の生活」の関係を明らかにし、労働者が、消費者協同組合の協力を得て自らの資金で共同住宅を建設するか、あるいは消費者協同組合がその資本を投資して建設する共同住宅に適切な賃貸料を支払うかして、居住福祉の基礎を確立することの重要性を示唆した記事である。

ホランドのペーパーの概要はこうである。不衛生で、健康的でない住居は、ど

んなに安価であっても実際には高くつく。そのような住居は，病気を発生させて生産的雇用を中断し，体力の減退と注意力を散漫にさせて技倆を低下させる。その結果，労働者は健康的な住居に相応しい賃貸料以上の費用を支払うことになる。不衛生で，健康的でない住居はまた，妻や子供の病気も発生させるのであって，仮にそのことが直接に「所得」を減らさないとしても，経費を恒常的に増やす原因になるし，何よりも安楽な家族生活を減退させ，苦痛と損失を増やすのである。消費者協同組合が健康に有害な食料をけっして供給しないことが労働者にとって正義であるように，健康に有害な住居に住むことを禁止することが労働者にとって正義なのである。現在のように，家主ができるかぎり多くの賃貸料を手に入れようとして，労働者をできるかぎり狭いスペースの住居に詰め込むことは，労働者の健康や安楽や安全それに道徳心を犠牲にして，「ある建物の所有者がその適切かつ自然な価値を超えて，それを賃貸することを承認する」こととなり，コミュニティに対してさえ危険や重荷や迷惑を余儀なくさせるのである。労働者の住居について「必要なことは，労働者の住居を全般的に改善しようとするならば，生活するのに相応しくない住宅の賃貸競争を防止して，現状のように貸出されるのを禁止すること」である[31]。

　この記事に見られるように，1870年代に至ってもなお労働者の住宅問題は社会的に重大な未解決な問題であったのであり，ホランドのペーパーはこの問題に対するもう1つの解決のアプローチを示していて興味深い。ニールは，先に見たように，労働者自身の協同の力で，すなわち，共同化された住居がもたらす利便性と利益が保障される「住居で生活することの権利以外のどんな補償も求めることなく，この目的を確実にするのに必要とされる費用を自分たち自身のポケットから拠出する」ことによって労働者の住宅問題を解決するアプローチを示したのに対して，ホランドは，ニールと同じように労働者自らの費用責任を主張してはいるが，社会生活基盤(インフラストラクチャー)を整備する社会的費用や社会保障サービス経費を節減するために，住居の衛生改善によって健康的な生活を送ることを可能にする「賃貸政策」を強調したのである。前者を労働者による「協同の自助」に基づく「居住福祉政策」であるとすれば，後者は労働者の「個人的自助」に基づく「住宅政策」であった，と言えよう。換言すれば，両者が一致した点は，労働者が健康的な住

居に住むためには自らがその費用を賄うこと,「安楽の増大と引き換えにより大きな賃貸料を支払うこと」であった。しかし,両者の視点は大きく異なっていた。ニールは労働者の協同居住福祉を実現するために「協同ホーム」を,すなわち,共同化された住宅の建設を主張したのに対し,ホランドは社会生活基盤を整備する社会的費用節減のために健康的な住居の賃貸を主張したのである[32]。

　1870年代においては,イギリスの支配階級には未だレッセフェールの観念が残ってはいたものの,他方で彼らは労働組合法や義務教育法の成立,公衆衛生条例などを制定して,労働者階級に対し保護的な立場をとるようになってきたし,また協同組合運動の領域では,消費者協同組合と労働者生産協同組合と間で「利潤分配」をめぐる路線対立が激しさを増していたとはいえ,CWSを中心とする消費者協同組合運動は大きな進展を見せていた。このような状況の下で,ニールは,彼の協同思想に基づいた労働者のための居住福祉を協同組合人に訴えたのである。そのために彼は,コ・パートナーシップに基づく労働者生産協同組合の発展と労働者福祉の向上の双方を包括的に実現するモデルを必要とし,そして既に述べたように,ゴダンのファミリィステールに大きな注意を払ったのである。

　近代的な協同コミュニティであるファミリィステールは,労働者家族相互の連帯を基礎とする労働者の協同居住福祉を実現することが協同組合運動の社会的使命である,との理念をニールに植え付けるのに十分な印象を与えていた。ここに,協同による「コミュニティ福祉」という彼の理想が創られてくる要因があった。

　先に見たように,ニールはオウエン主義に基づいたララヒン・コミュニティを労働者生産協同組合の成功例として高く評価し,また彼とほぼ同時代のパリで展開されたルクレールの労働者生産協同組合を社会福祉の充実した,そして労働に応じた利潤分配が遂行されている組織として評価したのであるが,彼はそれらの他にファミリィステールを詳細に観察して,1870年代以降のイギリスで建設されるべきコミュニティの理想を次のように点描した。すなわち,「都市と農村が手を結ぶ」コミュニティ,住民が「社会的に交流する」ための自然豊かなコミュニティ,住民が「最高レベルの購買能力」を身につけ,「自尊心を育むことを学ぶ社会的雰囲気」のあるコミュニティ,共同の住居と結びついた児童や青年のための教育や訓練のシステムを有する,託児所・保育園・学校を併設しているコミュ

ニティ，である。このようなコミュニティにおいては——とニールは強調する——「物質的手段の不平等のために人びとの間に生み出される障壁は，精神的財産の平等化によってほどなく消失するだろう。そうなれば，ビーコンズフィールド卿の予言である『2つの国民』は，愛の力ほどではないにしても，大きな影響力の前で1つに溶けあうだろう。ここにこそ，私にとっての協同組合の目標(ゴール)がある。それは，あらゆる社会改革者が自分自身の前に置いていた目的であり，また現代においてオナイダ・コミュニティが合衆国で自らのために実現してきている目的である」[33)]。

　このような自然的，社会的環境と社会システムを完備し，住民が高次の精神を保持しているコミュニティはギーズに建設されているゴダンのファミリィステールである，とニールは言う。そしてこう強調するのである。ファミリィステールにあっては「社会改革者の目的」が，「どのような通常の生活条件も通常の家族関係も侵害することなく，自分たちが働いて得た利益を専断的に平等化しようとせず，誰もが自分たちが働いて得たものを自由に使う権利を奪われることなく，そしてどんな理論も主義主張も押しつけられることなしに実現される」ので，単に「他者のためにせよ」という「古くからのルール」を適用すれば十分なのである[34)]，と。では，「他者のためにせよ」という「古くからのルール」とは具体的にはどのようなルールなのか，ニールは，ゴダンが著わした『民衆に奉仕する富』（La Richesse aux Service du Peuple）を考察しながら説明する。

　ゴダンは，道徳的秩序は物質的な組織化と密接に結びついているので，「人間がその道徳的自由のためにもち得るもっと確実な保証は物質的福祉（material well-being）を獲得すること」であり，それ故，「福祉の科学」は，仮想的な着想ではなく，「人間生活のニーズについての知識に依拠する」，と考える。というのは，「福祉」は「人間という種に固有のもの」だからである。では，人間はどのようにして福祉を追求し，実行すべきか。それは，一言で言えば，「貧困は生活を快適にすることのできるすべての事物を欠いていることから生じるのであるから，生活に必要なすべての事物をもたらす富を求めること」である。換言すれば，食料は健康的，衛生的で豊富にあること，衣類は体格にあい，手ごろで安価でありかつしっかり縫製されていること，住居は便利，快適，清潔であり，また居間に

は人を不快にさせる物を持ち込まず，家族のケアは使用人(サーヴァント)によって気楽になされ，子供たちのケアのために特別な部屋が使用され，家事には別の部屋が使用されること，娯楽用のホールがあり，住居の周囲に魅力的な庭園と散歩道があること，である。これらの日常的な「生活のニーズ」こそが「物質的福祉を創り出すために相互に作用し合う主要な要素である」。しかも，これらのなかでも，住居，とりわけ共同住宅こそもっとも基本的な要素であり，福祉のための適切な手段である[35]。

　ニールは「他者のためにせよ」というファミリィステールの「ルール」をこのように説明した。人びとの「生活のニーズ」を満たすための「物質的福祉」を創り出していくこと，これこそが「他者のためにせよ」という「古くからのルール」なのである。ニールは，ゴダンが建設したコミュニティであるファミリィステールの中心が「社会パレス」と呼ばれる共同住宅にあり，そしてそこでの生活それ自体が「協同ホーム」を形成することだと理解していたので，住居がどのような環境や条件の下にあるかによって労働者家族の家事，育児，教育，健康，衛生などの生活状態が大きく左右され，したがって，家族生活と福祉との関係が左右されることを正しく見て取っていた。彼の時代においては，イギリスの支配階級は，「金持ちが使用人から引き出すサービスを共同の施設によって置き換えること」など依然として許さなかったし，ましてや労働者家族に権利としての福祉を与えることなど考えもしなかったが，彼自身は，「福祉をすべての人のために実現することは時代の要請である」，と意識していた。かくしてニールは，住居を福祉の基礎と位置づけて，労働者家族の住居と生活と労働について考察を加えていくのである。

　「協同ホーム」を形成するような共同住宅の住居を科学的に管理するためには，単一家族ではもち得ない種類の知識の組合せが必要となる。例えば，健康，衛生，清潔，知的な家庭ケアといった生活に欠かせない知識は，さまざまな居住機能を集中することによってはじめて全般的な福祉に必要とされる設備や施設を動かすことになるのであるから，共有された科学的知識を駆使できるように各家庭を組織化することになる。また「富の欠乏による貧困」からの労働者家族の解放は，部分的なアソシエーションによる家庭生活の一面的な改善ではなく，労働者家族

のすべての資力や資源を改善することによって実現されるのであるから,「その目的のために,人間的住居(アビタシオン)というわれわれの構想力を高めることが不可欠」となり,そこで,「福祉を公正に行きわたらせるために,各家族や各個人はその資力や資源や利益を組織全体のために結合させる」ことが必要となる。要するに,ニールは,労働者家族全体の資力や資源の改善は何よりもまず「人間的住居」を建設することであるが,そのためには労働者家族を組織して,労働者がその資力や資源や利益を結合させていかなければならない,と主張しているのである。それでは,労働者の資力や資源や利益はどのようにして「人間的住居」に向かって結実していくのか。ニールは次のように説明する。

> それは,自らを有用にする新しい手段を資本に開放することによってはじめて可能となる。産業の賃労働者がすべて百万長者になり得ないのであれば,これまで探求されなかった道——労働者の資本に有益な道——に,資本の雇用(employment of capital)に向かう新しい方向が見い出され得るのであって,そうなっていけば,資本の雇用は人類の一層大きな福祉に貢献するであろう。資本や富に開放されるこの新しい事業活動の分野こそ住居の改革となるであろう。19世紀前半においては,資本と労働は産業に集中して輸送手段を変革した。資本と労働は工場を建て,鉄道を敷いた。資本と労働に残されていることは住居建設における改革に着手することである。労働者の住居のどのような改善も,……個人的な資力に任されるのであれば,不可能である,ということにわれわれは気づいている。人間的福祉はこのような条件の下では実現され得ないのである。困窮はそれに適った媒体にまといつくものである。資本はそこでは何事もなし得ないのであって,ただ貧窮者への施しを行なうだけである。われわれはこのような媒体から逃げなければならない[36]。

こうして,ニールが理想的なモデルとみなした「人間的居住」を基礎においた「人間的福祉」のコミュニティをゴダンはニールのためにファミリィステールとして建設してくれたのである。

3. ファミリィステールとコ・パートナーシップ

　ファミリィステールにはニールが協同組合運動の目標とした「協同居住福祉」のためのルールがジャン・バプテスト・アンドレ・ゴダンによって確立されていた。1879年5月4―5日にギーズのファミリィステールで開催された「労働フェスティヴァル」での住民への演説で，ゴダンは，「私は，諸君のために，この組織の初期に絶対に必要な要素であった主要な組織機構，すなわち，共済基金，退職基金，医療基金および幼児保護制度・施設を運営してきた。これらの福祉（well-being）と進歩の手段に加えて，アソシエーションにおける特別な諸権利を諸君に与える貯蓄を形成するべく，利潤への参加を実施してきた」と語った後で，ファミリィステールのルールである「完成したアソシエーション条項」のうち，住民にとって「不可欠で，もっとも全般的に関心のある部分」を説明し，ファミリィステールの特徴的性格を明示した[37]。ニールはゴダンのこの演説をニール自身の協同居住福祉思想にとってきわめて重要であると考え，『協同組合ニュース』（May 31, 1879）にそれを掲載した。ニールはゴダンのこの演説を掲載することで，協同組合運動が目標とすべき協同居住福祉の内容をイギリスの協同組合人に知らしめようとしたのである。少しくそれを追ってみよう。

　このアソシエーションの正式な名称は「ギーズ・ファミリィステール協会：資本と労働の協同アソシエーション」（The Society of the Familistere of Guise : a co-operative association of capital and labour）である。この名称にゴダンの思想とアソシエーションの内容が含意されている。

　ゴダンが説明しているように，アソシエーションにおける「協同労働者（associated workers）と他の組合員の諸権利」は「アソシエーション条項」によって確定されている。そして次に「アソシエーションの目的」（第6条）が謳われる。すなわち，(1) ファミリィステールを社会的住居（social dwelling）とすること，(2)（社会パレス内にある）店舗を商業的に経営すること，(3) ギーズとブリュッセルのラエケンに在る，創設者（ゴダン）所有の（暖房器具および家庭用器具製造）工場および鋳造工場を社会的および産業的に経営すること，である。「アソシエーションの目的」の第1が「社会的住居」におかれている点は注目されるべきであろう。第2の目的である「店舗経営」とは，ファミリィステールの住民やア

ソシエーションの他の組合員が豊富で良質かつ安価な生活必需品を手に入れることができる，消費者協同組合の機能をもつ店舗が設営されており，その店舗を成功裡に経営することである。この店舗に従事しているのは社会的パレスに住む女性たちであって，彼女たちも商業労働に従事して所得を得ることができる。第3の目的である工場経営は，ファミリィステールの経済的な中核であって，労働者代表から構成される経営協議会（the Council of Management）によって運営され，利潤分配などコ・パートナーシップを実践することである。

　アソシエーションは次のような人たちによって構成される（第8条）。① 創設者（ゴダン），② 本協会の基金に醵出する支持者（出資者），(3) アソシエーション条項を支持し，かつアソシエーションの労働と活動とに協同的人格を発揮する男女，である。そしてさらに第9条で，アソシエーションの組合員は，ゴダンを別にして,4つのクラスに分類される。C. R. フェイもこの分類を「ゴダンのコ・パートナーシップ」の特徴として論究している[38]。すなわち，第1クラス：アソシエイト（Associates, 共同事業者），第2クラス：パートナー（Partners, Societaires），第3クラス：出資者（Investors, Commandetaires），第4クラス：補助者（Auxiliaries），である[39]。「これらの用語は，テクニカルな意味をもっており，また第1クラス，第2クラス，第3クラス，第4クラスの構成員をもっとも巧く言い換えている」[40]，とフェイは考察している。このクラス分類は，おそらく，熟練職人であったゴダンの経験と，コミュニティの管理運営に関わるフーリエ主義思想が基礎になっていると思われる。

　第1クラスのアソシエイトは「経営協議会」のメンバーであり，また「ファミリィステール協議会」に出席する。総会（General Assembly）が最高の議決機関であり，強力な権限を有する経営担当者（Manager）は総会で選出され，あるいは解雇される。総会に出席できるメンバーはアソシエーションの組合員労働者でなければならないが，アソシエーションの組合員労働者のすべてが総会に出席できるメンバーではない。したがって，後者の組合員労働者はファミリィステール協会の政策に関する議決権をもたないことになる。要するに，総会のメンバーとなり，協会の政策に議決権を有するのは第1クラスのアソシエイトのみである。同じくアソシエーションの組合員労働者である第2クラスのパートナーは経営担当

者と経営協議会によって労働者の組織から選出される。第4クラスの補助者は一時的に解雇されることがある[41]。第3クラスの出資者はその資本に対する利子を得ることができるが，利潤分配に参加できないし，協会の政策に対する発言権も有しない。ここには，工場およびファミリィステールは第1クラスのアソシエイトと第2クラスのパートナーの組合員労働者によって基本的に運営されることが示唆されている。

　それでは，ファミリィステール全体において重要な位置を占めているアソシエイトとパートナーの組合員労働者にはどのような権利や義務や条件が付されているのだろうか。アソシエイトとパートナーの「一般的条件」は第10条で5項にわたって明示され，さらに第13条，第14条，第17条でアソシエイトの，第18条，第19条でパートナーの権利，義務，条件に関わる具体的な条項が示されている。これらのうちの重要なポイントを指摘しておこう。

　アソシエイトは，(1) 21歳以上であること，(2) ファミリィステール内に5年以上住んでいること，(3) この期間にアソシエーションの労働と経営に参加していること，(4) 識字能力が高いこと，(5) 20ポンド以上をファミリィステール協会に出資していること（13条），(6) 仕事が不足した場合，アソシエーションの他の組合員に優先する雇用の権利を有すること，(7) 利潤への参加ができること，(8) 総会を召集し，議決する権利を有すること，(9) ファミリィステールにおける生活上の利益を享受すること，(10) アソシエイトとその家族は，ファミリィステールで生活している間は，総会に出席し決議する権利とともに，社会的住居からその規則に至るまで，住民の利益のために供与される保護制度によって与えられるいっさいの保障の権利を有すること（14条），(11) ファミリィステール内での居住権を放棄することは自由であるが，放棄した場合はパートナーに格下げになること，(12) アソシエーションでの労働に参加することを止めたアソシエイトは，出資者の人格を有するだけになること（17条），と規定されている。

　また，アソシエーションの組合員労働者であるパートナーは，(1) 1年以上にわたりアソシエーションのサービスに従事してきていること，(2) 行政協議会は，アソシエーションの組合員労働者と協議し，彼らの意見を聴取した後に，ある組合員がパートナーになることの要請を受けること（18条），(3) 2つの異なった資

格を与えられること，すなわち，「ファミリィステールの住民である」こと，および「ファミリィステールあるいはその付属施設には住まない非住民である」こと（19条），と規定されている。

　これらの条項に示されたアソシエイトとパートナーに関わる権利，義務および条件は，コ・パートナーシップに基礎をおいているファミリィステールとその工場や付属施設の運営と，住民および労働者のための協同居住福祉制度に関係してくる。例えば，雇用および解雇の優先順位を規定している第23条[42]に引き続いて，第31条では第4クラスの補助者の利益が明記されている。すなわち，補助者は，日給(サラリー)の他に，アソシエーションのすべての組合員に共通する共済制度（provident institutions）の利益に与ることができるし，必要とされる時間的条件を満たせば，まずパートナーに，そして次にアソシエイトになることができる。ゴダンはファミリィステールの労働者，住民などのあらゆる関係者のことを配慮した，とフェイは述べているが，おそらくゴダン自身には，一方で労働貴族を育成し，他方で労働者間の階層的対立をつくりだす意図はなかったろう。その論拠の1つとして，フェイは，4つのすべてのクラスの労働者に開かれた扶助基金とファミリィステールの住民に適用される協同居住福祉制度をあげている。しかしながら，ゴダンの「資本・労働・才能のアソシエーション」には資本・労働・才能に応じた「階層」を形成する契機が潜んでいたこともまた事実である。ファミリィステールにおける主要な意思決定の機関や組織のメンバーは第1クラスのアソシエイトであって，彼らがまず最初にファミリィステールのすべての利益に与ることができたからである。実際のところ，ファミリィステールにあっては，「資本・労働・才能のアソシエーション」はアソシエイト各個人に収斂されてしまう危険性があったのである。

　それはさておき，ファミリィステールには2つの「一般的相互扶助基金」が設けられていた。1つは疾病，傷害によって労働不能になってしまった労働者を扶助するための「工場基金」であり，もう1つは「年金および家族手当て基金」である（第127条）。さらにファミリィステールにはその他にいくつかの相互扶助基金がある。すなわち，(1) ファミリィステールに住んでいて，労働年齢に達したすべての男性の間に設置された「共済基金」で，この基金の目的は疾病を患い，

傷害あるいは事故の被害を被ったすべての労働者を援助するためである，(2)ファミリィステールに住んでいて，生産年齢に達したすべての女性の間に設置された「共済基金」で，その目的は男性の基金と同じである，(3)ファミリィステールに住んでいる男女両性のすべての成人の間に設置された「医療保険基金」で，疾病時に必要とする医療を無料で処方すること，および死亡した場合に葬儀費用を賄うことを目的としている（第128条）。このように，ファミリィステールの住民はすべて社会福祉的次元においては平等に扱われていることが分かる。

周知のように，コ・パートナーシップは，協同組合組織に基づいた労働者による「出資」と「生産の自主管理」それに「利潤への参加」をシステムとする労働様式であって，ゴダンは，このコ・パートナーシップをファミリィステールにおいて実践し，ファミリィステールの重要な特徴的性格を明らかにしたのであるが，同時にゴダンは，「社会パレス」と彼自身が名づけた共同住宅を基礎に労働者とその家族が十分な福祉を享受し得るようにしたことによって，ファミリィステールの固有の性格を明確に示したのである。ニールはこのような協同居住福祉制度を備えたコミュニティの生活を「協同ホーム」と表現した。

実は，ニールが追求してきた「協同ホーム」の構成要素である協同居住福祉制度は，労働者の「利潤への参加」というコ・パートナーシップのもう１つのシステムによって支えられていた。労働者の「利潤への参加」とは「労働に応じた利潤分配」のことであるが，ニールはこれをイギリス労働者生産協同組合運動の試金石であると考えていたし，またこれを実現しながら協同組合の生産事業をいかに成功裡に継続していくかは，ニールや他の労働者生産協同組合運動の指導者にとってもっとも重要な課題であった。このような課題に挑戦するために，ニールはファミリィステールへの訪問を重ねては観察を続けただけでなく，ゴダンの「労働論」と「利潤分配論」を考察して重要なヒントを得ようとしたのである。次にわれわれもゴダンの「労働論」と「利潤分配論」を論究することにしよう。

第3節 J. B. A. ゴダンの「労働論」・「利潤分配論」と
ファミリィステール

1. ゴダンの「労働論」と「利潤分配論」

ゴダンにとって労働者の「利潤への参加」＝「利潤分配」(profit-sharing) は，彼自身の「労働論」から至極当然なことであった。そこでニールは，ゴダンの「労働論」に言及することによって「利潤分配論」を導き出す。ゴダンの労働論とニールによるその展開を少しく見てみよう。

「労働はこの大地での生活の主要な側面である。自然はこの労働の第1のコストを支払う——自然は労働の要素を創造する——自然は労働の要素を……人間の生活に役立たせる。人間は，自分の生活状態を改善するために，この自然による労働に人間の労働を付け加える。人間が消費しない労働［の成果］は，生活のための留保分として富という名でとって置かれる」，とゴダンは論じる。この労働論はニールのそれに類似している。「富」は「自然の労働」と「人間の労働」の成果であり産物である，とゴダンは述べているのであるが，彼はさらにその「富」について次のように論じて，労働者の「利潤への参加」を正当化する。これは，ゴダンの経済理論の中心的部分を成すと同時に，彼のフーリエ主義思想への接近の経済理論的部分を成している。

　自然の労働の結果生じた富は，造物主（神）が創り出したものであり，自然がわれわれ人類の共同の使用のためにわれわれに与えてくれるものである。人間は，2つの異なる形態で人間本性に共通する自然的富に参加することを求められる。第1は受動的形態である——すなわち，個人が自分を維持存続させるためになさざるを得ない，自然の贈り物を個人的に使用することである。これは，自然の生産物に対する個人の権利と生活の権利を構成する。第2は，第1の形態を完全なものにする能動的形態である——すなわち，自然の生産物に適用される労働と知性の働きであり，物質的生活の領域を拡大する労働と知性の働きである。これは，個人的活動の結果としての生産物に対

する個人的権利を形成する。すなわち，人間の労働の結果生じる富は，財産に対する個人の権利を構成するのである。人間が粗野な素材に新たな質を付加するや否や，財産の感情(センチメント)が人間のなかに生まれる。彼はその物質に対する自分の労働を考え，理解する——自分の活動によって生み出された物質は自分自身の一部を反映するのである——彼の思考力は，自分の知性と自分の手の労働によって物質に結実する。それらの物質は個人に属するのであって，それはちょうど，個人が自分自身に属するのと同じである。

　財産の権利は労働の権利と相互関係的であり，平行している。換言すれば，財産の権利は労働の権利以外の何物でもない，ということである。他方，人間の労働によって創り出されるこの個人的権利と並んで，自然の労働によって創り出された物質に対する権利が存在する。……自然は，人びとの個人的ニーズを満たすために，自然が人間に用意した財貨を処理する能力を人びとに授けたが，しかし，自然の贈り物を独占する特権を誰にも与えなかったし，授けもしなかった。……自然は，自然が授けた援助によって，すべての人がそれから生じる利益に参加する (share in the profit) 権利を創り出すのである。……この権利の制限は，人間の肉体的欲求の充足と人間の知的能力の自由な行使によって明らかにされる。社会は，この権利に対して障害物を置くことはできないのであって，ただ人間が自然から得る権利よりも高位の権利を個人的権利に与えることによって，すなわち，自然の産物に対する人間の権利を，労働のための協同の権利 (associative right) に変換することによってのみ，この権利の行使を変更することができるのである[43]。

　見られるように，ゴダンは，社会には自然の生産物＝「自然の贈り物」を個人的に使用する権利と人間の労働が生み出す生産物に対する個人的権利＝「財産の権利」の双方が存在するが，前者を，誰も独占することのできない，すべての人に与えられるべき権利であるとし，それ故，すべての人がその「利益に参加する」権利をもつことができるとしたのに対して，後者については，自然の生産物よりも人間労働の生産物を高位に置くことによって，すなわち，自然の生産物に対する人間の権利を「労働のための協同の権利」に置き換えることによって，人

間労働の生産物に対する個人的権利＝「財産の権利」を「労働の権利」として労働者の「利潤への参加」の権利を認めるのである。そして次に，この「労働のための協同の権利」が「人間労働の収益の公正な分配」の論拠になるのである。

　ゴダンは，「人間労働」には，「肉体的労働」と有用な発見や発明によって人間の活動範囲を拡大し生産手段を発達させる非凡な「才能」，それに消費に回らなかった「節約され，蓄積された過去の労働」であり，追加労働に投下される「資本」，という3つの形態があると論じる。そこで，これらの形態の「労働」によって生み出された「収益」の「公正な分配」は，これら3つの要素にすべての人間労働の基礎である「自然の労働」を加えた4つの要素の間で「公正な分配のルール」に則ってなされるということになる。それでは，「公正な分配のルール」とは何かと言えば，それは次のようなルールである。すなわち，「労働の価格」が，① 例外的な，あるいは未知の種類の労働の場合には「合意」によって，② 一般的に遂行されている労働，あるいはその価値が十分に確定されている労働の場合は「一般料率」＝「市場賃金率」と「慣習」によって，そして ③「労働時間」によって規制される，というルールであり，また利子によって表わされる「資本の価格」が，市場利子率を通じて変動し，「合意」や「慣行」によって規制される，というルールであり，さらには創意に富む「才能」が生産をより容易にする生産物の重要性に応じた報酬(プレミアム)を得る権利を有する，というルールであり，そして「自然の労働」が，「個人的資力では生活を維持するのに十分ではない人たちの生計手段に必要とされる最低限度」によって測られる，というルールである。

　かくして，労働には「賃金」が，資本には「利子」が，創意に富む才能には「報酬」が各々支払われた後に「残存している利潤から控除されるべきもの」は，まずは「生存を保障する必要最低限のそれ」であり，そして次に「3つの要素の間で一定の比率で分配される」それである。賃金・利子・報酬は，それぞれの間で分配率が調整され，利潤が確定される前に支払われる[44]。生産された利潤からまず「生存を保障する必要最低限のもの」が控除される，とゴダンが強調している部分は，後で見るように，高齢・疾病・事故・医療などのさまざまな年金基金や社会保障基金，保育・育児・幼稚園・学校に関わる教育費，それに清掃費・水

道費などの共益費を含む福利厚生費から成る福祉基金である。そして残余の利潤が労働・資本・才能に各々分配される[45]，ということである。ゴダンは，これらの福祉基金の管理運営と，出資および利潤分配に関わる基金の管理運営とをアソシエイトである組合員労働者によって構成される委員会に委ねた。「出資・助成委員会」，「医療サービス・介護委員会」そして「医薬治療・看護委員会」などがそれである。労働・資本・才能への利潤分配については少し後で触れるとして，まずファミリィステールの協同居住福祉について触れておこう。

ゴダンは「労働への利潤分配」は福祉の基礎であると主張する。しかしながら——とゴダンは続ける——確かに「労働の諸権利」は「生活の利益に対する諸権利」であるとはいえ，労働者が「利潤に金銭的にのみ参加する権利」を一方的に主張するのであれば，それは「一般民衆の社会的権利の基礎である自然の生産物の一部に対する弱者の権利」を認識していないが故である。「労働の諸権利」とは，「集団的諸権利」であり，「一般的幸福が個人的幸福と密接に結びつくことのできる制度を確立する際に富の使用を要求する諸権利」に他ならないのであるから，「弱者の権利」を顧慮せず，個人的利益を追い求めるのはアソシエーションの何たるかを理解していないのである。「アソシエーションを通して福祉と集団的所有に労働者を喚起させることにより労働者の解放を実現する」ことこそが利潤分配の意味である[46]。このようにゴダンが，「利潤分配」を，「個人主義」のためにではなく，「集団的所有」に基礎をおく福祉のためであると位置づけたアプローチは，ニールたちイギリス労働者生産協同組合運動の指導者にとって非常に重要であった。コ・パートナーシップを原則とする労働者生産協同組合は，「資本と労働のアソシエーションと参加のシステム」の下で，何よりもまず組合員とコミュニティの「共通の利益」のために「利潤」を使用することになるからである。

ファミリィステールにおいてその実例を見てみると，次のようである：住民は毎月1フランから2フラン50サンチーム（9ペンスから2シリング）の醵出金を支払うと，以下のような権利や利益に与ることができる。

(1) 病気のために労働を休まなければならない間は，醵出金の額に応じて1フ

ランから5フラン（9ペンスから4シリング）の手当てを受けることができる。
(2) 医師が必要な場合には，家族が選んだ医師の往診を受けることができる。
(3) 医療サービスに属しかつ病気のために必要とされる，清潔さを保つためのシーツ，寝間着(ナイトドレス)を受け取ることができる。
(4) 必要があれば，家族全員が医療サービスを受けることができる。
(5) 風呂，付き添い風呂，移動風呂，その他必要な器具や容器を利用できる。

また，ファミリィステールでは，障害のある労働者に1日当り1フランの扶助料を供与し，病弱な労働者——しかもファミリィステールに住んでいない労働者にも——相互扶助基金から1日2フラン（1シリング7.5ペンス）の手当てが付加される。これらの手当ては年間約1,800フラン（72ポンド）に達している。

このような福祉サービスの基礎は「社会パレス」という住居である。この当時，ファミリィステールには2人の医師と2人の助産婦と看護婦が常駐し，住民は必要な時に医師と助産婦と看護婦の医療サービスを受けることができ，「しかも，自分のアパートメントの住居番号を記したチケットを箱の中に入れておくだけでよかった。その箱は診察室と医療サービス用ホールの事務室に設置されている」。ホールには調剤室もあり，また緊急事態の処方に必要な装置，移動風呂，シーツ，シャツ，その他の器具，哺乳ビン，哺乳ビンの乳首，揺り篭などが保管されている。ゴダンは基本的な社会福祉を完備していたファミリィステールをこう誇ることができた。

> 医師は，毎日，医療サービス・ホールで自分を必要とする人たちの通知を見て往診し，必要な調剤とケアの処方箋を書く。事故や災難による（住民の）自暴自棄はファミリィステールにはあり得ない。まったく取るに足りない災難を耳にすることはあるが，しかし，仮に不幸な状況が発生したとしても，住民の誰もがそれについて語り，善行をなすことの名誉から，またチャリティの感情から，ケアと援助が誰に対しても決して欠けることはないのである[47]。

ゴダンは「生存を保障する必要最低限」の社会福祉サービスを構成する基金や費用について1878年の実例をあげている[48]。

労働不能者年金，寡婦・寡夫および孤児並びに困窮者の生活補助金………………………	22,856 F. 16 c. (£ 914 4s. 9.3/4d.)
疾病共済基金………………………………	4,464 F. 0 c. (£ 178 11s. 2.1/2d.)
医療基金……………………………………	3,038 F. 0 c. (£ 121 10s. 5d.)
教育・保育・託児・幼稚園・学校費用………	22,154 F. 95 c. (£ 886 3s. 11.1/2d.)
清掃費………………………………………	2,685 F. 0 c. (£ 107 8s. 0d.)
各階への水道費用…………………………	4,289 F. 0 c. (£ 193 3s. 2.1/2d.)
洗濯室費用…………………………………	1,916 F. 0 c. (£ 76 12s. 9.3/4d.)
光熱熱用……………………………………	1,000 F. 0 c. (£ 40 0s. 0d.)
合　　計	62,943 F. 11 c. (£ 2,517 14s. 5d.)

1年間にファミリィステールの住民およそ1,500人の基本的な生活を保障するために支払われたこの総額は小さな額ではない。ゴダンは，このように大きな額に達するほどにファミリィステールにおける社会福祉サービスと共同生活手段を提供する，いわば「生活のインフラストラクチャー」の整備への注意と義務(タスク)を怠らなかったのであるが，これも，彼が「社会パレス」という共同の住居をコミュニティの住民に保証していたからこそ可能であったのである。

これに加えて，これらの基金や社会的費用を支払った後になお分配可能な利潤191,362フラン71サンチーム（7,654ポンド10シリング2ペンス）が残り，その部分は，①事業のための積立金（準備金）に15％（28,704f. 40c. £1,148 3s. 6d.），②経営能力および才能に20％（38,272f. 54c. £1,530 18s.），③配当金に65％（124,385f. 77c. £4,975 8s. 8d.），それぞれ分配されている。それ故，この配当金に資本利子（6％）と労働者に支払われた総賃金を加えると，それらの総額は，155万4,822フラン12サンチーム（6万2,192ポンド17シリング8ペンス）に達した[49]，とゴダンは記している。これが，ゴダンのコ・パートナーシップに基づいた「公正な賃金」の具現化である，とニールは観察したのである。

2. 社会パレスと協同居住福祉

　ファミリィステールにおける協同居住福祉の基礎である社会パレスについて，ニールは，『協同組合ニュース』を利用して，大いにプロパガンダを行なった。そのなかでも，「ファミリィステールと付属施設の全景」についてのニールの説明（1879年4月19日付），「ギーズのファミリィステール：全般的な描写」（79年4月26日付），「ギーズのファミリィステール：住民に保証される利益」（79年5月3日付）および「ギーズのファミリィステール：教育制度」（79年5月10日付）はわれわれの興味を大いに引くものであるし，また同時に後者の3つの記事は，社会パレスの「住居」としての機能と「社会的施設」（あるいは共同生活手段）としての機能との双方の機能をよく説明しており，その意味でも，ゴダンの，したがってまたニールの協同居住福祉思想を十分に表現するものである。

　ゴダンは，1859年4月にレフトウイングのアパートメントの建設に着手して60年にそれを完成させ，続いて62年に中央ビルディングの建設に着手し，77年にライトウイングのアパートメントの建設にとりかかり，79年にこれを完成させて翌年から使用できるようにし，遂に「社会パレス」の完成をみた。社会パレスは，正方形の中央会館を挟んで，地下1階地上5階建の左右対称の正方形をしたアパートメントから成っていて，住居であるアパートメントはおよそ1,800人もの収容能力(ｷｬﾊﾟｼｨﾃｨ)を有していた。中央会館には店舗・厨房・集会ホール・教育施設・保育施設・図書館・劇場の施設の他に，託児所・保育所や診察室・調剤室などが設けられていた。また学校，浴室，温水プールそれに洗濯室が付属施設として外部に，しかも工場に近接して――というのは，工場から出る熱エネルギーを利用するために――建てられている。生活環境を保護するために，建物には下水溝や水槽設備が取り付けら，また浴室，温水プールそれに洗濯室は社会パレスから離れたところに設置され，そしてアパートメントと工場には換気設備と冷暖房設備が取り付けられている。ゴダンによれば，社会パレスが未だ全体として完成していなかった74年の住民数は約900人であったが，完成した80年には住民数は400家族・1,200人に増加した。

　社会パレスはファミリィステールで生活している労働者とその家族の「労働と生活」の基盤であり，この基盤によって大人から子供まで住民は道徳的に高尚に

なり，権利と義務を自覚するようになる，とゴダンは考え，それに基づいて彼は，エーヌ県ギーズのオアーズ川（セーヌ川の支流）に沿った，彼の工場がある広い敷地に社会パレスを中心とした近代的なコミュニティを建設したのである。ゴダンにとって——したがってまた，ニールにとっても——「労働と生活の場」としての「社会パレス」は，文字通りの社会的住居であり，不衛生で狭く換気の悪い劣悪な環境の下におかれている労働者用貸間は言うまでもなく，孤立分散した住宅ともまったく異なる，労働の権利・生存の権利・教育の権利を保証する近代的コミュニティにおける「協同ホーム」としての住居であった。そして「協同ホーム」としての住居を支えるシステムこそが「資本と労働のアソシエーション」であり，またその果実による社会福祉サービスであった。

　それ故，「協同居住福祉」とは，コ・パートナーシップに基づいた「協同労働」の基本システムである「資本と労働のアソシエーション」，その果実から生じる労働者・住民の「社会福祉サービス」，そして彼らの「労働と生活」の基盤である「共同の住居」(＝「社会パレス」)の3つの要素から成り立つ「ヒューマン・アソシエーション」のことである，と言えよう。ゴダンは彼のこのヒューマン・アソシエーションを「ファミリィステール」と名づけ，そしてニールはこのファミリィステールを目指す協同組合運動をイギリス協同組合運動の大きな目標として，「イギリス協同組合運動のルネサンス」を熱っぽく訴えたのである。

3. ファミリィステールと消費者協同組合

　ゴダンは，1881年9月8日にローザンヌ産業博物館ホールで「フランス，ギーズにおけるファミリィステールのアソシエーション」と題する講演を行なった。講演の内容は，ギーズのファミリィステール，そこにおけるコ・パートナーシップに基づく「資本と労働のアソシエーション」，その果実から生まれた「社会パレス」，労働者の利潤への参加（利潤分配），雇用，幼児や子供のケアなどの社会福祉サービスなどについて紹介，説明したものであるが，その他にローザンヌにおいて労働者のための「社会協同パレス」(Social Co-operative Palace) の創設を勧める件がある——この勧めは消費者協同組合との関連で興味を引く。ゴダンはこの社会協同パレスについて次のように言及している。

このようなパレス（社会協同パレス）の住民は，明らかに，そのもつ資力や資源を動員する能力がさまざまに異なっている家族から成っている。そこではすべての住民のためにどのような制度がまず最初に確立され得るだろうか。誰に対しても生存に必要な保障を与えるために，また人間的な生活に関わる宗教的感情を満たすために，病気を患ったり，労働不能になってしまった場合や高齢に達した時のニーズに対する相互扶助的保障が最初に確立されなければならないであろう。社会協同パレスは，日常生活に不可欠ないっさいのものを仕入れ，販売する店舗を開設しなければならない。というのは，もし店舗が開設されないのであれば，社会協同パレスと無関係な中間商人が店を開き，すべての利潤を取得してしまうからである。しかるに，現に，（ファミリィステールの）社会パレスは中間商人を不要なものにしており，また住民に生活必需品を販売することによって実現される利潤を確保し，大きな利益を得ているのである。このようにして，社会協同パレスの店舗は，中間小売商人がしばしば販売する，混ぜものをした品質の劣った品物が住民の手に入らないようにするのである。そこで，社会協同パレスでは2種類の資源が利用されることになる。1つはパレスから得られる賃貸料，もう1つは（パレスの）店舗における商業活動による利潤である。これらの要素が社会協同パレスの成功を確実にするのである[50]。

ゴダンは，社会パレス，すなわち，労働者の共同住宅には消費者協同組合が必要であることを強調している。彼は，その理由として，中間商人の排除（＝中間利潤の確保）と品質の良い食料やその他の必需品の供給，そして「2種類の資源」が利用できることをあげている。これらの理由のうち前2者は，ブライトンのウィリアム・キングやロッチデールの先駆者たちをもちだすまでもなく，消費者協同組合の基本的な活動目標である。興味を引くのは，最後の「2種類の資源」である。実際のところ，ゴダンは，ファミリィステールに協同組合を，正確に言えば，「協同組合的組織」を導入し，社会パレスの1階に店舗を開設した。彼はこの「協同組合的組織」による「2種類の資源」を住民のために巧く利用したのである。少しく言及してみよう。

C.R. フェイは，住居の1階に開設されているこの「協同組合的組織」を，「財務的理由のために協同組合として登録されていないが，事実上，イギリス型の協同組合店舗である」とみなしている[51]。ゴダン自身も，消費者協同組合が「公正な収益の得られる価格」に影響を及ぼすこと，またそのことが「個人的な利害のための機能ではなく，社会的な機能である」消費者協同組合の理念を人びとに鼓吹することから，「住居と消費のための協同アソシエーション」にとって大いに有意義である，と考えていた。何故なら，消費者協同組合が成功裡に経営されるならば，購買高配当によって住宅の賃貸料が保証されるだけでなく，「エゴイズムの精神を完全に脱ぎ捨てて，同胞愛の精神を徹底的かつ日常的に鼓吹すること」になるからである[52]。そしてゴダンは，「ロッチデール公正先駆者組合の実例」を示して，人びとに消費者協同組合の潜在可能性について次のように強調した。これは，ゴダンが消費者協同組合をどのように評価していたかを知る上で大変興味深い一節である。

 ロッチデール公正先駆者組合は，28人の先駆者たちが週2シリングの出資金をもち寄って1844年に開始されたが，その時には2シリングの出資金を集めることすら彼らには非常に困難な仕事であった。この小額の出資金をもって，先駆者たちは1袋の小麦粉を購入するのに足りる資金を集めるべく動き回り，どうにか彼らの事業活動を開始したのである。しかし，現在の先駆者組合は，1,000万フラン（40万ポンド）の資本を所有するほどの思慮分別と警戒心と能力をもって事に当たっている。現在，先駆者組合の組合員数は1万人を超えており，しかも彼ら先駆者たちは，イングランドの協同組合のために，先駆者組合型の協同組合があらゆるところで見い出されるほどの運動を生み出しているのである。現在，イングランドの協同組合人は，数億フランを超える金額を自在に使用している。先駆者組合は国家のなかの1つの勢力（パワー）になっているので，政府も先駆者組合を重んじざるを得ないのである[53]。

先駆者組合あるいは先駆者組合型の消費者協同組合についてのゴダンの評価はこのように高いものであるが，ゴダンが「先駆者組合型」の消費者協同組合を

ファミリィステールに導入した最大の理由は，おそらく，「協同組合的店舗」での商業活動によって「商業利潤」を確保し，住民に購買高に応じて利潤を分配しようとしたところにあったと思われる。というのは，すぐ後で見るように，「購買高配当」の総額は「ファミリィステールの住民が彼らの住居に支払う賃貸料にほぼ等しい」からである。住民は，彼らの日常的な購買行為によってアパートメントの賃貸料を支払うことができたのである。

　ゴダンは，基本的には，ファミリィステールの住民が自らの資源（資力）を創り出すために「協同組合的店舗」を利用する，と考えていた。店舗ではパン，肉，牛乳，野菜・果物，その他の食料品，仕立服・既製服，木材，石炭などの生活必需品が販売されたが，この店舗における「商業サービス」組織の運営は，実は，イギリスの消費者協同組合とはまったく異なっていた。これまでファミリィステールの店舗を「協同組合的店舗」と記してきたのはそのことを指摘したかったからである。「ギーズ・ファミリィステール協会」がこの店舗に対して資本を供与し，特に1891年以降は協会が剰余の85％を購買高に応じて分配したのである。要するに，購買者である住民が消費者協同組合の組合員個人として出資するのではなく，協会が店舗に運転資本を出資して店舗の経営と運営を「経営協議会」に委ねる，という方式がとられたのである。この方式は，実は，ファミリィステールの製造工場の場合と同じであり，工場の経営と運営も「経営協議会」に委ねられたが，資本は協会によって供与されたのである。その意味では，ファミリィステールの工場は「労働者生産協同組合的組織」である，と言うべきであろう。

　とはいえ，組合員労働者は協会に規定の金額を出資しなければならないし，また経営管理の意思決定に関わる最大限の権利が第１クラスのアソシエイトに偏っているとはいえ，実質的には組合員労働者の自主管理が実施されていること，利潤分配が行なわれていることを判断基準にすると，ゴダンの工場は「労働者生産協同組合」である，といっても必ずしも間違いではない。しかしながら，そうであっても，前述したように，労働者のクラスを４つに区分し，アソシエイトにしか総会に参加する権利を認めないなどの点は，イギリスの労働者生産協同組合とはまったく相異するものであった。それでもニールは，ファミリィステールには住民自治があり，協同居住福祉が根づいていたことから，イギリスにおける労働

者生産協同組合運動が組合員労働者の「労働と生活」の条件に関わる福祉，とりわけ共同住宅を基礎にした福祉＝協同居住福祉への取り組みが依然として弱いことを実感していたので，ファミリィステールで現に実行されている協同居住福祉と利潤分配のイギリス協同組合運動全体に対する現実的な影響力を期待したのである。

　それはさておき，ゴダンは，店舗で得られる商業利潤の分配に，イギリス的な「購買高配当」以上の意義を付していた。すなわち，ゴダンは，その利潤分配を，ファミリィステールの住民が「個人的エゴイズム」を克服し，「相互扶助」と「連帯」の意識を形成していく物質的保証にしようとしたのである。「商業利潤は，パレスの住民の非常に堅実な家計から生みだされるのであり，それがまた住民自身の間で彼らの道徳的および物質的発展に資することのできる相互倹約のすべての制度の実現を可能にする」[54]，とゴダンは強調した。さらに，店舗の従業員はパレスに住んでいる労働者の妻や娘であったことから，店舗はファミリィステールにおける女性の雇用や経済活動について一定の役割を果たすことにも繋がった[55]。

　ゴダンによれば，社会パレスが完成する以前の商業利潤は利用者個人には分配されず，例えば1874年の場合はおよそ900人の住民で約3万5,000フラン（1,400ポンド）の商業利潤が生み出されたが，その利潤は，まず店舗経営のための準備金に，次に児童のケアと教育に，そして保護を必要とする「弱者」の社会サービスに充当されている。しかし，社会パレスが完成し，完全な利用がなされるようになった80年以降からは個人的な「購買高に応じた配当」もなされるようになり，その配当金は平均「1ポンド当り2シリング6ペンス（半クラウン）」で，その総額は，先に述べたように，ファミリィステールの住民がその住居に支払う賃貸料金にほぼ等しいものであった。かくして，店舗の利用は，ゴダンがそう言ったように，「住居の賃貸料」を「購買高配当」によってカヴァーするほどの，「住民の資力」を創り出したのである。それでも，ファミリィステールの住民はしばしば近隣の町で買い物をするので，ファミリィステールの店舗がもっと多くの住民によって利用されるなら，住民は一層大きな利益に与ることができるだろう，とファミリィステールの店舗利用が訴えられてもいた[56]。

ところで，ファミリィステールの店舗から生み出された利潤の一部は購買高に応じて個人的に分配されるようになったのであるが，その配当金は，現金で支払われるのではなく，信用で，すなわち，購買者用の「小さな会計帳簿」に配当額が記入され，最終的には財貨に換えられることになる。この方法は部分的には先駆者組合が実践した方法——購買高配当の配当金を積立てるための一種の「口座」の設置——に類似しているが，しかし，配当を現金で支払わず，財貨と交換する方法を先駆者組合は採らなかった。この相異は，ファミリィステールの店舗がフーリエ主義的コミュニティの店舗であった，ということに起因している。しかしながら，積立てられた配当金を財貨と交換することは現在でも行なわれることであって，そのこと自体は非近代的なことではない。いずれにしても，ファミリィステールで生活している組合員労働者の家族が主に——というのは，社会パレスの住民でなくても店舗を利用することができたからである——店舗の利用者，購買者になるのであり，彼女たちは，この店舗を利用することによって，家計を合理的に切り盛りすることや家族のための栄養を十分に配慮する——各家族は基本的に自分のアパートメントで料理し，食事する——こと，それに家族の福利全般を理解することができるようになっただけでなく，彼女たち自身の口座——配当金の額が記載されている「小さな会計帳簿」——を管理することから経済的自立の訓練を行なうようになった。こうして，店舗の利用を通じての「相互倹約」がもたらすもう１つの「住民の資力」を創り出すことに成功した，とニールは強調して，「資本と労働のアソシエーション」に基づいたコ・パートナーシップの下での，コミュニティと結合した「分配協同組合」＝消費者協同組合の役割を再評価する必要性を強調するのである。

第４節　J. B. A. ゴダンと E. V. ニール：協同居住福祉をめざして

1.　フーリエ主義とゴダン

　19世紀の80年代から20世紀の20年代にかけてフランス協同組合運動を理論的にも実践的にも指導し続けた経済学者のシャルル・ジードは，1923年３月のコレー

ジュ・ド・フランスにおける協同組合論講義のなかで「ギーズのファミリィステール」について触れ，次のように論じた。

> 40年前には（ギーズの）この壮大な施設はフランスの協同組合人の巡礼地であったし，またファミリィステールはフランス人の訪問者を上回るほど多数のアメリカやイギリス，それに他の国々からの訪問者を受け入れた。……ゴダンはフーリエ主義者であった。1837年に没したフーリエの思想は，この時代においてもなお依然として生き生きとし続けており，フランスの古き社会主義はコレクティヴィズムによって未だ凌駕されてはいないのである。ゴダンは夢を描き，ファランステールを建設しようとした自分の師たるフーリエが提示したものを実現しようと決意したが，フーリエの言葉はゴダンの資力からするとあまりに気宇壮大なために，彼は，ずっと控えめに，それを「ファミリィステール」という言葉で呼ぶことにしたのである。それでも彼は，フーリエのプログラム，すなわち，賃金制度の廃止，生活コミュニティ，魅力ある労働というプログラムと同じそれを実現しようとしたのである[57]。

ゴダンは，彼自身のアソシエーション思想と理論を多面的に論じた『社会的解決』(*Solutions Sociales*) を1870年6月に書き上げ，翌年の5月に出版した[58]。普仏戦争とパリ・コミューンの成立とそれに対するティエール政府の弾圧——ゴダンはこれを「内戦」と呼んだ——のために出版が遅れてしまったが，『社会的解決』は，もちろん，ジードが述べたように，フーリエのプログラムを実現可能にする彼自身のプログラムを思想的，理論的に構想したものである。ゴダンは『社会的解決』をフランス社会にとっての「新たなそして確かな針路」の道標とするように，こう読者に訴えた。「われわれの社会は新たなそして確かな針路の下で自らを強化することが必要であり，この針路の下でこそ各人の，また万人の努力は真に全般的な福祉に役立つことができるのである。この針路こそ，今では普遍的に認められるようになった利害の和解そのものである。本書は，この和解の実際的な手段について述べたものである。わがフランス人が，最愛の祖国の利益のために私の労作を利用するならば，その利益は内戦の弊害の応報から永久に護ら

れるであろう。この祈りが叶えられることこそ，私の心からの切なる願いである。」[59]

　ゴダンにとって，『社会的解決』は，フランスにおける「社会的経済」と「社会的道徳」の実際的なあり方をフランス人に明示する「導きの書」でなければならず，それ故また，ゴダン自身の実践とその成果に基づいてフランス社会が向かって進むべき「新たなそして確かな針路」を照らす役割を担うものであった。このことから，われわれは，「新たなそして確かな針路」とは，具体的には，フーリエのファランジュとファランステールにその起源を有する「資本と労働と才能（技倆）のアソシエーション」に基礎をおく「労働と生活」のコミュニティ，すなわち，ファミリィステールにおける「社会的経済」と「社会的道徳」の実現であることを予期することができるのである。事実，ファミリィステールでは，既に見たように，清潔で，明るく，満足のいく労働者の住居＝「社会パレス」を中心とした協同居住福祉が実現されていたのである。

　ゴダンは，労働の成果が労働者に還元される公正な制度，幼児や児童の発達に適った教育制度，住民の生活環境の改善，女性による家事労働の軽減と外部化，「消費者協同組合」の「購買高配当」，医療制度や年金制度の確立による高齢者，身体障害者や労働不能者のための社会保障などを実現させたのであるが，それらは――ゴダンの言葉でいえば――「資本と労働」の「和解」による「資本・労働・才能のアソシエーション」というコ・パートナーシップの基礎の上に実現されたのである。それではゴダンは，ジードが言ったように，果たして，「賃金制度の廃止・魅力ある労働・生活コミュニティ」というプログラムをフーリエ主義に則して実行することができたのであろうか。考察を加えてみよう。

2．賃金制度の廃止

　ゴダンにとって，賃金制度の問題は「労働の成果の公正な分配」制度の問題であった。彼は，この問題を「資本・労働・才能のアソシエーション」によって解決した，と考えたが，しかし，彼の工場において「賃金制度の廃止」を実現したわけではなかった。ただ彼は，労働の尺度の基準を「１労働日」にでなく，「１労働時間」においただけであった。ゴダンは「労働時間による報酬は労働日

で測る労働のいっさいの不便を除去しない」のであるから，重要なことは「労働者に彼の労働の完全な自立性（indépendance）を与えることである。……そうするためには，ある個人による他の個人の監視を廃止することが絶対に必要である。監視は，人間に対してではなく，物，すなわち，労働の生産物に対してなされるべきであり」，そうであればまた，「（労働力の）価格は，労働者の時間に対してではなく，生産された品物に対して設定されるべきである」，と論及している。ゴダンは，実は，「時間による労働」のシステムではなく，「出来高による労働」のシステムを主張しているのである。すなわち，労働者に「労働の完全な自立性」が保障されるならば，労働者は「労働によって自分の技倆と活動に応じた賃金を得ることに満足感を覚える」し，「労働者が必要以上の休息時間を取ったとしても，誰も彼を非難しないし，彼は自分以外の誰も傷つけない」のである[60]。

　ゴダンは，労働者に「自立した労働」を保障することによって，労働時間ではなく，各労働者が生産した生産物の量に応じた「報酬」を労働者が取得する，というシステムを採り入れたのである。工場において「労働者が自分自身の主人になる」ことによって労働者の自由が拡大し，彼らの自由が拡大すれば「出来高労働の原則が拡大する」，とゴダンは言うのである。これに加えて，ゴダンは，労働者の不摂生を防ぐために「賃金の支払い方法」（実際には支払い日）を変更したり[61]，労働者が「仕事をし損なったためになされたすべての控除を救済基金に転移することによって課せられる罰金を埋め合わせる」ための「救済基金」制度を導入し，この基金を労働者自身に管理させたりしたが，しかし，これらのシステムや方法や制度は，フーリエが主張した「賃金制度の廃止」と重なるものではない。

　先に述べたように，ゴダンは，フーリエの原則に倣って，利潤の一部を，それを生み出すのに貢献した「資本・労働・才能」に応じて各々分配したが，フーリエの場合はもっと徹底していた。周知のように，フーリエは，年々の利潤を「筋肉労働に12分の5」，「投資された資本に12分の4」，それに「理論的知識と実際的知識（才能）に12分の3」に各々分配する，としたのであるが，重要な点は，ファランジュの各構成員は，各人の能力に応じてこれら3つのカテゴリーの何れかにあるいはすべてに属することができる，としたことである。しかも，これら

のカテゴリーは相互に排他的なものではないのである。フーリエ自身は，この報酬の原則を「自分の最大の発明」であるとみなしたほどである。フーリエは，確かに，初期のファランジュではその資本の多くは少数の構成員によって投資され，労働の多くは出資する資本をわずかしかもたない構成員によってなされるだろう，と考えたが，しかし，そのファランジュは，やがて「資本家を労働者から創り出し，また労働者を資本家から創り出し，そして才能による貢献を生み出すために両者に十分な教育を施す」ことになる，と予期した。

　フーリエのファランジュは，ひと度創設されるや，各構成員はこれら3つの領域での貢献に対して大きな報酬を受け取ることになり，かくして，ファランジュでもっとも少ない出資株しかもっていない構成員も大きな利益を受け取ることができるだろう，とそうフーリエは考えたのである[62]。ここには「賃金制度」は存在しないのである。しかしながら，ゴダンのファミリィステールが成功した理由の1つは，フーリエのファランジュと異なって，現実のフランス社会からそうかけ離れていないゴダン流の「賃金制度」が確立されていて，それがまた現実のフランスの労働市場と連動していたことがあげられる。このようなゴダンの現実性は「魅力ある労働」にも十分見て取れるのである。

3. 魅力ある労働

　フーリエは，協同労働が「魅力ある労働」となるためには次の7つの条件が満たされる必要がある，と強調した。すなわち，

1. 各労働者は，賃金によってではなく，配当によって補償されるアソシエイトでなければならない。
2. 各人，すなわち，成人男子・女子あるいは児童に，「資本，労働および才能」による各人の貢献に応じた報酬が支払われれる。
3. 労働のセッションは，およそ1日8時間で交替しなければならない。何故なら，人間は，農業労働（task）や製造業労働（task）を遂行する場合，1時間半または2時間以上にわたって自分の仕事に熱中することができないからである。
4. これらの労働（tasks）は，自発的に集まった仲間や非常に積極的な競合意

識によって鼓舞され，興味をそそられる仲間の集団によって遂行される。
5. 仕事場，畑それに庭園は，労働者をして気品と清潔さを身につけるようにさせる。
6. 分業は，男女両性の人たちやあらゆる年齢の人たちに適した労働（tasks）を割当てるために，可能な限りまで推し進めるられる。
7. 労働（tasks）の配分は，成人男女あるいは児童の各人に，労働する権利を保証するように，すなわち，彼や彼女が資格を与えられるどんな種類の労働にいつでも参加する権利を保証するようになされる。

既に見たように，ゴダンは，ファミリィステールにおける労働者を4つのクラスに区分し，組合員労働者であるアソシエイト（第1クラス）に総会をはじめとする諸機関での意思決定の権限を与えて，他のクラスの労働者よりも高い地位をアソシエイトに与えた。これら4つのクラス区分はゴダンの現実的対応策であり，フーリエのように成人の全構成員がアソシエイトでなければならない，とはしなかった。それでもゴダンは，アソシエイトの資格を得るのにいくつかの条件，すなわち，20ポンド以上を出資すること，21歳以上であること，ファミリィステールに5年以上居住し，労働していることなどを付して，第2クラスの「パートナー」や，出資しかしない「出資者」を別にして，第4クラスの「補助者」にもアソシエイトへの昇格の機会を与えていたし，「資本・労働・才能のアソシエーション」によるコ・パートナーシップに基づいて，パートナーと補助者の「利潤への参加」を基本的には可能とした。加えて，パートナーも補助者もファミリィステールの共済制度の利益に与ることができた。またファミリィステールの工場や付属施設それに住居は，明るく，清潔で，換気の良い状態に保持されて「労働と生活」の環境が整えられ，さらには社会パレスの周囲や庭園の自然環境にも十分な配慮がなされた。ゴダンはまた，「労働の権利」を強調し，「労働のための協同の権利」に基づいた「利潤の公正な分配」を正当化した。要するに，ファミリィステールにおいては，基本的に，すべての労働者が協同居住福祉制度の利益を享受できるようになっていたのである。

このように，近代的な生産工場を成功裡に経営してきたゴダンは，フーリエの言う「魅力ある労働」の7つの条件のいくつかを現実的に，ゴダン流に解釈して

満たしたのであるが，しかし，第3の条件である，いわゆる「労働のローテーション」については，いわば「近代的工場経営者」の立場から反対した。

　ゴダンは，『社会的解決』においてフーリエの「情念引力の理論」の評価については留保し，ほとんど言及していない。したがって，ゴダンの論及は，主にフーリエが提起した「富の生産，分配および消費に関わる」社会的経済の側面に割かれている。またゴダンは「何が何でもフーリエのすべての見解を支持するものではない」，との立場を取っているのであるが[63]，なかでも特に注目すべきは，「アソシエーションの原理を適用する方法についてはフーリエと意見を異にする」，と彼が強調している点である。フーリエに対するゴダンのこの立場には，工場経営とファミリィステールの建設に際してゴダンが採った方法の有効性を強調している点が窺える。これらの論点は，フーリエの「アソシエーション論」のなかの経済的部分を「情念引力論」から引き離すべきである，とのゴダンの実際的で現実的な方法論を示唆している，と言えるだろう。換言すれば，それは，具体的には，「資本・労働・才能のアソシエーション」に基礎をおいた「魅力ある労働」の組織化に関わってフーリエとの相異を明らかにするものであるが，そのことがまた，ゴダンをして自らを実際的かつ有能なフーリエ主義者であると言わしめた所以であろう。

　「魅力ある労働」については，ゴダンは「労働者自主管理」を基本としている。「労働者が現におかれている工場制度や賃金制度の専制的支配の下でよりも，労働者自身が選んだ経営者の下での方がはるかに喜びと満足を覚える」，とゴダンは言う。この意味では，ゴダンの「魅力ある労働」の基礎は，ゴダンの生産工場とファミリィステールにおいて実践されていた「労働の組織化」＝「経営協議会」と労働者の「利潤への参加」であって，具体的な労働，例えば，先の7つの条件のうちの第3番目のいわゆる「労働のローテーション」論について，ゴダンはフーリエを次のように批判している。

　　フーリエは，人間による物質の征服や生産的産業における新しい生産力の利用，というような社会的進歩において大きな重要性を有するいくつかの事柄を十分に理解していなかった。物質の諸力が人間それ自体の諸力に取って代

わることが新たな市民権を得ているのである。フーリエは，機械が製造工場と同様に農業労働の組織においても果たすようになった重要な役割を予知しなかった。フーリエが人間本性の有する必然性の1つであると想定していた，頻繁になされる労働の変化は，実際的な知識を完全なものにしていくのに必要とされる根気の要る適用性と調和しない。実際のところ，フーリエが必要であると確信していた職業（仕事）の交替は，労働に際して一般的に観察される自然的傾向と一致しない，とわれわれは考えている[64]。

ゴダンは，フーリエと同じように，分業の意味を理解していたし，実際に近代的な，機械化された彼の工場では分業が推し進められていた。しかし，ゴダンは，フーリエと違って，農業と製造業の間での労働のローテーション論にはけっして与しなかった。ゴダンは，このローテーション論を，非科学的であるだけでなく，労働の「自然的傾向と一致しない」，と撥ねつけたのである。換言すれば，ゴダンは，フーリエの「魅力ある労働」の条件のうちの「労働のローテーション」を否定する代わりに，ファミリィステールにおける協同居住福祉として包括されるさまざまな基金や制度を，それらが自由な，自立した労働の成果であることを労働者に実感させ，明確に意識させることによって，「魅力ある労働」の条件に付け加えたのである。かくして，「資本と労働のアソシエーション」によって「この世の富は新たな目的を見い出し，……労働者のための，大地を美しく飾るための，そして産業の栄光のためのパレス」が建設される[65]，とそうゴダンは強調したのである。

4. 生活コミュニティ

これまで見てきたように，ファミリィステールは文字どおりの「生活コミュニティ」であった。ニールがファミリィステールに高い評価を与えた最大の理由は，ファミリィステールが協同居住福祉を基礎とする生活コミュニティそのものであると，彼が認識したからである。イギリスにおける協同組合運動の目標は，労働者と「労働の解放」のために，生活必需品の単なる分配だけではなく，消費者協同組合とコ・パートナーシップに基づく労働者生産協同組合とを包み込むような

近代的コミュニティを建設し、労働者とその家族に協同居住福祉を保障することである、とニールは主張し続けてきた。ゴダンのファミリィステールは、「オウエンと先駆者たちへの回帰」を訴えていたニールにとって、まさにイギリス協同組合運動の目標を全面的に実現してくれている完成されたモデルであった。

しかし、皮肉なことに、ゴダンは、「オウエンのコミュニティ」を「共産主義」として批判し、フーリエの「アソシエーションに基づくコミュニティ」を「社会主義」として高く評価した。というのは、共産主義が「労働の成果の公正な分配という問題」と「社会的平等という問題」を解決できないだけでなく、「事実のリアリティと矛盾」し、「人間の幸福に不可欠な要素である個人的自由に直接対立する」のに対して[66]、社会主義は、それらの問題を真に解決するだけでなく、「社会的悪弊を改革」し、「社会に真理と正義を導き入れる」ために、「人びとの主権を保証し、彼らの市民的自由と宗教的自由を擁護する」からである[67]、とゴダンは言う。ゴダンのこのような共産主義批判は、直接的にはオウエン主義に向けられたそれであるが、「労働の成果の公正な分配」の問題と「社会的平等」の問題を人びとの生活における市民的かつ個人的自由の問題と関連させて論じた点で鋭かった。とりわけ、ゴダンにとって、「労働の成果の公正な分配」は、ファミリィステール全体の基礎であり、また協同居住福祉の基礎を成すだけでなく、それによって社会的平等も市民的、個人的権利や自由も保証されるのであるから、いかにしても彼はそれを持続させていかなければならなかったのである。

他方でゴダンは、社会主義は「その真の意味において、社会組織の多様なシステムの全体的な調和（アンサンブル）なのであるから、地方の実験的試みによってはじめて適用される」[68]、と主張して、社会主義は一種の「コミュニティ実験」であり、しかもその基本原則は、人びとの主権を保証し、市民的自由と宗教的自由を擁護するものである、と論じる。ゴダンは社会主義を「社会組織の多様なシステムの全体的調和である」、とみなしているのであるから、彼にあっては当然、多様なシステムをもったコミュニティが多数存在することになる。それに対してオウエン主義のコミュニティは「人間の性質の違いや多様性のもつ意義を……理解しない」ために、「人びとの間の平等を自然的事実と見なし」、「事実のリアリティと矛盾する」誤謬を犯して失敗した、と彼は断言する。しかしながら、われわれがララヒ

ン・コミュニティで見たように，オウエン主義の「コミュニティ実験」は必ずしもゴダンの見解と一致しないのであって，むしろゴダンにはオウエンの協同思想を批判するために，具体的で個別的な人間の肉体的差異や能力的差異を強調するあまり，超歴史的な観点に立って人びとの「権利の平等」という歴史的で，普遍的な理念を軽視してしまう傾向があった。ゴダンが，「すべての人間は平等な権利と義務をもって生まれる」，「才能と非凡な能力は社会が与える教育の結果である」，それに「自然はすべての人間に同じように幸福になる願望を与え，同じ生存と幸福の権利を与える」，というオウエン主義の「命題」は「事実と自然の真理に相反する命題」であることを理解しなかったが故に，オウエン主義は「重大な誤りを犯した」[69]のだと主張する時，これらのオウエン主義の普遍的な「命題」が，多くの人びとによって闘われ，勝ち取られて実現されてきた歴史的産物であることをゴダンは忘れてしまっている。

　ゴダンにしてみると，オウエン主義＝共産主義は「理念と現実を混同している」と言いたいのかもしれないが，ここではゴダンは「現実と観念を混同している」と言われるだろう。例えばこうである。ゴダンが言うように，なるほど，人間には肉体的能力，思考力，創造力などの才能に自然的，生得的な差異がある。これらの差異は具体的で，個別的な差異であり，それは超歴史的な事象である。しかしながら，オウエン主義＝共産主義者の主張する「すべての人間は平等な権利と義務をもって生まれる」という理念は，普遍的な理念であり，近代的な社会関係の下で形成された歴史的事象である。ゴダンの言う能力上の差異は，現実の近代社会では経済的差異，すなわち，「貧富の差」や「階級」として立ち現われるのであり，「平等な権利と義務」はそれらに対するアンチテーゼとして主張されたことに，ゴダンは気づかないのである。

　それでは何故，ゴダンはこのようなオウエン主義＝共産主義の批判を展開したのだろうか。実は，この点に，われわれは，ゴダンの「生活コミュニティ」論を見ることができるのであり，ゴダンのアソシエーション論の中心思想を見るのである。

　ゴダンのアソシエーション論は，既に見たように，「資本・労働・才能のアソシエーション」を基軸に展開されており，ファミリィステールはこのアソシエー

ションに相応した組織とシステムを形成していた。それらは，ファミリィステールにおける協同居住福祉やその他の政策によって，各クラスの労働者や住民の間に「階層的感情」を顕現させなかったとはいえ，彼らの間に一種の「階層」を形成する契機になり得るものであった。労働者とその家族は「存在のニーズに適った手段を通じて」自らの「幸福を求める」，とゴダンが主張する場合，それは「資本・労働・才能のアソシエーション」の上に形成される「階層的秩序」を前提としているのであり，したがってまた，かかる「階層的秩序」こそ彼のファミリィステールにおいては「真の秩序」となり得るのであった。そして，この「真の秩序」が「真の平等」となる，とゴダンはこう主張するのである。

　　真の平等は，各人に「等しい部分」を与えることにあるのではなく，各人に「そのニーズに応じた」部分を与えることにある。真の平等とは知足按分を生み出す平等なのであって，共有理念（community idea）の平等ではないのである。真の平等は釣合いであり，「アソシエーション」である[70]。

ゴダンは，「各人に『そのニーズ応じた』部分を与える」という意味は，「各人は自分の能力に応じて」・「各人の能力はその生産に応じて」・「各人は自分のニーズに応じて」という「パリの仕事場で言い広められている格言」とはまったく異なる，とわざわざ指摘している。前者は「アソシエーション」であり，後者のパリの労働者の格言は「一種の共産主義を適度に練り上げた願望(アスピレーション)の表現」である[71]，と。このように，ゴダンは，「完全な平等」をルールとするオウエン主義を共産主義として批判し，「資本・労働・才能のアソシエーション」をルールとするフーリエの社会主義を高く評価することによって，ゴダン独自の社会組織とシステムを取り込んだコミュニティであるファミリィステールを正当化した。ただし彼は，生活コミュニティとしての彼のファミリィステールを一種の「コミュニティ実験」である，と位置づけて，協同居住福祉を基礎としたコミュニティ生活の運営を成功裡に行ない，労働の成果の「公正な分配」と協同労働に応じた「利潤への参加」を遂行して，「資本・労働・才能のアソシエーション」を実践したのである。それは，ゴダンにとっては「社会的経済の諸問題」を解決する手段

となり得るものであった。その意味で，ゴダンにとって，ファミリィステールで展開される「資本・労働・才能のアソシエーション」こそ，「コミュニティにおけるすべての諸力のアソシエーション」であり，「共通する生活要求に関連するすべての諸機能のアソシエーション」であったのである[72]。

5. ゴダンとニール

これまで縷々述べてきたように，ニールは，「イギリス協同組合運動のルネサンス」を追求して，「オウエンに立ち戻れ，先駆者たちに帰れ」，とイギリスの協同組合人に「オウエンと先駆者たちへの回帰」を訴え続け，遂にフランスのギーズで建設されたゴダンのファミリィステールに行き着いた。しかし，今見たように，ゴダンはオウエン主義を「共産主義」とみなして批判を展開した。それにもかかわらず，ニールはゴダンのファミリィステールやアソシエーションを「イギリス協同組合運動のルネサンス」のモデルと位置づけた。これは一見奇妙な取り合せのように思われるかもしれない。とはいえ，この問題は，ニールがオウエン（主義）とフーリエ（主義）をどのように考察していたのか，ということに尽きるだろう。そしてそのかぎりでニールにとって重要なことは，ゴダンのファミリィステールとアソシエーションが成功裡に運営され，展開されている，というまさにその事実であった。では，ニールはオウエン（主義）とフーリエ（主義）をどのように考察したのか，簡潔に言及しよう。

ニールは，ニールと同僚のキリスト教社会主義者で，有名な『トム・ブラウンの学校時代』(1857年)を著わし，労働者生産協同組合運動を彼とともに指導したトマス・ヒューズと，「イギリス協同組合連合会（CU）の目的と原則に関するすべての誤解を取り除くために」1879年4月にグロスターで開催された協同組合大会に『協同組合運動に関する倫理学的，経済学的研究』(『研究』と略記)[73]を提出した――この『研究』は後に著書として出版された。彼らは，そのなかで，協同組合と社会主義，共産主義，その他の政治的，社会的運動との関係，協同組合の道徳的基礎，協同組合と宗教的信条との関係などについて考察を加え，またオウエンとフーリエの体系と思想についても論述している。

彼らは，まず協同組合と宗教的信条との関係を取り上げながら，オウエンと

フーリエの社会改革の体系について考察し，次のように述べる。すなわち，オウエンの体系は「性格形成における環境の影響というコンセプト」の上に構築され，後に「合理的宗教者協会」の教義として採用された。フーリエの体系は「情念という，神によって人間に植え込まれた先天的な衝動の理念」の上に設定され，「労働を普遍的に魅力あるものにすることによって，アソシエーションの成功と全般的な福祉とを保障」しようとするものであった。「この２人の偉大な改革者」は，「自己の体系を新しい宗教であったものの上に構築したのであり」，そこから２人が実際に熟考した社会秩序が起こった。協同組合はその１つであり，まさに彼らの「社会改革の合理的な計画」の産物であるが，しかし同時に，協同組合はそれ固有の仕方で今日まで成長してきたのである[74]，と。

ニールは，オウエンとフーリエの社会改革体系に基づいた「社会秩序」を確立するためにイギリス，フランスあるいは他の国々で社会改革運動が起こり，その過程で協同組合運動が生まれ，そして協同組合は今日までそれ固有の成長を成し遂げてきた，と言うのである。ニールはここでは，オウエンとフーリエをまったく対等に扱っているだけでなく，協同組合運動と２人の体系の関係も同じように相対化させている。

次にニールは，協同組合と社会主義との区別，違いを指摘する。ここでのニールの指摘で興味深いのは，彼がオウエンとフーリエの体系を社会主義と見ており，ゴダンのファミリィステールを「共産主義的制度のすべての社会的利益を達成する」ものとみなしている点である。社会主義の体系は──と，ニールは言う──「人と人の間に存在する諸関係全体を包含する理論」であるのに対し，協同組合は「協同組合人の開かれた目と自由な手で社会改革の大問題にアプローチする」ために，科学的研究の自由な精神をもって社会主義の体系を研究するのである。換言すれば，「協同組合が有する自由は，協同組合人をして，その思想をより良く実行するための手段として，協同組合人に有益であると思われる社会主義の体系を，あるいはその一部を利用することを可能にする」，ということである。例えば，フーリエは現に退屈である肉体労働を「魅力ある労働」にする原理を「資本・労働・才能のアソシエーション」を基軸に展開し，他方，オウエンは環境が人びとの性格に及ぼす影響を力説してきたのであるから，協同組合人は，２人の

社会主義思想を研究することによって協同組合運動の方向を示唆することができるのである[75]。ここでもニールは，協同組合の視点から，オウエンとフーリエの社会主義の体系あるいは思想を同等のものとして扱っている。

ところがニールは，ゴダンのファミリィステールについて言及した後にオウエン主義を共産主義に接近させる。それは，私利私欲（selfishness）が完全に消滅すれば，コミュニティでは「最大可能な程度まで享受を増大する」ことができる，とオウエンが主張していたことに基づいている。この点についてはニール自身に語らせよう。

> M. ゴダンによってギーズに形成されたファミリィステールの素晴らしい実例は，共産主義的制度のすべての社会的利益を達成することが可能である，ということを明示している。幼児のケアと教育，その後の児童教育，住民が認容する程度までの単一の居住内における物資の貯蔵，不足物資の援助，便宜の促進，相互福祉への積極的関与を住民の間につくりだすこと，各人が行政全般のあれこれの部門に参加することなどがそれである。他方，住民は，普通の町の住民が享受し得る以上に全面的な家庭のプライヴァシィを確保する。住民は，その能力に応じてさまざまな所得を得るし，自分の財産を処分する完全な自由を有する。要するに，自然的な生活のいっさいの個性を獲得し，それに協同生活を付加するのである。協同生活は，個人生活から私利的なものがなくなっていくのに従って，この個人生活をより多くの享受で満たすのである。この最後の命題が事実どおりであるならば，完全な共産主義のシステムは，私利私欲を完全になくしていくことによって，最大可能な程度まで享受を増大するだろうことが主張され得るのである。これは，明らかに，ロバート・オウエンの考えであった[76]。

ニールは，ゴダンの協同居住福祉をシステムとして確立し，拡充していくと，オウエンの協同思想に連なる，と言っているのである。そして続いて『研究』のなかで，ニールは，オウエンが看過してしまった事実――「非利己的精神」がもたらす幸福はコミュニティの外部からは持ち込めないのであって，内部から，す

なわち,「住民各人の個性に委ねられている協同住宅」を基盤にした協同のケア,全般的な福祉に資する制度,家庭生活それ自体が自然に住民の共通の事柄となるシステムから生みだされる,という事実——から,ゴダンのファミリィステールを,オウエンが達成することのできなかった「共産主義制度」に「無限に接近する」システムである,とみなしたのである。しかしながら,ニールにとって,ファミリィステールはまた「共産主義制度」に「けっして接触しない」システムでもあった。というのは,ニールには,オウエン主義のコミュニティ生活は,各家族の生活を保証する協同住宅を基盤としているゴダンのファミリィステールとは相異すること,すなわち,「資本と労働のアソシエーション」をシステムとするファミリィステールにおける協同居住福祉を基礎とするコミュニティ生活とは「無限に接近する」けれども「けっして接触しない」関係にあったからである[77]。それはちょうど,「資本と労働のアソシエーション」に基づいて展開されているイギリスにおける労働者生産協同組合と共産主義との間の関係と同じであった。ニールはこう強調している。「かくして,協同組合を共産主義から区別する個人的自由への尊厳はまた,……国家による強制的干渉によって自由なアソシエーションの目的を達成しようとする試みから協同組合を区別するのである」[78]。

　では何故——と,再びわれわれは問う——ニールは「オウエンと先駆者たちへの回帰」をイギリスの協同組合人に訴える「イギリス協同組合運動のルネサンス」のモデルをゴダンのファミリィステールに見い出したのか。「オウエンと先駆者たちへの回帰」＝「イギリス協同組合運動のルネサンス」のモデルをゴダンのファミリィステールに求める,というこの2つのことは矛盾するのではないのか。しかし,少なくともニールには,それが矛盾するものとは映らなかった。その第1の理由は,ララヒン・コミュニティで見たように,労働者の住宅問題の解決と協同の福祉の実現をオウエン主義コミュニティが試み,また実践したからである。第2の理由は,1870—80年代におけるイギリス協同組合運動の状況である。「利潤分配」をめぐってニールやグリーニングたちはCWSと路線上の対立を展開し,84年には労働者の「労働者出資」・「利潤への参加」・「自主管理」のコ・パートナーシップ原則を方針とする労働者生産協同組合の連合組織である「労働アソシエーション」を形成したが,このコ・パートナーシップ原則を成功裡に実践し

ているファミリィステールを彼らがモデルとしたのは当然であった。そして第3の理由は，次のグリーニングの主張に見られる[79]。

(1) 民主主義の根本概念，すなわち，統治される者の合意による統治という根本概念が産業のなかに確立されなければならない。
(2) 勤労における解放と自由の最大可能な共同の手段は勤労の自己決定権によって保証され得る。
(3) 労働者の地位は賃金稼得者から自覚的なコ・パートナーに引き上げられ得る。
(4) 労働者は彼らの協同労働から生じる剰余に参加すること，すなわち，利潤分配に与ることができる。
(5) ゴダンのファミリィステールが理想的であって，究極的には，コ・パートナーシップは生産，分配および消費から成る協同アソシエーション（Co-operative Association）となるべきである。

イギリス労働者生産協同組合を指導したニール，ヒューズそれにグリーニングたちにとって，「協同アソシエーション」は先駆者たちも含めたオウエン主義者たちが追い求めた「理想のコミュニティ」と思われた。ニールもヒューズもグリーニングもオウエン主義者ではなかったが，協同組合はコ・パートナーシップの下ではじめて「労働の解放」を実現できると考えた協同組合人たちであった。彼らは，「イギリス協同組合運動のルネサンス」を近代的コミュニティにおける「協同居住福祉」の実現に託した人たちであった。そして，ニールたちが労働者生産協同組合運動の目標とした「協同居住福祉」の羅針盤たるコ・パートナーシップにホリヨークの熱い眼差しもまた向けられていたのである（ホリヨークが語ったコ・パートナーシップの真髄については第3章で記しておいた）。

【注】
1) E. V. Neale, *Association and Education : What They May Do for the People*, 1882, p.7.

2) *The Co-operative News, Vol.IX,* May 4, 1878, p.294.
3) *The Co-operative News, Vol.IX,* June 15, 1878, pp.385-386.
4) G. J. Holyoake, *Self-Help by the People, The History of the Rochdale Pioneers 1844-1892,* Tenth Edition Revised and Enlarged, London, 1893, pp.Ⅸ-Ⅹ.
5) cf. P. N. Backstrom, *op. cit.,* p.141.
6) *The Co-operative News, Vol.IX,* October 2, 1880, p.645.
7) *Ibid.,* p.645.
8) *Ibid.,* p.645.
9) *Ibid.,* p.645.
10) E. V. Neale, *op. cit.,* p.14.
11) T. Hughes and E. V. Neale, *Foundation : A Study in the Ethics and Economics of the Co-operative Movement* (Prepared at the Request of the Co-operative Congress held at Gloucester in April, 1879), Manchester, 1916, p.52.
12) *Ibid.,* p.57.
13) 例えばニールは，1861年の *Letters on Associated Homes, Between C. H. Clinton and E. V. Neale* (London, 1861.) のなかで，An United Educational Home Company の趣意書を提示している。
14) *The Fifteenth Annual Co-operative Congress,* Edinburgh, 1883, p.Ⅴ(Neale's Preface to the Report of the Congress).
15) CUの前身は1870年に設置された協同組合中央委員会である。ニールはCUの初代会長として，彼が没する直前の1891年までその職務を遂行した。
16) *The Co-operative News, Vol.IX, No.50,* December 14, 1878, p.809.
17) この生活協同組合は，日本の生活協同組合（生協）と同じものではなく，生活を共にするコミュニティを基盤とする協同組合のことである。
18) *Ibid.,* p.809.
19) ここでのニールの主張については，前掲拙論「エドワード・V.・ニールのアソシエーション論」におけるニールの「『資本と労働』論」を参照されたい。彼は，資本を「過去の人間労働の蓄積された成果」と定義し，この「死んだ労働」＝「資本」と「現在の生きた労働」＝「労働者」の関係を追求する。彼のコミュニティでは，両者の「本源的関係」によって，すなわち，両者のコ・パートナーシップによって，前者が後者のために有効に機能する，と論じている。

20) The Co-operative News, *op. cit.*, p.809.
21) *The Co-operative News, No.40,* October 7, 1882, pp.681-682.
22) 例えば，C. R. Fay, *Co-partnership in Industry,* CUP, 1913.
23) 「居住福祉」とは早川和男氏が提唱した福祉思想である（『居住福祉』岩波新書，1997年10月）。早川氏は「はしがき」で次のように述べている。「……超高齢社会に入るこれからの時代は，わたしたちの住んでいる家や町や村や国土そのものが福祉となるような，いわば「居住福祉」の状態にしておく必要があると思う。わたしは本書で人間にふさわしい居住が，いのちの安全や健康や福祉や教育やほんとうの豊かさや人間としての尊厳を守る基礎であり，安心して生きる社会の基盤であることを述べようと思う」(p.ii)。なお，早川氏は同書で「私は，ニュー・ラナークでロバート・オウエン，フランスのギーズでフーリエの理想が実現しているのに接して，大きな感動をおぼえたものである」と記している (p.181)。本稿で筆者は，早川氏の「居住福祉」という言葉が含意している内容を踏まえて，ゴダンのファミリィステールを「協同居住福祉」という言葉で，したがってまた，ニールの協同思想の要点を「協同居住福祉思想」という言葉で表現した。
24) 注13) を参照のこと。
25) *Letters on Associated Homes, between C.H.Clinton and E.V.Neale,* Holyoake & Co., (1861?) p.3.
26) *Ibid.,* pp.4-5.
27) *The Co-operative News, Vol.II. No.4,* January 27, 1872, p.37.
28) E. V. Neale, *Associated Homes : A Lecture with Three Engravings of the Familistere at Guise, and aBiographical Notice of M.Godin, its Founder,* MaCillan, 1880, pp. xiii-xiv.
29) The Co-operative News, *op. cit.,* p.37.
30) *The Co-operative News, Vol.II. No.4,* February 3, 1872, p.50. なお，同記事によると，ホランドは経済学者である。
31) *Ibid.,* p.50.
32) ホランドはこう述べている。「このような改善のコストは膨大のように思えるけれども，実質的には思われるほど大きなものではない。というのは，地方税の納税者は全体としてそのコストを相殺して余りある利益を受取るからである。ある町を人間の住む場所としてもっとも望ましいものにしようとするすべてのことが賃貸料

(地代)を引き上げるからである，あるいは同じことであるが，賃貸料(地代)の引下げを要求することなく，より高い割合で居住者が賃貸料(地代)を支払うことを可能にするし，喜んでそうしようとさせるからである。粗末な，無視された，そして不衛生な場所の住民は，言葉のあらゆる意味で，危険な階級に属しやすい。彼らの間で発生する疾病は彼らに限定されるものではないし，彼らを無謀にし，荒々しくさせる困窮もまた彼らを不快な隣人にしてしまうのであり，公共の平和に対する危険が発生するときはいつでも，主にかかる階級からである，と懸念されるのである。ほぼ確かなことであるが，各人が受取る利益に対して各人が負担する課徴金を正確に割り当てることは不可能であると仮定すると，コミュニティは，全体として，隣人に健康と満足を保障することで利益を与えられるであろうことは明らかである」(*Ibid.*, p.50)。

33) *The Co-operative News, Vol.IX. No.50,* p.809. ニールはここでニューヨークに建設された「オナイダ・コミュニティ」(1848—1881年)を「タウンシップ」の成功例としてあげている。オナイダ・コミュニティは「人間を完成させるには宗教的救済と特別な社会組織が不可欠である」ことを謳って建設された。ニールにとって必要なことは，コミュニティにおける住民の行動上の成功例であったのだが，彼は，実際には，オナイダ・コミュニティに満足していなかった。というのは，このコミュニティは「性的自由」(sexual freedom)を実践していたので，ヴィクトリア的精神を傷つけている，とニールには思われたからである(cf. P.N.Backstrom, *op. cit.*, pp.144-145)。

34) The Co-operative News, *ibid.*, p.809.
35) *The Co-operative News, Vol.X. No.16,* April 19, 1879, p.241.
36) *Ibid.*, p.242.
37) *Ibid.*, p.353.
38) C. R. Fay, *Co-partnership in Industry,* CUP, 1913, pp.41-42.
39) 4つのクラス分類については，上記の『協同組合ニュース』に掲載された区分とフェイの区分とが異なる。『協同組合ニュース』のそれは本論に記したとおりであるが，フェイの区分は次のようである。(1)アソシエイト，(2)パートナー，(3)協力者(Participants)，(4)出資者(Interesses)，それに4つのクラスの他に(5)補助者(あるいはヘルパー)の第5クラスがある，とされている(*Ibid.*, p.41)。またフェイの*Co-partnership in Industry* (1913)よりも5年前の1908年にA. ウィリアムズに

よって翻訳・出版された『ギーズにおけるコ・パートナーシップの28年』(*Twenty-eight Years of Co-partnership at Guise,* Translated from French of Madame Dallet, M. Fabre, and M and Madame Prudhommeaux by Aneurin Williams, Labour Association, 1908.) でのクラス区分は上記2者のそれとも微妙に異なる。すなわち，(1) 第1クラス：アソシエイト（Associes），(2) 第2クラス：パートナー（Societaires），(3) 第3クラス：利潤分配参加者（Profit-sharers, Participants），(4) 第4クラス：補助者（Helper, Auxiliaires），である。本論では，ニールとの関係で『協同組合ニュース』に掲載された「アソシエーション条項」に従った。

40) C. R. Fay, *ibid.,* p.41.

41) アソシエイトおよびパートナーとなる「一般的条件」は次の5項目である。(1) 16歳以上であること，(2) 善良なる性格と行為の人物であること，(3) 行政協議会々長に公式の要請が提出されていること，(4) アソシエーション条項を熟知していること，(5) これらの原則，各条項，アソシエーションによって作成される特別規則に同意すること（The Co-operative News, *op. cit.,* p.353）。なお，アソシエイトの年齢資格は第14条で21歳以上と決められている。

42) 第23条はこう規定している。(1) 注文不足のために操業が短縮された場合，アソシエイトはその他のアソシエーションの構成員に優先して雇用される権利を有し，アソシエイトの次ぎに（ファミリィステール内に）居住しているパートナーに優先権が与えられ，最後に補助者に与えられる，(2) 労働者が解雇されなければならない場合，まず最初に補助者が解雇されるが，それは，最後に登録された者から始まって雇用期間の短い順に解雇され，パートナーの場合もまず非居住者のパートナーが，そして次ぎに居住者のパートナーが同様の順に解雇される，(3) それにもかかわらず，居住者，非居住者のパートナーの解雇を決める際に，行政協議会は，産業施設のニーズだけでなく，パートナーの家族のニーズを考慮することができる（*Ibid.,* p.354）。

43) *The Co-operative News, Vol.X, No.21,* May 24, 1879, p.337.

44) *Ibid.,* p.338.

45) 「利潤分配」を確実かつ正確に行なうために，アソシエーション条項の第142条は次のような規定がなされている。「利潤分配を本条項によって規定されている原則に基づいて保障するために，次の明瞭かつ証明可能な帳簿がつけられる。(1) アソシエーションのあらゆる構成員が稼得する報酬，日給および賃金，(2) アソシエー

ションの会計簿を成す，アソシエーションの各構成員による出資あるいは貯蓄，および第64条並びに65条に準拠したそれらの譲渡，(3)アソシエーションの株に変換されない貯蓄の口座，そのために，貯蓄銀行預金のあらゆる保有者に関して，特別口座が会計簿に開かれる」(Ibid., p.354.)。

46) *The Co-operative News, Vol.X. No.20,* May 17, 1879, p.321.
47) The Co-operative News, *Vol.X.* No.21, *op.cit.,* p.337.
48) *Ibid.,* p.338.
49) *Ibid.,* p.338.
50) M. Godin, *Association of the Familistere at Guise (L' Aisne), France, A Lecture, Delivered September 8th, 1881, in the Hall of the Museum of Industry, at Lausanne,* Translated from Le Devoir of September 18th, 1881, by Edward Vansittart Neale, The Central Co-operative Board, Manchester, pp.13-14.
51) C. R. Fay, *op. cit.,* p.47.
52) M. Godin, *op. cit.,* pp.14-15.
53) *Ibid.,* p.15.
54) *The Co-operative News, Vol.X. No.18,* May 3, 1879, p.289.
55) *The Co-operative News, Vol.X. No.20,* May 17, 1879, p.321.
56) *Twenty-eight Years of Co-partnership at Guise,* pp.34-35.
57) Charles Gide, *Le Familistère de Guise et Verrerie Ouvière, Trois Leçons du Cours sur la Coopèration au Collège de France,* Mars 1923, pp.3-4.
58) ゴダンは，1870年6月に『社会的解決』の原稿を印刷業者に届けたが，しかし，「外国の侵略とパリの攻囲」により，印刷が止められてしまい，「彫版工の仕事が中止され」，次いで「内戦」のために，『社会的解決』が世に出るのが遅れてしまった，と「読者に」で記している。また彼は，「それ故，本書の内容は，それが完成した時の出来事に刺激を受けていない。このことは何故一定のページがそれらの出来事に合っていないのかを説明してくれるだろう」，とわざわざ断わっている。さらに彼は，「もし今日，私がそれをリライトするならば，私は，著しい変更をしないものの，それを現在のフランスの政治的，社会的状態にもっと合わせるように形式を修正するかもしれない」と述べ，出版の遅れを大いに気にしていた (Godin, *Solutions Sociales,* pp. i-ii)。
59) *Ibid.,* pp. ii-iii.

60) *Ibid.*, pp.19-23.
61) ゴダンは言う。「労働者の自由をどのようにしても煩わせることのない，非常に簡単な救済策があった。日曜日のさまざまな不節制は同日に賃金を支払うことに原因があるのだから——そのことが，各労働者がその範囲で自分の割り前（借金）を支払うことができる数多くの親睦会を誘発するのである——賃金の連続支払いが，通常の給料日に代わることが何よりも肝心なのである。これは，私の工場で導入した方法の一つであるが，これだけでも月曜日に仕事を操業しないのを防ぐに十分である」(*Ibid.*, pp.23-24)。
62) J. Beecher and R. Bienvenu, *The Utopian Vision of Charles Fourier, Selected Texts on Work, Love and Passionate Attraction*, 1975, p.250.
63) ゴダンはこう述べている。「われわれは，フーリエの情念引力の理論についてのわれわれの見解を全面的に留保する。われわれは，アソシエーションの原理を適用する方法については彼と意見を異にするからである。しかし，それにもかかわらず，われわれは，彼の見解が総じて研究と熟慮に値すること，またそれが偉大な才能の研究成果であることをよく認識している」(Godin, *op. cit.*, pp.70-71)。
64) *Ibid.*, pp.95-96.
65) *Ibid.*, pp.101-102.
66) *Ibid.*, p.59.
67) *Ibid.*, pp.46-47.
68) *Ibid.*, p.pp.46-47.
69) *Ibid.*, pp.59-60.
70) *Ibid.*, pp.55-56.
71) *Ibid.*, pp.55-56.
72) *Ibid.*, p.79.
73) Thomas Hughes, Q.C., and E.V.Neale, *UNION Series: No.1, Foundations: A Study in the Ethics and Economics of the Co-operative Movement, prepared at the request of the Co-operative Congress held at Gloucester in April, 1879* (CU, Manchester, 1916).
74) *Ibid.*, pp.29-30.
75) *Ibid.*, pp.52-53.
76) *Ibid.*, p.56.

77) *Ibid.*, p.57.
78) *Ibid.*, p.58.
79) Y. Nakagawa, The Co-operative Thought of Edward Owen Greening : Some Introductory Observations of Co-partnership, *The Bulletin of the Institute of Social Science, Meiji University*, Vol.10. No.3, 1987, Tokyo, Japan, p.20.

補遺 I

現代イギリスの労働者協同組合運動

第1節 「デミントリィ」の結成

　1951年，クエーカー派のキリスト教社会主義者アーネスト・ベーダーは，自らが経営する化学樹脂製造会社をそこで働く従業員労働者の共同所有制に転換し，「スコット・ベーダー・コモンウェルス」(Scott Bader Commonwealth) という組織に改めた。このスコット・ベーダー・コモンウェルスこそ，現代イギリスの最初のコ・パートナーシップの試みであった。ベーダーはまた，このコモンウェルスの規約に次の7つの原則を取り入れ，1つの特定の企業において「平和と協同」の理念を実践する先駆的試みを提起した——これは，現在では，一種の「企業倫理」ともみなすことができよう。

(1) 企業は制限された規模を超えて大きくなってはならない，
(2) 労働者の最高賃金と最低賃金の比率を固定化する，
(3) コモンウェルスの労働者は，被雇用者ではなく，パートナーである，
(4) 理事会はコモンウェルスに責任を負う，
(5) 利潤は，企業とコモンウェルスとの間で，すなわち，前者に60%・後者に40%の比率で分配される，
(6) コモンウェルスに充当される利潤の半分は「特別手当」(bonuses) として労働者に支払われ，残りの半分はスコット・ベーダーの組織以外の慈善目的のために振り向けられる，
(7) スコット・ベーダー社は，その目的が戦争に関係すると認められる事業に従事しない。

　スコット・ベーダー社は1921年にアーネスト・ベーダーによってスイス・セルロイド社のイギリスにおける企業として設立されたのであるが，1951年にコモン

ウェルスの組織に改められ,その株の90%以上が従業員労働者に譲渡されて,労働者はスコット・ベーダー社の共同所有者になった。キリスト教社会主義者のベーダーは,彼の信条——「われわれすべては人間として平等であり,それ故,われわれすべては人間的尊厳の権利を有する」——を既存の企業システムの下では達成することはできないと考え,コモンウェルスを創設したのである。したがって,彼は,「資本が労働を雇用する」既存の企業システムではなく,「労働が資本の雇用主となる」新しい社会秩序を創造していくことを目標とした。彼にとって「新しい社会秩序」とは,平和かつ知的な社会で生活する人びとのための「社会の全般的福祉」に貢献し得るような社会秩序のことであった。7つの原則に基づくコモンウェルスは,それ故,新しい社会秩序を創造していくための主要な手段の1つであり,共同所有制を柱とする経済民主主義と産業民主主義に関わる思想を具現化しようとするものであったと同時に,科学技術に対する社会的管理,経済活動が環境(エコロジー)に及ぼす影響の規制や軍需産業の規制を実践しようとした試みでもあった。

1. CPFの解散

ところで,1958年までの労働者生産協同組合の指導本部は,第**3**章で述べたように,ニールやグリーニングたちによって1882年設立された「協同組合生産連合会」(CPF)であった。CPFの活動は19世紀の80年代から90年代にかけて目立っており,この時期に100を上回る労働者生産協同組合が組織された。例えば,イングランドとウェールズにおける労働者生産協同組合は,産業のなかでも協同組合としては伝統的な部門である衣料品,印刷それに製靴といった部門で成功を収めることができた。労働者生産協同組合は1881年にわずか13しか組織されなかったのに,90年には74の,そして97年には112もの労働者生産協同組合が組織された。しかし,20世紀になるとCPF傘下の労働者生産協同組合は次第にその数を減少させていき(1905年—112,13年—72,36年—50,70年—26,73年—16),1970年代にはCPF傘下の労働者生産協同組合はもはや「強力な存在でも重要な存在でもなくなっていた」[1]。さらに,78年になるとCPFの会員として残っているのはわずか8つの労働者生産協同組合になってしまったので,CPFは解散して協同

組合連合会 (CU) に吸収されてしまった。

　CPF 傘下の労働者生産協同組合のこのような減少の要因は，基本的には，CWS＝消費者協同組合の経済的能力によってますます支配されるようになってきた協同組合運動内部での労働者生産協同組合の経済的，政治的，それに社会的な影響力の低下であった。1970年に事業活動していた26の労働者生産協同組合の主たる産業部門が19世紀の90年代年と同様に衣料品，印刷それに製靴であったことからも判断できるように，労働者生産協同組合は野心的な事業活動を起こし，協同組合人を引き付ける目標を失っていたのである。

　CPF 傘下の労働者生産協同組合は「産業および節約組合法」(I&PSA) に準拠して登録されるのであるが，1950年以降 I&PSA で登録された新しい労働者生産協同組合は1つもなく，19世紀の80年代から90年代にかけてニールやグリーニングたちが CPF と労働アソシエーションに託した理念は消失してしまった。しかも，これらの労働者生産協同組合は，外部出資を認め，外部出資者の経営参加を可能としたことから，すぐ後で論及する産業共同所有運動 (ICOM) の適用対象外とされて助成金を受け取ることができず，80年5月に CU から縮小勧告がなされ，先に述べたように，CU に吸収されてしまうのである。こうして，ニールやグリーニングたちの「汗の結晶」の一部はおよそ1世紀後に消えてしまったのである。とはいえ，イギリスにおける労働者生産協同組合運動の伝統は存在し続けているのであり，キリスト教社会主義運動の崩壊からおよそ1世紀後に新しいイギリスのキリスト教社会主義思想によって受け継がれ，展開されるのである。

2．「デミントリィ」の結成

　1958年に「デミントリィ」を結成したアーネスト・ベーダーと彼の仲間の活動は，CU に吸収されるまでの CPF の活動とは異なる労働者協同組合運動の流れを形成して展開されたが，それには，主に，ウィルフレッド・ウェロックとベーダーの献身が与って力があった。「デミントリィ」の結成に至る経過を簡潔に述べておこう。

　キリスト教社会主義者ウィルフレッド・ウェロックは，平和経済のビジョンを生み出すために彼が保持してきたキリスト教社会主義思想の上に，1940年代末に

影響を受けたガンディ主義思想を接木した特有な協同思想をイギリスの協同組合運動に，とりわけ労働者協同組合運動に組み入れた点で特記される，とトム・ウッドハウスは強調している[2]。

ウッドハウスによれば，ウェロックは戦間期の「もっとも注目すべきキリスト教社会主義的平和主義者」と評されている。1879年にランカシャーで生まれ育ったウェロックは，19世紀末のイングランド北部の産業都市にしばしば見られた非国教的価値観に影響を受け，個人的レベルにおいては簡素で質素な生活を，また国民的レベルにおいては農業と工業を基礎とする経済的自立を，さらに小規模なコミュニティに基礎をおく経済的，政治的および社会的生活を唱導した。彼は，成長するにつれてウィリアム・モリス，ジョン・ラスキン，カーライル，エドワード・カーペンターそれにクロポトキンなどの思想に触れ，彼のキリスト教社会主義思想を大いに育んだが，しかし，ウェロックは，新しい社会の価値は政治綱領的に簡単に説明されるものではなく，「どのようにすればその価値が永続し得るのか」という仕方なり方途なりを追求することを重視した。そのことは次のような彼の言葉に反映されている。

　社会主義者の多くは彼らの問題を経済的論拠に向けてきたが，しかし私は，資本主義の基本的誤謬をある精神的欠陥のなかに見てきたし，またもしその欠陥が是正されないのであれば，長期的には何事もなされえないことになろう，と理解している。したがって，私の未解決の問題は，社会主義者は彼らの預言者の崇高な理想主義をどのようにして新しい社会秩序に組み入れようとしているのか，ということである。……私は，われわれの時代がもっとも必要としていることは，資本家も労働者も共にコミュニティのあらゆるセクションで生活していく仕方についての知識ではないのか，と自覚し始めているところである[3]。

ウェロックは，協同組合運動に造詣が深かっただけでなく，また反戦運動にも深く関わった。彼が組織した反戦団体 "War Resisters International" は「共同の利益を求めて，協同に基礎をおいた新しい社会秩序を確立すること」を誓約してい

る。ウェロックはまた，1920年代初期に独立労働党に入党するが，入党した理由をこう述べている。「独立労働党は，初期キリスト教社会主義の崇高な理想主義と，ウィリアム・モリスの『芸術家・詩人・熟練技能者』学派の崇高な理想主義とを受け継いでいた」からである[4]，と。

　ウェロックは，1920年代に帝国主義戦争に関心を払っていたが，帝国主義の危険性に気づいた頃にはインドではイギリスの支配に反対して「市民的反抗」のキャンペーンがマハトマ・ガンディによって展開されていた。そこで彼は，30年代にガンディの政治運動と思想に触れ，ガンディから大きな影響を受けることになる。49年に西ベンガルのサンティニケタンで開催された世界平和会議に出席したウェロックは，そこでガンディ主義経済学者たちの経済原則を学び，やがて資本主義とも共産主義とも異なる「第3の生活様式」を論じると同時に，「完全平和主義」への自信を強めていく。彼の「完全平和主義」は，暴力を黙認することを拒絶するだけでなく，「生活における非暴力」に積極的に貢献することを含意するものであった。ウェロックはこう強調している。

　　西ヨーロッパの経済は，闘争に基礎をおき，また地球と人間本性の征服に基礎をおくものであった。このようなシステムはどのようにして存続することができたのか。西ヨーロッパの経済は地球からかけがえのない資源を略奪してきたのであるから，地球に対する暴力があまりに容易に人びとに対する暴力になっていくのは，そのためである。非暴力の経済は，対立ではなく協同を，自然の征服ではなく自然との調和を強調するのである。ガンディはそれを「永続性の経済」と呼んだ。それは，単なる必要と利己心によってではなく，相互の信頼と共通の利益とによって共に結ばれるのである[5]。

　このような思想を逞しゅうしたウェロックがベーダーと出合ったのは1940年代末である。ベーダーは，この時に既に，自分の企業をキリスト教社会主義の価値観に合致し得るような企業に変えようと考えていた。
　ベーダーとウェロックは，スコット・ベーダー・コモンウェルスの原則をより広い範囲に普及する組織を形成するために，ロンドンの印刷業者ハロルド・

ファーマーを仲間に入れて，1958年1月に「デミントリィ」(the Society for Democratic Integration in Industry : Demintry) を結成した。「デミントリィ」，すなわち，「民主的産業統合協会」というこの新しい組織の議長にウェロックが，書記長にベーダーがそれぞれ就いた。そしてE. F. シューマッハーがデミントリィに間もなく参加してくる。シューマッハーはその後『スモール・イズ・ビューティフル』(1973年) を世に出すことになる。

1961年にデミントリィの会計担当者ダグラス・スタッキーはデミントリィの目的について次のように説明している。

> デミントリィは，そのすべての活動において，権力の集中を排除する絶対的な必要性を，すなわち，ある決定によって影響を受けるすべての人たちがその意思決定に参加し得るほどに小規模な単位で運営する絶対的な必要性を意識している。デミントリィは，ガンディ主義的変革を達成するために，現代の技術を駆使し，しかも機械優先ではなく人間優先を認める産業と文化と協同社会との間の有機的な結合を確立しようと努力するものである[6]。

デミントリィは，しかしながら，「産業共同所有運動」(The Industrial Common Ownership Movement : ICOM) へ収斂する労働者協同組合運動の流れにある種の新鮮さを呼び起こしたものの，他の企業がスコット・ベーダー社と同じような行動をとるよう誘発する刺激剤としてはさほど強力なものにはなり得なかった。それでも，デミントリィがICOMへ移行する1971年には，デミントリィに5つの企業が結集していた（1972年までにICOMに6つの企業が加わった）。すなわち，

(1) スコット・ベーダー・コモンウェルス
(2) ランズマン共同所有企業
(3) ロウエン・エンジニアリング[7]
(4) トライロン社
(5) ミッチェル・ジョーンズ宝石細工社

である。

第2節　ICOMの形成と労働者協同組合運動の展開

　デミントリィは，こうして，1971年にICOMに結晶していったのであるが，それでも，レイドローが80年に報告したような，イギリスにおける労働者協同組合運動の「新しい波」の展開にはもう少し時間が必要であった。労働者協同組合の本格的な展開は76年の「産業共同所有法」(Industrial Common Ownership Act : ICOA) 以後のことであり，とりわけ80年代前半に労働者協同組合運動は大きな前進を見せた。その結果，ICOMへ結集した労働者協同組合は85年にはおよそ1,000に達した。

　1970年代後半から80年代前半にかけての労働者協同組合の発展にはそれを準備するいくつかの貴重な試行錯誤が重ねられていた。特に当時の労働党政府の産業大臣トニィ・ベンによる「トニィ・ベンの協同組合」の「実験」と協同組合開発機関（the Co-operative Development Agency : CDA）の設置は重要な試みであった。とりわけ後者は，現在でも労働者協同組合としてのコミュニティ協同組合の設立と発展に大いに寄与している。

1.　「トニィ・ベンの協同組合」と労働者協同組合

　第2次世界大戦後，イギリスにおける労働および労働者問題の解決は，経済の持続的成長，主要産業の国有化それに福祉国家という3つの条件によって図られ得る，と大部分のイギリス人は思っていた。また彼らはこれら3つの条件の各々をイデオロギー的には次のようにみなしていた。すなわち，経済の持続的成長は「完全雇用」を掲げる「ケインズ主義政策」であり，主要産業の国有化は「フェビアン社会主義政策」であり，そして福祉国家は「ベヴァリッジ報告」に基づく政策である，と。実際のところ，イギリス福祉国家体制は「ケインズ主義政策」・「フェビアン社会主義政策」・「ベヴァリッジ報告」の3つの要素から成り立っていたのである。したがって，これら3つの要素の1つが欠けても福祉国家体制は弱体化するか，あるいは破局をむかえることになるのであるが，それでもこれらの要素には軽重の差が厳然として存在していた。何よりもイギリス福祉国

家体制を支える最大の基盤は「完全雇用」を保障する「経済の持続的成長」＝「ケインズ主義政策」であったからである。「ベヴァリッジ報告」は「完全雇用」を前提としていたが，その「完全雇用」の実現は「経済の持続的成長」なしには考えられなかったし，また「フェビアン社会主義政策」は国家が責任をもって労働および労働者問題を解決するための手段だと考えられていたが，これにしても「経済の持続的成長」が保障されてはじめて可能であった。

　要するに，第2次世界大戦後のイギリス社会のパラダイムの基礎となった「ベヴァリッジ報告」によって形成された「福祉国家」体制は，「経済の持続的成長」によって支えられる「完全雇用」を前提としていたのであるが，この体制が破局をむかえる最初の大きな契機は，1973—74年に生起したオイル・ショックを引き金としたイギリス経済のマイナス成長とリセッションであった。このマイナス成長とリセッションは，イギリス福祉国家体制の基盤である「経済の持続的成長」を不可能にしたことから，福祉国家体制それ自体を根底的に揺るがすことになった。79年に首相に就任したマーガレット・サッチャーは「イギリス福祉国家は破産した」と強調したが，それはある意味で正しかったのである。「経済の持続的成長」というイギリス福祉国家体制を支えてきた最大の基盤が弱体化し，「破産した」からである。

　オイル・ショック以後，特に1970年代後半から80年代前半にかけてイギリス経済は長期にわたるスタグフレーションを経験することになる。企業閉鎖や倒産の件数が増え，したがってまた，それに対抗する労働争議の件数も大きく増加し，その結果，失業と熟練技術の喪失とが経済的，産業的，政治的，そして社会的な問題となった。労働および労働者問題の解決手段を提供してきた福祉国家体制が機能しなくなってきたのである。したがって，政府はそれに代わり得る解決手段を労働者に提供しなければならなくなった。トニィ・ベンが試みた「協同組合実験」はそのための1つの手段であった。「ベンの協同組合」は，政府が資金を提供する代わりに，産業の国有化ではなく，労働者協同組合企業化によって失業を回避し，熟練技術を持続させていくことを優先させようとした「協同組合実験」として行なわれたのである。

　労働党政府の産業大臣であったトニィ・ベンは，リセッションの下で生起する

工場閉鎖とそれに対抗する労働者による工場占拠に対処するために，倒産や工場閉鎖に追い込まれた私企業を労働者協同組合企業化することによって企業再建と，したがってまた失業回避の問題とに対応した。1974—75年に，彼は，3つの私企業，すなわち，約1,800人の労働者を擁するスコティッシュ・デーリー・ニュース社（the Scottish Daily News：SDN）[8]，1,750人の労働者を擁するメリデン・モーターサイクル協同組合（the Meriden Motorcycle Co-operative：MMC），それに1,200人の労働者を擁するカークビィ・マニュファクチャリング・エンジニアリング社（the Kirkby Manufacturing and Engineering Company：KME）の労働者協同組合企業への転換を実験した。彼は，そのために，これらの「ベンの協同組合」に長期かつ低利のローンを援助した——SDNには175万ポンドが，MMCには475万ポンド（15年ローン）が，それにKMEには390万ポンドが供与された。この資金供与は大きな反響を呼んだ。この時から，いくつかの地方自治体に個々の労働者協同組合を支援する組織が生まれた。例えば，スコットランド開発機関（SDA）や北アイルランド地方企業開発ユニット（LEDU）などである。またマンパワー・サービス委員会コミッション（MSC）が「企業ワークショップ」の名で労働者協同組合を支援することになった。その他に，間接的な資金援助——すなわち，労働者協同組合への資金援助の窓口として——はICOM・ICOFやスコットランド協同組合開発委員会コミッティイ（SCDC）を通じて，さらには協同組合を援助するために設立された協同組合開発機関を通じて貸付けられあるいは助成された[9]。

労働者協同組合へのこのような資金供与や助成の総額はおよそ1,400万ポンドであったと見積もられているが，この総額のうち1,160万ポンドは，1972年に制定された「産業法」（the Industrial Act）の第8項に準拠して，SDN，MMC，KME，バードレク，それにサンダーランディアに供与された。そして残りの金額のうち80万ポンドはMSCプログラムに準拠して，さらに1,350万ポンドはICOAおよびCDA法に基づいていくつかの労働者協同組合へ充当された。

協同組合に対する国の援助は私企業への援助と比べるときわめて小規模であるとはいえ，それが労働者協同組合の発展に向けられたという点で大いに有意味なことであった。その証拠に，1980年におよそ300の労働者協同組合が登録されたのであるが，そのうちの100以上の労働者協同組合が直接間接に国からの援助を

受け取ることができたのである。またMMCについていえば，資金不足に悩む労働者協同組合企業が国家からの援助によっていかに生き延びることができたかを知らしめてくれた。MMCは，結局は解散するのであるが，81年まで約500人の労働者を雇用して存続し，およそ900もの職種を保持することができたのである[10]。

　MMCの事例は，ある意味で，労働者協同組合は逆境にあっても本来的に回復力を備えている事業組織であることを示した。先に触れたように，MMCは1981年に解散するのであるから，逆境に直面した労働者協同組合たる事業経営体が長期にわたって存続し得るかどうかは疑わしいといえるにしても，MMCがそうであったように，またSDNとKMEにあて嵌まることでもあるが，労働者協同組合は，さもなければいかなる解決策も見い出すことのできないほどの差し迫った問題に直面したが故に形成されたのであり，事業を展開したのである，という観点からすれば，われわれは，「ベンの協同組合」にしても他の労働者協同組合企業化の試みにしても，それらを労働者協同組合モデルの弱点を証明する事例として取り上げるよりはむしろ，第3セクターとしての協同組合セクターが市場経済の下で存続していくために，どのような資金供給構造と組織構造を構築すべきか，という課題を提起し，そのための解決策を探し求める事例として取り上げるべきである，と考える。トニィ・ベン自身もこう述べている。

　　多くの人たちが私に言ったことは，「このように不利な状況になると常に協同組合の理念が引き出されるべきだというのは何と悲劇的なことか」ということである。もちろん，それはまったく要を得た言い方である。何故なら，状況が不利なままである間は，このようなエネルギー，推進力そして組織はけっして表に現われてこないからである。その時には，これら3つの労働者協同組合よりも良好だと思われる見通しをもつ協同組合企業が支援され得るような機構は政府には存在しなかったのである（そしてそれは今日でも依然として存在していないのである）[11]。

　「ベンの協同組合」は結果的に失敗に終わった。「ベンの協同組合」の失敗の要因は，総じて言えば，マルクス経済学者のアーネスト・マンデルが論じたように，

労働者自主管理を支える基本原理，すなわち，労働者が生産過程を支配する労働の自由は，競争による生き残りを認める経済システムの下では実現不可能である，ということになろう。そうだとすれば，現在のところ労働者階級全体による社会的レベルでの産業規制など不可能であるのだから，労働者協同組合の成功は，工場のレベルで労働者自身が経営し管理することができることを労働者が実践すること，ということになる。そしてそのためには，一方では経営に関わる適切な計画と協同組合運営の原則に基づいた労働者の教育・職業訓練を確立することが，他方では法的な保護および資金と市場を確保することが必要となる，ということになろう。

「ベンの協同組合」は失敗に終わったとはいえ——SDN は1975年秋に，KME は79年初頭に，そして MMC は81年に解散する——協同組合のもつ潜在的な経済的，産業的「回復力」を失業 (82年には青年の失業率は19.8%の非常に高い水準に達した) やコミュニティの崩壊に直面している人たちに印象づけた点で，忘れ去られてはならない実験であった。それはまた労働者協同組合運動にとっても幸運であった，と言うべきだろう。ICOM の展開がイギリスのみならず，海外の協同組合人の注目を引き付けるようになるのはそれから間もなくのことだからである。

2. 協同組合開発機関 (CDA) の展開

失敗に終わった「ベンの協同組合」実験は労働者協同組合の存在をイギリス社会に知らしめはしたけれども，しかし同時にそれは，労働者協同組合は最後の方策の組織であり，しばしば失敗しがちである，とのイメージをもつくりだしてしまった。労働者協同組合セクターの協同組合人が地方の協同組合支援機構 (Co-operative Support Organisations : CSOs) を形成していったのは，このような不名誉なイメージを払拭するためであった。

労働者協同組合に関わる全国支援組織は，既に見たように，早くもニールやグリーニングが1884年に「労働アソシエーション」を形成して，労働者生産協同組合の促進・強化を図っているが，CSOs は，それとは異なって，地方分権主義者，グラスルーツの活動家それにオルターナティヴの運動家のような地方の社会活動家が，一部は，「共同所有制」など協同組合の理念を促進する手段として組織し，

また一部は，失業者の増加に現実的に対応するために労働者協同組合を促進する手段として組織したものである。そして間もなく，労働者協同組合の促進に関わっている人たちはCSOsをCDAs（Co-operative Development Agencies）と呼ぶようになる。しかしながら，CDAにはそれが形成されるまでの歴史があるので，CSOsとCDAsを区別して論及することにしよう。

CSOsは，労働者協同組合セクターの継続的な発展を目指す地方の労働党の活動家によって自発的に形成された組織である。彼ら活動家は，元来，急進的な職業専門家や政治活動家であって，オルターナティヴの運動，地方分権運動，あるいはグラスルーツ活動に一定の影響を与えてきた地方的なグループを構成していた。彼らは，しばしば「共同所有制」の促進を彼らの活動の理念とし，また失業者の増加に対処するための現実的な政策の一部として労働者協同組合をみなしていた——実際のところ，イギリスの多くの地方自治体にとっては，失業と企業倒産の増大という状況の下で経済を発展させることは焦眉の急たる優先課題であった。それ故，CSOsは，ICOMと連携している場合もあったし，自立している場合もあったが，いずれにしても共同所有制に基づく労働者協同組合を促進していくための手段とみなされるようになった[12]。最初のCSOsは1976年にスコットランドに組織され，次のCSOsは78年にウェールズのウェストグラモーガンに組織された。前者はスコットランド協同組合開発委員会（SCDC）になるのであるが，SCDCは，各地方自治体にその資金を依存していたイングランドおよびウェールズのCSOsと異なって，SCDA自体によって支えられると同時にスコットランドの各自治体によっても支えられていたからである。

しかし，これらのCSOsよりも前の1975年に，すなわち，ICOAが制定される1年前に，カンブリア州議会は「コミュニティ促進プロジェクト」に所属するスタッフを初めてフルタイムで任命することを承認している[13]。「こうした諸活動の1つの結果として，地方自治体に対して地方のCSOsに資金を供与するよう圧力が高まった」のである[14]。こうして，CSOsは地方自治体と結びつくようになっていくと，地方議会もフルタイムのCDAへの資金供与に同意するようになっていった。86年の秋までには約100ものCSOsが組織され，そのうちの約80のCSOsはCDAに従事するフルタイムの専門スタッフを雇用するための基金を

地方自治体から与えられることになった。かくして,「資金供与,組織,名称などにいくらかの相違はあっても,地方自治体が供与する資金によって運営される機関はすべて地方 CDA と呼ばれるようになり,他方,より幅の広い名称である CSO は,起源や資金の違いに関係なく,すべての協同組合支援組織を指す」ことになったのである[15]——これらの CDA の多くは基本的に地方自治体から自立した組織であるが,なかには,数は少ないとはいえ,地方自治体の一部の機関として設立されている組織も存在している。

他方,CDA には次のような歴史がある。CDA を形成する最初の契機は,1969年に労働党議員イアン・リッグレスワースと労働党の政策研究者テリィ・ピットの2人が,消費者協同組合運動のプログラムを合理化して大規模な小売資本との競争に生き残るために,国家の資金を利用すべきだと主張したことにあった。彼らの主張には,私的小売資本が「産業再編法人」(the Industrial Reorganisation Corporation) を通じて相当な額に達する助成金を政府から得て企業合併や接収を進めていたことに対する消費者協同組合運動への対応策,という意味があった。しかしながら,CWS は,この労働党の経済戦略を,「政府は自主的,自発的な協同組合運動に干渉すべきではない」として拒否した。69年のこの「労働党経済戦略」に見られた協同組合援助には,国有化とは異なる別の方法での私的資本に対する協同組合セクターの強化,という意図が見て取れる。これが CDA の開始であった。

CDA を基礎とするこの経済戦略は,翌年2月の労働党の声明書や同年の労働党選挙政策でも繰り返された。消費者協同組合陣営は,協同組合大会でこの戦略について討議した結果,「CDA は小売協同組合部門に限定せずに,もっと広い範囲に広げられるべきである」との立場を表明した。そこで,労働党の会派に所属していた協同党[16]の国会議員グループは,ICOM やクレジット・ユニオン同盟などの意見を入れ,CDA を労働党の政策として保持するよう主張した。これは,発展の程度が比較的遅れている領域の協同組合に CDA を組織すべし,という立場でもあった。要するに,CDA は協同組合セクターのすべての部門を促進する幅広い役割を遂行するもの,との合意が形成されたのである。かくして,1973年および74年の労働党の政策に新しいスタイルの CDA が現われることになり,77

年には「CDAは必要とされている」との同意がなされた。しかしながら，CDAはいかなる形態の組織であるべきか，についての合意はまったくなされなかった。

同じ1977年に労働党大会と協同党大会が開催され，両大会ともCDAの設立を要求した。時の労働党首相ジェームズ・キャラハンは，協同党大会に出席して，CDAの法律制定化を約束した。しかし，立法化への準備段階に入るやCDAの形態と目的をめぐって協同組合運動の内部に対立が生じてしまった。すなわち，77年3月に立法化に向けて，主要な協同組合組織とイギリス労働組合評議会（TUC）の代表を含む作業部会が，産業省・中小企業局の指導の下に設置された。周知のように，イギリスにおける協同組合運動は，消費者協同組合が労働者協同組合，住宅協同組合，農業協同組合などに比べれば，突出した経済的，社会的な能力を有していることを考えれば，協同組合セクターの拡充を目指すCDAは協同組合運動全体にとって一種の「公開討論（フォーラム）」の場を提供するはずであった。ところが，ICOMと消費者協同組合運動との間に意見の不一致が起こったのである。

ICOM側は，労働者協同組合の規模が小さく，したがって，経済的に弱体であることから，消費者協同組合が労働者協同組合を犠牲にして自らの利益を促進するのではないかと懸念し，CDAを比較的弱小な協同組合セクターを援助するための資金調達機関にすべきであること，またCDAの委員会はさまざまな協同組合組織の代表によって構成されるべきだと要求した。他方，消費者協同組合側としては新しい領域の協同組合を援助することの必要性を主張しているのに，ICOMが改革擁護運動的精神を強調することによって消費者協同組合側との軋轢を起こすので，CDAを非政党的な政治的組織として協同組合の利益を代表する組織とするよう要望した。

1977年10月に多数派（9組織）の報告書と少数派（4組織）の報告書がそれぞれ提出され，その結果，CDAは協同組合に資金を貸付ける基金をもつのではなく，CDAとその任命された委員に対して政府が創業資金を融資することを主旨とする多数派の報告書をキャラハンは支持した。彼は，「協同組合は現在の社会問題を解決するのに有益な役割を果たす」と考え，「失業を減らし，中小企業の倒産をくい止めるのに貢献することができる」とする多数派の報告書に賛意を示したのである[17]。

多数派と少数派の対立はくすぶり続けたが，バスクのモンドラゴン協同組合複合体を研究してきたロバート・オークショットなどの労働者協同組合の研究者たちはこの対立を超克して立法化することの重要性を説いた。そして1978年3月にCDA法案が作成され，間もなく全政党の賛成を得てCDA法が通過，成立した。これによって，協同組合のあらゆるセクターを促進するために，広い権限をもったCDAが設置され，総計90万ポンドと見積もられる予算が毎年30万ポンド支出されることになった——残りの60万ポンドは「法律の定めるところにより使用できる」とされた。しかし他方で，「労働者協同組合はCDAの最優先事項」である，と委員会によって決められたにもかかわらず，その8人の委員にICOMからは誰も指名されなかっただけでなく，ICOMが貸付資金を労働者協同組合に貸付ける基金も欠如していたことで，労働者協同組合の支援者は打撃を受けることになり，ICOMとCDAの間に長期にわたる緊張関係をつくりだすことになってしまった。

イギリス議会の全政党の賛成によって成立をみたCDA法であることから，すべての政党は，CDAに対して，産業的な発展に役立つ労働者生産協同組合とサービス協同組合を促進するよう注意を集中したが，しかし，その注意の置き所が政党によって異なっていた。例えば，労働党は，労働者協同組合を，産業に民主的管理を導入し，富を再分配する能力をもつ第3セクターの経済とみなしたのに対して，自由党(リベラル)と保守党(トーリィ)は，労働者協同組合を，労働者の闘争性を弱め，生産性を高め，かつまた困難な状態に喘ぐ人たちの間に「自助」を奨励するもの，と見ていたのである[18]。とりわけ，1979年に保守党が政権を取り戻し，マーガレット・サッチャーが首相に就任すると，彼女は，労働者協同組合を一層そのようにみなすようになり，「市場原理主義」を掲げる新自由主義に基づく経済・産業政策を展開して，社会保障を含む公共支出の削減を開始するのである。その結果，協同組合の促進政策は消極的にならざるを得なくなっていくのである。そして全国CDAはやがて廃止されてしまう。

しかしながら，地方のCDAは，ある場合には地方自治体のなかに設置され，またある場合には地方自治体とのパートナーシップを尊重しつつ独自のポジションを保持しながら，協同組合に対する助言，教育，情報などのサービスを提供してきたし，現在もそういう役割を実践している。

このような経緯を経て，ICOMと地方のCSOsおよびCDAとの間には次第に協同の機運が育っていった。例えば，CSOsはICOMのモデル・ルールの作成に協力してきたし，またインフォーマルではあったがネットワークを形成してきた地方のCDAはやがてフォーマルな全国的なネットワーク組織「地方CDA全国ネットワーク」（NNLCDA）を立ち上げて，ICOMと共に新しい協同組合運動の一翼を担うようになっていったのである。

それでは，現在，CDAはどのような活動を実際に行なっているのだろうか。その事例を「ダラム協同組合開発協会」（DCDA）に見ていくことにしよう。

【事例研究：ダラム協同組合開発協会（Durham Co-operative Development Association）】[19]

DCDAは，現在，イギリスでもっとも成功している協同組合支援機構の1つである，と言われている。1986年の設立以来現在まで，DCDAは，ダラム州でのコミュニティ協同組合やコミュニティ・ビジネス[20]，あるいはコミュニティ・エンタープライズの設立を支援し，地方での新たな雇用を多数創出するのに貢献してきた。またDCDAは，その資金をダラム州のいくつかの地方自治体とヨーロッパ委員会（the European Commission）とから調達しており，他のヨーロッパ諸国のさまざまな組織とのパートナーシップによっても支えられている。

DCDAはイギリスにおけるCDAのなかでも比較的新しいものであるが，その活動の内容には注目すべき点がみられる。年表風にその「あゆみ」を追ってみよう。

ダラムCDAのあゆみ[21]

1986年　1人の労働者がパイロット・プロジェクトとしてダラム州自治体から協同組合開発のために資金を調達する。

87年　第1年次から協同組合設立のためのサービスの要求が大きかったためにプロジェクトが拡充される。3人の労働者スタッフがプロジェクトに従事する。

88年　独立した組織機構としてDCDAを設立する決定がなされる。11月2日に新組織の第1回総会が開催される。

1989年　Framwellgate Moor の新事務所に移転。DCDA のスタッフが 5 人となる。さらに 2 人の労働者がダラム州自治体の SSD（社会サービス局）から出向――この出向は，協同組合の機能が障害をもつ人たちにどのように役立つことができるのか，を調査するため。

90年　障害者によって設立された最初の協同組合である Impress Printing Services が事業を開始する。ロシアの代表が DCDA および協同組合を訪問。この年の末までにダラム州内の協同組合が100人を雇用する。DCDA のスタッフが 7 人となる。

91年　仕事の復帰を望んでいる女性のために DCDA が最初の職業訓練コースを運営する。特殊なニーズをもつ人たちの 2 番目の協同組合である Endeavour Woodcrafts が事業を開始する。DCDA のスタッフが 9 人となる。

92年　ホームレスのための公営福祉施設を協同組合所有に移管するのに DCDA が尽力する。2 つの衣料品工場の閉鎖によって余剰とされた労働者が協同組合 Durham Quality Fashions を立ち上げる。ダーリントンにある DCDA が経営するワークショップに100人以上の人たちが出席する。DCDA のスタッフが11人となる。

93年　ダラムにある最後の深堀炭鉱の閉鎖に伴って，East Durham Community Enterprise Initiative によるコミュニティ・エンタープライズ（コミュニティ協同組合）設立への DCDA の関与が増大する。ダラムでもっとも古い協同組合の 1 つである Newfields Childcare がダラムの中心地に移転し，規模も倍加する。Derwentside Market Traders 協同組合が設立される。DCDA のスタッフが14人となる。

94年　DCDA，ダラム州ホールにてロッチデール公正先駆者組合創設150周年を跡づける「協同組合祝賀会」を開催し，また協同組合運動とクレジット・ユニオン運動の展開を組織する。DCDA によって設立された最初のクレジット・ユニオンである Peterlee Credit Union が事業を開始する。DCDA のスタッフ16人となる。

95年　DCDA が協同組合で労働している障害者のための全国会議のホストを務める。Broadgate Farm 協同組合が事業を開始する。

96年　DCDA，ヨーロッパ社会基金（the European Social Fund）による 2 つの

トランスナショナル・プロジェクトでリード役となる。DCDAがコミュニティ・エンタープライズ協会のためにコミュニティ協同組合モデルを開発する。ダラム州における協同組合開発の最初の10年で40の協同組合が設立され，265の雇用を創出した。DCDAのスタッフが17人となる。

1997年　イギリスで最初の「犯罪防止協同組合」がダラム市郊外のウェスト・ダラムに設立される。さらに2つのヨーロッパでのトランスナショナル・プロジェクトの承認を受ける。DCDAが復活予算による資金で複数のプロジェクトに基づく事業を開始する。DCDAのスタッフが19人となる。

98年　DCDA主催の「コミュニティ・エンタープライズ開発」に関わる地域会議が開かれ，8つのパートナーシップ・プロジェクトの推進を決める。ノーザンバーランド・ダラム機構連盟（the Northumberland and Durham Machinery Ring）が形成され，年末までに会員数が200を上回った。ダーリントンでスカーネ・パーク・コミュニティ・エンタープライズ協会（the Skerne Park Community Enterprise Association）がコミュニティ・カフェ（軽食堂）をオープンする。DCDAのスタッフが21人となる。

99年　ダラム市の中心地にある炭鉱労働者の歴史的な建物「マイナー・ホール」がDCDAの新しい本部になる。協同組合が，計画と準備に2年をかけて，3つのレジャー・センターの管理運営をダーウェントサイド地区協議会から引き継ぐことになった。DCDAが州規模の単年度復活予算プログラムの承認を受け取る。DCDAのスタッフが29人となる。

2000年　DCDAで働くスタッフの数が50人を超える。DCDAが*People*賞の授与者となる。ノース・オブ・イングランド協同組合協議会が正式に開始される。ヒラリー・アームストロング国会議員がDCDAの会議でコミュニティ・エンタープライズについて講演する。

この「あゆみ」に見られるように，DCDAは1980年代に入って本格的に取り組まれるようになった，地方のCDAのもっとも成功した展開の輪郭をわれわれに示してくれている。2000年現在の「ダラム州・ダーリントンにおける協同組合とコミュニティ・ビジネス」によると，ダラム州ではDCDAが指導あるいは関係

して設立された48のさまざまな種類のコミュニティ協同組合（コミュニティ・ビジネスおよびコミュニティ・エンタープライズ）の他にいくつかのクレジット・ユニオンが事業を行なっている。そこでさらに，現在のDCDAが実際に行なっている活動について簡潔に言及することで，イギリスのCDAが果たしている役割と機能に関わる一般的なイメージを明らかにすることにしよう。

【DCDAと労働者協同組合】
　DCDAは，雇用の創出，倒産した中小企業の引き継ぎ（バイ・アウト），高齢者・障害者のコミュニティ・ケア，障害者の就労などのために労働者協同組合の設立を促進してきた。DCDAは，労働者協同組合を「そこで労働する人たちによって（共同で）所有され，管理運営される事業体」と定義して，次のようなコンセプトを提示する。すなわち，
- 労働者協同組合の組合員資格はすべての従業員に開かれている，
- すべての組合員は事業資金を平等に分担し，組合員以外の外部の出資を認めない，
- 意思決定は「1組合員1票」の原則に基づいてなされる，
- 組合員は事業経営の利益と責任を共有する。

　DCDAによれば，これらのコンセプトは，労働者協同組合で労働する組合員労働者が協同の労働を通じて「管理運営の権利（コントロール），労働の動機づけ（モティヴェーション），それに仕事の達成感」という「価値」意識を社会化するのに与って力がある，という。そこで，DCDAは，このような定義やコンセプトに基づいた労働者協同組合を設立する開発プログラムをもって，次のような援助を無料で行なうのである。すなわち，
- 労働者協同組合事業のすべての経営面について訓練する（経営・職業訓練），
- 労働者協同組合が行なう事業についての市場調査を実施する（事業の市場調査），
- 事業計画作成上のガイダンス（事業計画の作成），
- 事業開始時の財務状況に応じて資金を融通する（事業開始時の資金援助），
- 事業を成長させるためのアドヴァイス（経営相談）。

　要するに，DCDAは，労働者協同組合の組合員となる労働者の経営・職業訓練，

労働者協同組合の事業種の市場調査，事業計画，事業開始時の資金援助，それに主に設立後の経営相談を無料で実施して，労働者協同組合の設立と成長を支援することで雇用の創出に，したがってまた，失業率の減少に寄与するのであり，さらには高齢者・障害者のコミュニティ・ケアや障害者の就労確保などを実践する労働者協同組合が設立されるのであれば，「コミュニティそれ自体の質」とコミュニティ住民の「生活の質」を向上させるのに貢献することになるのである。われわれは，まずは，CDA の役割と機能についてこのような一般的なイメージを抱くことができるだろう。

【DCDA とコミュニティ協同組合】
　先に簡単に労働者協同組合についての DCDA の定義を示しておいたが，DCDA は労働者協同組合について次のような別の定義も与えている。

　　労働者協同組合はもっぱらその従業員によって所有される事業体である。ある労働者協同組合は新しいベンチャー事業体として立ち上げられ，またある労働者協同組合は既存の企業から転換した事業体であり，さらに他の労働者協同組合は倒産した企業に取って代わる存続可能な事業体である。

　どちらかといえばその活動と機能の力点を「雇用創出」に置いている労働者協同組合のこのような定義に対して，DCDA はコミュニティ協同組合を次のように定義している。すなわち，コミュニティ協同組合にとって，

　　コミュニティへの社会的責任と関心が基本的な協同組合の価値である。(コミュニティ協同組合は) 従業員，クライアントおよびコミュニティの代表を組合員とする協同組合組織であり，高齢者，病人，障害者のためにケア・サービス，育児・保育サービス，それにその他の有益な地方的なサービスを提供する協同組合組織である。

　コミュニティ協同組合は，見られるように，その活動や機能の力点をどちらか

といえば「コミュニティの質」や「生活の質」の向上に置いている協同組合である。第3節で触れるように，コミュニティ協同組合は，協同組合的な原則に基づいて運営が行なわれる点では労働者協同組合と同じだとみなされるが——いくつかのコミュニティ協同組合が ICOM に加入しているのはそのためである——他方では，「従業員，クライアントおよびコミュニティの代表」が組合員となる点では労働者協同組合と異なるし，さらにはコミュニティ協同組合によって得られた利益はコミュニティのために再投資されるのであって，組合員の間で分配されてはならない，という点では労働者協同組合と決定的に異なっている。

　いずれにしても，DCDA は，労働者協同組合とコミュニティ協同組合の両者を，ある程度区別しながらも，雇用の創出，高齢者・障害者のコミュニティ・ケア，コミュニティの再生など「コミュニティの質」の向上，それに人びとの「生活の質」の向上を追求する協同組合として同じカテゴリーで捉えていることから，われわれとしては，CDA の役割と機能についての一般的なイメージをこれによって再構成することができるだろう。

　たった今われわれは，「DCDA は労働者協同組合とコミュニティ協同組合の両者を，ある程度区別しながらも……同じカテゴリーで捉えている」と述べておいたのであるが，最後に，次の文章を引用することで，労働者協同組合とコミュニティ協同組合の同異点を明確にして，この節を終えることにしよう。

　　（労働者協同組合とコミュニティ協同組合の）両者の相異は，ある程度はっきりしてくるだろう。「ある程度」というのは，もともと両者は相互にハイブリッドの関係にあるからであって，したがって，明確な相異は「受益者の主体」が誰であるのか——労働者協同組合においてはそこで労働する組合員労働者であり，コミュニティ協同組合においてはコミュニティおよびコミュニティの住民（住民全体，あるいはその一部）——ということである。両者は，「1人1票の議決権」に基礎をおく民主的運営を原則としており，またコミュニティ協同組合は「協同組合原則」（ICA 原則）を遵守しているので，この点では両者は差異がない。換言すれば，労働者協同組合が「労働コミュニティ」とメンバーシップ（組合員資格）とに基礎をおく事業組織であるとす

れば,コミュニティ協同組合は「地理的コミュニティ」に基礎をおく多機能的事業組織である[22]。

第3節 コミュニティ協同組合の展開:その試みは成功しているか

1. コミュニティ協同組合の形成と展開

1970年代における労働者協同組合運動は,ICOMに関わるいくつかの法律や制度,すなわち,73年のICOF(産業共同所有基金),76年のICOA,78年のCDA法などの他に,本来は労働者協同組合と無関係であったが,結果的にその公的な助成機関となったものに76年に設立されたMSC(Manpower Service Commission)によるJCP(Job Creation Programme,雇用創出プログラム)がある。前者は,雇用創出,職業訓練を目的として政府・労働者・使用者の三者によって設置されたものであるが,失業者の増大に対応するために75年10月に3,000万ポンドの基金をもって雇用省の管轄の下に後者を発足させた。JCPは,文字どおりの雇用創出,失業者の,とりわけ高齢者と若者の雇用を確保するための職業訓練,それに労働経験の蓄積などを目的とする「政策手段」であった。

ところで,1976年から80年の間に40のプロジェクトがJCPに準拠して企業を設立したのであるが,そのうちで成功した企業の多くはやがて労働者協同組合として自立していったので,「結果的に,JCPは協同組合の原則や目的とは無関係に協同組合の設立資金を援助する機関となっている。70年代末以降の労働者生産協同組合の急激な膨張は……JCPの存在なくしてはあり得なかった」のである[23]。そしてJCPによる補助金打ち切り後の労働者協同組合のための融資機関の機能はICOFによって占められることになる。実は,すぐ後で触れる,イギリス最初のコミュニティ協同組合となったウェスタン・アイルズ地域で設立されたコミュニティ協同組合もこのJCPに準拠したものであった。

したがって,コミュニティ協同組合の歴史はそれほど遠い過去に遡る必要はないのである。コミュニティ協同組合の出現は,先に述べたように,1970年代前半のイギリス経済のリセッションとそれに連動したイギリス社会の構造的変化,と

りわけ失業者の増大に関連していたのである。このリセッションと社会構造の変化の影響はまず，スコットランドの地域に現われたが，なかでもスコットランド本土から30—50km北西沖にある離島，ウェスタン・アイルズに特徴的に現われた。すなわち，主要産業が第１次産業の漁業と農業およびそれらの加工業であり，次いで卸・小売業と土木・建築業であり，また雇用の多くが公的な行政部門に集中していた離島の島々を，若者の減少，過疎，高齢化，高失業率といった現象が直撃したのである。この現象は，ウェスタン・アイルズの住民には「コミュニティの崩壊」と映らざるを得なかったほどであった。また衰退した中世都市や経済的不振に喘いでいる地方産業を抱えていたスコットランドの各地方自治体も多かれ少なかれ同じような状態に置かれていた。したがって，ウェスタン・アイルズに限らず，スコットランドの多くのコミュニティとその住民が，そのような状態から何とかして抜け出そうと試みたのは当然のことであった。

　ウェスタン・アイルズの住民は1976年に短期雇用創出のためのJCPに準拠した地方プロジェクトを展開した。そのプロジェクトは，失業した高齢者や若者のための雇用を創出したり，また彼らが職業訓練を通じて技術を習得した後に企業を設立したりするものであったが，この企業がまもなくコミュニティ協同組合になっていく。だが，ウェスタン・アイルズのみでのJCPに基づく試みであったならば，おそらく，イギリスにおける労働者協同組合の発展に影響を及ぼすほどにコミュニティ協同組合は大きく拡がらなかったかもしれない。それでも事実としては，ウェスタン・アイルズでの最初の試みが，やがてイギリス中にコミュニティ協同組合が拡がっていくための１つの重要な機会を他の地方自治体やコミュニティとその住民に与えたことは確かなことである。ウェスタン・アイルズの試みが「コミュニティ協同組合の導火線」の役割を果たした，としばしば言われるのはそういう意味である。われわれは，すぐ後で，コミュニティ協同組合のウェスタン・アイルズでの最初の「実験」から今日に至る展開の成果を踏まえて，現在のあるべき「コミュニティ協同組合モデル」について検討を加えるが，その前に，コミュニティ協同組合の全国的な展開の出発点となった「ハイランズ・アイランズ開発委員会」(HIDB)のイニシアティヴについて「ハイランズ・アイランズにおけるコミュニティ協同組合の展開」として簡潔に論究しておきたい。イギ

リスにおける現在のコミュニティ協同組合の発展は，結局のところ，HIDB のイニシアティヴとそのインスピレーションに基礎があるからである。

2. ハイランズ・アイランズにおけるコミュニティ協同組合の展開

スコットランドに限らず，イギリス全体においてコミュニティ協同組合を発展させる基礎を提供したのは，地方自治体とそのコミュニティの住民のイニシアティヴによって設置された「ハイランズ・アイランズ開発委員会」(the Highlands and Islands Development Board : HIDB) であった。HIDB は1977年末にそのプログラムに基づいて12のコミュニティ協同組合を設立した。HIDB プログラムは，スコットランドの各コミュニティの住民がコミュニティ協同組合を設立するために調達した資金と同額の資金を「設立補助金および設立初期数年間の経営補助金」として——結局のところ，地方自治体が——提供するものであった。このインスピレーションは，間もなく，スコットランドのみならずイギリス中の多数の地方で活動していたグループに伝えられることになる。

HIDB プログラムは，かつてイギリスで試みられた「地方経済開発」よりも抜本的な戦略を提供することができた。コミュニティ協同組合の発展にとってこのプログラムの役割は大きかった，と言うべきであろう。というのは，周知のように，スコットランドには多数の失業者を抱えるかつての工業地域やマージナルな地方経済や遠隔地農村を抱える地域などがイングランドと比べると多く存在していたので，スコットランドでは1970年代後半から80年代にかけて JCP や HIDB を通じてさまざまなコミュニティ協同組合が組織され，雇用創出，資源リサイクル，コミュニティ・ケアなど各地方やコミュニティのニーズに根ざしたサービスを提供する事業が行なわれ，実際にコミュニティの人たちを雇用する経験を積み重ねていくことができたからである。コミュニティ協同組合がその創設資金や他の援助を地方自治体や政府から獲得するためのネットワーク，「コミュニティ・ビジネス・スコットランド」(CBS) を設置したのも，積み重ねられてきた実際の経験を基礎とするものであった。

その CBS はコミュニティ協同組合を次のように定義している。この定義は，先に見た DCDA のそれよりもずっと明確にコミュニティ協同組合の特徴的性格

を示している。われわれがコミュニティ協同組合を論じる場合は基本的に CBS のこの定義に基づいている。すなわち，コミュニティ協同組合は，

> 地方のコミュニティによって設立され，地方のコミュニティが所有・管理し，また地方の人びとのために最終的に自立した仕事を創出することを目指し，かくして地方の発展の中核になることを目指す事業組織である。その事業活動から生み出される利潤は，より多くの雇用を創出するためか，地方のサービス業務を提供するためか，あるいはコミュニティの利益となる他の計画を援助するためか，いずれかまたはそのすべてに向けられる[24]。

さて，前述したように，HIDB は1977年末に12のコミュニティ協同組合を設立し，都市から遠く離れた農村地域や離島での引き続く人口の減少＝高齢化と経済的衰退に対処する試みを実行した。HIDS のプログラムの特徴が「コミュニティ的，社会的および経済的目標」の3つを並行して達成しようとするものであったことから，これらの目標の「混合」を前提とするという意味で12のコミュニティ協同組合は「多機能的コミュニティ協同組合」と称せられた。その後このプログラムは，80年代末に至るまでの間，遠隔地の農村地域や離島における差し迫った「コミュニティ再生」の問題に対処し得る多機能的コミュニティ協同組合の発展を促進することによってさまざまな形態の直接間接の援助を継続していっただけでなく，同じような問題に直面している他のさまざまな地域やコミュニティにも拡大され，計画・実行されていったのである。

その実例を見ると次のようである。すなわち，HIDB プログラムに基づいて1984年の末までに19のコミュニティ協同組合が設立され，それらの協同組合では55人のフルタイム・スタッフと200人のパートタイム・スタッフ（季節作業と下請作業を含む）が雇用され，約3,000人の住民が組合員となり，資本金総額25万ポンド，総売上高250万ポンドの成果を生んでいる。86年までに24のコミュニティ協同組合が設立されている――その年にネス協同組合が解散。このプログラムに基づいて設立されたいくつかのコミュニティ協同組合は生き残らなかったが，しかし，大部分のコミュニティ協同組合は現在でも活動し機能しており，80年代か

ら現在までスコットランドだけでなくイギリス全体にコミュニティ協同組合が展開されるようになったことからすれば，われわれは，HIDBの「先駆的イニシアティヴ」を高く評価することができるだろう[25]。

　HIDBのイニシアティヴは，既に述べたように，コミュニティの住民が出資し，調達した資金総額と同額の資金を地方自治体が提供する，というこれまでにない協同組合の「出資資本(シェア・キャピタル)」のあり方であると同時に，コミュニティの住民がこのプログラムを支持し，コミュニティ協同組合に参加することに「非常に応じやすく，共感でき，かつコミュニティに好意的なアプローチ」でもある。その結果，このイニシアティヴは「地方のコミュニティに現実的な利益をもたらした。すなわち，エンパワーメント（コミュニティとその住民の自治能力を高めること），基礎能力の強化（コミュニティ協同組合を管理運営する能力を高めること），そして社会福祉事業サービスの提供と雇用の創出」である。これらの現実の利益は，HIDBのイニシアティヴがなかったならば，存在しなかったであろうし，今でも存在しないかもしれないのである[26]。

　とはいえ，問題がないわけではない。1つは，コミュニティ協同組合の方でのマネジメントに関わるHIDBによる補助や助成への依存傾向がかなり見られたこと，もう1つは，それとの関係で，コミュニティ協同組合への補助や助成の期間が終わるや，コミュニティ協同組合の収入が急に減少してしまうことである。いくつかのコミュニティ協同組合の解散はこれらの例にあてはまる。その意味で，HIDBは，地方のコミュニティのニーズに基礎をおく，いわゆる「ボトム・アップ方式の経済開発」を目指すコミュニティ協同組合に初めからあまり多くを期待せずに，もっと長期的な支持や援助のあり方を具体化させるべきだろう[27]。またそれに付け加えて言えば，コミュニティ協同組合をすべて「多機能的協同組合」として初めから促進することにも問題があるのかもしれない。各コミュニティのニーズ，資源，文化，歴史などに基づいて優先すべき事業活動と機能を具体的に実践し，強化していき，その結果，長期的に「コミュニティ的，社会的および経済的目標」を実現していく戦略も必要であろう。また1980年代の後半に設立されたコミュニティ協同組合の多くが，HIDBのモデル・ルールに準拠してではなく，「チャリティ法」（Charitable Status）に準拠して，担保保証付き有限組織として登

録していることから，当初のHIDBのコミュニティ協同組合モデル・ルールには——協同組合の活動停止や解散のあり方も含め——いくつかの弱点があることも否めないだろう。

それにもかかわらず，これまで言及してきたように，スコットランドの遠隔地農村地域と離島から開始されたコミュニティ協同組合は，やがてイギリス全体で展開されるようになり，現在ではしばしば，コミュニティ・ビジネスあるいはコミュニティ・エンタープライズとの名称で——これらは現在，「社会的企業」とも称されるようになっている——地方のあるいはコミュニティのニーズと資源と文化などに基づいた社会的利益とコミュニティ的利益をもたらしているのである。

コミュニティ再生を目指すコミュニティ協同組合が次第に注目されるようになっていった1970年代末から80年代の初期にあっては，協同組合陣営のなかに，とりわけ労働者協同組合のなかにさえコミュニティ協同組合の役割や機能について消極的な評価しか与えなかった人たちがいた。彼らがコミュニティ協同組合に対して消極的な評価を下していた最大の理由は，地方のコミュニティがその相互扶助と協同の努力に基づいて，また地方のあるいはコミュニティのニーズと資源を基礎として，地方のコミュニティによって管理運営され，その結果，社会的利益とコミュニティ的利益をもたらすような経済開発を遂行することが果たして可能であるかどうか——おそらく不可能であろう——という点にあった。しかしながら，彼らのそのような消極的な評価は間もなく，「どのような方法であればそれが可能となるのか」，あるいは「どの範囲までならそれが可能となるだろうか」，という評価に変わっていき，やがて，「コミュニティ協同組合を成功させるのにいかなる条件が必要なのか」，あるいは「コミュニティに基礎おく経済開発を成功裡に遂行するにはいかなる種類の援助が必要とされるのか」，という積極的な評価に変わっていった。要するに，コミュニティ協同組合の発展のためには，各地方や各コミュニティの特殊な環境——人びとのニーズ，人的資源，物的資源，文化，歴史など——に依拠しつつ「共通の要素と原則」が求められるようになってきたのである。

そのような観点からすれば，HIDBのイニシアティヴは，いくつかの問題をなお抱えてはいるものの，かなりの成功を示している，と総じて言えるであろう。

適切な援助が続けられ，他の重要な問題が解決されていくに応じて，HIDBのイニシアティヴはイギリスにおけるコミュニティ再生の一層信頼されるモデルになり得るのである。そこで，HIDBを含め現在もなお成長しているコミュニティ協同組合の展開を参考に，そのあるべきモデルについて検討を加えることにしよう。

3. コミュニティ協同組合モデル

協同組合は，伝統的に，組合員が，協同と相互扶助に基づいて民主的に運営し，自らの利益を守っていく自治組織である，と理解されてきた。例えば，それは，消費者協同組合，農業協同組合，漁業協同組合，信用協同組合（協同組織金融，クレジット・ユニオン），保険協同組合（共済），労働者協同組合，住宅協同組合，販売協同組合それに印刷協同組合などであり，またそれらの協同組合は，各々の特定固有の目的に応じて人びとを組織し，その人たちは組合員として彼らの協同の力によって民主的に運営されているのである。

それに対して，コミュニティ協同組合は，先に見たように，伝統的協同組合組織の母斑を付けつつ新しい組織形態を創り出してきた「新しい協同組合モデル」である。あるいはもっと積極的に評価するとすれば，コミュニティ協同組合は伝統的協同組合に協同組合の「パラダイム転換」を準備する協同組合モデルである，と言えるであろう。また多目的に対処するコミュニティ協同組合は，伝統的協同組合が各々に固有の，時には単一の「目的」に組織構造を合わせるのに対して，活動や機能のプロセスに組織構造を合わせる，と言うこともできよう。コミュニティ協同組合の目標は，したがって，これまで組織されたことのないコミュニティの人びと——障害者，失業者，高齢者など社会的に不利な状態におかれている人たちも含めて——を「民主主義的・参加型モデル」の下に組織化することである，とも言って差し支えない。

コミュニティ協同組合も，協同組合である以上，人びとがそのニーズを満たすために相集まって協同する組織構造を当然のこととしてもっている。ただ，たった今述べたように，伝統的協同組合と異なって，コミュニティ協同組合は，「地方のコミュニティ的，社会的，経済的発展」の責任を負う「多目的協同組合」（あるいは「多機能的協同組合」）であるので，たとえ設立時には1つのプロジェク

トや1つの問題・課題に焦点があったにしても，コミュニティの住民のより広い参加を促し，コミュニティそれ自体の問題・課題やコミュニティの個人あるいは家族の問題・課題に関心を払うようになるフレキシビリティをもっているのである。また伝統的協同組合が「組合員参加」をもっとも尊重するように，コミュニティ協同組合もコミュニティの住民の参加をもっとも尊重する。それに加えて，コミュニティ協同組合は地方自治体との対等平等なパートナーシップも重要であると位置づけている。そこで次に，ある程度の経験と歴史を積み重ねてきた，このようなコミュニティ協同組合のあるべき基本モデルを，その将来のパースペクティヴも視野に入れて提示することにしよう[28]。そうすることによって，コミュニティ協同組合が「コミュニティにおける暮らしの協同」を高めてくれる1つの重要な推進力であることが明らかになるだろう。

① コミュニティ協同組合は「人びとを分け隔てしない」(no exclusion)：コミュニティ協同組合はコミュニティのすべての人に開かれている。
② コミュニティ協同組合は「幅広い基礎の上に組織されている構造をもつ」：コミュニティ協同組合は地方のコミュニティの社会的，経済的発展に責任を負っている。したがって，その組織構造はニーズを確認し，自己権利擁護を促し，革新的なグラスルーツに基づく解決策を生み出すのに適したものである。またそれは，地方のコミュニティにおけるさまざまな努力を援助するために，コミュニティに収入をもたらす事業を経営することができる。
③ コミュニティ協同組合は「パートナーシップを促進する」：コミュニティ協同組合は，コミュニティのニーズを確認し，それに対処し解決する場合には，適切なパートナーと共に主要なパートナーシップを探し求める。このパートナーシップの相手には，さまざまなレベルの政府，公的機関，さまざまな地方の組織それに企業が含まれる。
④ コミュニティ協同組合は「協同組合に関わる選出プロセスを強化する」：コミュニティ協同組合は，ステークホルダーによる選出であるので，協同組合活動を行なうに先立って協議や議論のための内規を作成しておく。
⑤ コミュニティ協同組合は「非営利・協同の組織である」：コミュニティ協

同組合は，非営利・協同の組織であるので，法人組織になりやすい。

⑥　コミュニティ協同組合は「全体的なまとまりを促進する」：コミュニティ協同組合は，人間の尊厳を第1に考え，協議や議論のプロセスを尊重するので，コミュニティ内部における協同による調和（unity）を促進すると同時に，寛容，思慮深さ，熟慮といった雰囲気をつくりだす[29]。

⑦　コミュニティ協同組合は「学習の雰囲気を促す」：コミュニティ協同組合では，そこで活動するメンバーが自らの技能・技倆を高め，新しい課題に取り組むために学習しなければならない。特に，若いメンバーがコミュニティにおける将来のリーダーとして育つように援助する。

⑧　コミュニティ協同組合は「熱意と楽しみを促進する」：コミュニティ協同組合には多数のボランティアが協力し，参加してくれるので，熱意とともにリラックスできる楽しいイベントが必要である。

⑨　コミュニティ協同組合は「自己決定するコミュニティの能力を高める」：コミュニティ協同組合は，コミュニティのダイナミックなセクターであることから，そこで活動するメンバーの能力や力量を動員して，確認されたコミュニティのニーズに対処する解決策を決定する。

⑩　コミュニティ協同組合は「体系的なビジョンを包含する」：コミュニティ協同組合は，コミュニティとその住民のニーズを評価するプロセスを確認し，適切な解決策を打ち立て，それを実行するためのビジョンをもっている。

⑪　コミュニティ協同組合は「革新的な戦略を工夫する」：コミュニティ協同組合は，人的・物的資源を動員して，コミュニティとその住民のニーズを満たすための実際的な解決策を展開するのにとられる方法やアプローチを開発し，ニーズに対応し得る現実的な可能性を創りだす。

⑫　コミュニティ協同組合は「行動を奨励する」：コミュニティ協同組合のメンバーの大半の活動時間は確認された目標を成し遂げるのに使われる。

⑬　コミュニティ協同組合は「奉仕と関与を鼓舞する」：コミュニティ協同組合のメンバーは，行動志向であることから，協同組合とコミュニティにおける自らの役割を十分かつ適切に理解している。

コミュニティ協同組合がスコットランドの遠隔地の農村地域や離島から1970年

代末に出現し，コミュニティの再生や雇用の創出などに大きな役割を果たしたこと，そして現在もなお果たしている，という事実は，在来の伝統的協同組合だけではそのような問題・課題に対処できず，解決策も容易に打ち立てることができないでいることを語ってもいるのである。協同組合としては，伝統的協同組合もコミュニティ協同組合も同じではあるが，コミュニティ協同組合は，国家間，地域間，コミュニティ間それに個人間に格差と溝をもたらす市場経済のグローバリゼーションの下でまさにその負の側面と対峙し，コミュニティとその住民の生活の「質」を協同の力で高めていく「コミュニティ的，社会的，経済的要素」をその内部に育成している点で，魅力がある。とはいえ，コミュニティ協同組合だけでコミュニティの再生や活性化が遂行できると考えるのも間違いであって，協同組合陣営が一体となって直面する諸問題・課題に対応し，解決策を見い出さなければコミュニティの崩壊は目に見えて進行していくことになるだろう。

　それでも，先に記したコミュニティ協同組合の「基本モデル」は，伝統的協同組合に対して，協同組合の何たるかを——すなわち，協同組合に求められているものは何かを——示してくれている，とわれわれには思われる。その意味で，この新しい「コミュニティ協同組合」の活動と機能を伝統的協同組合が侮ることなく学ぶことが，協同組合全体の発展に繋がっていくことになるであろう。

【注】
1) トム・ウッドハウス／中川雄一郎『協同の選択：過去，現在，そして未来』生活ジャーナル社，1994年，p.186.
2) 同上，p.205.
3) 同上，p.206.
4) 同上，p.206.
5) 同上，p.208.
6) 同上，p.210.
7) ロウエン・エンジニアリングは「平和のための工場」(the Factories for Peace) として知られていた。この「平和のための工場」は，反核兵器運動を強化するためと，第3世界の発展途上諸国への開発援助とイギリスの疲弊したコミュニティの開

発を援助するために，工場で生産された利潤の一部を充当する目的で1963年にスコットランドで開始された。第1平和工場は，ロバート・オウエンの名に因んでロウエン・エンジニアリングと呼称されている。第2平和工場はウェールズに開設された。第1および第2工場とも軽機械製品の製造で成功しており，また平和運動，労働運動それに第3世界の開発グループの支持を得ている（同上，p.211）。

8) トニィ・ベンの「実験」のうち「スコティッシュ・デーリィ・ニュース」社の実験については，柳沢敏勝「労働者生産協同組合：現代イギリス資本主義における労働者自主管理の試み」（栗田健編著『現代イギリスの経済と労働』所収，御茶の水書房，1985年）において詳しい研究がなされているので，参照されたい。
9) Jenny Thornley, *Workers' Co-operatives : Jobs and Dreams,* 1981, p.110.
10) *Ibid.,* p.111.
11) Richard Hall, *A Brief History of the Workers' Co-operative Movement in Britain : The "Tony Benn" Co-operatives,* p.2.
12) Chris Cornforth, Alan Thomas, Jenny Lewis and Roger Spear, *Development Successful Worker Co-operatives,* 1988, p.19.
13) Mary Mellor, Janet Hannah and John Stirling, *Worker Co-operatives in Theory and Practice,* OUP, 1988, p.56.（佐藤紘毅・白井和宏訳『ワーカーズ・コレクティヴ：その理論と実践』緑風出版，1992年，pp.114-115.）
14) *Ibid.,* p.56.（同上，p.115.）
15) *Ibid.,* p.56.（同上，p.115.）
16) イギリス協同党は，1917年にスワンジィにおいて開催された協同組合大会で結成された。
17) Jenny Thornley, *op. cit.,* pp.54-56.
18) *Ibid.,* p.56.
19) CDA はこれまで一般的に Co-operative Development Agency の略称であったが，「ダラム CDA」は Agency を使用する代わりに Association を用いている。Agency が一種の「政府機関」を意味する用語としてしばしば使われていたのに対し，Association が「人びとの連帯」を意味する用語であることから，ダラムでは後者の用語を用いたと思われる。これにはある思想が読み取れるかもしれない。というのは，DCDA のロゴ・マークには「社会的経済の建設」という言葉が記されているからである。

20) コミュニティ・ビジネスは「都市型のコミュニティ協同組合」を指す用語であるので,「協同組合」の名称を使わずに,「コミュニティ・ビジネス」を名乗るコミュニティ協同組合が比較的多い。コミュニティ・ビジネスの有名なネットワークである「コミュニティ・ビジネス・スコットランド」(CBS) によるコミュニティ・ビジネスの定義は既に見たとおりである。
21) ダラム CDA ホームページ (http://www.cda-durham.org.uk/history.html) より抽出。
22) 中川雄一郎「イギリスにおける労働者協同組合運動とコミュニティ協同組合」中川雄一郎・富沢賢治・柳沢敏勝編著『労働者協同組合の新地平:社会的経済の現代的再生』所収,日本経済評論社,1996年,p.98.
23) 柳沢敏勝,前掲書,p.253.
24) John Pearce, *Running Your Own Co-operative : A Guide to the Setting up of Worker and Community Owned Enterprise*, The Kogan Page Ltd., 1984, pp17-18.
25) Mike Gordon, *Towards the Social Economy? Community Co-operative in the Highlands& Islands of Scotland- an Evaluation*, 2001, p.1.
26) *Ibid.*, p.2.
27) *Ibid.*, p.2.
28) cf. Steve Alcock, *The Community Co-operative Model*, 2001, pp.1-2.
29) コミュニティ協同組合の組織機構,特に「1人1票の議決権」の原則は分裂のリスクを減じる。すなわち,「金持ちと金のない者」,「高齢者と若者」,「古い住民と新住民」といった人たちの利害関係は,コミュニティ協同組合においては基本的に対立しないのである。

> 補遺Ⅱ

A. F. レイドローの協同組合セクター論

1. われわれが直面している危機

　序章の冒頭で登場して労働者協同組合の「再生」についての「報告」を提示した A. F. レイドロー博士に再びここに登場してもらおう。ただし，今度は彼の「協同組合セクター」論を「報告」するために，である。「協同組合セクター」という用語は，今では広く用いられるようになっているが，市場経済の下での協同組合運動の経済的および社会的役割を明らかにし，それ故にまた運動の方向性を指し示すコンセプトを与えてくれている。その意味で，ここでわれわれがレイドローの「協同組合セクター」論に論及しておくことは，労働者協同組合だけでなく，消費者協同組合（生活協同組合）や農業協同組合といった伝統的協同組合の「将来像」を描くためにも大いに有益であろうと思われる。

　さて，レイドローは，1980年に『西暦2000年における協同組合』(『レイドロー報告』) を ICA モスクワ大会に提出する 6 年前の74年にミズリー大学大学院で「協同組合セクター」と題する講演を行なっている。そこでは，「協同組合セクター学派の想定」，「協同組合セクターの定義」，「経済的パイの分配」それに「協同組合セクター　概念をさまざまな国や経済システムに当て嵌める」など現在の協同組合セクター論にとっても重要な提起がなされている[1]。協同組合運動の領域においては，従来に増して「社会的経済」との関連で協同組合セクター論が議論されるようになっているので，本論で協同組合セクター論の 1 つの重要な問題提起として，レイドローの「協同組合セクター論」を取り上げ，その内容を論究することにしよう。

　レイドローは,1974年の時点で国際社会と人類が直面している危機的状態と将来の大きな不確実性について，次のように記している[2]。

(1)　世界のいくつかの地方は広範な飢餓や飢饉の脅威に直面している。
(2)　国際通貨制度は混沌としており，いくつかの国々は崩壊の寸前にあり，世界的な規模でのインフレーションが驚くほどの率で進行している。
(3)　経済的および社会的発展の尺度としてのGNP（国民総生産）[3]への信頼は，まったく損なわれている。
(4)　10年前にわれわれは，豊かな時代が間もなく到来すると考えたが，しかし今やわれわれは，欠乏の時代は遠い将来のことではないかもしれない，と懸念している。
(5)　国際的な開発のための，勇ましく有望な計画の多くは，幻滅に終っているし，貧しい国の大多数の人たちは相変わらず貧しく，恵まれないままでいる。
(6)　世界の多くの地方で，人種対立や政治的憎しみが10年前いや20年前よりも激しくなってさえいる。
(7)　われわれの多くも，完全な自信と確信をもって将来を凝視していない。
(8)　明らかなことは，われわれがかつて疑ったことのない事実を訂正することが必要である，ということである。われわれが信頼していた多くの甲冑は穴だらけになり，錆びついてしまった。われわれは，危険な時代に生きているのである。

　レイドローの指摘は鋭い。21世紀初期の時代に入った現在も，1974年の時点での国際的な経済的，政治的，社会的状況とそう変わっていないように思われる。あるいはむしろ，市場経済のグローバル化の進展によって，国と国，地域と地域，それに個人と個人の間の経済的，社会的格差は広がっているのであるから，現在の方がはるかに飢餓，欠乏，貧困，人種的対立と政治的憎しみ，金融危機，将来への大きな不確実性などがわれわれを取巻いている，と言うべきだろう。まさに依然として「われわれは危険な時代に生きているのである。」
　レイドローは次に，1974年の時点での「世界と人類が抱えている大きな問題」の原因は，相変わらず経済的なものであり，社会的，政治的，軍事的，宗教的，人種的な問題と考えられる問題も，結局は経済的原因に行き着くのであるから，われわれにとって未解決な大きな問題点は，① 地球の資源を分け合う（divide）

方法，② 誰が何を所有すべきか，③ 土地の果実と工業製品を分け合う(share)方法，それに ④ 各人が必要な部分を公正に得るようなシステムを整える方法，をどうするかということになる，と論じる。そしてこれらの問題点を解決する能力をもち得る組織や機構，すなわち，「2大権力」に目を向ける。2大権力とは，企業組織（資本主義システムの方法に従って経営するビッグ・ビジネス，多国籍企業，私的企業）と政府（大きな政府，国家官僚，公務員）である。

　しかしながら，これら2大権力にも次のような問題点がある。第1に，ビッグ・ビジネスと大きな支配力をもつ政府は共に世界と人類を支配するのではないか，第2に，われわれは2大権力に対する強力な拮抗力（countervailing force）としての民衆の力（people power）を育てることができるのか，そして第3に，現に人類を脅かしているさまざまな問題から人びとを救い出すために，人間的でかつ合理的な原則に基づいて組織された有力な「第3勢力」（Third Force）が民衆の側に存在するのか，である。そこでレイドローは，協同組合をビッグ・ビジネスと大きな支配力をもつ政府との双方に対する1つの拮抗力＝「第3勢力」とみなして，協同組合運動が経済的な問題に対応し得る方法を明示し，また多くの人びとが直面している重大な問題を解決するのに協同組合の経済的，社会的機能(ワーク)が大いに有効であることを示唆するために，協同組合セクターのコンセプトを明確にすることの必要性を説くのである。

　レイドローのこのような指摘や問題提起は，現時点から世界や人類の状況を考察してみても，示唆に富んでいると言うべきであろう。市場経済と情報のグローバリゼーションの下で生起している現在の諸問題の大きな要因には，多国籍企業といわれる少数のビッグ・ビジネスによる富の集中と集積，あるいは同じことであるが，ほぼ地球の北側に位置する先進資本主義諸国への富の集中と集積，という事実がある。その結果，地球の人口のおよそ20％を占める先進資本主義国の人びとが世界の富の約80％以上を消費しているのに，同じく地球の人口の20％を占める最貧国の人びとは世界の富の1％未満しか消費することができない，という厳然たる事実が生まれている。まさに，現在もなおビッグ・ビジネスと大きな支配力をもつ政府は「世界と人類を支配」しているのである。したがって，2大権力に対する「拮抗力」を民衆の側が育成していかなければ，このような状況は改

善されないのである。だが，この「拮抗力」は，その基礎を各々の国や社会の各々のコミュニティにおいて育成されなければならないものであり，そうしてはじめて「拮抗力」を担う組織が国境を越え，国際的にも連携することが必要とされるようになるのである。「グローバリズムに対抗するローカリズム」，と言われる所以である。

2. 協同組合セクターの定義

さて，レイドローは，協同組合セクターのコンセプトを明確にするために，4つの「協同組合学派」，すなわち，① 協同組合コモンウェルス学派，② 修正資本主義学派，③ 社会主義学派，それに ④ 協同組合セクター学派について説明し，協同組合セクター学派の妥当性を主張して，他の3つの学派を拒否することで，協同組合セクターのコンセプトを論究していく。ここでは各学派に簡潔に言及して，レイドローによる協同組合セクターの定義を考察することにしよう。

レイドローは4つの協同組合学派の内容と特徴を次のように説明する。

① 協同組合コモンウェルス学派：協同組合運動は，すべての領域を包み込み，包括的なシステムになるまで経済的および社会的組織のすべての活動にゆきわたるようにしなければならない，とする。この学派の特徴は，協同組合はすべての領域に拡大することが可能であるとして，制限を設けないところにある。したがって，それは，総合的な協同組合社会秩序の可能性を想定するところに見られる。今日では，この学派の考えは，理想主義的であり，ユートピア的で，非現実的である，と一般的にはみなされているが，しかしながら，全体として協同組合タイプの地方コミュニティを形成することは可能である。

② 修正資本主義学派：協同組合は，規定の上では多少の相違はあるが，本質的に資本主義的である。協同組合は，資本主義システムの行き過ぎを抑制するのに役立つのであって，資本主義企業に魅力のない状況の下では有用である，とする。この学派の特徴は，資本主義こそが基本的に適合的な企業形態モデルであるとみなしているので，協同組合は単にその修正あるいはその特

殊な形態にすぎない,とする点にある。経済事業への政府の干渉に反対するアメリカ合衆国やカナダの農産物販売協同組合,クレジット・ユニオンの指導者にこの学派の人たちが多い。

③ 社会主義学派:協同組合は,本質的に社会主義的制度である,とする。この学派のある人たちは,私的,個人的な見地からよりはむしろ公的,社会的見地から協同組合を捉えようとするが,他の人たちは,協同組合を,中央指令型社会主義計画経済における国家の下位パートナーと捉えている。この学派の特徴は,国家がすべての経済活動に対して指令を出し,最終権限をもつと考えているので,協同組合は政府の経済計画の一部であり,国家(国有)企業を補足する組織だとみなしている点にある。東ヨーロッパ諸国や発展途上国の協同組合の指導者にこの学派の支持者が多い。

④ 協同組合セクター学派:協同組合は,生まれながらにして1つの明確な経済セクターであり,資本主義企業や公的企業の双方とも本質的に異なる——たとえ協同組合が資本主義企業や公的企業のあれこれの特徴をもっていたとしても,そうなのである。したがって,協同組合は,資本主義企業と公的企業との間の「中間の道」(middle way)とみなされ得る,とする。この学派の特徴は,協同組合を他の2つのセクターと共存するものとみなし,この3つのセクターが相互に補完しあって,強力な経済と適切な社会秩序を打建てていく,とする点にある。この学派の支持者は,西・北ヨーロッパ諸国やカナダの協同組合人,それにイスラエルや日本の協同組合人に多数みられる。そのもっとも有名な代表はILOのジョルジュ・フォーケである。

われわれは,レイドローによる要領を得たこれらの「協同組合学派」の説明から,1980年の『レイドロー報告』の一部を思い起こすことができるだろう。それはさておき,次にレイドローは,協同組合セクター学派を支持して,他の3つの学派を拒否し[4],「協同組合セクター」を定義することになるのであるが,その前に彼は,「事業組織」(企業)とそれに関わる人たち,すなわち,① 株主(shareholders)あるいは投資家(investors),② 有効な意思決定者(effective decision-makers),③ 顧客(customers)との関係について言及する。

大企業や多国籍企業という典型的な資本主義企業においては，これらの人たちは企業とは別個の，まったく異なったグループである。換言すれば，大企業には株主，経営陣および顧客の一体性はほとんどまったく存在しない。投資する人たち，経営管理する人たち，それにサービスを利用する人たちは，別個の世界に，しばしば敵対する世界に生きているのである。それ故，資本主義企業は，3つの構成部分の各人が自分固有の目的に目を向けるだけなので，「個人責任」という立場からまったくバラバラにならざるを得ない[5]。

中小企業の場合は，その状態は一般的にずっと良くなっている。何故なら，株主（投資家）と経営管理者とが密接な関係にあるからである。例えば，中小の小売企業にあっては，株主と意思決定者（経営管理者）はしばしば同一者である。しかし，相変わらず利用者，すなわち，顧客は別個のグループである。

それでは，公的企業の場合はどうか。公的企業の場合も，程度の差はあれ，資本主義企業と同じである。人によっては公的企業を「国家資本主義」として論じるが，所有・意思決定（経営管理）・利用という3つの構成部分は各々まったく別個であり，バラバラである——仮にそれらが統一されているとしても，協同組合と比較してみれば，その「統一性」と協同組合の「同一性」との中身の相異が分かるだろう。また協同組合にあっては，組合員の社会的責任（responsibility）と説明責任（accountability）は直接であるのに対して，公的企業ではそれらの責任は間接的であり，しばしば明らかにすることすら困難である。

協同組合においては，株主・意思決定者（経営管理者）・顧客（利用者）の3者が一体化している。すなわち，組合員1人ひとりが所有する人であり，経営管理する人であり，そして利用する人である。

かくして，レイドローは協同組合をこう定義する。

> 協同組合は，所有，経営管理およびサービスの利用という構成要素の完全な同一性を目指す企業経営体である。

レイドローの協同組合の定義は，いわゆる組合員の「三位一体」説——あるいは協同組合事業の「三位一体」説と言ってもよい——を強調するものになってい

て，1995年のICAマンチェスター大会で採択された「協同組合のアイデンティティに関するICA声明」に謳われている定義，すなわち，「協同組合は，自治的な組織であり，自発的に手を結んだ人びとが，共同で所有し，民主的に管理する事業体を通じて，共通の経済的，社会的および文化的なニーズと願いをかなえることを目的とする」，と比べると，あまりに簡潔である。しかし，われわれは，レイドローのこの定義の意味を後で理解するであろう。

さて，協同組合をこのように定義したレイドローは，次いで「協同組合セクター概念(コンセプト)のもつ意味」を明らかにしていく。この説明はユーモアに富んでいる。彼はこう言う。ある運動が本来的に他との運動と明確に異なるセクターであることを主張するのであれば，その運動は，そのように主張することから起こり得る意味を認識しなければならない，と。つまり，協同組合運動がある経済システムのなかの1つの特殊なセクターとして確認されるとすれば，協同組合運動はその代償として道徳的および知的な対価を支払う，ということである。協同組合運動は道徳的で知的な運動でなければならず，協同組合セクターの事業も同じくそうでなければならない，と彼は言っているのである。さらに彼は，協同組合セクターには3つの「まったく明白な意味」がある，と言う。

第1に，協同組合は他の事業体と異なる特徴的性格をもつのでなければならない，ということである。すなわち，
① 協同組合が他の事業体と異ならないのであれば，われわれは，どのようして両者を識別し，あるいは同じものと認識すべきか，
② 協同組合が他の事業体とは異なるよう努力しないのであれば，そもそも協同組合である理由はないのではないか，
③ 協同組合の大きな強さは，他の事業体が真似のできない，疑いなくユニークな特徴をもっていることにある。

第2に，協同組合は二重の性質を有する。すなわち，
① 協同組合は，その特別な性格を維持するために，事業組織であると同時に社会運動体でなければならい，
② 協同組合は，効率を高めようとする場合，しばしば，他の事業体を真似る傾向があるのに対して，社会的目的を追求する際には，自らを他の事業体と

はっきり区別する特徴を際立たせる。

そして第3に，協同組合セクターにとって教育こそがもっとも重要である，ということである。すなわち，

① 協同組合に責任を負うすべての人たち（理事，役員，従業員，組合員）が十分かつ適切な情報をもち，さまざまな事柄に精通していないのであれば，ある国の協同組合は利潤追求の資本主義企業になる可能性があるし，他の国の協同組合は国家の補助組織になってしまう可能性がある。

レイドローのこのような論調を一言で表現すれば，協同組合が協同組合であるためには事業においても社会的運動においても「協同組合らしさ」を常に追求し，協同組合の道徳的価値と知的価値とを豊かにせよ，ということである。この「協同組合らしさ」は，協同組合の価値を高めるだけでなく，それぞれの国の社会的価値も高めていくのである。もちろん，「協同組合らしさ」を追求する基礎には，協同組合に責任を負うすべての人たちが適切な情報をもち，その情報を適切に応用していく能力が養われていなければならない。われわれは，この点でも『レイドロー報告』を即座に想起し得るのである。

3. 経済的パイの配分

協同組合セクターを定義し，その概念の意味を明らかにしたレイドローは，協同組合セクターが有効であるとみなされるにしても，それだけでは協同組合セクターの十分条件を満たしたことにはならないので，協同組合は次のいくつかの疑問に直面する，と指摘する。第1は公的セクター，私的セクターおよび協同組合セクターの3つのセクターの各々にもっとも適した活動はどのようなタイプの事業であるか，第2は公的セクターに当然のように属するような事業は存在するのか，第3は私的企業にもっとも良く委ねられるような事業は存在するのか，第4は，それでは，協同組合的な事業方法にもっとも相応しい事業は何か，第5は3つのセクターが競合する事業領域は存在するのか，という疑問である。

レイドローは，各セクターに適した事業部門や事業の種類（例えば，公的セクターは上下水道や郵便事業，私的セクターはホテルやレストラン，協同組合セクターは農産物の販売など）をあげた後，鉄道，製薬，放送，ケーブルTV，製鉄，病院，

医療サービス，肥料，タクシー，電力，銀行それに自動車保険はどのセクターに属する事業であるかを問い，次のようなセクター間の関係に言及する。すなわち，① 私的セクターと協同組合セクターの事業は，ある程度，国および地方自治体によるサービス（さまざまな産業インフラ，上下水道，学校教育，郵便事業など）に頼る，② 公的セクターの事業は私的セクターや協同組合セクターの事業に大いに頼る，③ 私的セクターの事業は，時として，協同組合セクターの事業に頼る（例えば，多くのスーパーマーケット・チェーンは農産物販売協同組合を頼りにする），④ その逆もあって，協同組合セクターの事業が私的セクターの事業に頼ることはしばしばある，と。

　要するに，レイドローが強調したいことは，国民経済システムの下では，どのようなセクターのどのような事業体も完全に単独で事業を遂行することはできないのであって，多かれ少なかれ，相互に依存しなければならない，ということである。したがって，協同組合セクターも「経済全体のなかの１つのセクション」として機能するのであるから，「協同組合は，他の形態の事業体と共存して，場合によっては協力して事業を遂行する」，ということになるのである。彼は，かくして，協同組合は一方で他のセクターの事業体との相異を明確にし，「協同組合らしさ」を追求すると同時に，他方では「国民経済システム」を担うセクターとして他のセクターの事業体と共存し，時には相互に協力し合うことを，彼の協同組合セクター論の１つの柱として展開する。彼はフォーケの言葉を引用して協同組合セクター論の妥当性を強調する。

　　協同組合運動は，経済的自由の環境の下にあっては，かつてそうであったように，もはや不確定の成長をあてにすることはできない。協同組合運動は，今や，ある場合には闘うことによって，他の場合には一致協力することによって，複合的環境の——部分的には自由な環境の，また部分的には組織された環境の——諸要素に自らを適合させていかなければならない。協同組合運動は，今や，組織されているにせよ，組織の過程にあるにせよ，新しい経済のなかのいかなる位置を求めようとするのかを決定しなければならない[6]。

レイドローは，彼の協同組合セクター概念を「さまざまな国や経済システムにあて嵌める」と，次のことが考えられると言う。すなわち，協同組合は経済的環境から起こるイデオロギーによって影響される。例えば，アメリカ合衆国のような資本主義のイデオロギーが支配的な国では，協同組合セクター概念は「利潤追求の事業体」(営利企業) の規範によって判断されるので，私的セクターがもっとも大きく，次に公的セクターが大きく，協同組合セクターの占める位置は小さいだろう。また東ヨーロッパ諸国のような中央指令型計画経済のイデオロギーの支配的な国では，それは「国家計画」や「政府の政策」の規範によって判断されるので，公的セクターがもっとも大きく，次に協同組合セクターが大きく，私的セクターは限られるだろう。そして発展途上国はしばしば両者の悪い側面をもってしまう。一方で激しい競争を展開し，他方で政府管理の指令どおりに動いてしまうからである。
　西・北ヨーロッパ諸国は相対的に協同組合セクターは強く，カナダは，社会的環境やイデオロギーからみると，西・北ヨーロッパとアメリカ合衆国との中間に位置する。日本の協同組合は，高度に組織化されていて，特に農民はほとんど総合農協の組合員であるが，それは，協同組合が日本の文化的秩序と規律を反映している結果である。
　こうして，レイドローは，協同組合セクターは経済的，社会的，イデオロギー的——またある意味で，歴史的，文化的——環境や条件によって各々国の経済システムに占めるキャパシィティを異にするとはいえ，協同組合人が協同組合セクター概念を積極的に各国の社会に注入させていくことの重要性を訴えたのである。
　先にわれわれは，レイドローの「協同組合の定義」を，いわゆる「組合員の三位一体」説の簡潔なそれである，と指摘し，また ICA 新原則で謳われている「協同組合の定義」と比べておいたが，その限りでは，レイドローの「協同組合の定義」はなるほど一面的なように思える。しかし，彼の定義は，「所有・経営管理・利用の一体性」に基づく「事業経営体」(business enterprise) という協同組合の根本的な性格を取り上げて，「協同組合セクター」の視点から1国の社会経済システムと関係させているところに大きな意味がある，とわれわれは言うことができるのである。彼が『レイドロー報告』のなかで「協同組合」をさま

ざまな角度から論じていたことを，われわれは再度思い起こす。
　最後に，レイドローは自らの協同組合セクター論を以下の項目に要約している[7]。それらはそれぞれ示唆に富んだものであるが，われわれは，今や，彼の協同組合セクター論が協同組合運動の長い歴史のなかから生み出されてきたことに気づかされるのである。

① 協同組合セクター概念は，現代社会における協同組合運動の位置を説明するのにもっとも道理のある理論を提示する。
② さまざまな種類の協同組合は，それらの最大限の強さを達成するために，自らを評価し，また国民経済の内部ではできるかぎり他のセクターとは明確に異なるセクターとして行動する。
③ 協同組合は，事業組織としては，部分的には私的であり，また部分的には公的であるが，しかし，私的企業とも公的企業とも本質的に異なる。協同組合は，本来的に，「中間の道」であり，1つの経済セクターである。
④ 協同組合は，「第3勢力」の役割を，すなわち，ビッグ・ビジネスと大きな支配力をもつ政府との双方に対するオルターナティヴと拮抗力の役割を果たさなければならない。
⑤ 協同組合は，所有，経営管理およびサービスの利用という要素が人びとのグループのなかに結合される事業経営体である。
⑥ 協同組合事業の顕著な特徴は，経済企業と社会的組織としての二重の性質である。
⑦ 教育という強力な構成要素のない協同組合は，その本質的性格，すなわち，自らを協同組合とはっきりと識別する人間的で対人的な性格を喪失する危険がある。
⑧ 協同組合セクターの性質，規模それに強力さは，国によってさまざまである。
⑨ 1つの形態の事業組織のみに基礎をおく経済は，現代においては望ましくもなければ可能でもない。
⑩ 協同組合は，その存在の根拠を示し，その目的を実現するために，今日，

人類が直面している大きな諸問題のいくつかを解決するのに有意義でユニークな貢献をなさなければならない。

これらの項目を見ていくと、われわれは、『レイドロー報告』のなかでも特に有名な「将来の選択」の第1優先分野「世界の飢えを満たす協同組合」(Co-operatives for Feeding a Hungry World)、第2優先分野「生産的労働のための協同組合」(Co-operatives for Productive Labour)、第3優先分野「保全者社会のための協同組合」(Co-operatives for the Conserver Society)、そして第4優先分野「協同組合コミュニティの建設」(Building Co-operative Communities) を想起するのである。そして、第4章で見たように、大まかに言って、わがニールもこれら「4つの分野」への協同組合運動の広がりを期待した、と言ってもよいだろう。ニールには、『レイドロー報告』は一種の「コミュニティ福祉」ではないかと思えるかもしれない。それほどニールたちの協同思想は現代のわれわれに伝える「遺産」を豊かにしていたのである。たとえニールの時代が「世界の飢え」を意識するまでに成熟してはいなかったとしても、である。

【注】
1) レイドローは、この講演の「ペーパーの性質」について、こう記している。このペーパーは、① 言葉の通常の意味での「ペーパー」ではない、② 講演のためのアウトラインでもない、③ 協同組合リーダーのための解説記事であり、議論ための理念の梗概である、④ 諸君が自分たち自身の見解をそれとぶつけて比較し得る、2, 3の広義の概念の輪郭を示している (A. F. Laidlaw, *The Co-operative Sector: Outline of a presentation at the Graduate Institute of Co-operative Leadership,* University of Missouri Columbia, Mo, July 22, 1974, p.1)。
2) *Ibid.,* p.2.
3) 現在は、その指標としてGNP（国民総生産）ではなく、GDP（国内総生産）を用いる。
4) レイドローが (1) 協同組合コモンウェルス学派, (2)修正資本主義学派, (3) 社会主義学派を拒否する理由は, (1) 現代にあってはあまりにユートピア的であり、非現実的である、(2) 協同組合は資本主義の欠陥を持ち込むことで、協同組合の本質的性格が失われる、(3) 国家の権限とコントロールに従属することによって、協同

組合のアイデンティティが失われる，ということである。
5) これは一種の「経営者支配」論である。レイドローは，大企業における「経営者支配」について論じることによって，「ステークホルダー」論を展開しようとしているのである。この点は，現在の協同組合経営にも繋がることである。
6) A. F. Laidlaw, *op. cit.*, p.9.
7) *Ibid.*, pp.11-12.

あとがき

　私にとっての1つの大きな仕事(ワーク)が終わった——これが本書を書き終えた現在の偽らざる，率直な私の感想である。思えば，これは，ブラッドフォード大学平和研究学部（Department of Peace Studies）のトム・ウッドハウス博士（現在は同学部の Conflict Resolution 研究所教授）の指導のもとで「キリスト教社会主義と協同組合」のテーマを掲げてイギリス協同組合運動・思想史研究を始めた1985年から21世紀初頭の現在まで，結果的におよそ17年の歳月をかけることになってしまった仕事の締め括りである。

　序章でも述べたことであるが，私は，イギリス協同組合運動・思想史の研究を重ねていくうちに，日本では「キリスト教社会主義運動と協同組合運動」に関わる研究業績がすこぶる少ないことに気づいた。上記のテーマは，当時の日本の研究状況を踏まえてのことであった。しかし，イギリスを訪れてはじめて気づいたのであるが，イギリスでも「キリスト教社会主義と協同組合」に関わる研究業績は，日本ほど貧弱ではないけれども，想像していたよりもずっと少なかった——その理由については序章で触れておいた。

　とはいえ，イギリスには上記のテーマに関わる資料・史料は——大袈裟に言えば——山のようにあった。特に，マンチェスターのホリヨーク・ハウスが保存しているその量は半端ではない。そこで，それらを目にした私の次の仕事は，それらの資料をいかにして選択するか，ということになった。私はそのために，1985年の5月初めから7月中葉にかけてホリヨーク・ハウスで相当の時間を費やすことになった。

　ホリヨーク・ハウスの当時のライブラリアンであった故ロイ・ギャレット氏（Mr. Roy Garrett）とアシスタント・ライブラリアンのジリアン・ロナーガンさん（Mrs. Gillian Lonergan）は，私の求めに応じて，さまざまな資料・史料を提供してくださったし，フォトコピーもできるかぎり許してくださった。これらの資料・史料を整理して，本書の末尾に「参考文献・資料」を掲載する予定でいたが，

思ったよりも整理が進まず，今回は諦めて，次の機会に譲ることにした。それでも，各章の末尾の脚注に目を通していただければ，読者の方々はかなりの程度まで「参考文献・資料」を目にすることができるのでは，と私には思われるので，ここでの私の怠慢を許してもらう外ない。

先に述べたように，本書はおよそ17年にわたる研究に基礎をおいている。したがって，序章を別にして，第1章から第4章まではこの間に発表した論稿が基礎となっている。それらを年代順に列挙すると，次のようである——ただし，以下の各論稿の全部が全部各章毎に対応しているとはかぎらない。例えば，ある論稿が第1章3節と第3章4節に分かれて展開されている場合がある。

J. M. Ludlow and E. V. Neale : The Influence of the Christian Socialists on the Co-operative Movement, *The Bulletin of the Institute of Social Sciences Vol. 9, No. 3*, 1986, Meiji University.（主に第1章）

The Co-operative Thought of Edward Owen Greening : Some Introductory Observations of Co-operative Co-partnership, *The Bulletin of the Institute of Social Sciences Vol. 10, No. 3*, 1987, Meiji University.（主に第3章）

「キリスト教社会主義とB.ウェッブ」白井厚監修・農林中金研究センター編『協同組合論の新地平：もう一つの可能性』所収，日本経済評論社，1987年。（第1章と第3章）

The Producer's Co-operative Movement in England : Edward Owen Greening and Co-partnership, *The Bulletin of the Institute of Social Sciences Vol. 11, No. 3*, 1988, Meiji University.（主に第3章）

「キリスト教社会主義とアソシエイション」『アソシアシオンの想像力：初期社会主義思想への新視角』所収，平凡社，1989年。（第2章）

「『産業および節約組合法』の成立と生産者協同組合運動の展開」『ロバアト・オウエン協会年報XV』所収，ロバアト・オウエン協会，1990年。（第3章）

「イギリス生産者協同組合運動とE. O.グリーニング」白井厚監修・農林中金研究センター編『協同組合の基本的価値』所収，家の光協会，1990年。（第3章）

「ロッチデールへの道」トム・ウッドハウス・中川雄一郎編著『協同の選択：過去，現在，そして未来』所収，生活ジャーナル社，1994年。(第3章)

「エドワード・V. ニールのアソシエーション論：協同組合とコミュニティ」『政経論叢』(明治大学) 第65巻1・2号 (1996年12月刊) および第65巻3・4号 (1997年2月刊) 所収。(第4章)

「E. V. ニールとJ. B. A. ゴダン：協同労働とコミュニティ福祉」『ロバアト・オウエン協会年報24』所収，ロバアト・オウエン協会，1999年。(第4章)

Development of French Co-operative Thought in Britain : E. V. Neale and Community-based Well-being, *The Bulletin of the Institute of Social Sciences Vol. 22, No. 4*, 2000, Meiji University. (第4章)

ところで私は，本書に2つの論文を補遺として付け加えることにした。1つは，「現代イギリスの労働者協同組合運動」というテーマで第2次大戦後に再び登場した労働者協同組合運動の展開を論じたものであり，ニールやラドローなどのキリスト教社会主義者たちが創り出したイギリス労働者協同組合運動の伝統を現代に見ようとしたものである。特に本論では，1950年代から現在までの労働者協同組合運動の歴史を簡潔に追うと同時に，現代の労働者協同組合運動の1つの新しい形態であるコミュニティ協同組合に焦点を当て，労働者協同組合の機能と役割を論じることにした。

もう1つは，「A. F. レイドローの協同組合セクター論」である。本書は，序章で展開されているように，『レイドロー報告』による問題提起から始まっているが，この『レイドロー報告』の基礎となっているものこそレイドローの「協同組合セクター論」である，と私は考えているので，彼の協同組合セクター論をここで取り上げておくことは非常に意味のあることであろう。おそらく，これからの協同組合論はこのセクター論をどう取り込むかを中心に展開されることになるのではないか，と私には思えるのである。

さて，本書を完成させるのにこれまでさまざまな人びとの協力を得ることができた。イギリスでは，先に記したトム・ウッドハウス教授と奥様のジルさん

(Gill)，故ロイ・ギャレット氏とジリアン・ロナーガンさんの他に，ブラッドフォード大学平和研究学部のマルコム・ダンドゥー教授夫妻（Malcolm and Janette, Dando），ラフバラにある Co-operative College の前ライブラリアンのジェラルディン・ムーズリィさん（Mrs. Geraldine Mousley），リーズ大学ヨーク・セント・ジョン・カレッジの中村久司博士夫妻，またベネット家（Bennett）の人たち（Jim, Jenny, Rachel and James）に心から感謝申し上げたい。

ウッドハウス教授は，多忙の最中にもかかわらず1985—86年の間，スーパーヴァイザーとして資料・情報の提供や論文指導にあたってくださった。またソーシャル・ワーカーとして現在も活躍されているジルさんには日常生活の上で大変お世話になった。ウッドハウス教授はまた明治大学国際交流センターの招聘により1987年10月の1ヵ月間明治大学で講義された。その時の論文は後に私と共著という形で実を結ぶことになった。

ダンドゥー教授夫妻は公私にわたり，私だけでなく私の家族にも気を配ってくださった。奥様のジャネットさんは私たち家族を招いてくださったし，しばしば私の妻の話し相手になってくださった。彼女の情報によって妻はしばしば助けられた。ムーズリィさんは，私が1989年に Co-operative College を再訪問した時に1週間宿泊して図書館でリサーチする準備とその他の世話を本当に親切にしてくださったし，2年前に同カレッジを退職するまでイギリス協同組合運動の情報を提供してくださっていた。中村博士の奥様のエイドリンさん（Adrinne）には私の論文の推敲をお願いしたこともあり，また現在のコミュニティ協同組合研究に関わって中村博士には公私ともに大変お世話になっている。ベネット家の人たちは，私たち家族が大いに気に入った借家の近所に住んでいて，私たち家族に何かと気を使ってくださった。私たちは今でも手紙を遣り取りし，お互いの暮らしぶりがわかっている。イギリスでの生活が本書の出発点であり，基礎であることを思うと，上記の方々に心から感謝申し上げたい。

日本でももちろん，多くの方々にお世話になっている。現在私が会長としてその任に就いている日本協同組合学会の方々，特に，伊東勇夫先生，三輪昌男先生，安田原三先生，白石正彦先生，堀越芳昭先生，関英昭先生，栗本昭氏には学会の運営上の事柄だけでなく，研究上の事柄についても指導をいただいている。心か

ら感謝申し上げたい。

　立命館大学国際関係学部の佐藤誠先生にはイギリスでも日本でも公私にわたって一方ならないお世話になったし，今でも私は研究上の助言や協力を彼から得ている。佐藤先生は現在ではアフリカ社会学の第一人者になられたのに研究と教育においては常に謙虚である。中途半端の行為を嫌う佐藤先生から私は学ぶところが数多くある。

　明治大学の研究仲間の議論も私の研究の支えの1つである。柳沢敏勝先生，押尾直志先生をはじめとする非営利・協同組織研究会のメンバーの方々，また加藤泰男名誉教授をはじめとする「戦後日本研究会」のメンバーの方々の議論には教えられるところが大きい。特に，飯田和人先生との議論は有益である。

　私はまた，ロバアト・オウエン協会の都築忠七会長，白井厚先生，土方直史先生，それに故今井義夫先生には研究上のさまざまな助言と協力を得ることができた。あらためて感謝申し上げたい。またロバアト・オウエン協会のメンバーでもある杉本貴志先生とは翻訳と著書を何度か共にした。若い研究者であるけれども，その力量は高い。

　最後に私は，「本書を故今井義夫先生に捧げる」ことをこの場を借りて記したい。2001年10月8日に71歳で逝去された今井義夫先生は，私の師であり友であった。私は，先生の厳しい研究態度と優しい思いやりに何度となく出会うことができた。その点で私は大変幸せである。社会科学者としての眼を通して世界平和を追求されてこられた先生は，床に伏せて，お亡くなりになるわずか18日前に「大学における反戦平和教育の在り方をめぐって：オックスフォード大学と東京経済大学での経験から」(『東京経済大学会誌』227号) を脱稿されている。死の直前にあってもなお社会科学者の冷厳な眼をもって，しかし心優しく若い大学生に反戦と世界平和の何たるかを教えようとした先生のヒューマニティを私は学ぶことができた。私は，ロシア社会思想史の研究だけでなく，国際的協同組合運動の研究にも大きな足跡を残された今井義夫先生の早すぎた死を悲しみながらも，先生が希求したヒューマニティが人びとのアイデンティティになるように，この小さな力を振り絞る覚悟である。

本書の出版に関わって日本経済評論社には大変お世話になった。特に，栗原哲也氏と宮野芳一氏からは温かな励ましと協力をいただいた。記して感謝申し上げたい。

今井先生を偲びながら　　2002年5月　　　中川雄一郎

353

索　引

[ア行]

今井義夫　351
ウィルフレッド・ウェロック　301, 302, 303, 304
ウェスタン・アイルズ　320, 321
ウェッブ（ポター），B.　4, 5, 6, 10, 11, 34, 49, 52, 90, 92, 99, 130, 187, 212, 213, 214, 215, 216, 221, 228, 229, 231, 348
──の「個人主義派」208, 209, 210, 211, 213
──の「連合主義派」208, 209, 211, 213
──の産業民主制　205-206, 208
──の労働者生産協同組合批判　205-211, 216
ウェッブに対するラドローの反証　211-213, 217
ウェッブに対するニールの反批判　213-216
ウッドハウス，T.　302, 329, 348, 349, 350
『エディンバラ・レヴュー』33, 213
オウエン（派社会主義）29, 35, 38, 42, 101, 102, 106, 118, 119, 131-134, 138, 139, 143,
（オウエン主義協同組合運動）144, 147, 148, 151, 158, 159, 161, 165, 179, 209, 210, 212, 213, 217, 219, 221, 223, 232, 233, 240, 244, 247, 283, 284, 285, 286, 287, 288, 289, 290, 292

[カ行]

カークビィ・マニュファクチャリング・エンジニアリング（KME）307, 308
株式会社法　168
ガンディ主義（思想）302, 303
拮抗力（countervailing force）335, 336
共産主義協同組合　33
協同組合援助アソシエーション（CAA）200-201
協同組合援助機構（CSOs）309-311, 314
協同組合開発機関の展開（CDA）15, 307, 309-320
協同組合コングレス　130-137, 138, 142, 143, 144, 146, 147, 148, 165, 221-223
協同経済組合　100-101, 136
協同組合セクター（論）308, 313, 333, 340, 341, 342, 343, 349
協同組合セクターの定義　336-340
協同組合生産連合会（CPF）193, 198, 200, 201, 300, 301
協同組合大会　11, 170, 181-186, 188, 189, 194, 198, 199, 201, 205, 227, 228
協同組合店（ロッチデール）146, 147
『キリスト教社会主義誌』40, 91, 185, 217, 229
『キリスト教社会主義者』40, 44, 76, 93, 95, 96, 97, 225
キング，W.（ブライトン）95, 108, 110, 111-121, 121, 136, 137, 161, 162, 165, 219, 223, 271
キングズリィ，C　9, 21, 23
クーパー，W.　42
クライムス，T.　175, 176, 228
グランド・ナショナル　148, 150, 221
クリステンセン，T.　9, 10, 80, 95, 96
グリーニング，E. O.　7, 10, 12, 99, 172-202, 226, 227, 228, 231, 289, 290, 300, 301, 309, 348
グリーンウッド，J.　189, 198, 227
クレイグ，E. T. とラランヒ・コミュニティ　14, 121-130, 202, 221, 247-248, 249, 250, 254, 283-284, 289
広義の福祉（well-being）6
コール，G. D. H.　11, 12, 19, 20, 161, 162, 173, 174, 221, 224, 225, 226
国際協同組合同盟（ICA）1, 18, 100, 227, 333
コミュニティ協同組合　317, 318, 319, 320, 325, 349, 350
（コミュニティ・ビジネス，コミュニティ・エンタープライズ）
──の形成と展開　320-329
コミュニティ協同組合モデル　326-329
コミュニティ・ビジネス・スコットランド

（CBS）322, 323
雇用創出プログラム（JCP）320
ゴダン，J. P. A. 14, 85, 195, 233, 248, 255
―――の協同居住福祉 231
―――の協同ホーム 85, 233, 243
―――のコ・パートナーシップ 195, 196
―――のファミリィステール 91, 195, 231, 233, 243, 246, 251, 252, 254, 255, 256, 257, 258-262, 266, 267, 269, 270, 273, 274, 275, 276, 277, 280, 281, 283, 285, 286, 287, 288, 289, 290, 292
―――の「労働論」と「利潤論」 262-268
―――の『社会的解決』 276-277, 281, 295-296
―――の賃金制度の廃止 277-279
―――の魅力ある労働 279-282
―――の生活コミュニティ 282-286

［サ行］

産業および節約組合法（IPSA）99-100, 164-172, 174, 225, 245, 301
産業および節約促進協会（APIPS）70
産業および節約組合連合会（IPSU）70-71
産業共同所有運動（ICOM）5, 6, 15, 301, 304, 305, 307, 311, 312, 313
産業パートナーシップ（コ・パートナーシップ）5, 85, 174, 175, 177, 178, 179, 180, 181, 182, 183, 184, 185, 186, 187, 188, 189, 192, 193, 194, 195, 196, 197, 199, 200, 201, 205, 206, 210, 231, 243, 244, 248, 254, 258, 259, 262, 266, 270, 275, 277, 280, 282, 289, 290, 291
資本・労働・才能のアソシエーション 261, 270, 277, 280, 281, 284, 285, 286, 287
社会的協同組合 6
社会的経済 16-18, 277
社会（協同）パレス 251, 252, 256, 269, 270, 271, 274, 275, 277, 280
社会福祉（サービス）234, 235, 265-268, 270
ジード，C. 16, 275-276
ジェームズ・アシュワース（先駆者）153, 155
ジェームズ・スミシーズ（先駆者）153, 155, 156
ジェームズ・デリィ（先駆者）151, 153, 155, 156
ジェラルディン・ムーズリィ 350
自発的アソシエーション 236, 237, 238
ジョーンズ，L. 9, 36, 68, 69, 73, 74, 81, 95, 99, 166, 175, 178, 179, 182, 212
ジョン・ルイス・パートナーシップ 3
ジョン・ホルト（先駆者）152, 155, 156
ジリアン・ロナーガン 347, 349
『人民のための政治』22, 24, 39, 185
スコット・ベーダー，A.（スコット・ベーダー・コモンウェルス）2, 5, 299, 300, 301, 303, 304
スコティッシュ・デーリィ・ニュース社（SDN）307, 308
スマイルズ，S. 238, 239, 240, 241
生活協同組合 246
（ロッチデール公正）先駆者組合 10, 74, 95, 99, 136, 147, 150-164, 182, 199, 201, 203, 209, 213, 224, 238, 239, 245, 246, 271, 272, 286, 289
「先駆者組合の遺産」156-158
先駆者組合の「規約と目的」154

［タ行］

ダラムCDA（DCDA）314-320, 322, 330, 331
チャーティスト（運動）22, 23, 24, 25, 39, 44, 150, 151, 159, 164, 176, 238
中央協同組合代理店（CCA）69, 70, 72, 75, 76, 77, 78, 81, 82, 83, 85
―――をめぐるラドローとニールの論争 78-84
デミントリィ（DEMINTRY）5, 15, 299, 301, 304
統一・解放協会 176, 177
ドゥ・ボアヴ，E. 201
トニィ・ベン（の協同組合）305, 306, 308, 309
トンプソン，W. 95, 99, 101, 131-134, 138, 144, 222

索 引　*355*

[ナ行]

中村久司　350
ニール，E. V.
─────のキリスト教社会主義の理論　36-39
─────の経済理論　84-91
─────の「社会主義論」　234-238
─────の「協同自助論」　238-243
─────の「協同ホーム」　240, 241, 243, 252, 254, 256, 362
─────の協同居住福祉（論）　7, 14, 231, 243, 250-257, 258, 269, 270, 274, 285, 288, 290
農業・園芸協同組合　178, 182, 226

[ハ行]

ハイランズ・アイランズ開発委員会（HIDB）　321, 322, 323, 324, 325
ハースト，T.　137, 138, 141, 223
（第1次）ハッダーズフィールド取引・製造業協同組合　137-150, 155, 190, 223
（ハッダーズフィールド協同組合）
パートナーシップ　27, 78, 79, 81, 178, 185, 192, 199, 200, 217, 231, 249, 280, 313, 327
バックストローム，P. N.　10, 212, 217, 226, 227, 229
ハワース，C.（先駆者）　146, 151, 153, 155, 156
反奴隷制協会　175, 176
ヒューズ，T.　9, 12, 19, 69, 99, 166, 168, 169, 171, 172, 173, 174, 175, 182, 194, 198, 199, 205, 231, 286, 290, 291, 297
ビュシェ，P. J. B.
─────の労働者生産協同組合　50-55, 93, 211, 212, 213
ファミリィステールと消費者協同組合　270-275
フーリエ（派社会主義）　44, 45, 46, 212, 215, 259, 263, 275, 276, 277, 278, 279, 280, 281, 282, 283, 285, 286, 287, 288, 292, 296
福祉国家（体制）　306
ブライアン，W.　111-113

ブライトン職工学校　113-116
ブラッドフォード大学平和研究学部　347, 350
（Dept. of Peace Studies, Bradford University）
ブラッドフォードの大ストライキ　102-106
ブラン，L.　46, 212
ヘブデン・ブリッジ・ファスチアン製造協同組合　179, 189-193, 196, 197, 198, 200
ベヴァリッジ報告　305, 306
ベネット家　350
ホーム・コロニー　42, 82, 167, 201, 202
ホール，J.　179, 180-181, 226-227
ホランド，P. H.　252-253, 292-293
ホリヨーク，G. J.　10, 12, 99, 139, 140, 141, 142, 144, 148, 151, 156, 166, 178, 194, 198, 223-224, 225, 228, 238, 239, 290
─────の「労働と資本」　202-205
ホリヨーク・ハウス　347

[マ行]

マーサー，T. W.　117, 119, 219, 223
マルコム・ダンドゥー　350
ミッチェル，J. T. W.　110, 146, 189, 228
ミューディ，G.　100, 106, 110, 119, 136
ミル，J. S.　166, 168, 171, 245
民衆の力（people power）　335
メイヒュー，H.　43, 44, 151
メリデン・モーターサイクル協同組合（MMC）　307, 308
『モーニング・クロニクル』　24, 43, 152
モーリス，F. D.
─────のキリスト教社会主義の思想　24-25
─────のキリスト教社会主義の理論　28-30
モリス，W.　302, 303
モンドラゴン協同組合企業体（MCC）　2, 3, 5, 52, 205, 313

[ヤ行]

友愛組合法　166, 167, 168

[ラ行]

ラドロー，J. M.
　　―――のキリスト教社会主義の思想　25-28
　　―――のキリスト教社会主義の理論　30-36
　　―――の「利潤の fellowship」　56-60
ラヴェン，E.　9, 71, 92, 95, 96, 216, 229
利潤分配　10, 47, 57, 142, 143, 170, 177, 184, 185, 186, 189, 199, 200, 203, 204, 205, 210, 243, 263, 266, 270, 295
ルクレール，E.-J.　14
　　―――の労働者協同組合　248-249, 250, 254
ルシェヴァリエ，A. L. Jules.　66, 67, 68, 69, 72, 73, 75, 95, 96, 212
レイドロー，A. F.
（『レイドロー報告』）　1-6, 15, 18, 333, 344, 345
レスター・「イクゥイティ・ブランド」協同組合　179, 189, 193-197
レディ・バイロン（アン・イサベラ・ノエル・バイロン）　139, 141, 142, 149, 228
ロイ・ギャレット　347, 349
労働アソシエーション　189, 193, 194, 195, 197-202, 206, 228, 289, 309
労働者協同組合促進協会（SPWMA）　60-72, 73, 74, 77, 78, 81, 83, 85, 91-92, 214
ロッチデール友愛組合　144, 147
ロンドン協同組合（1824-1834）　100-110, 136, 163
ロンドン協同組合店舗　72, 73, 74, 75

[ワ行]

ワッツ，J.　177, 187
　　―――の無料図書館（運動）　177

【著者略歴】

中川雄一郎（なかがわ　ゆういちろう）

1946年静岡県生まれ
明治大学政治経済学部教授、日本協同組合学会会長

著　書
『イギリス協同組合思想研究』日本経済評論社、1984年
『労働者協同組合の新地平』（編著）日本経済評論社、1996年
『生協は21世紀に生き残れるのか』（編著）大月書店、2000年

訳　書
『コープ：ピープルズ・ビジネス』（共訳）大月書店、1997年
『国際協同組合運動』（共訳）家の光協会、1999年
『協同組合企業とコミュニティ』日本経済評論社、2000年

キリスト教社会主義と協同組合
──E.V.ニールの協同居住福祉論──
（明治大学社会科学研究所叢書）

2002年6月10日　第1刷発行	定価（本体4400円＋税）

著　者　　中　川　雄一郎
発行者　　栗　原　哲　也
発行所　　株式会社 日本経済評論社
〒101-0051　東京都千代田区神田神保町3-2
電話03-3230-1661　FAX03-3265-2993
E-mail : nikkeihyo@ma4.justnet.ne.jp
URL : http://www.nikkeihyo.co.jp

装丁＊OPA企画　　　　　　　印刷新栄堂　協栄製本

乱丁本落丁本はお取替えいたします。　　　　Printed in Japan
©NAKAGAWA Yuichiro, 2002　　　　　ISBN4-8188-1413-X

■
本書の全部または一部を無断で複写複製（コピー）することは、著作権法上での例外を除き、
禁じられています。本書からの複写を希望される場合は、小社にご連絡ください。

富沢賢治・中川雄一郎・柳沢敏勝編著
労働者協同組合の新地平
—社会的経済の現代的再生—
A5判　325頁　4400円

労働者が自らを雇用し生産活動を行う協同組合。その理念・制度・実態をイギリス、スペイン、イタリアを中心に検証。既存の産業構造のなかでどのように活動しているのか？　(1996年)

CRI・生協労働研究会編
90年代の生協改革
—コープかながわ・コープしずおかの葛藤—
四六判　256頁　2400円

組織・事業の拡大をはかった多くの生協は、いまその反動により苦境にある。経営危機発生の根本を捉え、組合員・職員・経営者の共同作業による危機克服の方途。　(1997年)

村岡範男著
ドイツ農村信用組合の成立
—ライファイゼン・システムの軌跡—
A5判　280頁　5500円

資本主義経済の進展下、ライン地方における自助・自己責任・自己管理という近代的協同組合の実態をもつ信用組合がいつ、どんな形で誕生したのか。その成立過程を解明する。(1997年)

J.モロー著　石塚秀雄ほか訳
社会的経済とは何か
—新自由主義を超えるもの—
四六判　223頁　2500円

協同経済組織に対して、国家と新自由主義が「自由と両立しない」としているが、はたしてそうだろうか。本書は「分権・自発・自助・連携」のための行動と倫理を主張する。(1996年)

V.B.シェファー著　内田正夫訳
環境保護の夜明け
—アメリカの経験に学ぶ—
四六判　346頁　3200円

カーソン『沈黙の春』刊行を契機に、アメリカの環境保護思想は様々な曲折を経ながらも、米国社会に深く根をおろして行く。具体的事例から今後の展開をさぐる。　(1994年)

川口清史著
非営利セクターと協同組合
A5判　217頁　3000円

国家の失敗と市場の失敗を打開する途として注目される「社会的経済」「非営利セクター」および「アソシエーション」の新しい動き。欧米の現実からその可能性を追求する。　(1994年)

M.ダウィ著　戸田清訳
草の根環境主義
—アメリカの新しい萌芽—
A5判　380頁　4400円

強力な環境団体を軸に世界をリードしてきたアメリカ。だが一部エリートが推進する運動に批判が高まり、今大きな転機を迎えている。市民による新たな環境運動の試みを検証。(1998年)

シュルツェ・デーリチュ著　東信協研究センター訳
シュルツェの庶民銀行論
A5判　272頁　3200円

協同組合運動の祖として、ライファイゼンと並ぶシュルツェの代表作『庶民銀行としての前貸組合』『協同組合読本』等を初めて訳出。併せてシュルツェの業績を加える。　(1993年)

G.フォーケ著　中西啓之・菅伸太郎訳
協同組合セクター論
四六判　180頁　1800円

資本主義社会のなかで、その欠陥や障害を越える途が協同組合セクター論であり、日本におけるセクター論の研究は、近年活気を増している。本書はその原点をなすものである。(1991年)

W.F.ホワイト,K.K.ホワイト著　佐藤・中川・石塚訳
モンドラゴンの創造と展開
—スペインの協同組合コミュニティー—
A5判　404頁　3800円

スペイン・バスク地方の小都市モンドラゴンに展開するユニークな協同組合複合体の分析。フランコ独裁のなか、その運動がどのように生まれ発展し、今日に至るか。　(1991年)

今井義夫著
国際協同組合運動と基本的価値
A5判　360頁　3200円

1992年ICA（国際協同組合同盟）東京大会が開かれた。世界各国の協同組合運動の実情とその思想を報告・検討し、転換期にある運動の明日を考える。　(1990年)

表示価格に消費税は含まれておりません

ジェイムズ・ロバートソン著　石見尚・森田邦彦訳 **21世紀の経済システム展望** A5判　140頁　1200円	持続可能な生活の基盤を確立するためには社会正義とエコロジー的生存を優先させる必要がある。欧米の工業社会の価値観を見直したシューマッハー（『スモールイズビューティフル』の著者）の双書第一巻。　　　　（1999年）
長谷川勉著 **協同組織金融の形成と動態** A5判　380頁　5000円	国際化・自由化の中で協同組織金融は弱体化を辿っている。「設立の思想と理念」「地域と中小企業との共栄」を視座に，世界の歴史的変遷と現状を論究し，社会的金融としての今後を展望する。　　　（2000年）
V.ペストフ著　藤田暁男ほか訳 **福祉社会と市民民主主義** ―市場と国家を超えて― A5判　350頁　3800円	社会的企業や第三セクターの貢献なくしては福祉社会の発展はない。サービス提供者とクライアントの相互活動，労働環境の改善等，現場から市民民主主義の漸進を捉える。　　　　（2000年）
G.マクラウド著　中川雄一郎訳 **協同組合企業とコミュニティ** ―モンドラゴンから世界へ― A5判　250頁　2400円	モンドラゴン，そしてバレンシアでの実験は多様な事業を生み出し，創設者たちの社会ビジョンや革新的な思想が実行されている。モンドラゴンの核心をつく著者の多年にわたる調査と考察。　　　（2000年）
ICA編　日本協同組合学会訳編 **21世紀の協同組合原則** ―ICAアイデンティティ声明と宣言― 四六判　150頁　1400円	1988年のマルコスによる価値議論の提起，92年のベイク報告を経て，95年に協同組合が依って立つ価値と実践のための原則を確立する。文献，年表等も加えた英訳決定版。　　　　（2000年）
川口清史・富沢賢治編 **福祉社会と非営利・協同セクター** A5判　276頁　3500円	福祉国家から福祉社会へ転換の今日，非営利・協同セクターの概念を再確定し，その組織と運営・機能の実際をヨーロッパ各国からの報告を元に，日本の課題と共に分析する。　　　（1999年）
河野直践著 **産消混合型協同組合** ―消費者と農業の新しい関係― A5判　323頁　3800円	農畜産物などの生産者とその消費者が実質的に一緒になり協同組合を設立し，また組合員となって運営する。現在認められていない新型の組織をめざし，法制度にも言及していく。　（1998年）
田中秀樹著 **消費者の生協からの転換** 四六判　208頁　2300円	日本も世界も，今までの協同組合の時代が終わり，新しい時代が始まろうとしている。主体と協同の変化に対応した生協運動の構築のために何を志向せねばならないか。　　　　　　（1998年）
辻村英之著 **南部アフリカの農村協同組合** ―構造調整政策下における役割と育成― A5判　274頁　5200円	小農の絶対的貧困の解消に農村協同組合は貢献しうるのか。その場合，どんな育成手段と役割，機能を組合に負わせるのがいいか。80年代後半の事例と現地調査から分析する。　　（1999年）
富沢賢治・川口清史編 **非営利・協同セクターの理論と現実** ―参加型社会システムを求めて― A5判　350頁　3400円	現在の社会経済システムへの反省から非営利組織がふえ，協同組合・共済組織と共に今後の活動が期待されている。欧米と日本国内の活動状況を分析し論ずる関係者待望のテキスト。（1997年）

表示価格に消費税は含まれておりません